本书系湖南省教育科学“十三五”规划课题“中职特教学校聋生实用语文教材的开发研究（课题批准号：XJK17BZXX068）”成果

中职聋生阅读与表达

（上）基础模块

湖南省特教中等专业学校基础教研室　编

湘潭大学出版社

《中职聋生阅读与表达》编委会

（基础模块）

主　审： 黄文胜　吕会华

主　编： 王硕果

副主编： 易美华　李　杜　张露莎　徐　理
黄　姝　张　翠　潘正方

参　编： 熊　良　李　玉　陈宝玉　程　骞
顾　琴　郭　卉　龙　厚　张　红
鲍习蓉　许宽予　肖　平

编写说明

为进一步贯彻落实“以立德树人为根本，以服务发展为宗旨，以促进就业为导向”的职业教育指导思想，巩固和提高聋生的沟通交流和阅读写作能力，湖南省特教中等专业学校一线教师秉承实用和提高的原则，编写了这套具有聋人职业教育特点的汉语阅读与表达教程，以期满足学生交流、就业、适应社会的需要。

本套教程分基础模块、职业和拓展模块两册，每册各八个单元，每个单元的阅读部分主题突出，通过体验文本，掌握语言和知识点，在运用竞技场获得字、词、句的基础训练与阅读感悟，学生生成应用能力，并通过“语文应用操练”（语言交往、应用文写作或习作指导）获得实操训练。每册内容各有侧重点，既各自独立，又相互联系，融合为一个有机的整体。旨在通过两年在校的系统学习，为聋生顺利步入社会搭建一个沟通交往训练的平台。

聋人因为听力障碍，感知不到外界的声音，感知语音更加困难。手语是部分聋人日常使用的主要语言，他们学习汉语具有将汉语作为第二语言学习的特点，加上听力补偿效果、口语康复程度以及受教育背景等诸多因素的影响，聋生学习汉语存在着很多困难，汉语水平也比较低。他们写出的汉语存在语句不通顺、词语运用不当、重复颠倒等很多问题。聋人学习语文的目的首先是沟通，其次是提高文化修养。语文学习对于聋生最大的意义，就是能够帮助他们顺利完成从形象思维→形象思维＋手语思维→手语思维＋文字思维→以文字思维为主，因此文化层次的高低决定了聋生是否能形成以文字语言为载体的思维活动。针对这些现实问题，本套教程就如何培养聋生的书面表达能力做了以下几项大胆的尝试：

一、构建聋生丰富的语言库

针对聋生词汇贫乏的特点构建丰富的语言库。每篇课文、每则语言交往和每则应用文均提供针对性强的手语词卡和词语积累。旨在帮助学生积累一定的词汇量，为提高写作水平奠定基础。

二、渗透语言点与知识点弥补语法与知识的缺失

为弥补聋生语法知识的缺失，引导学生独立写出通顺的语句，本套教程在每篇课文中渗透语言点，习题设计围绕语言点进行。或针对课文特点，有针对性地选择聋生容易理解的知识点予以解释与示例，旨在根据语法规则指导学生有规律地认识和学习语言，把“手势语言”转变成正确的汉语语言，并指导聋生理解文学常识，掌握较为丰富的语文知识。

三、习题训练形式多样化、生活化

为培养聋生语言文字的表达能力，在“运用竞技场”中设计了字、词、句、段的阶梯性训练；为满足层次较高的聋生需求，提升他们的理解能力，每篇课文后设计1—2个阅读理解题。另外习题设计紧密联系学生生活和学习实际，采用学生在家庭、学校经历以及在工作中将要经历的语言情境和场景图片，满足学生运用语言的需要，增强其在日常生活中学习、使用规范的汉语语言的意识和能力。

四、贯彻文化课为专业服务的理念

中职教育既要突出专业人才培养的针对性和应用性，又要让学生具备一定的可持续发展能力。本套教程的课文选择和习题设计都尽量与聋生所学专业接轨，如多采用学生的作品、实习或工作场景，习题设计采用学生实习或工作情境等。既完成了文化课的使命，也贯彻落实了中职课改的精神。

五、语言交往以“写”代“说”

为减少聋生步入社会后与健全人的沟通障碍，本套教程设计了16个口语专题帮助聋生进行语言转换，学会从“说”过渡到“写”，旨在让学生在与健听人交流时，能使用规范语序的语言，体现语文学科的工具性。

六、应用文写作结构模板化

针对聋生模仿力强、创造力弱的特点，在应用文的写作教学和练习环节将结构模板化，为聋生提供正确的模板让学生学会填写，降低学习难度，有助于知识的掌握和运用。

七、课外阅读、应用与综合性学习具体实用

通过古诗词手语诵读、手语故事比赛、语言知识及应用、非连续性文本阅读、文学常识梳理、名著导读等综合性学习和拓展阅读内容，引导学生感知祖国语言文字魅力，掌握实用语言知识，提升语言文字运用能力。另外，网络社交是聋生使用频率较高的社交方式，但聋生网络社交明辨是非能力弱，使用文字聊天时缺乏礼貌，因此安排了一次网络社交语言的运用训练，借以提升学生网络社交的能力。

本教程从酝酿到编写前后四年时间，先后五易其稿，但由于编写者水平有限，时间仓促，不尽人意之处太多，需要在使用中予以不断修订与完善，真诚希望有关专家和聋人职业教育领域的语文教师提出宝贵的意见和建议。

编　者

2021年4月

《中职聋生阅读与表达》基础模块整体结构

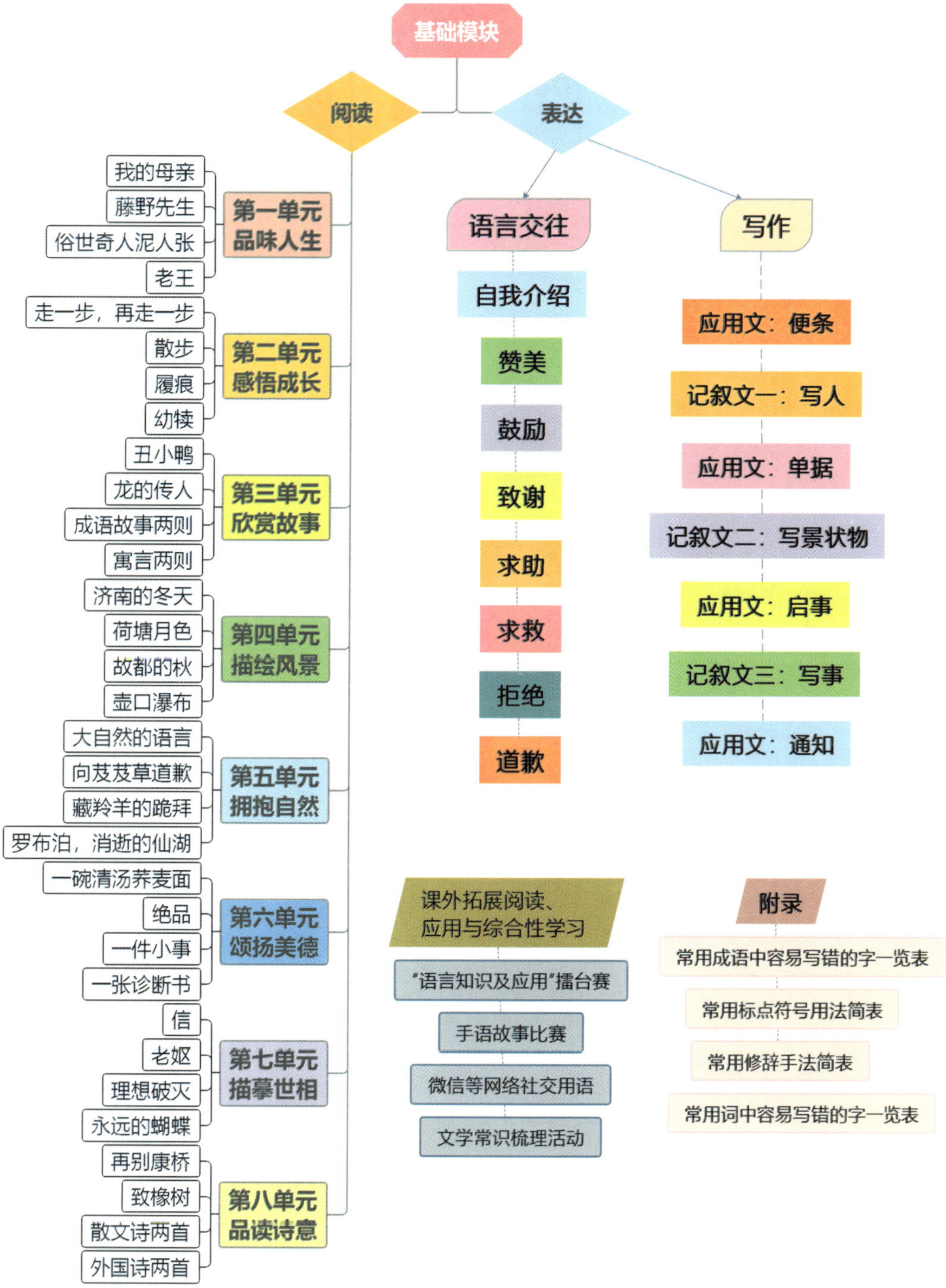

汉语手指字母指式图

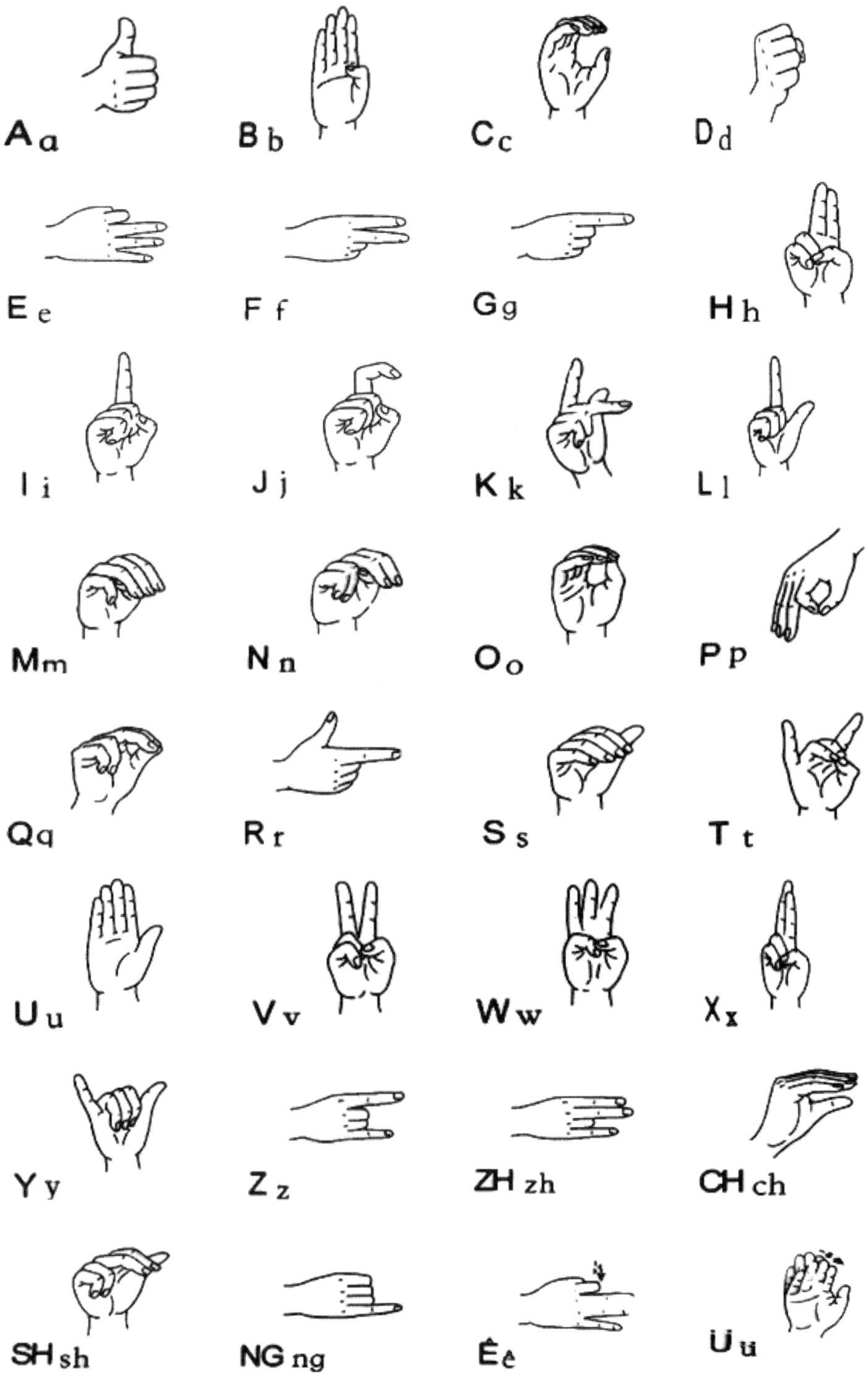
Aa
Bb
Cc
Dd
Ee
Ff
Gg
Hh
Ii
Jj
Kk
Ll
Mm
Nn
Oo
Pp
Qq
Rr
Ss
Tt
Uu
Vv
Ww
Xx
Yy
Zz
ZH zh
CH ch
SH sh
NG ng
Êê
Üü

目　录

第一单元　品味人生

单元导语

本单元选取的四篇课文都是写人的文章。《我的母亲》是一篇质朴无华、情真意切的回忆母亲的散文。文章中体现了母亲对子女的舐犊之情，子女对母亲的感激、怀念和赞颂之情。文章风格纯朴清新，语言随情而发，自然朴素；结构任性而为，平实流畅。结尾处，一声沉痛的叹息，明白如话，却是意悲而远，感人至深。

《藤野先生》是鲁迅的一篇回忆散文，记叙了作者从东京到仙台学医的几个生活片段，重点表现藤野先生的可贵品质。本文内容丰富，笔意纵横，形散神凝，错落有致，发人深省，一条鲜明的爱国主义思想线索贯穿了全文，使每个看来似乎是平淡无奇的生活片段闪耀着夺目的光华，从而给读者以深刻的启迪。

《俗世奇人泥人张》塑造了一位有着独特技艺和性格的民间奇人的形象，人物刻画形神兼备，用天津话和古典小说的白描手法入笔，极具故事性和传奇性。

《老王》是当代文学家杨绛于1984年创作的一篇回忆性散文。文章以“我”与老王的交往为线索，回忆了老王的几个生活片段，刻画了一个穷苦卑微但心地善良、老实厚道的“老王”形象，表达了作者一家对老王那种不幸者的关心、同情和尊重。

本单元阅读与欣赏的学习重点是整体感知课文。所谓“整体感知”，就是通读全文，初步了解课文大意，包括初步把握整体框架，感受文中的人物和事件，把握文章的感情基调，为进一步思考分析做好准备。

1. 我的母亲[①]

老　舍

老　舍

母亲的娘家在北平[②]德胜门外，土城儿外边，通大钟寺的大路上的一个小村里。村里一共有四五家人家，都姓马。大家都种点不十分肥美的地，但是与我同辈的兄弟们，也有当兵的，作木匠的，作泥水匠的，和当巡察的。他们虽然是农家，却养不起牛马，人手不够的时候，妇女便也须下地做活。

对于姥姥家，我只知道上述的一点。外公外婆是什么样子，我就不知道了，因为他们早已去世。至于更远的族系与家史，就更不晓得了。穷人只能顾眼前的衣食，没有功夫谈论什么过去的光荣；“家谱”[③] 这字眼，我在幼年就根本没有听说过。

母亲生在农家，所以勤俭诚实，身体也好。这一点事实却极重要，因为假若我没有这样的一位母亲，我以为我恐怕也就要大大的打个折扣了。

母亲出嫁大概是很早，因为我的大姐现在已是六十多岁的老太婆，而我的大外甥女还长我一岁啊。我有三个哥哥，四个姐姐，但能长大成人的，只有大姐、二姐、三姐、三哥与我。我是“老”儿子。生我的时候，母亲已有四十一岁，大姐二姐已都出了阁。

由大姐与二姐所嫁入的家庭来推断，在我生下之前，我的家里，大概还马马虎虎的过得去。那时候订婚讲究门当户对[④]，而大姐丈是作小官的，

---

① 选自《中国现代文学珍藏大系·老舍卷（上）》（蓝天出版社2003年版）。有改动。老舍（1899—1966），原名舒庆春，字舍予，现代著名作家。

② ［北平］北京的旧称。

③ ［家谱］家族记载本族世系和重要人物事迹的书。

④ ［门当户对］旧时指结亲双方家庭的社会地位和经济状况相当。

二姐丈也开过一间酒馆，他们都是相当体面的人。

可是，我，我给家庭带来了不幸：我生下来，母亲晕过去半夜，才睁眼看见她的老儿子——感谢大姐，把我揣在怀中，致未冻死。

一岁半，父亲死了。

兄不到十岁，三姐十二三岁，我才一岁半，全仗母亲独力抚养了。父亲的寡姐跟我们一块儿住，她吸鸦片，她喜摸纸牌，她的脾气极坏。为我们的衣食，母亲要给人家洗衣服，缝补或裁缝衣裳。在我的记忆中，她的手终年是鲜红微肿的。白天，她洗衣服，洗一两大绿瓦盆。她做事永远丝毫也不敷衍，就是屠户们送来的黑如铁的布袜，她也给洗得雪白。晚间，她与三姐抱着一盏油灯，还要缝补衣服，一直到半夜。她终年没有休息，可是在忙碌中她还把院子屋中收拾得清清爽爽。桌椅都是旧的，柜门的铜活[①]久已残缺不全，可是她的手老使破桌面上没有尘土，残破的铜活发着光。院中，父亲遗留下的几盆石榴与夹竹桃，永远会得到应有的浇灌与爱护，年年夏天开许多花。

哥哥似乎没有同我玩耍过。有时候，他去读书；有时候，他去学徒；有时候，他也去卖花生或樱桃之类的小东西。母亲含着泪把他送走，不到两天，又含着泪接他回来。我不明白这都是什么事，而只觉得与他很生疏。与母亲相依为命的是我与三姐。因此，她们做事，我老在后面跟着。她们浇花，我也张罗着取水；她们扫地，我就撮土……从这里，我学得了爱花，爱清洁，守秩序。这些习惯至今还被我保存着。

有客人来，无论手中怎么窘，母亲也要设法弄一点东西去款待。舅父与表哥们往往是自己掏钱买酒肉食。这使她脸上羞得飞红，可是殷勤的给他们温酒作面，又给她一些喜悦。遇上亲友家中有喜事、丧事，母亲必把大褂洗得干干净净，亲自去贺吊——份礼[②]也许只是两吊小钱。到如今我的好客的习性还未全改，尽管生活是这么清苦，因为自幼儿看惯了的事情是不易改掉的。

姑母常闹脾气。她单在鸡蛋里找骨头。她是我们家中的阎王。直到我入了中学，她才死去，我可是没有看见母亲反抗过。“没受过婆婆的气，还不受大姑子的吗？命当如此！”母亲在非解释一下不足以平服别人的时候，才这样说。是的，命当如此。母亲活到老，穷到老，辛苦到老，全是命当

---

① ［铜活］此处指器物上各种铜制的物件。

② ［份礼］指对办喜事或丧事的人表示祝贺或慰问时所送的钱或物。送份礼也叫凑份子。

如此。她最会吃亏。给亲友邻居帮忙，她总跑在前面：她会给婴儿洗三[①]——穷朋友们可以因此少花一笔“请姥姥[②]”钱——她会刮痧[③]，她会给孩子们剃头，她会给少妇们绞脸[④]……凡是她能做的，都有求必应。但是吵嘴打架，永远没有她。她宁可吃亏，不斗气。当姑母死去的时候，母亲似乎把一世的委屈都哭了出来，一直哭到坟地。不知道哪里来的一位侄子，声称有继承权，母亲便一声不响，教他搬走那些破桌子烂板凳，而且把姑母养的一只肥母鸡也送给他。

可是，母亲并不软弱。父亲死在庚子闹“拳”[⑤] 的那一年。联军[⑥]入城，挨家搜索财物鸡鸭，我们被搜两次。母亲拉着哥哥与三姐坐在墙根，等着“鬼子”进门，街门是开着的。“鬼子”进门，一刺刀先把老黄狗刺死，而后入室搜索。他们走后，母亲把破衣箱搬起，才发现了我。假若箱子不空，我早就被压死了。皇上跑了，丈夫死了，鬼子来了，满城是血光火焰，可是母亲不怕，她要在刺刀下，饥荒中，保护着儿女。北平有多少变乱啊，有时候兵变了，街市整条地烧起，火团落在我们院中。有时候内战了，城门紧闭，铺店关门，昼夜响着枪炮。这惊恐，这紧张，再加上一家饮食的筹划，儿女安全的考虑，岂是一个软弱的老寡妇所能受得起的？可是，在这种时候，母亲的心横起来，她不慌不哭，要从无办法中想出办法来。她的泪会往心中落！这点软而硬的个性，也传给了我。我对一切人与事，都取和平的态度，把吃亏看作当然的。但是，在做人上，我有一定的宗旨与基本的法则，什么事都可将就，而不能超过自己划好的界限。我怕见生人，怕办杂事，怕出头露面，但是到了非我去不可的时候，我便不得不去，正像我的母亲。从私塾到小学，到中学，我经历过起码有廿[⑦]位教师吧，其中有给我很大影响的，也有毫无影响的，但是我的真正的教师，把性格传给我的，是我的母亲。母亲并不识字，她给我的是生命的教育。

当我小学毕了业的时候，亲友一致的愿意我去学手艺，好帮助母亲。我晓得我应当去找饭吃，以减轻母亲的勤劳困苦。可是，我也愿意升学。

---

① ［洗三］旧时指小孩出生后第三天洗澡的俗称。

② ［姥姥］这里指收生婆，与上文“姥姥”的含义不同。

③ ［刮痧］民间治疗某些疾患的一种方法，用铜钱等物蘸水或油刮患者的胸、背等处，使局部皮肤充血，减轻内部炎症。

④ ［绞脸］把一条线两股相交，用手扯住两头，通过有规律的抖动，绞去妇女脸上的细毛。

⑤ ［庚子闹“拳”］中国旧时以天干地支纪年，庚子，即公历1900年；“拳”，指义和团运动。

⑥ ［联军］指1900年英、美、德、法、俄、日、意、奥八国为侵略我国组成的军队。

⑦ ［廿（niàn）］二十。

我偷偷地考入了师范学校——制服，饭食，书籍，宿处，都由学校供给。只有这样，我才敢对母亲提升学的话。入学，要交十元的保证金。这是一笔巨款！母亲作了半个月的难，把这巨款筹到，而后含泪把我送出门去。她不辞劳苦，只要儿子有出息。当我由师范毕业，而被派为小学校校长，母亲与我都一夜不曾合眼。我只说了句："以后，您可以歇一歇了！"她的回答只有一串串的眼泪。我入学之后，三姐结了婚。母亲对儿女是都一样疼爱的，但是假若她也有点偏爱的话，她应当偏爱三姐，因为自父亲死后，家中一切的事情都是母亲和三姐共同撑持的。三姐是母亲的右手。但是母亲知道这右手必须割去，她不能为自己的便利而耽误了女儿的青春。当花轿来到我们的破门外的时候，母亲的手就和冰一样的凉，脸上没有血色——那是阴历四月，天气很暖。大家都怕她晕过去。可是，她挣扎着，咬着嘴唇，手扶着门框，看花轿徐徐地走去。不久，姑母死了。三姐已出嫁，哥哥不在家，我又住学校，家中只剩母亲自己。她还须自晓至晚的操作，可是终日没人和她说一句话。新年到了，正赶上政府倡用阳历，不许过旧年。除夕，我请了两小时的假。由拥挤不堪的街市回到清炉冷灶的家中。母亲笑了。及至听说我还须回校，她愣住了。半天，她才叹出一口气来。到我该走的时候，她递给我一些花生，"去吧，小子！"街上是那么热闹，我却什么也没看见，泪遮迷了我的眼。今天，泪又遮住了我的眼，又想起当日孤独地过那凄惨的除夕的慈母。可是慈母不会再候盼着我了，她已入了土！

儿女的生命是不依顺着父母所设下的轨道一直前进的，所以老人总免不了伤心。我廿三岁，母亲要我结了婚，我不要。我请来三姐给我说情，老母含泪点了头。我爱母亲，但是我给了她最大的打击。时代使我成为逆子。廿七岁，我上了英国。为了自己，我给六十多岁的老母以第二次打击。在她七十大寿的那一天，我还远在异域。那天，据姐姐们后来告诉我，老太太只喝了两口酒，很早的便睡下。她想念她的幼子，而不便说出来。

七七事变后，我由济南逃出来。北平又像庚子那年似的被鬼子占据了，可是母亲日夜惦念的幼子却跑西南来。母亲怎样想念我，我可以想象得到，可是我不能回去。每逢接到家信，我总不敢马上拆看，我怕，怕，怕，怕有那不祥的消息。人，即使活到八九十岁，有母亲便可以多少还有点孩子气。失了慈母便像花插在瓶子里，虽然还有色有香，却失去了根。有母亲的人，心里是安定的。我怕，怕，怕家信中带来不好的消息，告诉我已是失了根的花草。

去年一年，我在家信中找不到关于老母的起居情况。我疑虑，害怕。我想象得到，如有不幸，家中念我流亡孤苦，或不忍相告。母亲的生日是在九月，我在八月半写去祝寿的信，算计着会在寿日之前到达。信中嘱咐千万把寿日的详情写来，使我不再疑虑。十二月二十六日，由文化劳军的大会上回来，我接到家信。我不敢拆读。就寝前，我拆开信，母亲已去世一年了！

生命是母亲给我的。我之能长大成人，是母亲的血汗灌养的。我之能成为一个不十分坏的人，是母亲感化的。我的性格、习惯，是母亲传给的。她一世未曾享受过一天福，临死还吃的是粗粮。唉！还说什么呢？心痛！心痛！

手语词卡

敷衍　款待　供给　体面　生疏　法则　挣扎

词语积累

撮　刮痧　绞脸　廿位　窘迫　门当户对　鲜红微肿　残缺不全　拥挤不堪

语言点

一、她挣扎着，咬着嘴唇，手扶着门框，看花轿徐徐地走去。

挣扎：动词，用力支撑或摆脱的意思。例如：

顽固的敌人仍在做垂死挣扎，不肯投降。

二、在我的记忆中，她的手终年是鲜红微肿的。

鲜红微肿：鲜红微肿是表达颜色和状态的词语，修饰名词——手，将母亲辛劳的程度形象逼真地展现出来。例如：

他不小心磕伤了，伤口鲜红微肿。

知识点

反复：是根据表达需要，有意让一个句子或词语重复出现的修辞方法。反复就是为了强调某种意思，突出某种情感，特意重复使用某些词语、句子或者段落等。

反复的作用：

1. 强调，增强语气或语势。

2. 起到反复咏叹，表达强烈情感的作用。

3. 反复的修辞手法还可以使诗文的格式整齐有序，而又回环起伏，充满语言美。

反复的种类：

1. 词语反复。为凸显某种感情或某种行为，连续两次或两次以上使用同一词语，达到强调的目的。例如：

我怕，怕，怕家信中带来不好的消息，告诉我已是失了根的花草。

2. 词组或句子反复。有时为了表达内容或者结构安排的需要，要连续两次或两次以上使用同一个词组或句子。例如：

大山原来是这样的！月亮原来是这样的！核桃树原来是这样的！香雪走着，就像第一次认出养育她成人的山谷。

3. 语段反复。在诗歌和小说中最为常见。

运用竞技场

一、给加点的字选择声母。

b　p　m　f　d　t　n　l　j　k

敷衍（　ū）　　款待（　uǎn）（　ài）

绞脸（　iǎo）（　iǎn）　　窘迫（　iǒng）（　ò）

惦念（　iàn）（　iàn）　　铜活（　óng）

门当户对（　én）（　āng）　　廿位（　iàn）

拥挤不堪（　ù）（　ān）　　姥姥（　ǎo）

二、根据课文内容，在下列______上填上合适的动词。

______嘴唇　______门框　______粗粮　______土

______花　______花生　______纸牌　______衣裳

三、根据课文内容，在下列横线上填上合适的形容语。

______的布袜　______的手　______的地

______的街市　______的家　______的消息

四、选词填空。

挣扎　　服从　　反抗

1. 女娲救出了______在洪水中的人们。

2. ______命令是军人的天职。

3. 中国人民______侵略的正义斗争，曾经得到世界上许多国家和人民的援助。

五、下面哪些句子使用了反复的修辞手法（　　）

A. 我每逢接到家信，我总不敢马上拆看，我怕，怕，怕，怕有那不祥的消息。

B. 人，即使活到了八九十岁，有母亲便可以多少还有点孩子气，失了慈母便像花插在瓶子里，虽然还有色有香，却失去了根。有母亲的人，心里是安定的。

C. 我怕，怕，怕家信带来不好的消息，告诉我已是失了根的花草。

六、阅读理解。

1. 文章写了母亲相关的几件事情，可以看出母亲怎样的性格？请选择合适的词语评价母亲。

待人热情　　勤劳认真　　坚强硬性　　朴实善良　　慈爱明理

A. 送“我”上学校，支持儿女；忍痛送女出嫁；顺从儿子的婚姻主张……（　　）

B. 丈夫死了，鬼子来了，满城血光火焰，可是母亲不怕，她要在刺刀下，饥荒中，保护着儿女。（　　）

C. 给亲友邻居帮忙，她总跑在前面；有客人来，无论手中怎么窘，也要设法弄一点东西去款待……（　　）

D. 默默忍受姑母；吵嘴打架，永远没有她；她宁吃亏，不斗气……（　　）

E. 独立抚养三个子女和父亲的寡姐；做事永远丝毫也不敷衍；活到老，穷到老，辛苦到老……（　　）

2. 结合文章内容，写出你对“她给我的是生命的教育”这句话的理解。联系自己的生活体验，谈谈你对这句话的感悟。

2. 藤野先生[①]

鲁迅

藤野先生

东京也无非是这样。上野[②]的樱花烂熳[③]的时节，望去确也像绯红的轻云，但花下也缺不了成群结队的“清国留学生”的速成班[④]，头顶上盘着大辫子，顶得学生制帽的顶上高高耸起，形成一座富士山[⑤]。也有解散辫子，盘得平的，除下帽来，油光可鉴[⑥]，宛如小姑娘的发髻一般，还要将脖子扭几扭。实在标致[⑦]极了。

中国留学生会馆[⑧]的门房里有几本书买，有时还值得去一转；倘在上午，里面的几间洋房里倒也还可以坐坐的。但到傍晚，有一间的地板便常不免要咚咚咚地响得震天，兼以满

---

① 选自《朝花夕拾》（《鲁迅全集》第二卷，人民文学出版社2005年版）。鲁迅，原名周樟寿，后改名周树人；字豫山，后改豫才，浙江绍兴会稽县人，中国现代伟大的无产阶级文学家、思想家和革命家。鲁迅的代表作有：小说集《呐喊》《彷徨》《故事新编》等；散文集《朝花夕拾》；散文诗集《野草》；杂文集《坟》《热风》《华盖集》《华盖集续编》《南腔北调集》《三闲集》《二心集》《而已集》《且介亭杂文》等。

② [上野] 日本东京的一个公园，以樱花著名。

③ [烂熳（màn）] 即“烂漫”。

④ [“清国留学生”的速成班] 指清末到日本留学，先在东京弘文学院速成班学习日语的中国学生。

⑤ [富士山] 日本第一高峰，著名火山。在本州岛中南部，山体呈圆锥形，山顶终年积雪，风景优美。日本人奉为“圣山”。

⑥ [油光可鉴] 这里是说头发上抹油，梳得很光亮，像镜子一样可以照人。鉴，照。

⑦ [标致] 漂亮。这里是反语，用来讽刺。

⑧ [会馆] 旧时同乡或同业的人在京城、省会或大商埠设立的机构，主要供同乡或同业的人聚会和住宿。这里指设立在日本东京供中国留学生活动和居住的场所。

房烟尘斗乱[①]；问问精通时事[②]的人，答道，“那是在学跳舞。”

到别的地方去看看，如何呢？

我就往仙台[③]的医学专门学校去。从东京出发，不久便到一处驿站，写道：日暮里。不知怎地，我到现在还记得这名目。其次却只记得水户[④]了，这是明的遗民朱舜水[⑤]先生客死[⑥]的地方。仙台是一个市镇，并不大；冬天冷得厉害；还没有中国的学生。

大概是物以稀为贵罢。北京的白菜运往浙江，便用红头绳系住菜根，倒挂在水果店头，尊为“胶菜[⑦]”；福建野生着的芦荟[⑧]，一到北京就请进温室，且美其名曰“龙舌兰”。我到仙台也颇受了这样的优待，不但学校不收学费，几个职员还为我的食宿操心。我先是住在监狱旁边一个客店里的，初冬已经颇冷，蚊子却还多，后来用被盖了全身，用衣服包了头脸，只留两个鼻孔出气。在这呼吸不息的地方，蚊子竟无从插嘴，居然睡安稳了。饭食也不坏。但一位先生却以为这客店也包办囚人的饭食，我住在那里不相宜，几次三番，几次三番地说。我虽然觉得客店兼办囚人的饭食和我不相干，然而好意难却，也只得别寻相宜的住处了。于是搬到别一家，离监狱也很远，可惜每天总要喝难以下咽的芋梗汤。

从此就看见许多陌生的先生，听到许多新鲜的讲义[⑨]。解剖学是两个教授分任的。最初是骨学。其时进来的是一个黑瘦的先生，八字须，戴着眼镜，挟着一叠大大小小的书。一将书放在讲台上，便用了缓慢而很有顿挫的声调，向学生介绍自己道：

“我就是叫作藤野严九郎的……”

后面有几个人笑起来了。他接着便讲述解剖学在日本发达的历史，那些大大小小的书，便是从最初到现今关于这一门学问的著作。起初有几本

---

① ［斗乱］飞腾杂乱。斗，通“抖”。

② ［精通时事］这是讽刺的说法。（他们）“精通”的“时事”，其实是一些无聊的事。

③ ［仙台］日本城市，在本州岛东北部。1904—1906年，作者曾在这里学医。现在的市西青叶山麓建有鲁迅纪念碑。

④ ［水户］日本城市，位于本州岛东部，在东京和仙台之间。

⑤ ［明的遗民朱舜水］即朱之瑜（1600—1682），号舜水，浙江余姚人。明末清初思想家。明亡后曾进行反清复明活动，事败后长住日本讲学，客死水户。他忠于明朝，所以说是“明的遗民”。

⑥ ［客死］死在异国他乡。

⑦ ［胶菜］山东出产的白菜。胶，古胶州，今山东胶州市，此地出产的白菜很有名。

⑧ ［芦荟（huì）］又名“油葱”，常绿植物，叶肥厚，大而尖，边缘有尖锐的锯齿，花像穗子，叶汁可入药。

⑨ ［讲义］这里指讲课的内容。

是线装的；还有翻刻中国译本的，他们的翻译和研究新的医学，并不比中国早。

那坐在后面发笑的是上学年不及格的留级学生，在校已经一年，掌故[①]颇为熟悉的了。他们便给新生讲演每个教授的历史。这藤野先生，据说是穿衣服太模胡[②]了，有时竟会忘记带领结；冬天是一件旧外套，寒颤颤的，有一回上火车去，致使管车的疑心他是扒手，叫车里的客人大家小心些。

他们的话大概是真的，我就亲见他有一次上讲堂没有带领结。

过了一星期，大约是星期六，他使助手来叫我了。到得研究室，见他坐在人骨和许多单独的头骨中间，——他其时正在研究着头骨，后来有一篇论文在本校的杂志上发表出来。

"我的讲义，你能抄下来么？"他问。

"可以抄一点。"

"拿来我看！"

我交出所抄的讲义去，他收下了，第二三天便还我，并且说，此后每一星期要送给他看一回。我拿下来打开看时，很吃了一惊，同时也感到一种不安和感激。原来我的讲义已经从头到末，都用红笔添改过了，不但增加了许多脱漏的地方，连文法的错误，也都一一订正。这样一直继续到教完了他所担任的功课：骨学、血管学、神经学。

可惜我那时太不用功，有时也很任性。还记得有一回藤野先生将我叫到他的研究室里去，翻出我那讲义上的一个图来，是下臂的血管，指着，向我和蔼地说道：

"你看，你将这条血管移了一点位置了。——自然，这样一移，的确比较的好看些，然而解剖图不是美术，实物是那么样的，我们没法改换它。现在我给你改好了，以后你要全照着黑板上那样的画。"

但是我还不服气，口头答应着，心里却想道：

"图还是我画得不错；至于实在的情形，我心里自然记得的。"

学年试验完毕之后，我便到东京玩了一夏天，秋初再回学校，成绩早已发表了，同学一百余人之中，我在中间，不过是没有落第[③]。这回藤野先生所担任的功课，是解剖实习和局部解剖学。

解剖实习了大概一星期，他又叫我去了，很高兴地，仍用了极有抑扬的声

---

① ［掌故］关于历史人物、典章制度的传说或故事。这里指学校发生过的一些事情。

② ［模胡］即"模糊"，这里指马虎、不讲究。

③ ［落第］原指科举时代应试不中。这里指考试不及格。

调对我说道：

“我因为听说中国人是很敬重鬼的，所以很担心，怕你不肯解剖尸体。现在总算放心了，没有这回事。”

但他也偶有使我很为难的时候。他听说中国的女人是裹脚的，但不知道详细，所以要问我怎么裹法，足骨变成怎样的畸形，还叹息道，“总要看一看才知道。究竟是怎么一回事呢？”

有一天，本级的学生会干事到我寓里来了，要借我的讲义看。我检出来交给他们，却只翻检了一通，并没有带走。但他们一走，邮差就送到一封很厚的信，拆开看时，第一句是：

“你改悔罢！”

这是《新约》① 上的句子罢，但经托尔斯泰②新近引用过的。其时正值日俄战争③，托老先生便写了一封给俄国和日本的皇帝的信④，开首便是这一句。日本报纸上很斥责他的不逊⑤，爱国青年⑥也愤然，然而暗地里却早受了他的影响了。其次的话，大略是说上年解剖学试验的题目，是藤野先生讲义上做了记号，我预先知道的，所以能有这样的成绩。末尾是匿名⑦。

我这才回忆到前几天的一件事。因为要开同级会，干事便在黑板上写广告，末一句是“请全数到会勿漏为要”，而且在“漏”字旁边加了一个圈。我当时虽然觉到圈得可笑，但是毫不介意，这回才悟出那字也在讥刺我了，犹言⑧我得了教员漏泄出来的题目。

我便将这事告知了藤野先生；有几个和我熟识的同学也很不平，一同去诘责⑨干事托辞⑩检查的无礼，并且要求他们将检查的结果，发表出来。

---

① ［《新约》］《新约全书》的简称，基督教《圣经》的后一部分。内容主要记载耶稣及其门徒的言行。

② ［托尔斯泰］指列夫·尼古拉耶维奇·托尔斯泰（1828—1910），俄国著名作家。作品有长篇小说《战争与和平》《安娜·卡列尼娜》《复活》等。

③ ［日俄战争］指 1904 年 2 月至 1905 年 9 月，日俄两国为争夺在我国东北和朝鲜的侵略权益而进行的一次帝国主义战争。战争主要在我国境内进行，而清政府竟屈辱地宣布中立。

④ ［托老先生……皇帝的信］托尔斯泰写给俄国和日本皇帝的信，登在 1904 年 6 月 27 日伦敦《泰晤士报》上；两个月后，译载于日本《平民新闻》。

⑤ ［不逊（xùn）］傲慢无礼。逊，谦虚。

⑥ ［爱国青年］指当时日本一些受军国主义思想影响而妄自尊大、盲目忠君、思想狭隘的青年。称他们为“爱国青年”，有讽刺的意味。

⑦ ［匿（nì）名］不署名或不署真实姓名。匿，隐藏。

⑧ ［犹言］如同说，就好像说。

⑨ ［诘（jié）责］责问。

⑩ ［托辞］找借口。

终于这流言消灭了，干事却又竭力运动，要收回那一封匿名信去。结末是我便将这托尔斯泰式的信退还了他们。

中国是弱国，所以中国人当然是低能儿，分数在六十分以上，便不是自己的能力了：也无怪他们疑惑。但我接着便有参观枪毙中国人的命运了。第二年添教霉菌学，细菌的形状是全用电影①来显示的，一段落已完而还没有到下课的时候，便影②几片时事的片子，自然都是日本战胜俄国的情形。但偏有中国人夹在里边：给俄国人做侦探，被日本军捕获，要枪毙了，围着看的也是一群中国人；在讲堂里的还有一个我。

“万岁！”他们都拍掌欢呼起来。

这种欢呼，是每看一片都有的，但在我，这一声却特别听得刺耳。此后回到中国来，我看见那些闲看枪毙犯人的人们，他们也何尝不酒醉似的喝采③，——呜呼，无法可想！但在那时那地，我的意见却变化了④。

到第二学年的终结，我便去寻藤野先生，告诉他我将不学医学，并且离开这仙台。他的脸色仿佛有些悲哀，似乎想说话，但竟没有说。

“我想去学生物学，先生教给我的学问，也还有用的。”其实我并没有决意要学生物学，因为看得他有些凄然⑤，便说了一个慰安他的谎话。

“为医学而教的解剖学之类，怕于生物学也没有什么大帮助。”他叹息说。

将走的前几天，他叫我到他家里去，交给我一张照相⑥，后面写着两个字道：“惜别”，还说希望将我的也送他。但我这时适值⑦没有照相了；他便叮嘱我将来照了寄给他，并且时时通信告诉他此后的状况。

我离开仙台之后，就多年没有照过相，又因为状况也无聊，说起来无非使他失望，便连信也怕敢写了。经过的年月一多，话更无从说起，所以

---

① ［电影］这里指幻灯片。

② ［影］这里是动词，放映。

③ ［喝采］即“喝彩”。

④ ［但在那时那地，我的意见却变化了］鲁迅原是抱着寻求救国道路的心愿到日本学医的。他说：“我的梦很美满，预备卒业回来，救治像我父亲似的被误的病人的疾苦，战争时候便去当军医，一面又促进了国人对于维新的信仰。”但他看了影片以后，学医的想法有了改变。他说：“从那一回以后，我便觉得医学并非一件紧要事，凡是愚弱的国民，即使体格如何健全，如何茁壮，也只能做毫无意义的示众的材料和看客……我们的第一要著，是在改变他们的精神，而善于改变精神的是，我那时以为当然要推文艺，于是想提倡文艺运动了。”（《＜呐喊＞自序》）

⑤ ［凄然］形容悲伤难过的样子。

⑥ ［照相］这是当时的叫法，即照片。

⑦ ［适值］正好遇到。

虽然有时想写信，却又难以下笔，这样的一直到现在，竟没有寄过一封信和一张照片。从他那一面看起来，是一去之后，杳无消息了。

但不知怎地，我总还时时记起他，在我所认为我师的之中，他是最使我感激，给我鼓励的一个。有时我常常想：他的对于我的热心的希望，不倦的教诲，小而言之[①]，是为中国，就是希望中国有新的医学；大而言之，是为学术，就是希望新的医学传到中国去。他的性格，在我的眼里和心里是伟大的，虽然他的姓名并不为许多人所知道。

他所改正的讲义，我曾经订成三厚本，收藏着的，将作为永久的纪念。不幸七年前迁居[②]的时候，中途毁坏了一口书箱，失去半箱书，恰巧这讲义也遗失在内[③]了。责成运送局去找寻，寂无回信。只有他的照相至今还挂在我北京寓居[④]的东墙上，书桌对面。每当夜间疲倦，正想偷懒时，仰面在灯光中瞥见他黑瘦的面貌，似乎正要说出抑扬顿挫的话来，便使我忽又良心发现，而且增加勇气了，于是点上一支烟，再继续写些为"正人君子[⑤]"之流所深恶痛疾的文字。

手语词卡

畸形　托辞　匿名　新鲜　解剖　翻译　和蔼　喝彩　疲倦

词语积累

教诲　绯红　不逊　诘责　精通　瞥见　驿站　抑扬顿挫　杳无消息
深恶痛疾　油光可鉴

语言点

一、上野的樱花**烂熳的时节**，望去确也像**绯红的轻云**，但花下也缺不了成群结队的"清国留学生"的速成班，头顶上盘着大辫子，顶得学生制帽的顶上高高耸起，形成一座富士山。

---

① ［小而言之］就小的方面说。

② ［七年前迁居］指1919年12月鲁迅从绍兴搬家到北京。

③ ［这讲义也遗失在内］那本《解剖学笔记》后在1951年从鲁迅家藏三箱书中找到，现藏于鲁迅纪念馆。

④ ［北京寓居］指当时的阜成门内西三条胡同21号。

⑤ ［正人君子］反语，讽刺那些为军阀政客张目而自命为"正人君子"的文人。

“烂熳的时节”，“绯红的轻云”：是由修饰语和中心语组成，“烂熳的”和“绯红的”为修饰语，“时节”和“轻云”是被修饰的中心语，属偏正短语。例如：

1. 胡子拉碴的年轻人、办事精明的老王、壮丽的山河

2. 没命地乱窜、悠闲地捋着胡子、结结巴巴地说

二、每当夜间疲倦，正想偷懒时，仰面在灯光中瞥见他黑瘦的面貌，似乎正要说出抑扬顿挫的话来。

每当：在任何时候；无论何时。例如：

1. 每当离开住宅的时候，他总是带着他的伞。

2. 每当我无聊时，就会看看书。

知识点

外貌描写：即描绘人物的外貌特征，它包括人物的身材、容貌、服饰、打扮以及表情、仪态、风度等。外貌描写的目的是以“形”传“神”，刻画人物的性格特征，反映人物的内心世界。例如：

其时进来的是一个黑瘦的先生，八字须，戴着眼镜，挟着一迭大大小小的书。

此句作者抓住了藤野先生的外貌特征，即黑瘦、八字须、戴着眼镜，将一个学者形象描绘得栩栩如生。

运用竞技场

一、加点的字注音全部正确的一项是（　　）

A. 绯红（huī）　　瞥见（biē）　　匿名（lì）　　油光可鉴（gàn）

B. 托辞（cí）　　驿站（yì）　　标致（zhì）　　抑扬顿挫（cuò）

C. 不逊（sūn）　　教诲（měi）　　芦荟（kuì）　　杳无消息（chā）

D. 诘责（jí）　　畸形（qī）　　凄然（xī）　　深恶痛疾（è）

二、根据课文内容，填写最恰当的词语进行搭配。

黑瘦的______　　大大小小的______　　烂熳的______

新鲜的______　　热心的______　　绯红的______

三、改正下列词语中的错别字。

不孙______　　结责______　　油光可监______　　抑扬顿挫______

深误痛疾______　　芦会______　　溺名______　　和霭______

四、仿写句子。

例句：每当他离开住宅的时候，他总是带着他的伞。

1. 每当________时候，我一想到父母的期望、老师的关照，就会咬牙坚持下去。

2. 每当______时候，______________________________

五、下面句子不属于外貌描写的是（　　）

A. 其时进来的是一个黑瘦的先生，八字须，戴着眼镜。

B. “为医学而教的解剖学之类，怕于生物学也没有什么大帮助。”他叹息说。

C. 隶体“一”字似的胡须，头上竖着寸把长的头发。

D. 那手也不是我记得的红活圆实的手，却又粗又笨而且开裂，像是松树皮了。

E. 她雪白的瓜子脸，细长的眉毛下闪动着一双乌黑发亮的眼睛，流露出聪颖的光芒。

六、阅读理解。

1. 课文中作者写道：“但在我，这一声却特别听得刺耳。”作者觉得“特别听得刺耳”的原因是（　　）

A. 叫声特别响，使人听了很不舒服。

B. 叫声违反了课堂纪律，影响了听课。

C. 是日本学生发出的叫声，而作者是中国人。

D. 日本学生的叫声极大地刺伤了作者的民族自尊心。

2. 作者在与藤野先生相处的过程中，记叙了哪几件典型事例？表现了藤野先生怎样的品质？

3. 俗世奇人泥人张[1]

冯骥才

俗世奇人泥人张

手艺道上的人，捏泥人的“泥人张”排第一。而且，有第一，没第二，第三差着十万八千里。

泥人张大名叫张明山。咸丰年间常去的地方有两处。一是东北城角的戏院大观楼，一是北关口的饭馆天庆馆。坐在那儿，为了瞧各样的人，也为捏各样的人。去大观楼要看戏台上的各种角色，去天庆馆要看人世间的各种角色。这后一种的样儿更多。

那天下雨，他一个人坐在天庆馆里饮酒，一边留神四下里吃客们的模样。这当儿，打外边进来三个人。中间一位穿得阔绰，大脑袋，中溜个子，挺着肚子，架势挺牛[2]，横冲直撞往里走。站在迎门桌子上的“撂高的[3]”一瞅，赶紧吆喝着：“益照临的张五爷可是稀客，贵客，张五爷这儿总共三位——里边请！”

一听这喊话，吃饭的人都停住嘴巴，甚至放下筷子瞧瞧这位大名鼎鼎的张五爷。当下，城里城外气最冲的要算这位靠着贩盐赚下金山的张锦文。他当年由于为盛京将军海仁卖过命，被海大人收为义子，排行老五，所以又有“海张五”一称。但人家当面叫他张五爷，背后叫他海张五。天津卫是做买卖的地界儿[4]，谁有钱谁横，官儿也怵[5]三分。

---

① 选自《俗世奇人》（作家出版社2000版）。冯骥才，1942年生于天津，浙江宁波人。中国当代作家、画家、文化学者和教授。

② ［牛］方言，傲气的意思。

③ ［撂（liào）高的］招呼客人的伙计。

④ ［地界儿］地方。

⑤ ［怵（chù）］害怕；恐惧。

可是手艺人除外，手艺人靠手吃饭，求谁？怵谁？故此，泥人张只管饮酒，吃菜，西瞧东看，全然没把海张五当个人物。

但是不会儿，就听海张五那边议论起他来。有个细嗓门的说："人家台下一边看戏，一边手在袖子里捏泥人。捏完拿出来一瞧，台上的嘛样，他捏的嘛样[①]。"跟着就是海张五的大粗嗓门说："在哪儿捏？在袖子里捏？在裤裆里捏吧！"随后一阵笑，拿泥人张找乐子。

这些话天庆馆里的人全都听见了。人们等着瞧艺高胆大的泥人张怎么"回报"海张五。一个泥团儿砍[②]过去？

只见人家泥人张听赛没听，左手伸到桌子下边，打鞋底抠下一块泥巴。右手依然端杯饮酒，眼睛也只瞅着桌上的酒菜，这左手便摆弄起这团泥巴来；几个手指飞快捏弄，比变戏法的刘秃子[③]的手还灵巧。海张五那边还在不停地找乐子，泥人张这边肯定把那些话在他手里这团泥上全找回来了。随后手一停，他把这泥团往桌上"叭"地一戳，起身去柜台结账。

吃饭的人伸脖一瞧，这泥人张真捏绝了！就赛把海张五的脑袋割下来放在桌上一般。瓢似的脑袋，小鼓眼，一脸狂气，比海张五还像海张五。只是只有核桃大小。

海张五在那边，隔着两丈远就看出捏的是他。他朝着正走出门的泥人张的背影叫道："这破手艺也想赚钱，贱卖都没人要。"

泥人张头都没回，撑开伞走了。但天津卫的事没有这样完的——

第二天，北门外估衣街的几个小杂货摊上，摆出来一排排海张五这个泥像，还加了个身子，大模大样坐在那里。而且是翻模子扣的，成批生产，足有一二百个。摊上还都贴着个白纸条，上边使墨笔写着：贱卖海张五。

估衣街上来来往往的人，谁看谁乐。乐完找熟人来看，再一块乐。

三天后，海张五派人花了大价钱，才把这些泥人全买走，据说连泥模子也买走了。泥人是没了，可"贱卖海张五"这事却传了一百多年，直到今儿个。

手语词卡

阔绰　吆喝　结账　大名鼎鼎　艺高胆大

---

① ［嘛样］方言，什么样。

② ［砍］方言，把东西扔过去。

③ ［刘秃子］外号"快手刘"，旧天津南市"三不管"地区变戏法的艺人。

词语积累

瞅　搿　抠　怵　横冲直撞　大模大样

语言点

一、第二天，北门外估衣街的几个小杂货摊上，摆出来**一排排**海张五这个泥像，还加了个身子，**大模大样**坐在那里。

一排排、大模大样分别为叠词的 ABB 式、ABAC 式。

一排排：表示海张五泥像的数量多。例如：

狂风中，一排排海浪铺天盖地翻卷而来。

大模大样：形容态度傲慢，目中无人的样子。例如：

他大模大样地从我们眼前走过去了，全然不顾大伙的存在！

叠词举例：

ABB 式：　一阵阵　一片片　一声声

ABAC 式：　不屈不挠　半信半疑　不仁不义

二、只见人家泥人张听赛没听，左手伸到桌子下边，打鞋底**抠下**一块泥巴。右手依然**端**杯饮酒，眼睛也只**瞅**着桌上的酒菜，这左手便摆弄起这团泥巴来；几个手指飞快捏弄，比变戏法的刘秃子的手还灵巧。

抠下：本文指用手指把细小的东西挖下来。例如：

她在地上抠个洞，把掉在缝里的豆粒抠出来。

端：用手平拿着。例如：

端饭，端茶。

瞅：看的意思。例如：

他左手端着咖啡，右手握着鼠标，眼睛瞅在电脑屏幕上。

知识点

动作描写：描写人物富有特征性的动作，以表现人物的性格、品质、身份、地位、处境或状态等。

例如：只见人家泥人张听赛没听，左手伸到桌子下边，打鞋底抠下一块泥巴。右手依然端杯饮酒，眼睛也只瞅着桌上的酒菜，这左手便摆弄起这团泥巴来；几个手指飞快捏弄，比变戏法的刘秃子的手还灵巧。

抠、端、瞅、摆弄、捏弄这几个动词突出泥人张的动作不仅快，而且娴熟。

运用竞技场

一、根据拼音写汉字。

阔 chuò（　　）　　yāo（　　）喝　　结 zhàng（　　）

艺高 dǎn（　　）大　　横冲直 zhuàng（　　）

二、叠词填空并仿写。

ABB 式 如：白茫茫

气______　　____悠悠　　急______

你还可以想到哪些 ABB 式叠词？请写下来：

____

ABAC 式 如：不屈不挠

一____一____　　半____半____　　又____又____　　不____不____

可____可____　　再____再____　　任____任____　　百____百____

你还可以想到哪些 ABAC 式叠词？请写下来：

____

三、选择合适的字填空。

端　　瞅　　抠

1. 快吃饭了，请把菜______到桌子上。

2. 珠儿说着，目光中流露出明察秋毫的聪慧，抬起眼睛______着她母亲的面孔。

3. 她在地上______了个洞。

四、请将下面词语连成一句意思完整的话。

张明山　　大名　　泥人张　　叫

____

这些　泥人　派人　他　花了　才　把　买走　大价钱　全

____

五、阅读理解。

1. 你认为泥人张和海张五分别是什么样的人？请从下列词语中找到合适的词语评价他们。

狂妄　　嚣张　　飞扬跋扈　　艺高胆大　　沉稳从容　　骄横

泥人张：______________________________

海张五：______________________________

2. 读完课文，你觉得“泥人张”这个俗世奇人“奇”在哪些方面？请写下来。

*4. 老王①

杨　绛

我常坐老王的三轮。他蹬，我坐，一路上我们说着闲话。

据老王自己讲：北京解放后，蹬三轮的都组织起来，那时候他“脑袋慢”，“没绕过来”，“晚了一步”，就“进不去了”，他感叹自己“人老了，没用了”。老王常有失群落伍的惶恐，因为他是单干户。他靠着活命的只是一辆破旧的三轮车。有个哥哥，死了，有两个侄儿，“没出息”，此外就没什么亲人。

老王

老王只有一只眼，另一只是“田螺眼”，瞎的。乘客不愿坐他的车，怕他看不清，撞了什么。有人说，这老光棍大约年轻时不老实，害了什么恶病，瞎掉了一只眼。他那只好眼也有病，天黑了就看不见。有一次，他撞在电杆上，撞得半面肿胀，又青又紫。那时候我们在干校②，我女儿说他是夜盲症，给他吃了大瓶的鱼肝油，晚上就看得见了。他也许是从小营养不良而瞎了一眼，也许是得了恶病，反正同是不幸，而后者该是更深的不幸。

有一天傍晚，我们夫妇散步，经过一个荒僻的小胡同，看见一个破破落落的大院，里面有几间塌败③的小屋；老王正蹬着他那辆三轮进大院去。后来我在坐着老王的车和他闲聊的时候，问起那里是不是他的家。他说，住那儿多年了。

---

① 选自《杨绛散文》（浙江文艺出版社1994年版）。略有改动。杨绛（1911—2016），本名杨季康，江苏无锡人，中国女作家、文学翻译家和外国文学研究家，钱钟书夫人。

② ［干校（gàn xiào）］这里指“五七干校”，“文化大革命”期间国家干部集体下放劳动锻炼的场所。

③ ［塌败］塌陷破败。

有一年夏天，老王给我们楼下人家送冰，愿意给我们家带送，车费减半。我们当然不要他减半收费。每天清晨，老王抱着冰上三楼，代我们放入冰箱。他送的冰比他前任送的大一倍，冰价相等。胡同口蹬三轮的我们大多熟识，老王是其中最老实的。他从没看透我们是好欺负的主顾，他大概压根儿没想到这点。

"文化大革命"开始，默存①不知怎么的一条腿走不得路了。我代他请了假，烦老王送他上医院。我自己不敢乘三轮，挤公共汽车到医院门口等待。老王帮我把默存扶下车，却坚决不肯拿钱。他说："我送钱先生看病，不要钱。"我一定要给他钱，他哑着嗓子悄悄问我："你还有钱吗？"我笑着说有钱，他拿了钱却还不大放心。

我们从干校回来，载客三轮都取缔②了。老王只好把他那辆三轮改成运货的平板三轮。他并没有力气运送什么货物。幸亏有一位老先生愿把自己降格为"货"，让老王运送。老王欣然在三轮平板的周围装上半寸高的边缘，好像有了这半寸边缘，乘客就围住了不会掉落。我问老王凭这位主顾，是否能维持生活，他说可以凑合③。可是过些时老王病了，不知什么病，花钱吃了不知什么药，总不见好。开始几个月他还能扶病到我家来，以后只好托他同院的老李来代他传话了。

有一天，我在家听到打门，开门看见老王直僵僵地镶嵌在门框里。往常他坐在蹬三轮的座上，或抱着冰伛④着身子进我家来，不显得那么高。也许他平时不那么瘦，也不那么直僵僵的。他面如死灰，两只眼上都结着一层翳⑤，分不清哪一只瞎，哪一只不瞎。说得可笑些，他简直像棺材里倒出来的，就像我想象里的僵尸，骷髅上绷着一层枯黄的干皮，打上一棍就会散成一堆白骨。我吃惊地说："啊呀，老王，你好些了吗？"

他"嗯"了一声，直着脚往里走，对我伸出两手。他一手提着个瓶子，一手提着一包东西。

我忙去接。瓶子里是香油，包裹里是鸡蛋。我记不清是十个还是二十个，因为在我记忆里多得数不完。我也记不起他是怎么说的，反正意思很

---

① ［默存（mò cún）］作者的丈夫钱钟书的字。钱钟书（1910—1998），江苏无锡人，学者、作家，著有小说《围城》和学术著作《谈艺录》《管锥编》等。

② ［取缔］明令取消或禁止。

③ ［凑合］将就。

④ ［伛（yǔ）］弯（腰）曲（背）。

⑤ ［翳（yì）］眼角膜病后留下的疤痕。

明白，那是他送我们的。

我强笑说："老王，这么新鲜的大鸡蛋，都给我们吃？"

他只说："我不吃。"

我谢了他的好香油，谢了他的大鸡蛋，然后转身进屋去。他赶忙止住我说："我不是要钱。"

我也赶忙解释："我知道，我知道——不过你既然来了，就免得托人捎了。"

他也许觉得我这话有理，站着等我。

我把他包鸡蛋的一方灰不灰、蓝不蓝的方格子破布叠好还他。他一手拿着布，一手攥着钱，滞笨[①]地转过身子。我忙去给他开了门，站在楼梯口，看他直着脚一级一级下楼去，直担心他半楼梯摔倒。等到听不见脚步声，我回屋才感到抱歉，没请他坐坐喝口茶水。可是我害怕得糊涂了。那直僵僵的身体好像不能坐，稍一弯曲就会散成一堆骨头。我不能想象他是怎么回家的。

过了十多天，我碰见老王同院的老李。我问："老王怎么了？好些没有？"

"早埋了。"

"呀，他什么时候……"

"什么时候死的？就是到您那儿的第二天。"

他还讲老王身上缠了多少尺全新的白布——因为老王是回民，埋在什么沟里。我也不懂，没多问。

我回家看着还没动用的那瓶香油和没吃完的鸡蛋，一再追忆老王和我对答的话，捉摸他是否知道我领受他的谢意。我想他是知道的。但不知为什么，每想起老王，总觉得心上不安。因为吃了他的香油和鸡蛋？因为他来表示感谢，我却拿钱去侮辱他？都不是。几年过去了，我渐渐明白：那是一个幸运的人对一个不幸者的愧怍[②]。

手语词卡

绷　取缔　惶恐　出息　侮辱　维持　凑合

---

① ［滞笨］呆滞笨拙。

② ［愧怍（kuì zuò）］惭愧。

词语积累

伛　愧怍　骷髅　滞笨　塌败　荒僻

语言点

一、他靠着活命的只是一辆破旧的三轮车。

老王只有一只眼，另一只是“田螺眼”，瞎的。

“一辆破旧的三轮车”“一只眼”中的“辆”“只”是量词，量词就是用来表示人、事物或动作的数量单位的词。例如：

一棵树、一群人、看五遍。

二、他一手提着个瓶子，一手提着一包东西。

他一手拿着布，一手攥着钱，滞笨地转过身子。

一手……一手……：并列关系的句子。例如：

我一手拿着调色盘，一手拿着画笔，认真地画着眼前的美景。

知识点

神态描写：专指人物脸部表情，描写时要用表示表情、神态的词语。例如：

1. 他面如死灰，两只眼上都结着一层翳，分不清哪一只瞎，哪一只不瞎。
2. 爸爸长着浓浓的眉毛，一双炯炯有神的大眼睛总是闪着严厉的目光。

运用竞技场

一、给加点词语选择正确读音。

伛（gōu　yǔ）　　惶恐（fáng　huáng）（kǒng kěn）

荒僻（pì　bì）　　骷髅（kū　gū）（luò　lóu）

取缔（tì　dì）　　塌败（tāi tā）

滞笨（zhì dài）　　愧怍（zà zuò）

二、词语搭配连线。

一只　　三轮车

一辆　　白骨

一条　　零食

一堆　　眼睛

一包　　腿

三、填上恰当的量词。

一____画家	一____学生	一____马	一____脑袋
一____牙齿	一____头发	一____眉毛	一____嘴
一____嘴唇	一____尾巴	一____树	一____白杨
一____水稻	一____苹果	一____梨	一____葡萄
一____香蕉	一____叶子	一____树根	一____种子

四、仿写句子。

例句：他一手提着个瓶子，一手提着一包东西。

仿写：______________________________

五、下列句子不含有神态描写的是（　　）

A. 她挣扎着，咬着嘴唇，手扶着门框，看花轿徐徐地走去。

B. 瓢似的脑袋，小鼓眼，一脸狂气，比海张五还像海张五。

C. 他面如死灰，两只眼上都结着一层翳，分不清哪一只瞎，哪一只不瞎。

D. 只见人家泥人张听赛没听，左手伸到桌子下边，打鞋底抠下一块泥巴。

六、阅读理解。

1. 对“他赶忙止住我说：我不是要钱”一句理解错误的一项是（　　）

A. “他赶忙止住我”表明老王了解杨绛的为人，知道她要给钱。

B. “我不是要钱。”一句表明老王是在临终前来和一生中给他温暖最多的人告别，他不愿意接受钱。

C. 从这句话中我们可以读出老王是个重情重义，知恩图报的人。

D. 作者在文末表达的“愧怍”之情，主要原因是这一次给了老王钱。

2. 请你选出关键词选择到横线上。

孤苦伶仃　生活窘迫　平等观念　凄凉艰难　老实厚道　人道精神

关心人　讲感情　讲仁义　知恩图报　心地善良　尊重穷人

老王是一个______________________________的人。

我是一个______________________________的人。

3. 在现实生活中，你如果遇到像“老王”这样境遇的人，应该如何对待，请你写下来。

语文应用操练一

语言交往

自我介绍

自我介绍，是推销自己的一种重要方法和手段。介绍得当，可以给人留下良好而深刻的印象，增进他人对你的了解，从而获得对方的信任和支持；介绍不当，则会带来许多麻烦，若是留下的“第一印象”不好，以后想要改变别人对你的认识就要付出很大的努力。

情景互动，学习自我介绍技巧

开学初，职专一班的孙阳同学在题为“认识你，认识我”的主题班会上这样向同学介绍自己。

各位同学，大家好！很高兴见到你们！请允许我介绍一下自己：

姓名：跟孙悟空同姓（模仿孙大圣模样），“太阳”的“阳”，（出示SY手势语）。

年龄：已是二八年华。

模样：扁脸扁鼻子，手大脚大像爸爸；浓眉黑眼珠子像妈妈，不高不矮，不胖不瘦。

优点：我刚拿着户口簿报名念书那天，老师就写了道题“3＋1－5”考我，又连忙说：“出错了！”我一口气答出：“等于－1。”老师惊奇地问：“你知道什么叫负数？”我又说：“负数就是不够，还欠你的。”老师抚摸着我的头，微微笑了。多年来我的学习手册上都写着：“学习成绩优秀，爱劳动，是个聪明伶俐的学生。”同学们也夸我：“有两下子。”我会爬杆，会打乒乓球。班上的黑板报画画、写字全是我包了。我还爱看书，看完了就讲给朋友们听。我更爱学英语。以前，每天早晨我还在梦中，就被爸爸读英语的声音惊醒。我吵着要学，爸爸说：“早点学也好。”就这样，我坚持早晚跟爸爸学英语。坚持下来，成绩还不错，有机会，给你们露两下。

缺点：我的缺点多于优点。除了老师的评语“上课不专心，下课爱打闹，有点骄傲自满”以外，爸爸还给我总结了好多条，学习要鞭子抽，脑细胞平平静静，好吃贪玩，出门就闯祸。

……

当他介绍完后，同学们报以热烈的掌声，并很快记住了孙阳。

【评析】

孙阳介绍自己，采用了近于列表式的方式逐项来写，简单明了，语言很有特色。他根据介绍的目的和听众情况，妥善地处理了内容的详略：基本情况略写，优缺点详写，运用典型事例印证，令人印象深刻。

自我介绍步骤

1. 在无介绍人在场而又希望结识对方时，应先与对方保持目光接触并向对方点头致意，得到回应后再向对方介绍自己。

2. 正式介绍之前，应面带微笑，首先说“请允许我向您介绍……”或“请让我介绍一下”“请允许我自我介绍一下”等，这样表达能给听者留下文明、礼貌的印象。

3. 在正式介绍时，要大方地向对方说：“您好！我是（XXX 单位的）XXX，认识您很高兴，请多关照！”

4. 为了节省时间，作自我介绍时，还可递送名片加以辅助。

自我介绍注意事项

1. 初次见面进行自我介绍时，语言一定要简练、得体。以半分钟左右为宜，不要超过一分钟。在自我介绍时，本人的姓名、学习单位或供职单位以及具体部门、担任的职务或所从事的具体工作这几项要素应连续报出，这样既有助于给对方留下完整的印象，又可以节省时间。

2. 自我介绍的内容必须实事求是、真实可信，经得起别人的推敲和审视，不要夸大其词或过于低调。同时要兼顾实际需要及所处场景，要具有鲜明的针对性，不要“千人一面”。向听人朋友介绍自己时，可以用文字写出自己的名字，或者在手机上输入文字出示；向聋人朋友介绍自己时，要出示自己的手语名字。最好将自己的名字与名人的姓氏或是常用名词相结合，这样可以方便别人记住你的名字。比如，姓名是“周英”，就可以介绍为：周总理的“周”，英雄的“英”。

3. 自我介绍时应留心观察对方的反应，不可一下子说很多话。如果想与对方继续保持联系，可主动把自己的地址和电话留给对方，但不可强求对方也这么做。

4. 在一般的社交场合，只需说清自己的姓名，双方都认识的人的关系即可。在应聘面试、竞赛等较为正规的场合，除姓名、年龄外，还要介绍自己的经历、业绩、特长等，并适当地介绍自己的能力。

自我介绍常用态势语

1. 自我介绍姿势。自我介绍前，选择干净得体的衣物，头发、面容要整洁，整理好自己的衣物后再开始。如果是坐着，应该在自我介绍时站起来致意；如果需要移步，则一定要步伐稳健、从容，站定后鞠躬行礼、面带微笑问好，自信地保持目光接触。如果是坐着，手一般自然交叠放于小腹前，站姿则自然垂于体侧。

2. 当别人向你自我介绍后，你应该有所表示，或微笑或握手或点点头，如果你正坐着，应该起立。如有些不便，则点头微笑示意或者稍起欠身，以示礼貌。

实用招牌词句

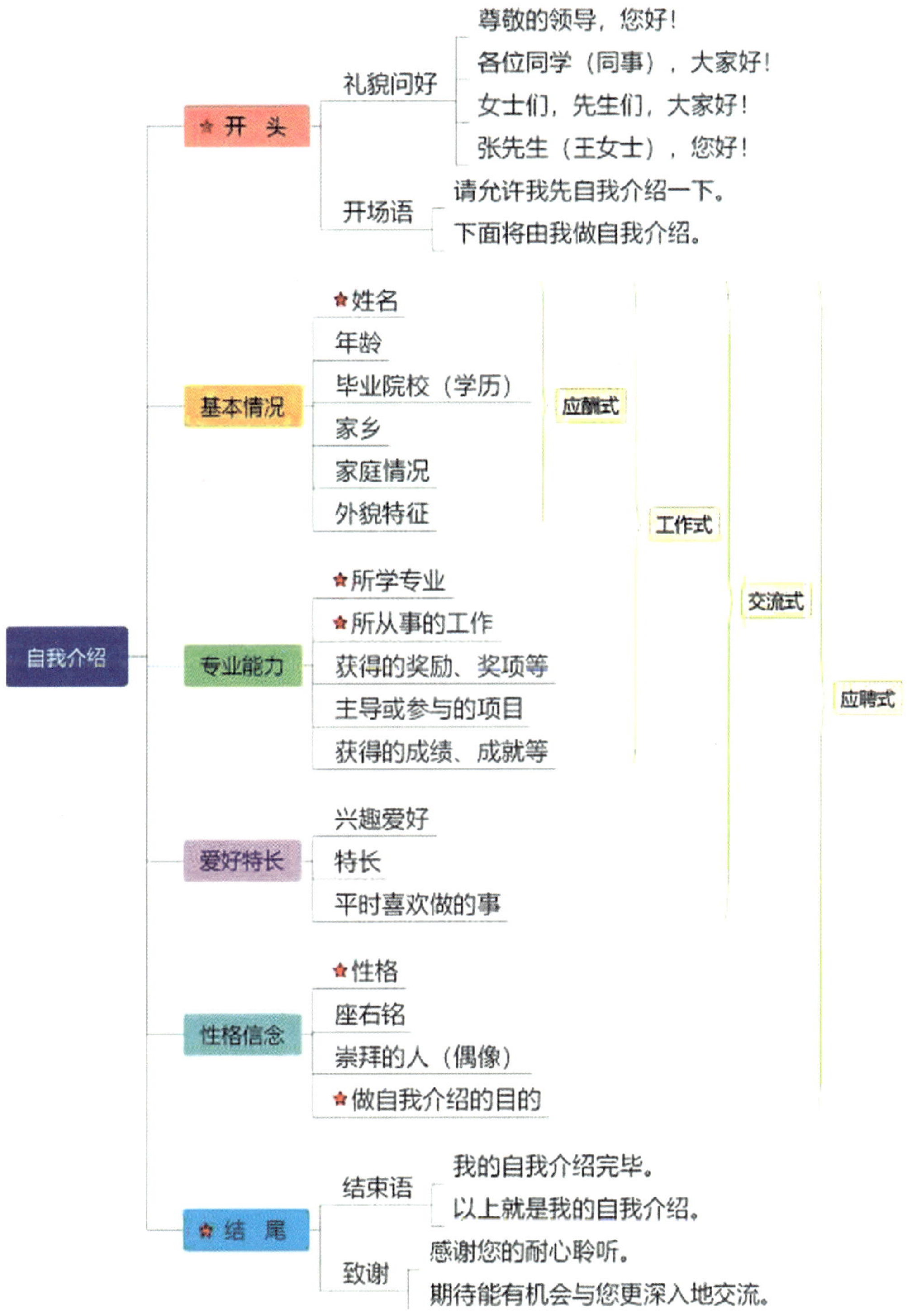
自我介绍
开 头
礼貌问好
尊敬的领导，您好！
各位同学（同事），大家好！
女士们，先生们，大家好！
张先生（王女士），您好！
开场语
请允许我先自我介绍一下。
下面将由我做自我介绍。
基本情况
姓名
年龄
毕业院校（学历）
家乡
家庭情况
外貌特征
应酬式
工作式
交流式
应聘式
专业能力
所学专业
所从事的工作
获得的奖励、奖项等
主导或参与的项目
获得的成绩、成就等
爱好特长
兴趣爱好
特长
平时喜欢做的事
性格信念
性格
座右铭
崇拜的人（偶像）
做自我介绍的目的
结 尾
结束语
我的自我介绍完毕。
以上就是我的自我介绍。
致谢
感谢您的耐心聆听。
期待能有机会与您更深入地交流。

知识链接

以下是工作和生活中几种常见的自我介绍方式：

1. 应酬式的自我介绍。这种自我介绍的方式最简洁，往往只包括姓名一项就可以了。如“您好！我叫李丹。”

它适合于一些公共场合和一般性的社交场合，如途中邂逅、宴会现场、舞会、通电话时。它的对象主要是一般接触的交往人。

2. 工作式的自我介绍。工作式的自我介绍的内容，包括本人姓名、供职的单位以及部门、担负职务或从事的具体工作等三项。

①姓名。应当一口报出，不可有姓无名，或有名无姓。

②单位。供职的单位及部门，如可能最好全部报出，具体工作部门有时可以暂不报出。

③职务。担负的职务或从事具体工作，有职务最好报出职务，职务较低或者无职务，则可报出目前所从事的具体工作。

如：“我叫XX，是XX公司的，目前从事工艺品制作工作。”

3. 交流式的自我介绍。也叫社交式自我介绍或沟通式自我介绍，是一种刻意寻求交往对象进一步交流的沟通，希望对方认识自己、了解自己、与自己建立联系的自我介绍。适用在社交活动中，大体包括本人的姓名、工作、籍贯、学历、兴趣以及与交往对象的某些熟人的关系等。如：“我的名字叫王光，是三重力公司营销经理，我和您老乡李华是同事。”

4. 礼仪式的自我介绍。这是一种表示对交往对象友好、敬意的自我介绍。适用于讲座、报告、演出、庆典、仪式等正规的场合。内容包括姓名、单位、职务等项。自我介绍时，还应多加入一些适当的谦辞、敬语，以示自己尊敬交往对象。如：“女士们、先生们，大家好！我叫宋玉，是精英文化公司的产品部经理。值此新春之际，谨代表本公司热烈欢迎各位来宾莅临指导，谢谢大家的支持。”

5. 问答式的自我介绍。针对对方提出的问题，做出自己的回答。这种方式适用于应试、应聘和公务交往。在普通交际应酬场合，它有时也出现。如：对方发问：“这位先生贵姓？”回答：“免贵姓张，弓长张。”

运用竞技场

一、开学了，新生班举行以“趣说自己”为题的班会，请你在班会上作自我介绍。

要求：

1. 礼貌得体，举止大方。
2. 重点突出，详略得当。
3. 形式活泼新颖。
4. 语言幽默诙谐，展示自己的个性风采。

二、模拟班干部竞选，为竞选班干部（职务自拟）准备一份包括自我介绍在内的竞选词，并试讲。

应用文写作

便条

同学们，当你因为生病或者有事需要向单位、学校请假的时候应该履行什么手续？当需要请别人帮忙，但是别人不在且无法联系上，或者不便于直接说的情况下应该怎么办呢？

例文指路

【例文一】请假条

请 假 条①

王老师：②

我因不小心受风寒感冒，发烧严重，因此不能按时来校上课。请假两天（9 月 20 日——21 日），请批准。③

此致

敬礼④

附：医院证明⑤

学生：×××

×年×月×日 ⑥

写法注释

如果突然发生了意外事情，不能去上学、上班或者出席会议，就要写请假条，向有关负责人请假。递交请假条是请假的正式手续，请假条应该及时送达，如果时间紧急，也可以事后补送。

① 标题：写请假条时，习惯上要写标题，第一行居中写上“请假条”三个字。

② 称呼：另起一行，顶格写上批准人的称呼，并在称呼后加冒号。如“××老师”“××先生”等，平辈、友人之间可直接写姓名或常用的称呼，如“××兄”“××姐”等，不能用别号或不雅的称呼。

③ 正文：另起一行空两格写正文。请假条的正文一般要写清请假原因和请假期限，请假的理由要充分，多用敬语，如：“请”“敬请”“恳请”等。请假时间不仅要写清楚多少天或多少小时，更要写清楚具体的起止时间。

④ 结尾：写上诸如“此致”“敬礼”之类的致敬语，有时也可以不写。

⑤ 请病假有医生证明的，可在正文后另起一行写上“附：医院证明”的字样，然后把证明与请假条一起交给对方。

⑥ 落款：写在正文的右下方，包括署名和日期两项。

【例文二】留言条

①

张主任：

今天上午九点，我来办公室找您办理出差相关事宜，不巧您正好外出开会不在。我下午三点再来，请您在办公室等我。②

孙老师

即日③

写法注释

如果有事情找人办理，对方不在，又不能久等，可使用留言条。

① 留言条一般不写标题。

② 留言条正文的内容随留言的具体事项来确定，比如：走访别人未遇，一般要写明来访目的、事由、约定的时间、地点，便于对方有所准备；如

果以前没有交往，还要作自我介绍。正文结尾一般不写致敬语。

③ 署名的方式视写给的对象而定，署名的下方要写明成文的日期，熟悉的人可只写姓或名，加上“即日”（就是当天的意思）就可以了；不太熟悉的，则应写出全名乃至单位名称和具体日期。

【例文三】请托条

①
赵科长：
请抽空帮忙代购《素质教育与学生作文》十本，邮寄到学校，货到后给你转账。谢谢！②
李　明
×年×月×日

写法注释

如果有事情找人帮忙办理而使用的条子叫请托条，又叫托人办事条。

① 托人办事条的标题不用写。

② 正文要把事情交代清楚，以免给对方造成麻烦。托人购物，要详细写清物品要求；托人送物也得交代明白，以免误事。写托人办事条还得讲究礼貌，致谢语必不可少。

实用招牌词句

词：请假　留言　帮忙　紧急　办事　事宜　恳请　希望　感谢　正逢　恰巧　等候　将于　准备

句：1. 找您有事商讨，正逢您不在。
2. 身感不适，需要住院治疗。
3. 恳请批准。
4. 请您等候。
5. 非常感谢您的帮忙。

写作小贴士

● 便条是一种具有一定格式、内容单一、书写简便、使用广泛的条据类应用文，是人们用于办理临时性事务的一种最简便的书信。便条的使用范围极广，不用信封，不需邮寄，一般请人代为转交，有时可写在留言板或留言簿上。

● 不同种类的便条的写法基本相同，格式大致与书信类似，通常由称呼、正文、署名、日期四部分组成。一般常用的便条有请假条、留言条、托人办事条等。

● 留言条与托人办事条不写标题。请假条必须写标题。

结构模板

______条（或不写）

______：

______，______

______。

此致

敬礼

______

____年__月__日

运用竞技场

一、我会改

下面的便条写得对吗？如果不对，请动笔修改。

请假条

刘海林

身体不舒服，请假。

2020 年 6 月 8 日

请托条

老兄：

请帮忙购买员工工作服 6 套，工作皮鞋 6 双。

生产部

2020 年 6 月 8 日

留言条

李老师：

今天上午九点，我来办公室找你，你不知道干什么去了，害我白等了你一上午。你务必在明天等我，严禁外出。

刘　涛

2020 年 6 月 8 日

二、我会写

1. 刘芳同学晚上到李兰同学家借今年的《新概念学生作文》，刚好李兰不在家，刘芳就留了一张便条，准备明天晚上再来，请李兰在家里等她。请你为刘芳同学写一张便条。

2. 李明突然生病去医院检查，需要住院，时间是 9 月 20 日—9 月 26 日，他不能来校上课，但还没有跟老师正式请假，请你代李明写一张请假条。

语文综合实践活动

“语言知识及运用”擂台赛

语言是人类最重要的交际工具，掌握语言知识并学会运用是同学们学习其他科学文化知识的重要基础。虽然你听不清楚，但没有什么能够阻挡你积累语言知识、获得语言能力的热情。本单元特组织“语言知识及运用”擂台赛，相信通过本次活动，你将收获到不少语言知识与运用的规律，进而能真正做到“我手写我心”“我手抒我怀”。

活动目标

在活动中积累语言知识，提高语言知识的运用能力。培养同学们整理复习的能力和良好的学习习惯，激发合作和创新精神。

活动设计

本次活动，主要包括“明确任务”“赛题设计”“课堂活动”“赛题整理”四个环节。全班同学分组合作，参与活动的各个环节。每组为自己设计队名和口号，组长负责协调管理工作，并记录整改活动过程。成立大赛组委会，由老师参与策划协调。

一、明确任务

分成若干个学习小组，每组4—6人（尽量每组人数一致、每组学生知识水平差不多）。明确赛前任务：

1. 每组开展自主学习活动，了解“语言知识及运用”相关知识，熟悉赛题形式；

2. 每组设计 40 道赛题并附标准答案，上交大赛组委会。

自主学习活动可以围绕若干个专题展开，如：字形训练、词语辨析、成语释义、修辞方法运用、病句修改等。根据这些专题，大赛组委会与各组组长一起编辑学习资料，预先分发，以辅助各个小组顺利开展学习活动。

二、赛题设计

每组设计赛题 40 道，兼顾选择、判断、填空、简答、词语解释等题型。制成赛题卡，每题一卡，正面是赛题，背面是参考答案或评分要点。赛题要言简意明，难易适中，适合主持人表述、答题人听题和当场回答。赛题设计完毕，上交给大赛组委会。组委会根据各组上交的赛题，进行汇总、分类、整理和筛选，做好擂台赛的赛题准备工作。

三、课堂活动

擂台赛的知识比拼环节，由大赛组委会中的两位同学担任主持人。擂台赛活动，提倡形式多样，寓教于乐，融知识性、游戏性与竞赛性于一体。每个学习小组即为一个团队，最终以得分多少决定胜负。

活动可分为“团队必答”“团队抢答”“争分夺秒”“团队共答”“风险挑战”“幸运擂台”等栏目展开。

“团队必答”：每组派一个代表，分别抽选一个被遮盖的字，开火车每人轮流说一个成语。说对一个得 10 分，时间 1 分钟。

“团队抢答”：主持人读出题目后，各组成员可以迅速举手示意，由最先举手者回答问题。答对得 10 分，答错扣 10 分。

“争分夺秒”：每组派一个同学，在 2 分钟内限时回答问题，答对一题得 10 分，答错或不答不扣分。

“团队共答”：组长抽题，小组成员一起回答问题，答对一题得 10 分，答错或不答每题扣 10 分。

“风险挑战”：试题根据由易到难的级别分为 10 分、20 分、30 分题，小组自选分值题，答对加上相应的分值，答错扣掉相应的分值。各组派代表抽题、答题。

“幸运擂台”：由两个小组派代表参加，一个小组代表抽题，另一个小组代表答题。答对一题，给答对者所在小组加 10 分；答错或不答一题，给抽题者所在小组加 10 分。抽答 3—6 题，交替进行。

最后，根据小组总分，评出一、二、三等奖，进行奖励。

四、赛题整理

各组组长与组委会一起做好赛题整理和汇编工作，结集装订，作为同学们考试复习与下次活动准备的参考资料。

相关资料

一、比赛题卡设计示例

正面：

栏目	赛　　题
团队必答	

反面：

栏目	参考答案或评分要点
团队必答	白头到老——老气横秋——秋高气爽——爽心悦目——目不斜视——视死如归——归心似箭——箭无虚发——发扬光大——大获全胜——胜任愉快——快人快语——语重心长——长话短说——说一不二——二龙戏珠——珠联璧合……

二、“语言知识及运用”擂台赛赛题示例

1. 字形纠错

大才小用（　　）　　草管人命（　　）

离经判道（　　）　　尉然成风（　　）

2. 词语辨析

A. 推心置腹　　B. 开诚布公

(1) 每一个人都需要有人和他（　　　）地谈心。

(2) 一生荣华富贵，不如一个（　　　）的朋友。

3. 成语释义："千钧一发"。

4. 修辞方法运用：根据下列句中的成语，说出该句使用了什么修辞手法？

由于贪玩，最近他的成绩一落千丈。

5. 下列句子中的成语使用是否恰当？若不恰当，请改正。

A. 中学生需要广阔的视野，参与各种社会实践活动，特别是文化活动，这样才能开卷有益。

B. 自然科学领域中有许多异想天开的神秘现象，正等待着科学家们去破解。

C. 湖南电视台的"天天向上"节目办得惟妙惟肖，赢得观众的一致好评。

D. 在全球经济一体化成为趋势的今天，与国际接轨是一个自强不息的民族的必然选择。

第二单元　感悟成长

单元导语

成长路上，有快乐，有幸福；有苦涩，有艰辛。成长是跌跌撞撞还依然向前的勇气；成长是历经磨难却心怀感恩的沉着；成长是经历失败还傲然挺立的霸气；成长是面对困难却坦然微笑的信心。

本单元选取的四篇课文都叙述着关于成长的故事：《走一步，再走一步》讲述作者从一件往事感悟到一个人生哲理的故事，这份感悟成为他人生的一笔精神财富。莫怀戚的《散步》通过全家三辈四口人散步的故事，抒发了一种交织在母子、父子、祖孙三代之间的浓浓亲情。语言平易朴实，内涵丰富，耐人寻味，使读者的心灵随着作者优美的文字在亲情、人性、生命这三点构成的轨迹上进行了一次愉悦而高尚的美的旅行。雷抒雁的《履痕》，不仅是一篇叙事美文，也是一篇富有哲理的文章。作者通过对妈妈为“我”做鞋的回忆，引发出对人生的诸多感悟。字里行间流淌着母爱的暖流，读来令人感动。美国作家克莱奥尔写的《幼犊》，讲述孩子在成长过程中与爸爸不断进行较量争斗的故事。经过一次次的尝试与失败，最终打败了心中的大人物。可他却没有为此高兴，更多的是体会到了对父亲认识的变化，从而来表现父子两代之间的沟通与交流，表现其成长的顿悟与伤感。

我们可以用“感知与领会”的方式来阅读本单元课文。学习时，先要浏览课文，对课文所表达的内容有一个整体的感知和初步的认识；然后，进一步阅读课文，感受作者的思想感情，理解作者的写作意图，品味作品的语言特色，这就是感知和领会的过程。

5. 走一步，再走一步[①]

莫顿·亨特

要着眼于那最初的一小步

那是费城七月里一个闷热的日子，虽然时隔五十七年，可那种闷热我至今还能感觉得到。当时和我一起的五个小男孩，因为玩弹子游戏玩厌了，都想找些新的花样来玩。

“嗨！”内德说，“我们很久没有爬悬崖了。”

“我们现在就去爬吧！”有个孩子叫道。他们就朝一座悬崖飞跑而去。

我一时拿不定主意。虽然我很希望自己也能像他们那样活泼勇敢，但是自我出世以后，八年来我一直有病，而且我的心里一直牢记着母亲叫我不要冒险的训诫[②]。

“来呀！”我最要好的朋友杰利对我叫喊，“别做胆小鬼。”

“我来了！"我一面应着，一面跟着他们跑。

我们最后来到一处空地。那座悬崖就耸立在空地的另一边。它是一堵垂直的峭壁，壁面有许多凸出来的岩石、崩土和蓬乱的灌木。大约只有二十米高，但在我眼中却是高不可攀的险峰。

伙伴们一个挨一个地向着一条岩壁上突出出来的小山道爬去，那条小山道足有通往崖顶全部路程的三分之二。我落在最后，全身颤抖，冷汗直冒，也跟着他们向上爬。我的心在瘦骨嶙峋[③]的胸腔里咚咚直跳。

---

① 选自《当代少年》1988年第1期。略有改动。莫顿·亨特（1927—1983），美国作家、心理学家。

② ［训诫］告诫，教导。

③ ［嶙峋（lín xún）］形容人非常瘦。

我终于爬上去了，蹲在小山道上，心惊肉跳，尽量往里靠。其他的孩子慢慢地向前移动，我看在眼里，吓得几乎晕倒。

接着，他们又开始向崖顶攀爬。他们打算从崖顶沿着一条迂回的小路下山回家。

“嗨，慢着，”我软弱地哀求道，“我没法——”

“再见!”其中一个孩子说。其他孩子跟着也都哈哈大笑起来。

他们左折右转地爬上了崖顶，向下凝视着我。“如果你想待在那里，就待着好了。”有个孩子嘲笑道，“不用客气。”杰利看来好像有点儿不放心，但还是和大家一起走了。

我从悬崖向下望，感到头晕目眩[①]；我绝对没法爬下去，我会滑倒摔死的。但是，往崖顶的路更难爬，因为它更陡，更险。我听见有人啜泣[②]，正纳罕[③]那是谁，结果发现原来是我自己。

时间一分一秒地过去，暮色开始四合。在一片寂静中，我伏在岩石上，恐惧和疲乏使我全身麻木，不能动弹。

暮色苍茫，天上出现了星星，悬崖下面的大地越来越暗。这时，树林里有一道手电光照来照去。我听到了杰利和我父亲的声音！父亲的手电光照着我。“下来吧，孩子，”他带着安慰的口气说，“晚饭做好了。”

“我下不去!”我哭着说，“我会掉下去，我会摔死的!”

“听我说吧，”我父亲说，“不要想着距离有多远。你只要想着你是在走一小步。你能办得到的。眼睛看着我电筒的光照着的地方，你能看见下面那块岩石吗?”

我慢慢地把身体移过去。“看见了。”我说。

“好，”他对我说，“现在你把左脚踏到那块岩石上。不要担心下一步。听我的话。”

这似乎能办得到。我小心翼翼地伸出左脚去探那块岩石，而且踩到了它。我顿时有了信心。“很好，”我父亲叫道，“现在移动右脚，把它移到右边稍低一点的地方，那里有另外一个落脚点。”我又照着做了。我的信心大增。“我能办得到的。”我想。

我每次只移动一小步，慢慢爬下悬崖。最后，我一脚踩在崖下的岩石上，投入了父亲强壮的手臂中。我先是啜泣了一会儿，然后，我产生了一

---

① ［眩］（眼睛）昏花。

② ［啜泣］抽噎，抽抽搭搭地哭。

③ ［纳罕］感到奇怪；非常惊奇。

种巨大的成就感。这是我永远忘不了的经历。

我曾屡次发现，每当我感到前途茫茫而灰心丧气时，只要记起很久以前我在那座小悬崖上所学到的经验，我便能应付一切。我提醒自己，不要想着远在下面的岩石，而要着眼于那最初的一小步，走了这一步再走下一步，直到抵达我所要到的地方。这时，我便可以惊奇而自豪地回头看看，自己所走过的路程是多么漫长。

手语词卡

峭壁　嘲笑　屡次　成就　灰心丧气　头晕目眩

词语积累

训诫　啜泣　蓬乱　迂回　暮色　前途茫茫　瘦骨嶙峋　高不可攀

语言点

一、我**先是**啜泣了一会儿，**然后**，我产生了一种巨大的成就感。

先是……然后……：表示某种动作或情况发生的先后，例如：

他先是拧开瓶盖，然后咕咚咕咚喝起饮料来。

二、我提醒自己，**不要**想着远在下面的岩石，**而要**着眼于那最初的一小步，走了这一步再走下一步，直到抵达我所要到的地方。

不要……而要……：表示禁止和劝阻，或者不需要，不想要什么，而应该做什么。例如：

你不要等待机会，而要创造机会。

知识点

心理描写：就是对人物内心的思想情感活动进行描写。描写人物的思想活动，能够直接深入人物心灵，反映人物性格，表现人物丰富而复杂的情感世界。例如：

我落在最后，全身颤抖，冷汗直冒，也跟着他们向上爬。我的心在瘦骨嶙峋的胸腔里咚咚直跳。

此句“全身颤抖、冷汗直冒、心咚咚直跳”等词把“我”内心的恐惧、孤独、紧张的心情表现得淋漓尽致。

运用竞技场

一、根据拼音写出汉字。

训 jiè（ ） chuò（ ）泣 cháo（ ）笑

mù（ ）色 qiào（ ）壁 yū（ ）回

前途 máng（ ）máng（ ） 瘦骨 lín（ ）xún（ ）

头晕目 xuàn（ ） 高不可 pān（ ）

二、根据课文内容填写合适的词语。

瘦骨嶙峋的________ 巨大的________ ________的峭壁

蓬乱的________ 高不可攀的________ ________的手臂

三、选择恰当的关联词填空。

先是……然后…… 不要……而要……

1. 读书______囫囵吞枣，______细细品读。

2. 早上，我______穿衣，______再洗漱。

3. 我们______一味地悲伤，______学会快乐。

4. 我回家后，______吃饭，______做作业。

四、下列哪个句子属于心理描写（ ）

A. 我小心翼翼地伸出左脚去探那块岩石，而且踩到了它。

B. “我下不去！”我哭着说，“我会掉下去，我会摔死的！”

C. 暮色苍茫，天上出现了星星，悬崖下面的大地越来越暗。

D. 我的心在瘦骨嶙峋的胸腔里咚咚直跳。

五、阅读理解。

1. 请找出对课文理解有误的选项（ ）

A. 莫顿·亨特是美国作家。

B. “我”在伙伴的怂恿下爬悬崖。

C. 伙伴们勇敢地一个接一个地爬了上去。

D. 我终于爬了上去并跟他们一块艰难地下来了。

2. 生活中难免会遇到困难，你曾遇到过什么困难？是怎样克服的？获得了什么经验或教训？

6．散步[1]

莫怀戚

我们在田野散步：我，我的母亲，我的妻子和儿子。

一家人散步

母亲本不愿出来的。她老了，身体不好，走远一点就觉得很累。我说，正因为如此，才应该多走走。母亲信服地点点头，便去拿外套。她现在很听我的话，就像我小时候很听她的话一样。

天气很好。今年的春天来得太迟，太迟了，有一些老人挺不住。但是春天总算来了。我的母亲又熬[2]过了一个严冬。

这南方初春的田野，大块小块的新绿随意地铺着，有的浓，有的淡；树上的嫩芽也密了；田里的冬水也咕咕地起着水泡。这一切都使人想着一样东西——生命。

我和母亲走在前面，我的妻子和儿子走在后面。小家伙突然叫起来："前面也是妈妈和儿子，后面也是妈妈和儿子。"我们都笑了。

后来发生了分歧：母亲要走大路，大路平顺；我的儿子要走小路，小路有意思。不过，一切都取决于我。我的母亲老了，她早已习惯听从她强壮的儿子；我的儿子还小，他还习惯听从他高大的父亲；妻子呢，在外面，她总是听我的。一霎时，我感到了责任的重大。我想一个两全的办法，找

---

① 选自1985年8月2日《中国青年报》。略有改动。莫怀戚（1951—2014），重庆人，笔名周平安、章大明。当代作家。

② ［熬］忍受，艰苦支持。

不出，我想拆散一家人，分成两路，各得其所，终不愿意。我决定委屈[1]儿子，因为我伴同他的时日还长。我说："走大路。"

但是母亲摸摸孙儿的小脑瓜，变了主意："还是走小路吧。"她的眼随小路望去：那里有金色的菜花，两行整齐的桑树，尽头一口水波粼粼[2]的鱼塘。"我走不过去的地方，你就背着我。"母亲对我说。

这样，我们在阳光下，向着那菜花、桑树和鱼塘走去。到了一处，我蹲下来，背起了母亲，妻子也蹲下来，背起了儿子。我的母亲虽然高大，然而很瘦，自然不算重；儿子虽然很胖，毕竟幼小，自然也轻。但我和妻子都是慢慢地，稳稳地，走得很仔细，好像我背上的同她背上的加起来，就是整个世界。

手语词卡

密　嫩芽　分歧　委屈　仔细

词语积累

拆散　取决　随意　一霎时　各得其所　水波粼粼

语言点

一、这南方初春的田野，大块小块的新绿随意地铺着，**有的**浓，**有的**淡。

有的……有的……：一般用于场景或景物描写中。例如：

1. 大街上来来往往的汽车，有的白，有的黑。
2. 爸爸送给我的雨花石，有的绿，有的红，个个令人爱不释手。

二、我和妻子都是**慢慢地**，**稳稳地**，走得很仔细，好像我背上的同她背上的加起来，就是整个世界。

慢慢地，稳稳地：接动词的叠词。"慢慢地"指速度慢，"稳稳地"说明脚步沉重而有分寸。例如：

大家慢慢地、稳稳地走在独木桥上，生怕掉进河里。

---

① ［委屈］受到不应有的指责或待遇，心里难过。这里是使儿子受到委屈的意思。

② ［粼粼］这里形容水的明净。

知识点

分号的用法

一、分隔单重复句中的并列分句。

在单重复句中，并列分句不包含逗号时可用逗号或分号分隔，包含逗号时宜用分号分隔。例如：

我的母亲老了，她早已习惯听从她强壮的儿子；我的儿子还小，他还习惯听从他高大的父亲。

二、分隔并列的多重复句中的第一层。

例如：

有的学会烤烟，自己做挺讲究的纸烟和雪茄；有的学会蔬菜加工，做的番茄酱能吃到冬天；有的学会蔬菜腌渍、窖藏，使秋菜接上春菜。

运用竞技场

一、给加点词语选择正确读音。

嫩芽（yái yá）	拆散（chāi chā）	爱不释手（à ài）
一霎时（shà shài）	分歧（xí qí）	水波粼粼（lìn lín）
各得其所（kè gè）	取决（qǔ jǔ）	委屈（xū qū）

二、根据课文内容把下列短语补充完整。

（　　　）的儿子　　（　　　）的父亲

（　　　）的菜花　　（　　　）的桑树

三、选词填空。

乖乖地　冉冉地　渐渐地　徐徐地　慢慢地　轻轻地

1. 小红________关上了房门。
2. 外婆________走出了花园。
3. 太阳的光芒________四散开来。
4. 清风________吹来，温度没有那么高了。
5. 五星红旗________升起。
6. 孩子们都________坐着听阿姨讲故事。

四、根据以下提供的情境，用“有的……有的……”写话。

1．操场上，同学们在进行体育锻炼。

2．放假了，我们回家。

五、下列句子中分号的使用哪些正确？哪些错误？错误的请改正。

1．昨天一清早，天气骤然变冷，空中布满了铅色的阴云；中午，凛冽的寒风刮起来了，呼呼地刮了一个下午，黄昏时分，风停了，就下起鹅毛般大雪来。

2．不要幻想成功之神会被你微不足道的努力所感动，主动跑过来和你拥抱亲吻；也不要幻想胜利之果会装在盘子里，端到你的餐桌前尽你开怀享用。

3．我的母亲老了，她早已习惯听从她强壮的儿子；我的儿子还小，他还习惯听从他高大的父亲。

六、阅读埋解。

1．这篇课文是按照________的顺序叙述的。

2．“这样，我们在阳光下，向着那菜花、桑树和鱼塘走去”一句中所列的三种事物“菜花、桑树、鱼塘”的顺序能不能调换？为什么？

3．在一家人散步的过程中，发生了什么分歧，是如何解决的？

7. 履痕①

雷抒雁

坐在妈妈身边，和老人家闲聊时，有一次，她望着我的脚说："唉，怎么会这么大。那时，才这么点点，一寸多长。粉红粉红的，肥嘟嘟②的，真叫人爱。我就用一块手帕剪开，缝了一双软鞋，套在你脚上。"

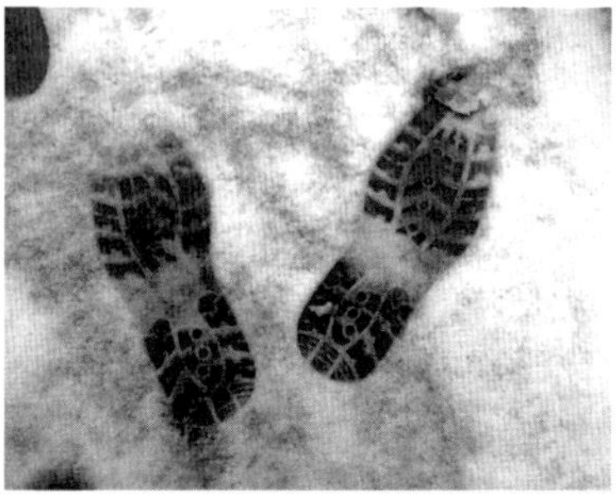
履痕

妈妈说的"那时"，其实，是五十多年前，可你听听那口气，似乎就是在昨天。那一双用手帕做的鞋子，我当然是没法记住了。但是，后来当我的儿子出生时，老人仍做了一双，只是，这时的孩子已不同于先前，未"落草③"前一切都准备停当了，手帕软鞋也就没有穿过。

我记得穿鞋，已是遍地乱跑的年岁了。印象最深的是一双老虎鞋，黑布面的，红布贴了那嘴巴、那鼻子、那眼睛，又用黄线一针针缭④上。嘴边还有黄线绷的虎须，嘴里亦有白布卷的虎牙。远远一看，活灵灵的一个虎仔。我爱穿那鞋，每有邻人来逗玩，总会翘起虎鞋说："咬！咬！"邻人便故意装出怕了的样子，双手捂着脸，连说："好害怕呀！"然后，一通笑闹，当了序幕；正戏便是大家乐呵呵围在一起说些家长里短。

虎头鞋穿完，我的幼儿时期也就结束了。直到上小学、上中学，都是

---

① 选自《雷抒雁散文随笔》第一辑（作家出版社 2002 年版）。履痕，指鞋印或足迹。雷抒雁，当代诗人、作家。

② ［肥嘟嘟］形容肥得可爱。

③ ［落草］到山林当强盗，也指婴儿出生，这里是指婴儿出生。

④ ［缭（liáo）］缝纫方法，用针线斜着缝。

妈妈做鞋。我上小学，每天来去要走四五里地；上初中，到了一座远在20里开外的镇子去。周六下午跑20里地回家，周日下午又跑20里地上学。那时交通不便，来去都靠双腿。少年时代，最费的便是鞋，差不多两个月就得穿破一双。

妈妈说："吃鞋一般，坏得这么快。"记忆中，妈妈手中总是拿着一双鞋底在纳[①]。有时，半夜睁开眼，一看，妈妈还在油灯下一针针纳鞋。麻绳在摇曳[②]的灯光下一闪一闪，随着鞋针，在鞋底两面穿来穿去，发出嗖嗖的声响；每纳三四道，妈妈就要在头发上擦一下针。那时，我暗暗下了决心，要好好读书，将来挣钱买鞋，别让妈妈总点灯熬夜地受累。妈妈却常说："儿啊，快长大，挣钱不挣钱事小，娶个媳妇给你做鞋，替替妈也好。"所以，我打小就知道，娶媳妇干啥？做鞋！

妈妈不用量我的脚，做的鞋总合脚，走路不夹不挤，不伤脚。我至今脚上没鸡眼，没脚垫；当兵时，日行一百，夜行八十，一双脚不疼不酸，都得感谢妈妈做的鞋。

穿妈妈做的最后一双鞋，是大学二年级了。妈妈做了一双"冲福尼[③]"面的新布鞋，到学校来送给我，且要我当着同学们的面穿上试一试。我穿上走了几步，挺好。同学们都哈哈笑起来。我至今也没明白他们为什么要笑。妈妈看我的同学，有穿皮鞋的，有穿运动鞋的，一个个洋气得很。大约从那次以后，她手头再紧都要给钱让我买鞋穿。

一眨眼，几十年过去了，我老了，妈妈更不用说。有次我说："妈妈，再做一双布鞋给我穿。"老人盯了我半晌说："你是说胡话吧！眼看不见针，手拉不动线。做鞋可是力气活儿呀！年轻时，不在乎。那时，夜夜做鞋供你们父子穿，为拉动线绳子，这手掌上勒下深深的槽，几十年都没长平。"

有时，我想，要是能把一个人打小到老穿旧的鞋收集在一起，那该多有意思。不同尺寸、不同样式的鞋，真真切切记着人一生的历史。正是穿了这些鞋，你一步一步走了过来。一双鞋，就是一段有头有尾的故事，就是一段有血有肉的记忆，其间渗透着动人心魄[④]的情感。人啊，和这个世界交往的过程，就是鞋底和地球摩擦的过程；履痕，就是人生的轨迹[⑤]。

---

① ［纳］一种缝纫方法，在鞋底、袜底上面密密地缝，使它结实耐磨。

② ［摇曳（yè）］摇荡。

③ ［冲福尼］一种比较厚实的棉质布料，适宜做鞋面。

④ ［动人心魄（pò）］非常动人；激动人心。

⑤ ［轨迹］这里比喻人生经历的道路。

手语词卡

闲聊　渗透　手帕　故意　摩擦

词语积累

摇曳　序幕　洋气　轨迹　活灵灵　乐呵呵　肥嘟嘟

语言点

一、一双鞋，就是一段**有头有尾**的故事，就是一段**有血有肉**的记忆，其间渗透着动人心魄的情感。

有头有尾：有开头，又有结尾。形容做事有始有终，能坚持到底。例如：

老师教导我们无论做什么事都要有头有尾，坚持不懈。

有血有肉：比喻文艺作品描写生动，内容充实。例如：

这篇报道写得生动具体，有血有肉。

二、麻绳在摇曳的灯光下**一闪一闪**，随着鞋针，在鞋底两面**穿来穿去**，发出嗖嗖的声响；每纳三四道，妈妈就要在头发上擦一下针。

一闪一闪：指光亮晃动不定、忽明忽暗。例如：

天上的星星一闪一闪，好像在眨眼睛。

穿来穿去：钻来钻去，来回穿梭。例如：

他在火车铁轨中穿来穿去，老虎紧追不舍。

知识点

叠词：词和词常常可以连起来用，增强文章的音乐美、建筑美、绘画美。例如：

1. 正戏便是大家乐呵呵围在一起说些家长里短。
2. 远远一看，活灵灵的一个虎仔。
3. 粉红粉红的，肥嘟嘟的，真叫人爱。

乐呵呵、活灵灵、肥嘟嘟为叠词中的 ABB 式，例如：

甜津津、甜丝丝、喜洋洋、乐滋滋、兴冲冲、气冲冲等。

粉红粉红为叠词中的 ABAB 式，表示颜色的词语，例如：

黑亮黑亮、乌蓝乌蓝、雪白雪白、乌黑乌黑、金黄金黄、湛蓝湛蓝、火红火红。

运用竞技场

一、给加点的字选择韵母并标声调。

ɑ　o　e　u　ü　ou

渗透（t　）　摇曳（y　）　乐呵呵（h　）　肥嘟嘟（d　）

手帕（p　）　履痕（l　）　摩擦（m　）　纳鞋底（n　）

二、形近字组词。

撩______　须______　纳______　槽______　摩______　拽______

镣______　需______　内______　曹______　魔______　曳______

三、根据课文内容填上合适的词语。

摇曳的________　嗖嗖的________　深深的________

动人心魄的________　有____有____　穿____穿____

四、连词成句。

1. 不同尺寸　不同样式　人　记着　一生　的　地　真真切切　的　鞋　历史

____

____

2. 便　的　装出　样子　邻人　故意　怕了

____

五、仿写词语。

乐呵呵（ABB 式）________________________________

粉红粉红（ABAB 式）______________________________

六、阅读理解。

1. 文章写了“我”穿鞋的经历，婴儿时穿的________，幼年时穿________带来的欢乐，少年时半夜看妈妈灯下________的情景，青年时穿________新布鞋的情景，壮年时还想穿妈妈做的鞋。妈妈做的鞋带给了“我”________、带给了“我”________、带给了“我”________的品质，带给了“我”前进的动力。

2. 写妈妈在半夜里“灯下一针针纳鞋”以及麻绳“闪、穿”等细节，体现了什么？

3. 这篇课文题目《履痕》的意思是什么？从全文看，它的作用是什么？

*8. 幼犊[1]

克莱奥尔

他记得很小的时候，爸爸常常俯下高大的身子，把他拎起来，举向空中。他挥着两只小手乱抓，快活得咯咯直笑，妈妈瞧着父子俩，也乐得合不拢嘴[2]。他在爸爸的头顶上，可以低头看妈妈扬起来的脸，还有爸爸的白牙齿和蓬乱、厚密的棕色头发。接着，他就会高兴地尖叫，要爸爸把他放下来。其实，在爸爸强壮有力的手臂里，他感到安全极了。这个世界上，最棒、最了不起的人就是爸爸。

有一次，妈妈嫌钢琴放得不是地方，指挥爸爸把它抬到房间另一头。他们的手挨在一起，扶住乌亮的琴架。他看到妈妈的手雪白、纤细、小巧，爸爸的手宽大、厚实、有力。多么大的区别呀！

幼犊

他长大了，会"抓狗熊"了。每到晚饭时分，他就埋伏在厨房门后，一听到爸爸关车库门的声音，便屏住呼吸，紧紧地贴在门背后。于是，爸爸来了，站在门口，两条长腿一碰，笑哈哈地问："小家伙呢？"

这时，他就会瞥[3]一眼正做怪相的妈妈，从后门弹出来，抱住爸爸的双膝。爸爸赶紧弯下腰来看，一边大叫："嘿，这是什么——一只小狗熊？一只小老虎！"

后来他上学了。他在操场上学会了忍住眼泪，还学会了摔倒抢他足球

---

① 选自李晓琪编《恩泽》（海南出版社2001年版）。温冰译。克莱奥尔，美国作家。

② ［合不拢嘴］指人高兴得关不住嘴。

③ ［瞥（piē）］指很快地看了一下。

的同学。回到家里，他就在爸爸身上演习白天所学的摔跤功夫。可是，任凭他喘着粗气，使劲拖拉，爸爸坐在安乐椅里看报，纹丝不动，只是偶尔瞟[①]他几眼，故作吃惊地柔声问："孩子，干啥呀？"

他又长了——长高了，瘦瘦的身材倒十分结实。他像头刚刚长出角的小公牛，跃跃欲试，想与同伴们争斗，试试自己的锋芒。他鼓起手臂上的二头肌，用妈妈的软尺量一量臂围，得意地伸到爸爸面前："摸摸看，结实不？"爸爸用大拇指按按他隆起的肌肉，稍一使力，他就抽回手臂，大叫："哎哟！"

有时，他和爸爸在地板上摔跤。妈妈一边把椅子往后拖，一边叮嘱："查尔斯，当心呀。不要把他弄伤了！"

一会儿工夫，爸爸就会把他摔倒，自己坐在椅子里，朝他伸出长长的两条腿。他爬到爸爸身上，拼命擂着两只小拳头，怪爸爸太拿他不当一回事了。

"哼，爸爸，总有一天……"他这样说。

进了中学，踢球、跑步，他样样都练。他的变化之快，连他自己也感到吃惊。他现在可以俯视妈妈了。

他还是经常和爸爸摔跤。但每次都使妈妈担惊受怕，她围着父子俩团团转，干着急，不明白这样争斗有什么必要。不过回回摔跤都是他输——四脚朝天躺在地板上，直喘粗气。爸爸低头瞧着他，咧嘴直笑："投降吗？""投降！"他点点头，爬起来。

"我真希望你们不要再斗了，"妈妈不安地说，"何必呢？会把自己弄伤的。"

此后，他有一年多没和爸爸摔跤。一天晚上，他突然想起这事，便仔细地瞧了瞧爸爸。真奇怪，爸爸竟不像以前那样高大，那样双肩宽阔。他现在甚至可以平视爸爸的眼睛了。

"爸，你体重多少？"

爸爸慈爱地看着他，说："跟以前一样，一百九十来磅吧。孩子，你问这干吗？"

他咧咧嘴，说："随便问问。"

过了一会儿，他又走到爸爸跟前。爸爸正在看报，他一把夺过报纸。爸爸诧异地抬起头，不解地看着他。碰到儿子挑战的目光，爸爸眯缝起眼

---

① ［瞟（piǎo）］斜着眼睛看。

睛，柔声问："想试试吗?""是的，爸爸，来吧。"

爸爸脱下外套，解着衬衫扣子，说："是你自找的啊。"

妈妈从厨房里出来，惊叫着："天哪！查尔斯，比尔，别——会弄伤自己的！"但父子俩全不理会。他们光着膀子，摆好架势，眼睛牢牢盯着对方，伺机动手，他们转了几个圈，同时抓住对方的膀子。然后，用力推拉着，扭着，转着，默默地寻找对方的破绽，以便摔倒对方。室内只有他们的脚在地毯上的摩擦声和他们的喘息声。比尔不时咧开嘴，显出一副痛苦的样子。妈妈站在一边，双手捂着脸颊，哆嗦着嘴唇，一声也不敢出。

比尔终于把爸爸压在身下。"投降!"他命令道。

"没那事!"爸爸说着，猛一使劲推开比尔，争斗又开始了。

但是，爸爸最终还是精疲力尽[①]了。他躺在地板上，眼里闪着狼狈的光。儿子那双冷酷的手，牢牢地钳住了他，他绝望地挣扎了几下，停止了反抗，胸脯一起一伏，喘着粗气。

比尔问："投降?"

爸爸皱皱眉，摇了摇头。

比尔的膝头仍压在爸爸身上。"投降!"他说着，又加了点劲。

突然爸爸大笑起来。比尔感到妈妈的手指头疯狂地拉扯着他的肩膀。"让爸爸起来，快!"

比尔俯视着爸爸，问："投降吗?"

爸爸止住了笑，湿润着眼，说："好吧，我输了。"

比尔站起身，朝爸爸伸出一只手。但妈妈已抢先双手搂住爸爸的膀子，把他扶了起来。爸爸咧咧嘴，对比尔一笑。比尔想笑，可又止住了，问："爸，没弄伤吧?"

"没事，孩子。下次——"

"是的，也许，下次——"

妈妈这次什么也没说。她知道不会再有下一次了。

比尔看看妈妈，又看看爸爸，突然转身就跑。他穿过房门——以前常骑在爸爸肩头钻进钻出的房门；他奔向厨房门——他曾埋伏在那后面，等待着回家的爸爸，扑上去抓住他的长腿。

外面黑黑的。他站在台阶上，仰头望着夜空。满天星斗，他看不见，因为泪水充满了眼眶，流下了脸颊。

---

① [精疲力尽]精神疲惫，力气用尽，形容精神和身体极度疲劳。

手语词卡

脸颊　摔跤　指挥　埋伏　慈爱　台阶　筋疲力尽

词语积累

破绽　狼狈　眼眶　冷酷

语言点

一、他在操场上**学会了**忍住眼泪，还**学会了**摔倒抢他足球的同学。

学会了……学会了……：靠实践、训练获得某种才学、技能、体验。例如：

生活让我学会了宽容，学会了坚强。

二、比尔**看看**妈妈，又**看看**爸爸，突然转身就跑。

看看：构词为动词叠词形式之一，观看、观察或阅读的意思。例如：

看看人家的孩子回家马上就写作业，看看人家的孩子每次考试都能考第一，你居然还在这里玩游戏！

动词常见的叠词形式有以下几类：

1. AA 式，如听听、看看。
2. ABAB 式，如打听打听、解释解释。
3. AAB 式，如帮帮忙、点点头。
4. ABB 式，如笑哈哈，乐呵呵。
5. AABB 式，如打打闹闹，说说笑笑。

知识点

语言描写：是塑造人物形象的重要手段。成功的语言描写总是能鲜明地展示人物的性格，生动地表现人物的思想感情，深刻地反映人物的内心世界，使读者“如闻其声，如见其人”，获得深刻的印象。例如：

1. 比尔俯视着爸爸，问：“投降吗?”

爸爸止住了笑，湿润着眼，说：“好吧，我输了。”

此句对话句型为 XX 说：“……”

2. 比尔终于把爸爸压在身下。“投降!”他命令道。

“没那事!”爸爸说着，猛一使劲推开比尔，争斗又开始了。

此句对话句型为“……”XX 说。

运用竞技场

一、根据拼音写汉字。

破 zhàn（　　）　脸 jiá（　　）　láng（　　）bèi（　　）

蓬 luàn（　　）　眼 kuàng（　　）　jīn（　　）pí（　　）力尽

二、根据课文内容填上恰当的词语。

脱下________　解着________　光着________

摆好________　盯着________　捂着________

哆嗦着________　忍住________　喘着________

三、仿写词语。

听听（AA 式）________________

打听打听（ABAB 式）________________

帮帮忙（AAB 式）________________

打打闹闹（AABB 式）________________

四、仿写句子。

例句：他在操场上学会了忍住眼泪，还学会了摔倒抢他足球的同学。

仿写：他学会了________________，还学会了________________。

五、看图片，猜猜他们之间说了什么？把他们说的话写出来。

六、阅读理解。

1. 文章按照________顺序记叙了比尔和父亲的______次摔跤过程。妈妈第一次观看比尔和爸爸摔跤时说________________；妈妈第二次观看比尔和爸爸摔跤时说________________。请比较妈妈两次说话的差别。

2. 你能从《幼犊》中找到自己的影子吗？如果你是文中的比尔，此刻想对父母说些什么呢？请你写下来。

语文应用操练二

语言交往

赞美

赞美，就是由衷地对自己所欣赏的人或事物表示肯定。恰如其分的赞美能使我们更好地与亲人、朋友、同学交往，从而增进亲人、朋友和同学之间的感情。

情景互动，学习赞美技巧

【情景一】

几个同学凑在一起议论："你们知道吗？学校要举行学生年度评优评先啦！"

李明："我要投班长一票，班长人太好了！"

王丽："我也觉得班长人不错。"

你喜欢这位班长吗？你能说出他具体好在哪里吗？

【情景二】

听到李明、王丽在讨论，张强走过来大声说道："投什么班长啊，他那么爱打小报告。上次我晚自习玩了几分钟手机，第二天就被班主任找去谈话了，就是他告的密，你们投他，小心以后他也打你们的小报告。”

赵志也附和道：“这种爱打小报告的人就是人品有问题，投他还不如投学习委员呢。”

同学周舟听到了，走过来马上说道：“你们俩还好意思说人家班长人品有问题，（指着张强）你自己晚自习时间不认真学习，做错事情不先反省自己，却怪别人。班长告诉老师是对的，他这是负责任，同时也是为了帮助你改掉一些不好的学习习惯，其实是为你好啊！还有你（指着赵志），说事情就说事情，不要动不动人身攻击，你这种做法才会让人觉得人品有问题呢！”

你觉得张强、赵志、周舟三位同学谁说得对呢？为什么？

【情景三】

班长恰巧听到了张强和赵志的议论，突然觉得有点不好意思，便对大家说了一句：“大家还是别投我了，班上还有很多同学比我优秀呢，选他们吧！”

你觉得班长说得对吗？如果你是班长，你会怎么说？

【情景四】

同学丁霞一直坐在旁边，听了他们的讨论之后，站起来说道：“班长真的是一个工作认真负责、学习刻苦努力的人。上次还很耐心地教我做题，平时班里的事情老师也都是交给他做的，他都做得很好呀！对待我们也特别热心，上次突然下大雨，朱骁的被子还晒在外面，是班长冲下去帮他收上来的。学习委员也是一个学习认真、工作扎实的人，我们四五门课程的作业，都是她一个人负责，从没出过差错，各科老师都表扬她。他们俩真的都特别棒！不如，我们三好学生提名班长，优秀班干部就提名学习委员吧？”

大家都表示赞同：“我赞成！”“我也这么觉得。”

你觉得丁霞和同学李明、王丽相比，谁的赞美更好？为什么？

赞美时应掌握的技巧

一、内容具体。

赞美要实事求是。赞美的根据就是有值得赞美的地方，最好从素质修养、思想品质、技能特长这些方面实事求是地抓住一个优点进行赞美，这样的赞美就显得真实可信，如果违背了实事求是这个原则去赞美别人，就有拍马屁之嫌。例如：赞美他人长得帅、长得漂亮这种话，因为与他自身的努力及品质没有多大关系，所以通常不会被人接纳。但若赞美对方的衣着搭配、整洁干练，会更让人接受。

二、态度真诚。

赞美别人一定要真诚，眼睛要平视对方，语气要中肯，神态要自然，决不能虚情假意，否则被赞美者就能感觉到你不真诚，对你形成不好印象，不利于以后的正常交往。例如：鼓掌表达赞扬时，一定要保持眼神接触，如果低着头不看对方却还一边鼓掌，会让人觉得你并不认可对方的表现。

三、表达恰当。

赞美别人要蜻蜓点水，点到就行，不要翻来覆去地说赞美的话，坚持适可而止的原则，否则就有故意赞美和有意讨好之嫌疑，使被赞美者有了戒意。比如：从见面开始就不断地赞美，一直赞美了10几分钟，这种赞美就不可取。

四、比照自己。

赞美他人时，可以通过比照自己，发现自己没有的优点，既赞美了他人，又让人感觉到你的诚恳。但要注意，不可过度自谦，俗话说“过分的谦虚就等于骄傲”，一味贬低自己也会降低别人与你的交流兴趣。

赞美的常用态势语

1. 竖大拇指（单手、双手）。
2. 点头。
3. 鼓掌。
4. 手做“六”的姿势，在头顶侧面做出模仿牛角的样子。

实用招牌词句

- 赞美
  - 精神品质赞美
    - 你的刻苦努力真值得我学习。
    - 我要向你学习，也要像你一样认真。
    - 我以后也要像你一样乐于助人。
    - 我很佩服你的执着。
    - 你的宽容大度很了不起。
    - 你真是一个善良的人。
    - 我多希望自己能和你一样充满热情。
  - 技能特长赞美
    - 你的舞跳得那么好，太羡慕你了！
    - 你画得太好了，真让我羡慕啊！
    - 你做的这件衣服真精致，技术太好了！
    - 你的手法这么好，很多同学都想跟你学学呢！
    - 你打字又快又准，能不能教教我秘诀啊？
  - 外貌赞美
    - 这件衣服好衬你的肤色啊！
    - 这个发型好酷！
    - 这个包的颜色跟衣服好搭！
    - 你真是越来越漂亮了！
  - 自谦式赞美
    - 我就没有你这么有耐心。
    - 和你一比，我觉得我自己太懒了。
    - 我觉得你比我聪明多了。
    - 我总是很急躁，不像你那么稳重。

运用竞技场

一、根据提示对人物进行赞美。

1. 同学肖红的人物素描画得很好，你会对她说：____________________

____

____

2. 做客时，面对饭桌上丰盛美味的饭菜，你会说：__________________

____

____

3. 教室外，同学王明看到地上有一个纸团，不声不响地走上前去捡

起，扔进了垃圾箱。此时，你会说：________________________________

____

____

二、看图写话。

为了让学生掌握最实用的技能，老师们刻苦练习食品雕刻技法，准备学会后教给自己的学生。请把对老师的赞美写下来。

三、学会赞美。

我们应该有一双会发现美的眼，同时也应该有一颗会感受美的心。请赞美你喜欢和欣赏的人。

赞美对象	赞美之词
同学	
朋友	
生活老师	
亲人	

习　作

记叙文 写人（片段与篇章）

在现实生活中，我们每天都要和许许多多的人交往：在家庭中，有父母和亲人；在学校里，有老师和同学；在社会上，有形形色色的人。我们仔细观察他们的形象，深入他们的内心，就会了解他们的思想性格，就能学习他们的优点和长处。如果我们把观察人物的结果、得到的体会记录下来，就能激励自己，感染他人。

例文指路

刷子李

刷子李专干粉刷这一行。他要是给您刷好一间屋子，屋里什么都不用放，单坐着，就如同升天一般美。最让人叫绝的是，他刷浆时必穿一身黑，干完活，身上绝没有一个白点。别不信！他还给自己立下一个规矩，只要身上有白点，白刷不要钱。

这是传说。人信也不会全信。行外的没见过的不信，行内的生气愣说不信。

一年的一天，刷子李收个徒弟叫曹小三。当徒弟的开头都是端茶、点烟、跟在屁股后边提东西。曹小三当然早就听说过师傅那手绝活，一直半信半疑，这回非要亲眼瞧瞧。

那天，曹小三头一次跟师傅出去干活，到镇南道给姓李的人家新造的楼房刷浆。到了那儿，刷子李跟管事的人一谈，曹小三才知道师傅派头十足。照他的规矩一天只刷一间屋子。这楼房大小九间屋，得刷九天。干活前，他把随身带的一个四四方方的小包袱打开，果然一身黑衣黑裤，一双黑布鞋。穿上这身黑，就好像跟地上一桶白浆较上了劲。

一间房子，一个屋顶四面墙，先刷屋顶后刷墙。屋顶尤其难刷，蘸了稀溜溜粉浆的板刷往上一举，谁能一滴不掉？一掉准掉在身上。可刷子李一举刷子，就像没有蘸浆。但刷子划过屋顶，立时匀匀实实一道白，白得透亮，白得清爽。有人说这蘸浆的手法有高招，有人说这调浆的配料有秘方。曹小三哪里看得出来？只见师傅的手臂悠然摆来，悠然摆去，如同伴着鼓点，和着琴音，每一摆刷，那长长的带浆的毛刷便在墙面啪地清脆二响，极是好听。啪啪声里，一道道浆，衔接得天衣无缝，刷过去的墙面，真好比平平整整打开一面雪白的屏障。曹小三最关心的还是刷子李身上到底有没有白点。

刷子李干活还有一个规矩。每刷完一面墙，必得在凳子上坐一会儿，抽一袋烟，喝一碗茶，再刷下一面墙。此刻，曹小三借着给师傅倒水点烟的机会，拿目光仔细搜索刷子李的全身。每一面墙刷完，他搜索一遍，居然连一个芝麻大小的粉点也没发现。他真觉得这身黑色的衣服有种神圣不可侵犯的威严。

当刷子李刷完最后一面墙坐下来，曹小三给他点烟时，竟然看见刷子李裤子上出现一个白点，黄豆大小。黑中白，比白中黑更扎眼。完了，师傅露馅儿了，他不是神仙，往日传说中那如山般的形象轰然倒去。他怕师傅难堪，不敢说，也不敢看，可忍不住还要扫一眼。

这时候，刷子李忽然朝他说话："小三，你瞧见我裤子上的白点了吧。你以为师傅的能耐有假，名气有诈，是吧。傻小子，你再仔细瞧瞧吧——"

说着，刷子李手指捏着裤子轻轻往上一提，那白点即刻没了，再一松手，白点又出现，奇了！他凑上脸用神再瞧，那白点原是一个小洞！刚才抽烟时不小心烧的。里边的白衬裤打小洞透出来，看上去就跟粉浆落上去的白点一模一样！

刷子李看着曹小三发怔发傻的模样，笑道："好好学本事吧！"

曹小三学徒的头一天，见到听到学到的，恐怕别人一辈子也不一定明白呢。

——选自冯骥才《俗世奇人》

写法注释

一、恰当运用了人物描写的方法。

本文记叙的刷子李是一位普普通通的手艺人，但却是一个技艺高超的人，是一个“俗世”中的“奇人”。

外貌描写——

最让人叫绝的是，他刷浆时必穿一身黑，干完活，身上绝没有一个白点。

他把随身带的一个四四方方的小包袱打开，果然一身黑衣黑裤，一双黑布鞋。穿上这身黑，就好像跟地上一桶白浆较上了劲。

动作描写——

只见师傅的手臂悠然摆来，悠然摆去，如同伴着鼓点，和着琴音，每一摆刷，那长长的带浆的毛刷便在墙面啪地清脆二响，极是好听。啪啪声里，一道道浆，衔接得天衣无缝。

说着，刷子李手指捏着裤子轻轻往上一提，那白点即刻没了，再一松手，白点又出现，奇了！

语言描写——

“小三，你瞧见我裤子上的白点了吧。你以为师傅的能耐有假，名气有诈是吧。傻小子，你再仔细瞧瞧吧——”

心理描写——

完了，师傅露馅了，他不是神仙，往日传说中那如山般的形象轰然倒去。

“刷子李”的黑衣黑裤，刷墙时的娴熟动作，还有那个让人吃了一惊的白点和曹小三对师傅半信半疑的心理活动都使“刷子李”这个人物活了，神了。

二、紧紧围绕“刷子李”技艺高超这一人物特点挑选典型素材。

1. 效果奇。例如：他要是给您刷好一间屋子，屋里什么都不用放，单坐着，就如同升天一般美。最让人叫绝的是，他刷浆时必穿一身黑，干完活，身上绝没有一个白点。

2. 规矩奇。例如：只要身上有白点，白刷不要钱。

干活前，他把随身带的一个四四方方的小包袱打开，果然一身黑衣黑裤，一双黑布鞋。穿上这身黑，就好像跟地上一桶白浆较上了劲。

3. 技艺奇。例如：可刷子李一举刷子，就像没有蘸浆。但刷子划过屋顶，立时匀匀实实一道白，白得透亮，白得清爽。

只见师傅的手臂悠然摆来，悠然摆去，如同伴着鼓点，和着琴音，每一摆刷，那长长的带浆的毛刷便在墙面啪地清脆一响，极是好听。

啪啪声里，一道道浆，衔接得天衣无缝，刷过去的墙面，真好比平平整整打开一面雪白的屏障。

三、在一波三折、引人入胜的故事情节中表达作者的真情实感。

一开始曹小三对于刷子李粉刷技术的传说半信半疑，接着曹小三亲眼见识到了刷子李精湛的粉刷技术，黑衣服上居然真的没有一个白点，曹小三心中油然升起敬佩之情；可曹小三给师傅递烟时竟然又看到了一个白点，师傅如山般的形象一下子轰然倒塌；结果那白点果然如师傅所说只是一个洞，曹小三的内心受到了极大的震撼，刷子李的形象又再一次高大起来。全文表达了作者对“刷子李”由衷的感叹和赞扬之情。

知识链接

对外貌描写、动作描写、语言描写、心理描写的掌握，贵在把握要领，重在坚持实践。

1. 外貌描写即描绘人物的外貌特征，它包括人物的身材、容貌、服饰、打扮以及表情、仪态、风度等。外貌描写的目的是以“形”传“神”，刻画人物的性格特征，反映人物的内心世界。使用恰当的形容词、贴切的比喻等手法，能够让描写更加生动形象。

2. 动作描写是对人物行动的刻画，它直接为表现人物的性格服务。在动作描写时，要注意两点，一是将人物的行为按照逻辑顺序分解成若干个动作，再使用准确的动词进行描写。二是用副词修饰动词，可以让动作更传神。

3. 语言描写是塑造人物形象的重要手段，能够鲜明地展现人物的性格、思想感情、内心世界。常用的语言描写方法有个人独白和多人对话两种形式。由于每个人的性格特征不同，因此语言的表达也各有千秋。大家在写作过程中可以结合人物的表情、动作等进行描写。

4. 心理描写就是对人物内心的思想情感活动进行描写。描写人物的思想活动，能够直接深入人物心灵，反映人物性格，表现人物丰富而复杂的情感世界。“内心独白”是最常用的一种心理描写的方法，即在句子前使用“我觉得”“我想”“我认为”“我感到”等词语。

写作小贴士

一、学会立意。

立意就是根据作文题目确定文章中心思想的过程。写人记叙文就要先明白你想写谁？他（她）有什么个性或特点？有什么精神与品质？接着就要想：通过写这个人来表达你什么样的思想和情感？是赞扬欣赏？是爱戴敬佩？还是批评憎恶？

二、学会收集素材。

写人作文要想写得新颖、生动，关键在于选材上。材料选得不准，反映不出人物的特征；选得无代表性，突出不了特征；选得不新颖，就无可读性。材料如果选得准确、生动、新颖，既能突出人物个性，还能引人入胜。我们可以通过“四步选材法”选出典型材料。

第一步：写谁？

我们先要选定写作对象，这个对象一定要是自己熟悉的，写起来才会得心应手，写出来才会生动感人。

第二步：他（她）有哪些特征？

写一个人，涉及很多方面，包括理想、品质、智慧、才华、胆识、气魄、爱好、修养、脾气、习惯、世界观、人生观等等。在写作对象的这些方面中，有些是与平常人差不多的，而有些是与众不同的，我们要选取写作对象与众不同的方面（即特征）来写。

第三步：选哪些有代表性的材料来表现他（她）的特征？

一个人的特征常常会在日常生活中表现出来，所以能够反映一个人的特征的材料是很多的，但有代表性的材料是屈指可数的，我们不妨把能反映写作对象特征的代表材料列举出来，为进一步筛选做准备。

第四步：这些材料新颖吗？

选材是否新颖，直接影响到文章的可读性，因此，对我们在第三步列出的代表性材料还要进一步筛选，这个筛选的原则，就是看它们是否新颖。

我们可以通过以上层层缩小范围的方法，较为准确、恰当地选出所需要的材料。

三、学会谋篇布局。

1. 标题。根据立意，给你的作文定一个标题。

2. 开头。就是文章的第一段，可以开门见山，出现一次标题，交代你所要写的主要人物。

3. 第二段。铺垫一、两件事，可写成一段，也可以分成两段写，但都要略写。可以和主要事件保持一致，表现中心；也可以和主要事件不保持一致，形成欲扬先抑，让文章一波三折。

4. 第三段。重点写一件事情，一定要详写，表现中心。运用外貌、动作、语言、心理等描写方法，让人物形神兼备，但是不可以为写细节而写细节，必须表现中心，否则就是废话。可以写一两句自己的感受，形成侧面描写。

5. 结尾。照应开头，总结全文。标题再次出现，点明文章的中心，但必须简短，让人深思且回味无穷。

运用竞技场

一、选择合适的词或句填空。

1. 弯弯的　　白净的　　活泼可爱的　　粉红色的　　水灵灵的

她是一位______小女孩，______瓜子脸，______眉毛下一双______眼睛。她爱唱歌，更爱跳舞，还参加了校舞蹈队！她穿着那件______的连衣裙，跳舞时，动作优美极了！

2. 擦　　扫　　拖　　捡　　摆　　扔　　洗　　放

大扫除开始了，小军把抹布______干净，然后去______玻璃；小明把别人______在地上的垃圾______起来，______进垃圾桶里，然后开始______地；小力把拖把______干净，他负责______地；小红把教室的桌椅______整齐。经过大家努力，教室变得明亮又干净了！

3. 对不起，请你原谅。　你真棒！　谢谢，您真是个好人。　祝您早日康复。

① 一位老人追上来，递给我一部手机，说："小伙子，刚才在餐厅你忘记拿手机了。"我接过手机，感激地说："______________。"

② 运动会上，我拿到了一千米的冠军，同学们围过来对我说："______________。"

③ 爷爷生病住院了，我去看望他，说："______________。"

④ 我把同桌的本子弄脏了，我抱歉地说："______________。"

4. 能够主动帮助他人　　为我指明方向　　有一所温暖的房子　　无比自豪

① 作为一名中国人，每当国歌响起，国旗冉冉升起时，我都感到______________。

② 在学习和生活中遇到困难时，我就会想到张海迪。我觉得她就像一盏明灯，______________。

③ 我觉得小丽是个热心的人，她______________，我要向她学习。

④ 我在凛冽的寒风中走着，全身冻得瑟瑟发抖，此时，我多么渴望____________，让我停留片刻。

二、请根据人物的特点和文章立意合理选材。

1. 以下符合优秀学习委员这一人物特点的素材有__________。

A. 对偷懒不交作业的同学，她会严厉地批评。

B. 每天会把老师布置的作业发到班级微信群，提醒同学按时完成。

C. 她在操场捡到一张饭卡，交给学生科。

D. 她每天帮盲生同学打开水。

2. 以下符合黄老师工作认真负责这一特点的材料有__________。

以下符合黄老师热爱画画这一特点的材料有__________。

以下符合黄老师热爱生活这一特点的材料有__________。

A. 黄老师每天晚上 10 点按时查寝。

B. 黄老师每天都是第一个来办公室。

C. 黄老师的备课本上有很多红色的标记，字迹也密密麻麻的。

D. 黄老师喜欢拿着相机拍美丽的风景。

E. 黄老师经常在休闲时间去河边钓鱼。

F. 黄老师的办公桌上养了很多的花。

G. 黄老师周末也会在画室里画画。

H. 深夜，我发现黄老师画室里的灯亮着。

三、片段描写。

1. 将“我最喜欢的人”画下来，然后抓住外貌特征，使用形容词＋名词、比喻句，对外貌进行描写，要求 150 字左右。

2. 请记录“我最喜欢的人”不同时候的动作特征，并将场景画下来，描述画作中的他（她）在做什么，是怎么做的，用完整的句子把图画中人物的动作描写清楚，使用副词+动词，要求150字左右。

3. 请记录和“我最喜欢的人”发生的一些事件，并将事件场景画下来，当时，你们之间说了些什么，请用生动形象的文字，结合人物的外貌、动作，描述你们两人之间的对话，体现出人物的思想性格与品质，要求150字左右。

4. 选择一件和“我最喜欢的人”之间发生过的让你印象深刻的事，并且把它画下来。然后请你围绕图中所示，用生动形象的文字，把事件描述出来。要求：

① 适当运用多种描写方法，生动刻画人物形象，重点突出人物心理活动。

② 故事情节要完整，150字左右。

四、连段成文。

请根据片段描写收集的素材、绘制的图画、创作的文字，自主写作一篇写人记叙文《我最喜欢的人》。写作时需要抓住人物的特点，选择突出人物特点的事例，恰当运用人物描写方法，以总——分——总的形式行文，字数500字左右。

第三单元　欣赏故事

单元导语

我们从小就喜欢读故事，那些充满幻想的童话故事、奇幻神秘的神话故事、短小精悍的成语故事、蕴含道理的寓言故事，总是让我们回味无穷。

安徒生童话《丑小鸭》讲述了一只天鹅蛋在鸭群中破壳后，因相貌怪异，被鸭群鄙弃，历经千辛万苦、重重磨难之后长成了白天鹅。说明人只要有理想，有追求，并为这目标而努力奋斗，坚强面对人生中的挫折和痛苦，就能绽放美丽光彩。

中华大地上，到处可以看见“龙”，从划龙舟、舞龙灯到龙的绘画、龙的雕刻、龙的旗帜等。龙，深深扎根于中国人的心中，成为中华民族的象征。神话故事《龙的传人》就为你讲述了中国人之所以被称为“龙的传人”的由来。

“悬梁刺股”这个成语由“头悬梁”“锥刺股”两个故事组成，后人将这两个故事合成“悬梁刺股”一句成语，用以激励人发愤读书学习。“塞翁失马”的故事在民间流传了千百年，这个故事告诉大家，坏事可能变成好事，好事也可能变成坏事。

寓言故事《不同的偷之道》告诉我们，明智的人是通过勤劳的双手向大自然索取财富，愚蠢的人才会想到用非法手段去获取别人的劳动成果。不劳而获的人终将会要为自己的行为付出代价。《两个青年下棋》这个故事告诉人们：学习必须专心。只有全神贯注、用心学习的人才能学好本领。在学习上三心二意的人是学而无成的。

阅读本单元课文，熟知经典成语、寓言和童话故事，会使你懂得更多道理，学到更多知识。

9. 丑小鸭[①]

安徒生[②]

那只最后从蛋壳里爬出来的小鸭是那么丑陋，他处处挨啄，被排挤，被讪笑，不仅在鸭群中是如此，连在鸡群中也是这样。

“他实在太大！”大家都说。那只雄吐绶鸡一生下来脚上就有距[③]，因此他就以为自己是一个皇帝。他把自己吹得像一条鼓满了风的帆船，来势汹汹地向他走来，瞪着一双大眼睛，脸涨得通红。这只可怜的小鸭不知道站在什么地方或是走到什么地方去才好。他觉得非常悲哀，因为自己长得那么丑陋，而且成了全体鸡鸭的嘲笑对象。

这是头一天的情形。后来一天比一天更糟。大家都要赶走这只可怜的小鸭；连他自己的兄弟姊妹也对他生起气来。他们老是说：“你这个丑妖怪，但愿猫儿把你抓去才好！”于是妈妈也说：“我希望你走远些！”鸭儿们啄他，小鸡们打他，喂鸡鸭的那个女佣人也用脚踢他。

丑小鸭

于是他飞过篱笆逃走了。灌木林里的小鸟们惊恐地向空中飞去。“这是因为我非常丑陋的缘故！”小鸭想。于是他闭起眼睛，仍然继续逃跑。他一口气

---

① 选自《安徒生童话和故事选》（人民文学出版社1956年版），叶君健译。有删节。“丑小鸭”原是一个不知来历、被遗忘在一棵牛蒡底下的天鹅蛋，一只母野鸭把他当作一只鸭蛋孵化出来。由于他的体积太庞大、太特别，处处受欺负。

② 安徒生（1805—1875），19世纪丹麦童话作家，被誉为“世界儿童文学的太阳”。代表作有《海的女儿》《拇指姑娘》等。

③ ［距］雄鸡、雉等腿后面突出像脚趾的部分。

跑到一块住着许多野鸭的沼泽地。他在这儿躺了一整夜，因为他非常疲乏和沮丧。

天亮的时候，野鸭都飞起来了。他们瞧了瞧这位新来的朋友。

“你是什么人呀?”他们问。小鸭一下掉向这边，一下掉向那边，尽可能对大家恭恭敬敬地行礼。

“你真是丑得厉害!”野鸭们说。“不过只要你不跟我们族里任何人结婚，这对我们倒也没有什么大关系。”——可怜的小东西！他绝没有想到要结婚；他只希望人家准许他躺在芦苇里面，喝点沼泽里的水就够了。

他在那儿整整躺了两天。后来有两只雁——严格地讲，应该说是两只公雁，因为他们是两个男子——飞来了。他们从妈妈的蛋壳里爬出来还没有多久，因此他们非常顽皮。

“听着，朋友，”他们说，“你丑得可爱，连我都禁不住要喜欢你了。你做一只候鸟，跟我们一块儿飞走好吗？离这儿很近，另外有一块沼泽地，那里有好几只甜蜜可爱的雁儿。她们都是小姐，都会说：‘嘎!’你是那么丑，可以在她们那儿碰碰你的运气!”

“噼！啪!”天空中发出一阵响声。这两只公雁落到芦苇里，死了，把水染得鲜红。“噼！啪!”又是一阵响声。整群雁儿都从芦苇里飞起来，于是又是一阵枪声响起来了。原来有人在大规模地打猎。猎人都埋伏在这沼泽地的周围，有几个人甚至还坐在伸到芦苇上面的树枝上。蓝色的烟雾像云似的弥漫在这些黑树之间，慢慢地在水面上向远方飘去。这时，猎狗都扑通扑通地从泥泞里跑过来，灯芯草和芦苇向两边倒去。这对于那只可怜的小鸭说来真是可怕的事情！他把头掉过来，藏在翅膀里。正在这时候，一只骇人的大猎狗跑来紧紧地站在他的身边。它的舌头从嘴里伸出很长，眼睛发出丑恶而可怕的光。它把鼻子顶到这小鸭的身上，露出了尖牙齿，可是——扑通！扑通——又跑开了，并没有把他抓走。

“啊，谢谢老天爷!”小鸭舒了一口气，“我丑得连猎狗也不咬我了!”

他安静地躺下来。枪声还在芦苇里响着，枪弹一发接着一发地射出来。

天快黑的时候，四周才恢复静寂。可是这只可怜的小鸭还是不敢站起来。他等了好几个钟头，才敢向四周望一眼，于是他急忙跑出这块沼泽地，拼命地跑，向田野跑去，向牧场跑去。这时正刮着狂风，他跑起来非常困难。

到天黑的时候，他来到一个简陋的农家小屋。它是那么残破，甚至不知道应该向哪一边倒才好——因此它也就没有倒。狂风在小鸭身边呼号得非常厉害，他只好迎着风坐下来。风越吹越凶。他忽然看到那门上的铰链有一个已经松了，门也歪了，他可以从缝隙钻进屋子里去，他便钻进去了。

屋子里有一个老太婆和她的猫儿，还有一只母鸡，他们住在一起。老太婆把这只猫儿叫“小儿子”。他能把背拱得很高，发出咪咪的叫声来；他的身上还能迸出火花，不过要他这样做，你得反抚他的毛才成。那只母鸡的腿又短又小，因此她叫“短腿鸡”。她生下的蛋很好，所以老太婆爱她像爱自己的亲生孩子一样。

第二天早晨，他们马上注意到了这只来历不明的小鸭。那只猫儿开始咪咪地叫，那只母鸡也咯咯地喊起来。

“这是怎么一回事儿?”老太婆说，同时朝四周看。不过她的眼睛有点花，所以她以为小鸭是一只肥鸭，走错了路，才跑到这儿来了。“这真是少有的运气!”她说，“现在我可以有鸭蛋了。我只希望他不是一只公鸭才好！我得弄清楚!”

这样，小鸭就在这里经受了三个星期的考验，可是他什么蛋也没有生下来。那只猫儿是这家的绅士，那只母鸡是这家的太太，所以他们一开口就说：“我们和这世界!”因为他们以为他们就是半个世界，而且还是最好的那一半呢。小鸭觉得自己也可以有不同的看法，但是他的这种态度，母鸡却忍受不了。

“你能够生蛋吗?”她问。

“不能!”

“那么就请你不要发表意见。”

于是雄猫说：“你能拱起背，发出咪咪的叫声和迸出火花吗?”

“不能!”

“那么，当聪明人在讲话的时候，你就没有发表意见的必要!”

小鸭坐在一个墙角里，心情非常不好。这时他想起了新鲜空气和阳光。他有一种奇怪的渴望：想到水里去游泳。最后他实在忍不住了，不得不把心事对母鸡说出来。

“你在起什么念头?”母鸡问。“你没有事情可干，所以你才有这些怪念头。你只要生几个蛋，或者咯咯地叫几声，那么你的这些怪念头也就会没有了。”

“不过，在水里游泳是多么痛快呀!”小鸭说，“让水淹没你的头，往水底一钻，那是多么痛快呀!”

“是的，那一定很痛快!”母鸡说，“你简直是在发疯。你去问问猫儿吧

——在我所认识的一切朋友当中，他是最聪明的——你去问问他喜欢不喜欢在水里游泳，或者钻进水里去。我姑且不讲我自己。你去问问你的主人——那个老太婆——吧，世界上再也没有比她更聪明的人了！你以为她想去游泳，让水淹没她的头顶吗？”

“你们不了解我。”小鸭说。

“我们不了解你？那么请问谁了解你呢？你决不会比猫儿和女主人更聪明吧——我先不提我自己。孩子，你不要自以为了不起！对于你现在所得到的照顾，你应该感谢上帝才是。你现在到一个温暖的屋子里来，有了一些朋友，而且还可以向他们学习很多的东西，不是吗？不过你是一个废物，跟你在一起真不痛快。你可以相信我，我对你说这些不好听的话，完全是为了帮助你呀。只有这样，你才知道谁是你的真正朋友！请你注意学习生蛋，或者咯咯地叫，或者迸出火花吧！”

“我想我还是走到广大的世界里去好。”小鸭说。

“好吧，你去吧！”母鸡说。

于是小鸭就走了。他一会儿在水上游，一会儿钻进水里去。不过，因为他的样子丑，所有的动物都瞧不起他。秋天来了。树林里的叶子变成了黄色和棕色。风卷起它们，把它们带到空中飞舞。空中是很冷的，云块沉重地载着冰雹和雪花，低低地悬着。乌鸦站在篱笆上，冻得只管“呱——呱”地叫。是的，你只要想想这情景，就会觉得冷了。这只可怜的小鸭的确没有舒服的时候。

一天晚上，当美丽的太阳正在落下去的时候，有一群漂亮的大鸟从灌木林里飞出来。小鸭从来没有看到过这样美丽的东西。他们白得发亮，脖颈又长又柔软。这就是天鹅。他们发出一种奇异的叫声，展开他们美丽的长翅膀，从寒冷的地带飞向温暖的国度，飞向不结冰的湖泊。

他们飞得很高——那么高，丑小鸭不禁感到一种说不出的兴奋。他在水上像一个车轮似的不停地旋转着，同时把自己的脖子高高地向他们伸着，发出一种响亮的、奇异的叫声，连他自己也害怕起来。啊！他再也忘不了这些美丽的鸟儿，这些幸福的鸟儿。当他看不见他们的时候，他就沉入水底；但是当他再冒到水面上来的时候，却感到非常空虚。他不知道这些鸟儿的名字，也不知道他们要飞到什么地方去。不过他爱他们，好像他从来还没有爱过什么东西似的。他并不嫉妒他们。他怎能梦想有他们那样美丽呢？只要别的鸭儿准许他跟他们生活在一起，他就已经很满意了——可怜的丑东西。

冬天变得很冷，非常的冷！小鸭不得不在水上游来游去，好使水面不至于完全冻结成冰。不过他游动的这个小范围，一天晚上比一天晚上缩小。水正在结冰，人们可以听到冰块的碎裂声。小鸭只好用他的一双腿不停地游动，免得水完全被冰封住。最后，他终于昏倒了，躺着一动也不动，跟冰块结在一起。

大清早，有一个种田人经过这儿。他看到了这只小鸭，就走过去用木屐①把冰块踏破，然后把他抱回家，送给他的妻子。小鸭这时才渐渐地恢复了知觉。

小孩子们都想跟他玩，不过小鸭以为他们想要伤害他。他一害怕就跳到牛奶盘里去了，把牛奶溅得满屋子都是。女人惊叫起来，拍着双手。这么一来，小鸭就飞到黄油盆里去了，然后就飞进面粉桶里去了，最后才爬出来。这时他的样子才好看呢！女人尖声地叫起来，拿着火钳要打他。小孩子们挤做一团，想抓住他。他们又是笑，又是叫！——幸好大门是开着的。他便钻进灌木林中新下的雪里面去。他躺在那里，几乎像昏倒了一样。

要是只讲他在这严冬所受的困苦和灾难，那么这个故事也就太悲惨了。当太阳又开始温暖地照着大地的时候，他正躺在沼泽地的芦苇里。百灵鸟唱起歌来了——这是一个美丽的春天。

忽然间，他举起了翅膀：这翅膀拍起来比以前有力得多，马上就把他托起来飞走了。他不知不觉地已经飞进了一座大花园。这儿苹果树正开着花；紫丁香散发着香气，它那又长又绿的枝条垂到弯弯曲曲的溪流上。啊，这儿美丽极了，充满了春天的气息！三只美丽的白天鹅从树荫里一直游到他面前来。他们轻飘飘地浮在水上，羽毛发出飕飕的响声。小鸭认出了这些美丽的动物，于是心里感到一种说不出的难过。

“我要飞向他们，飞向这些高贵的鸟儿！可是他们会把我弄死的，因为我是这样丑，居然敢接近他们。不过这没有什么关系！这比被人们打死，被鸭子咬，被鸡群啄，被看管养鸭场的那个女佣人踢和在冬天受苦要好得多！”于是他飞到水里，向这些美丽的天鹅游去。这些动物看到他，马上就竖起羽毛向他游来。“请你们弄死我吧！”这只可怜的小鸭说。他把头低低地垂到水上，只等着一死。但是他在这清亮的水上看到了什么呢？他看到了自己的倒影。但那不再是一只粗笨的、深灰色的、又丑又令人讨厌的鸭子，而是——一只天鹅！

---

① ［木屐（jī）］木头鞋。

只要你是一只天鹅蛋，就算是生在养鸭场里也没有什么关系。

过去他遭受过那么多的不幸和苦难，可是现在他感到非常高兴。他现在清楚地认识到，幸福和美正在向他招手。——许多大天鹅在他周围游泳，用嘴来亲他。

花园里来了几个小孩子。他们向水上抛来许多面包片和麦粒。最小的那个孩子喊道：

"你们看那只新来的天鹅！"别的孩子也兴高采烈地叫起来："是的，又来了一只新的天鹅！"于是他们拍着手，跳起舞来，向他们的爸爸和妈妈跑去。他们把更多的面包和糕饼向水里抛去，同时大家都说："这新来的一只最美！那么年轻，那么好看！"那些老天鹅不禁在他面前低下头来。

他感到非常难为情。他把头藏到翅膀里面，不知道怎么办才好。他感到太幸福了，但他一点也不骄傲，因为一颗好的心是永远不会骄傲的。他想起他曾经怎样被人迫害和讥笑过，而现在他却听到大家说他是美丽的鸟中最美丽的一只。紫丁香在他面前把枝条垂到水里去。太阳照得很温暖，很愉快。他竖起羽毛，伸出他细长的颈，从内心发出一个快乐的声音：

"当我还是一只丑小鸭的时候，我做梦也没有想到会有这么幸福！"

手语词卡

丑陋　疲乏　沮丧　嫉妒　芦苇　沼泽　骇人　缝隙　恭恭敬敬

词语积累

讪笑　迸出　木屐　飕飕　来势汹汹　扑通扑通

语言点

一、那不再是一只**粗笨的**、**深灰色的**、**又丑又令人讨厌的**鸭子，而是——一只天鹅！

形容词：是词类的一种，主要用来描写或修饰名词或代词，表示人或事物的性质、状态、特征或属性。粗笨的、深灰色的、又丑又令人讨厌的，可使所描绘的名词更加形象。例如：

大大的眼睛、高高的个儿、冰凉的酸梅汤。

二、于是他飞到水里，**向**这些美丽的天鹅游去。这些动物看到他，马上就竖起羽毛**向**他游来。

向……：在此处为介词，意思是面对、朝着。例如：
花儿向太阳微笑。

知识点

童话：童话是儿童文学的一种。这种作品通过丰富的想象、幻想和夸张来塑造形象，反映生活，对儿童进行思想教育。语言通俗、生动，故事情节往往离奇曲折，引人入胜。童话又往往采用拟人的方法，凡是鸟兽虫鱼，花草树木，整个大自然以及家具、玩具都可赋予生命，注入人的思想感情，使它们人格化。

童话集：《安徒生童话》《格林童话》《一千零一夜》等。

运用竞技场

一、给加点词语选择正确读音。

疲乏（pí　bí）　　讪笑（shān　shàn）　　缝隙（fèng　hèng）
丑陋（lòu　lóu）　　来临（lín　lìn）　　沮丧（jǔ　qǔ）
骇人（hè　hài）　　牛奶（nuí niú）　　恭恭敬敬（gōng　kōng）

二、划出并改正下列句子中的错别字。

A. 他把自己吹得像一条鼓满了风的帆船，来势凶凶地向他走来。（　　）

B. 他处处挨啄，被排挤，被汕笑。（　　）

C. 因为自己长得那么丑漏，而且成了全体鸡鸭的潮笑对象。（　　）

D. 他并不疾妒他们，他怎能梦想有他们那样美丽呢？（　　）

三、根据课文内容填上恰当的形容词。

______的小鸭　　______的烟雾　　______的农家小屋
______的太阳　　______的大鸟　　______的空气
______的声音　　______的溪流　　______的枝条

四、下列句子中“向”字的意思与其他几句不同的是（　　）

A. 小王低头看了看导航，便向西边走去。

B. 我的姑姑从小就特别疼我，不管什么事，她总是向着我。

C. 向着太阳、向着自由、向着新中国发出万丈光芒。

D. 我好像听到身后有人叫我，于是向后看了看。

五、文学常识填空。

1.《丑小鸭》的作者是__________（国）作家____________，他的童话作品另外还有__________、__________、__________等。童话中，丑小鸭最突出的特点是______________________________________。

2. 我所读过的其他童话故事有____________________，我最喜欢的童话故事是______________，因为______________________________________。

六、阅读理解。

1. 把丑小鸭在各个地方所发生的故事与所受的遭遇连线。

灌木林里	被追打
老太婆家	被嘲笑
沼泽地	向往美与幸福
老农家	被赞美
花园里	同情、歧视

2.“我要飞向他们，飞向这些高贵的鸟儿！”这句话表达了丑小鸭一种什么样的志向？

3. 丑小鸭变成了美丽的白天鹅对你有什么启示？

10. 龙的传人

在很久远的蛮荒时代，那时人们并不知晓传说中的“龙”为何物，当时人们所崇拜的是原始丛林的百兽之王——虎。他们过着群居生活，平时工作，闲时狩猎。虽然当时他们的生存环境仍旧十分恶劣，但靠了强大的群体集体狩猎，加上所推选的族长爱惜民众，治理有方，生活基本上也能自给自足，衣食无忧。

后来，整个中原地区遭遇了前所未有的可怕旱灾。天空常年不下雨，炽烈的火球炙烤着大地，致使泉眼干涸，江河断流，地面出现了大面积可怕的龟裂，地里的庄稼全部枯死，颗粒无收。连年的干旱造成了严重的饥荒，大批大批的人因此而死去。

一天夜里，急得焦头烂额的族长拖着沉重的步伐在室内来回走着，沉沉叹息，一筹莫展。突然，一阵地动山摇，继而听见外面忽地电闪交加，响雷大作，他内心一阵狂喜，以为老天开眼，大雨就要来了。还没来得及出去探个究竟，但见背后突然强烈的金光一闪，他骇然转过身，惊愕地发现一条身躯巨大、长尾、似蛇非蛇的怪物。它浑身覆盖着耀眼的金鳞甲，长着祖鸟翼、尖细耳、犀火眼、乾坤须。大口一张便能吞云吐雾，呼风唤雨，无所不能。可怜族长虽常年狩猎与猛兽搏斗，打下的猎物不计其数，然而终其一生也没有见过如此怪物，惊愕得不知如何是好。只见它在他的宝座上方绕环盘旋，继而绕梁三周。最后金身一跃，便飞出了天外，瞬间消失在深沉的夜幕中。

巨龙腾飞

一切犹如在梦中。惊魂未定的族长回想起刚刚发生的一幕，恍如隔世。

他下意识地摸摸自己发烫的额头，接着又是一声沉重的叹息。他遥遥地望着漆黑如黛的夜幕，不禁一声长啸："该做的，我都做了；不该做的，我也都做了。剩下的，就全听凭自然，看自然是如何造化了！"说完，他踱步至自己的房间里，和衣而卧，很快便沉沉地睡了过去。

翌日，天刚蒙蒙亮，族长被外界阵阵狂乱的呐喊声、敲打声惊醒。他不知道外面发生了什么事情，惊得一跃而起。他朝外面望去，只见天空不知从何时起已被厚厚的云层所覆盖，久违的大雨倾斜而下……恣意水流源源不断地渗透到由于三年大旱早已寸草不生、人烟没落、龟裂的大地里，流入江流，湖泊，注入河海……因重度缺水而近乎枯萎的原始丛林很快吸足了水分，渐渐恢复往日生机。疯狂的人群忘乎所以地在雨中狂奔呐喊，击敲助兴，世界沸腾了。

许多年以后，在人们的共同努力下，远古人群又重新过上了衣食自足的生活，自此繁衍不息。

至于那条身披金鳞，能吞云吐雾、兴风作雨、似蛇非蛇的怪物，世人奉之为"神灵"，名之曰"龙"，并加以图腾崇拜。"龙"拯救了我们的族人，拯救了我们的子孙后代，我们的子孙是"龙"的子孙，故称"龙的传人"！"龙的传人"一词由此而来。

手语词卡

蛮荒　群居　惊愕　踱步　源源不断　一筹莫展

词语积累

炽烈	久违	炙烤	繁衍	电闪交加	自给自足
寸草不生	地动山摇	一跃而起	不计其数	惊魂未定	漆黑如黛
呼风唤雨	焦头烂额	忘乎所以			

语言点

一、在很久远的蛮荒时代，那时人们并**不**知晓传说中的"龙"为何物。

可怜族长虽常年狩猎与猛兽搏斗，打下的猎物不计其数，然而终其一生也**没有**见过如此怪物。

"不"和"没有"的区别："没有"否认的是现在和过去的事情，不能指将来的事情；"不"表达的是自己的意思，可以指过去、现在或将来。

例如：

1. 他不知道外面发生了什么事情。

2. 他昨天没有去看足球比赛。

3. 我不打算参加明天的会议了。

二、翌日，天刚蒙蒙亮，族长被外界阵阵狂乱的呐喊声、敲打声惊醒。

“被”字句：经常用来引出动作者，构成被动句。例如：

1. 她的钱包被小偷偷去了。

2. 我们没有被困难吓倒。

知识点

神话故事：神话故事是民间文学的一种。远古时代人民的集体口头创作。包括神鬼的故事和神化的英雄传说。

其产生表现了古代人民对自然力的斗争和对理想的追求，它是一种精神寄托、人类的向往和宗教的展现，对后世的文学艺术有深远的影响。

运用竞技场

一、给加点的字选择韵母并标声调。

e　ie　ei　en　üe　ün

惊愕（　　）　　漆黑如黛（h　）　　一跃而起（y　）

炽烈（l　）　　焦头烂额（　　）　　干涸（h　）

身躯（sh　）　　惊魂未定（w　）　　龟裂（j　）（l　）

二、仿写词语。

龙椅　　龙（　）　龙（　）　龙（　）　龙（　）

自给自足　　自（　）自（　）　　自（　）自（　）

　　自（　）自（　）　　自（　）自（　）

三、词语连线搭配。

A组		B组	
恢复	恶劣	爱惜	断流
响雷	无忧	泉眼	倾盆
衣食	大作	江河	干涸
环境	生机	大雨	民众

四、选择合适的词语填空。

不　没

1. 从学校到动物园____远。
2. 昨天我____去老师家。
3. 明天我____去看电影，要去买东西。
4. 昨天我考试考得不好，我很____高兴。
5. 我很累，现在____想去买东西，你和她一起去吧。

五、仿照例子，用下列词语完成“被”字句。

例：头发　　剪

他的头发被他妈妈剪了

1. 寝室　　弄脏

____

2. 这个月的生活费　　花

____

3. 面包　　吃

____

4. 小偷　　抓

____

六、修改病句。

1. 今天的作业被我没做完。

____

2. 真对不起，你的照相机被我坏了。

____

3. 昨天我被自行车撞。

____

4. 我们班的好几个同学都被感冒了。

____

5. 我的字典被小李肯定拿去了。

____

七、阅读理解。

1. 中国人为什么被称为“龙的传人”？这个名词从何而来？

2. 写出你所了解的关于龙的神话故事。

11. 成语故事两则

悬梁刺股

东汉时，有一个叫孙敬的年轻人，孜孜不倦勤奋好学，闭门从早读到晚，也很少休息，有时候到了三更半夜的时候很容易打盹，为了不因此而影响学习，孙敬想出一个办法，他找来一根绳子，一头绑在自己的头发上，另一头绑在房子的房梁上，这样读书疲劳打瞌睡的时候，只要头一低，绳子牵住头发扯痛头皮，他就会因疼痛而清醒起来再继续读书，后来他终于成了赫赫有名的政治家。

悬梁刺股

战国时期的苏秦是一个有名的政治家，但是他在年轻的时候学问并不多，到了很多地方都没有人关注，即使有雄心壮志也得不到重用，于是他下定决心发愤图强努力读书。他经常读书读到深夜，疲倦到想要打盹的时候，就用事先准备好的锥子往大腿上刺一下，这样突然的痛感会使他猛然清醒过来，于是振作精神继续读书。

悬梁刺股的意思是头发绑在房梁上，锥子刺痛大腿来提起精神学习，只有废寝忘食地刻苦学习，发奋图强努力读书，才会有所收获。

塞翁失马

战国时期，在我国北方的边城住着一位老人，大家都喜欢叫他“塞翁”。他养了许多马，一天马群中忽然有一匹走失了。邻居们听到这事，都来安慰他不必太着急，年龄大了，多注意身体。塞翁见有人劝慰，笑笑说："丢了一匹马损失不大，没准还会带来福气。"邻居听了塞翁的话，心里觉得好笑。马丢了，明明是件坏事，他却认为也许是好事，显然是自我安慰而已。可是，过了几天，丢了的马不仅自动回家，还带回一匹骏马。邻居听说马自己回来了，非常佩服塞翁的预见，向塞翁道贺说："还是您老有远见，马不仅没有丢，还带回一匹好马，真是福气呀。"塞翁听了邻人的祝贺，反倒一点高兴的样子都没有，忧虑地说："白白得了一匹好马，不一定是什么福气，也许会惹出什么麻烦来。"邻居们以为他这是故作姿态，心里明明高兴，有意不说出来。塞翁有个独生子，非常喜欢骑马。他发现带回来的那匹马顾盼生姿，身长蹄大，嘶鸣嘹亮，膘悍神骏，一看就知道是匹好马。他每天都骑马出游，心中洋洋得意。一天，他高兴得有些过头，打马飞奔，一个趔趄①，从马背上跌下来，摔断了腿。邻居听说，纷纷来慰问。塞翁说："没什么，腿摔断了却保住性命，或许是福气呢。"邻居们觉得他又在胡言乱语。他们想不出，摔断腿会带来什么福气。不久，匈奴兵大举入侵，青年人被应征入伍，塞翁的儿子因为摔断了腿，不能去当兵。入伍的青年都战死了，唯有塞翁的儿子保全了性命。

塞翁失马

塞翁失马的意思是在一定的条件下，好事和坏事是可以互相转换的，坏事可以变成好事，好事可以变成坏事。无论遇到福还是祸，都要调整自己的心态，要超越时间和空间去观察问题，要考虑到事物有可能出现的极端变化。

手语词卡

打盹　安慰　嘹亮　彪悍

词语积累

重用　锥子　劝慰　嘶鸣　趔趄　应征　三更半夜　顾盼生姿

赫赫有名　雄心壮志　孜孜不倦　发奋图强

---

① ［趔趄（liè qie）］身体歪斜，脚步不稳。

语言点

一、塞翁有个独生子，非常喜欢骑马。

“有”字句及其否定形式：用“有”做谓语的句子叫“有”字句，表示拥有或者存在。肯定句结构是：A＋有＋（数量词）＋B。否定句结构为A＋（没）有＋（数量词＋）B。例如：

1. 十个有九个死在战场上。
2. 我有一个弟弟。
3. 校园里有许多大樟树。
4. 桌子上没有书。
5. 我没有自行车。

二、只要头一低，绳子牵住头发扯痛头皮，他就会因疼痛而清醒起来再继续读书。

只要……就……：“只要”表限定，后面接的内容限定这一种，那么就能有“就……”的结果。一般用来叙述比较确定的事。例如：

只要下功夫，就会有收获。

知识点

成语：成语是中国汉字语言词汇中定型的词。一般为四个字，也有三个字、五个字甚至七个字以上的成语。成语是中国传统文化的一大特色，有固定的结构形式和固定的说法，表示一定的意义，在语句中是作为一个整体来应用的，承担主语、宾语、定语等成分。成语有很大一部分是从古代相承沿用下来的，在用词方面往往不同于现代汉语，它代表了一个故事或者典故。有些成语本就是一个微型的句子。成语又是一种现成的话，跟习惯用语、谚语相近，但是也略有区别。成语是中华文化中一颗璀璨的明珠。

运用竞技场

一、把下列声母或韵母相同的词语挑选出来，并写出其声母和韵母。

打盹　重用　嘹亮　雄心　壮志　发愤　响亮　疼痛　清醒　政治

声母相同的词语有：________________

它们的声母分别是：________________

韵母相同的词语有：________________

它们的韵母分别是：________________________________

二、选择合适的词语填空。

有　在　是

1. 我家______两个房间，一个______我的房间，一个是爸爸妈妈的房间。

2. 我______特教中等专业学校学习，我们的学校环境很美。

三、选择 A、B、C 三项中表达正确的一项。

1. A. 我家有一共四个人。
   B. 我家一共有四个人。
   C. 一共我家有四个人。

2. A. 他们都是老师。
   B. 都他们是老师。
   C. 他们是老师都。

3. A. 他是工美专业学生，我都是工美专业学生。
   B. 他是工美专业学生，我是工美专业学生也。
   C. 他是工美专业学生，我也是工美专业学生。

四、修改病句。

1. 我不有妹妹。

____

2. 那位同学是不是聋哑学生吗？

____

3. 我的哥哥和姐姐都医生。

____

4. 我们的学校是很大。

____

5. 图书馆里面在很多人。

____

6. 我每天练习素描在画室。

____

五、仿写句子。

例句：只要下功夫，就会有收获。

仿写：只要人人都献出一点爱，世界就________________。

只要________________，就________________。

六、阅读理解。

1. 读了《悬梁刺股》这个成语故事，我觉得________________；读了《塞翁失马》这个成语故事，给了我________________________________的启示。

2. 我所读过的成语故事有________________，我最喜欢的成语故事是________________，因为________________。

*12. 寓言两则

不同的“偷”之道

从前有这样两户人家，一家是齐国人，姓国，十分富有；一家是宋国人，姓向，非常贫穷。姓向的听说姓国的很有钱，便专程从宋国跑到齐国，去请教致富的方法。

姓国的告诉他说：“我之所以发家致富，是因为我很善于‘偷’。我只用了一年的工夫就有了吃穿；两年下来就相当富足；三年过后，我的土地成片、粮食满仓，我成了方圆百里之内的大户。从那时起，我便向乡邻施舍财物，大家都得到了我的好处。”

姓向的人听了十分高兴。可是他以为姓国的致富走的是偷盗这条路，所说的“偷”就是到处翻越人家的院墙，凿开人家的房间，凡是眼睛所看到的、手能拿到的，就可以拿走归自己所有。于是他回家以后，到处偷窃。没过多久，他被判罪。姓向的人不但退还了全部赃物，而且被判罚没收他以前积累的所有家产。

姓向的把自己的失败归咎于受了姓国的欺骗，于是就到齐国去，找到姓国的责备他说：“你骗我，我去偷怎么就犯了法呢？”

姓国的听了哈哈大笑，说：“你是怎么去偷的呀？”

姓向的把自己翻墙打洞偷盗人家财产的经过讲给姓国的听了，姓国的又好气又好笑地对他说：“咳，你真是太糊涂了！你根本没弄懂我所说的‘善于偷盗’是什么意思。现在我仔细告诉你吧。人都说天有四季变化，地有丰富的出产，我偷的就是这天时和地利呀。雨水雾露，山林特产，和湖泽的养殖可以使我的庄稼长得很好，房舍建得很美。我在陆地上能‘偷’到飞禽走兽，在有水的地方能‘偷’到鱼虾龟鳖。无论是庄稼和土木，还是禽兽和鱼虾龟鳖，这些东西都是大自然的产物，并不是我原本所有的。我依靠自己的辛勤劳动，向自然界索取财富，当然不会有罪过，也不会有灾祸。可是，那些金银宝石、珍珠宝贝、粮食布匹，都是别人积累起来的财富，你用不劳而获的手段去占有别人的劳动成果就是犯罪。你因偷盗罪而受到了处罚，那又能怪谁呢?”

姓向的听了这番话，惭愧得一句话也说不出来。

看来，明智的人懂得如何用辛勤劳动、用自己的双手去向大自然索取，创造财富；愚蠢的人才会想到用非法手段，走“捷径”去攫取别人的劳动成果。这种人，到头来还是要栽跟头的。

两个青年学棋

春秋战国延续五百年，弈秋是留下名字的唯一的一位围棋手，也是我们所知的历史上第一位棋手。孟子称弈秋为“通国之善弈者”，后世称某高手为“当代弈秋”者，即意味着其水平与国手相当。弈秋是当时诸侯列国都知晓的国手，棋艺高超，《弈旦评》推崇他为围棋“鼻祖”。

两个青年学棋

由于弈秋棋术高明，当时就有很多年轻人想拜他为师。弈秋收下了两个学生，都是聪明的年轻人。

一个学生诚心学艺，听先生讲课从不敢怠慢，十分专心。老师讲的每一句话，他都用心听；老师讲的每一着棋，他都用心琢磨。他很快就学会了下棋，并且棋艺在一天天提高。

另一个学生大概只图弈秋的名气，虽拜在门下，却并不下功夫。弈秋讲棋时，他心不在焉，探头探脑地朝窗外看，一心想着天鹅什么时候才能飞来。心里想着待天鹅快要飞到眼前时该要准备好弓和箭了。他一心惦记着当天鹅飞近后该如何拿弓，如何搭箭，又要如何瞄准，然后再怎样放箭，向最大的天鹅射去等等。虽然他跟人家一起学习下棋，但棋艺远远不如人家。

这难道是因为他不如前一个人聪明吗？当然不是。学习必须专心致志，就是说要集中精神，一心一意地学，才能学好。如果不专心，那是什么也学不会的。

手语词卡

翻越　赃物　积累　效果　糊涂　灾祸　失败　愚蠢　熟练　沉思
欺骗　责备

词语积累

富有　贫穷　专程　致富　施舍　财物　偷盗　攫取　明智　遐想
天时　地利　辛勤　索取　罪过　处罚　讲解　技艺　技巧　不劳而获

语言点

一、我依靠自己的辛勤劳动，向自然界索取财富，当然不会有罪过，也不会有灾祸。

无论是庄稼和土木，还是禽兽和鱼虾龟鳖，这些东西都是大自然的产物。

也、还：一般用在动词、形容词的前面表示重复。

1. 用在后一小句里，表示几个动作属于同一个人或者事物。例如：

① 这不会有罪过，也不会有灾祸。

② 我喜欢看手语，还喜欢看唇语。

2. 如果这些动作不属于同一个主语，只能用“也”，不能用“还”。例如：

① 他喜欢学语文，我也喜欢学语文。

② 他们的房间很干净，我们的房间也很干净。

二、这难道是因为他不如前一个人聪明吗？当然不是。

难道：用在疑问句中，加强反问语气。例如：

他们能做到，难道我们就做不到吗？

知识点

寓言：寓言是用比喻性的故事来寄托意味深长的道理，给人以启示的文学体裁，字数不多，但言简意赅。故事的主人公可以是人，也可以是拟人化的动植物或其他事物。该词最早见于《庄子》，在春秋战国时代兴起，后来成为文学作品的一种体裁。

运用竞技场

一、加点的字注音全部正确的一项是（　　）

A. 富有（hù）　施舍（shè）　翻越（huān）　糊涂（fú）
B. 偷盗（tuō）　灾祸（hòu）　赃物（zhuāng）　惩罚（huá）
C. 攫取（chú）　遐想（jiǎ）　索取（sǒu）　不劳而获（hòu）
D. 愚蠢（chǔn）　欺骗（qī）　熟练（shú）　全神贯注（guàn）

二、写反义词。

富有—（　　）　失败—（　　）　欺骗—（　　）　糊涂—（　　）
索取—（　　）　熟练—（　　）　愚蠢—（　　）　责备—（　　）
三心二意—（　　　）　不劳而获 —（　　　）

三、选词填空。

也　　还

1. 李红是聋哑人，我____是聋哑人。
2. 我们学校有一个足球场，____有一个篮球场。
3. 书在桌子上，笔____在桌子上。
4. 我会跳舞，会画画，____会打篮球、踢足球。

想　　会　　可以

1. 在操场，我常常______遇到体训班的学生。
2. 我______跟你们一起打篮球。
3. 我们家乡的菜很好吃，你____尝一尝。

四、模仿例句，用“难道”改写句子。

例句：外国人能造出来，我们中国人也能造出来。
改写：外国人能造出来，难道我们中国人造不出来吗？
1. 诚实和讲信用，是这个世界上最珍贵的东西。
改写：____________________________________
2. 你应该关心你的家人。
改写：____________________________________

五、连词成句。

1. 两个　学　有　下棋　　青年人　想

____

2. 我　跟　　一起　你们　跳舞　　想

____

3. 的　张强　爸爸　来　会　下午 看望　他　今天　学校

____

六、阅读理解。

1. 读了《不同的“偷”之道》这个寓言故事，我认识到____，读了《两个青年下棋》我觉得____。

2. 我所读过的其他寓言故事有______________________，我最喜欢的寓言故事是______________，因为____________________________。

语文应用操练三

语言交往

鼓励

小英的腿从小就落下了残疾，内心很自卑，一次，老师让她上台演讲，她不得不面对全班同学的目光。这时，同学们给了她一阵鼓励的掌声。她成功地完成了演讲，且在同学们的掌声中走下了讲台。这件事改变了小英的生活态度，她开始微笑着面对生活。

我们在生活中，有时会遇到种种困难，有时会没有勇气，缺乏自信，有时性格难免胆小，情感难免脆弱，这时最需要的就是得到别人的鼓励。我们应学会鼓励他人，让身边的人都感受你的爱心。

情景互动，学会鼓励技巧

在北京举办的第 29 届奥运会上，作为最有可能为中国奥运军团夺得首枚金牌的女子 10 米气枪选手杜丽，在预赛成绩第二的情况下，决赛中却发挥失常，仅获得第 5 名，无缘奖牌。在重压之下，痛失首金，但她的教练、亲朋好友、全国人民和亿万网友给予了她许多的鼓励。

一、给予信心和力量，从情感上站在一起。

“杜丽，别哭！即使没夺金牌也是我们的英雄！”

“孩子，你是我们山东的骄傲，我们是你坚强的后盾！加油吧！”

二、体谅对方的处境。

“昨天看了你的比赛，知道你冲击首金未能成功，我们都清楚你所承受的压力：首金，主场，全国人民的期望……尽管我们都很遗憾，但希望你千万别气馁。”

“杜丽姐姐，别难过。你已经尽力了，谁都不是常胜将军！理解万岁！”

三、讲清道理，勇敢地面对现实，接受现实。

“有输有赢才是比赛。”

“我们都会用一颗平常心看待，比赛就有输赢，只要努力，就永远是我们心中的好杜丽。”

四、引用名言警句。

“失败乃成功之母，相信你在后面的比赛中会有好的发挥。”

“不经历风雨怎能见彩虹，只要打出自己的水平，那就是英雄。”

五、列举类似的小故事，或联系自己的经历，用具体的事例来鼓励。

“杜丽，想想射击老将王义夫。1992 年夺得金牌的他，在 1996 和 2000 年的奥运会上，遭遇两次失利，2004 年，他再次圆梦雅典。你永远都不要放弃。”

“我曾经也有过大赛失利的经历，那种感觉是没有人可以安慰的，只有自己慢慢恢复，不要被一次失利打倒。杜丽，挺住！”

鼓励的常用态势语

1. 对拳，如图 1。
2. 右手握拳，竖直上臂并向下一顿，表示加油的意思，如图 2。
3. 双手握拳，竖直上臂并向下一顿，表示加油的意思，如图 3。

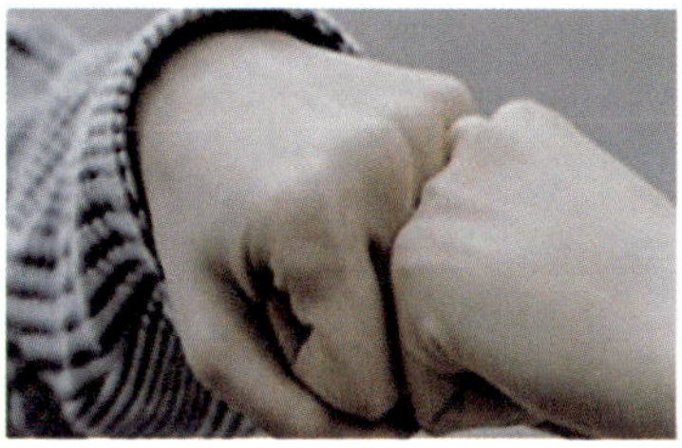

图1

图2

图3

实用招牌词句

- 鼓励
  - 事前鼓励
    - 加油！
    - 只要努力，相信没有什么困难能难倒你。
    - 你准备得这么充分，一定会成功的。
    - 勇敢地跨出第一步，你就离成功近了一步！
    - 就当作是平时的练习一样，用平常心对待就好！
  - 事后鼓励
    - 重在参与！
    - 友谊第一、比赛第二！
    - 失败乃成功之母，下次再努力就是！
    - 即使没有获奖，你也是我们的骄傲！
    - 就差了一点点运气而已，下次一定能成功的。
    - 尽管这次没达到你的期望，但希望你不要气馁，继续努力。

运用竞技场

一、根据情境完成对话。

张铭买了一套绘画工具，回学校拆开包装后发现有一块画板损坏了，他想去退换，却没有勇气。

张铭：我买了一套绘画材料，回家拆开包装盒后发现有一张画板损坏了，我能去退换吗？

李宇：________________________________。

张铭：可是我不敢去，他们会说是我自己弄坏的，我怕我讲不过他们。

李宇：________________________________

张铭：那我去的话，还要准备些什么呢？

李宇：________________________________

张铭：我一个人去，还是有点担心解决不好。

李宇：走，我陪你一起去，好吗？

张铭：太好了，谢谢你！

二、写作练习。

服装制作课上，肖军两次操作都没有成功，他想打退堂鼓……请你写下鼓励他的话。

三、自我激励。

我们学会了鼓励别人，假如你自己遇到困难感到灰心时，你是怎样鼓励自己的？请给自己写几句鼓励的话。

如：失败是成功之母。

应用文写作

单据

同学们，在你身无分文需要找他人借钱的时候，如果借钱给你的人希望你写一张凭证，你准备怎么写？如果你借的钱在归还的时候只还了一部分，这时候你又该怎么写凭证呢？

例文指路

【例文一】

借　条[①]

今借到[②]王倩老师人民币贰佰元整[③]，定于下周二归还[④]。此据。[⑤]

刘海林

2017年4月15日[⑥]

写法注释

借钱或物品时写给对方的一种凭证，方便对方保存查考的条据叫借条，它是单据的一种。

① 标题：位于正文上方居中的位置，表明单据的性质。

② 正文：开头空两格，一般用“今借到”等开头。

③ 要写清对方的名字或名称，以及所涉及的钱物的数量等。单据上的款项金额、物品数量必须大写；款项金额要注明币种，如“人民币”；金额后面要加上一个“整”字，且要写在同一行，以防涂改。

④ 必须写清归还期限，以免拖延。

⑤ 在正文后直接写或另起一行写“此据”二字。“此据”不宜与正文相距太远（以免被随意添加其他内容），一般不留空行。

⑥ 落款：正文右下方写明经手人的姓名及日期。个人出具的单据，由本人签名，有时要写明所属单位名称，并盖章；单位出具的单据要盖公章，一般还要有经手人签名盖章。日期写在署名的下面。

【例文二】

> **欠　条**①
>
> 因为购买美术颜料等工具所带现金不够②，还欠万利超市人民币肆拾捌元整，明天送还。
>
> 此据。
>
> 吴　玉
>
> 2017 年 2 月 15 日

写法注释

借的钱或物品，已还清一部分，还剩下的部分要在新商定的期限内归还的文字凭据叫欠条，它是单据的一种。

① 标题位于正文上方居中的位置，表明单据的性质。

② 开头空两格，一般用所欠原因开头，或直接写“今欠”开头。

【例文三】

> **收　条**①
>
> 今收到②教务科发给本班的《花韵——学生作文集》壹拾肆本，德育教材贰拾捌本。
>
> 此据。
>
> 17 级工美班
>
> 经手人：王　华③
>
> 2017 年 10 月 20 日

写法注释

① 收到单位或个人送来的钱或物品时给对方出具的凭证叫收条，也可叫收据，是单据的一种。

② 正文：以“今收到”开头，钱物数量用汉字大写，不能涂改。物品的规格等详细信息要写清楚。

③ 由个人代表单位代收，写明经手人。

【例文四】

> **领　条**①
>
> 今领到②服装厂总务科发给的员工工作服贰拾陆套，工作皮鞋肆拾叁双。
>
> 此据。
>
> 生产一部
>
> 经手人：罗　明③
>
> 2017 年 9 月 8 日

写法注释

① 领条是个人或部门从有关单位领取钱物时，写给对方留存的凭证。领条是单据的一种。

② 正文以“今领到”开头，钱物数量用汉字大写。有些物品必须写明规格、特征。

③ 由个人代表单位代收，写明经手人。

实用招牌词句

> 词：今借到　今领到　今收到　人民币　因为　归还　送还　及时　此据
>
> 句：1. 今借到出差的差旅费壹仟元整。
>
> 2. 定于 2 月 10 日前归还。
>
> 3. 定于 7 个工作日内送还。

写作小贴士

单据是个人或单位之间因发生钱物往来，而给对方出具的一种作为凭证或说明的、具有固定格式的条文，具有法律效力。

单据有借条、欠条、收条、领条等几种。

单据的写作注意点：

1. 字迹清晰工整，只能用钢笔、签字笔、毛笔写，不能用铅笔或圆珠笔写；只能用蓝色或黑色笔书写，不能用红色或其他易褪色笔书写；

2. 单据写成后，不可涂改。如需更改时，应由出具单位或个人在改动处加盖公章或私章，以表示负责；

3. 单据上的款项金额、物品数量必须大写；款项金额要注明币种，如“人民币”；金额后面要加上一个“整”字，且要写在同一行，以防涂改。财物金额大写如下：

0	1	2	3	4	5	6	7	8	9	10				
零	壹	贰	叁	肆	伍	陆	柒	捌	玖	拾	佰	仟	万	亿

结构模板

＿＿＿＿＿＿＿＿条

今＿＿＿＿到＿＿＿＿＿＿＿＿＿＿＿＿＿＿＿＿，＿＿＿＿＿＿＿＿＿＿＿＿＿＿＿＿＿＿＿＿。此据。

＿＿＿＿＿＿＿＿

年　月　日

运用竞技场

一、我会改。

下面的借条和领条写得对吗？如果不对，请动笔修改。

借　条

借钱王磊老师 280 元。

刘海林

2017 年 6 月 8 日

今领到××陶瓷公司发给的员工工作服 96 套，工作皮鞋 48 双。此系工人劳保用品。

生产部

经手人：杨　林

2017 年 6 月 8 日

二、我会写。

1. 你在学校小超市买生活用品共需要支付 96 元，但你身上只带了 50 元，你需要给老板写一张什么单据？请试着写写。

2. 学校领导派张明到市图书馆为学校借《中华大字典》三本。请你试着为张明写一张借条。

3. 财务室收到王明交来的 2018 年上学期的书费 300 元，请代财务室写一张收条。

4. 班主任委派你去学校图书室帮班上同学领取语文复习资料 30 份，图书室管理员需要你留下一份凭证，你该怎样写呢？

语文综合实践活动

手语故事比赛

手语是一种特殊的交流和表达方式，同学们在手语的学习中感受到了另一种艺术美。手语故事表演是学习手语、理解手语的一种极好的形式。为提高同学们对手语的感受能力和表达能力，让大家体验手语交流及读书的乐趣，本单元特安排一次手语故事比赛，希望同学们能以新的方式来学习手语，让我们在无声的世界里去用心交流，用心体会。

活动目标

举行一次讲故事比赛，提高手语表达能力、语言概括能力、合作探究能力以及勇于竞争、善于临场发挥的心理承受力和应变能力。

活动设计

一、活动指导

1. 全班同学参与。先小组活动，后全班活动。

2. 所讲故事可从下列类型中挑选一种：残疾人自立自强故事、科学发明故事、艰难创业故事、营销理财故事、见义勇为故事、感动心灵故事等。也可根据生活中的真人真事自编故事。

3. 利用网络、书籍、报刊查找、收集自己感兴趣的故事，并把故事抄写、复印或打印出来。

4. 讲故事的时间要控制在 5 分钟内，手语词汇的使用参照《国家通用手语词典》。

5. 讲故事不是背故事，也不是简单地复述故事，而是一种再创造。重听学生讲故事时要面对很多听众，因此要声音洪亮、吐字清楚。打手势要清晰流畅，手语语义要符合故事原文文意。根据故事内容配合相应的表情、动作等，把人物的喜怒哀乐生动地表达出来，把故事中的场景和氛围再现出来。为了把故事讲好，还可以适当地对故事进行一些补充，设计一些互动或者旁白，以活跃现场气氛。

6. 讲故事的准备工作是否充分，直接关系到这次活动的成功与否。因此，在熟悉故事情节后可以试着讲给自己的好朋友听，征求他们的意见和建议。

7. 自编故事时应注意对生活素材的提炼与剪裁，力求情节生动有趣。

二、活动过程

1. 准备工作。通过多种方法收集所需资料。

2. 小组长收集组员的故事，并交老师审阅。

3. 小组初赛初评。小组成员分别讲自己所准备的故事（5 分钟），并切磋手语使用是否符合原文，评出 1—2 名优秀者作为小组代表参加班级比赛。

4. 班级比赛。从同学中选出主持人 1 名、评委 5 名。

5. 主持人应先准备好开场白，并宣读比赛章程、规则。

6. 各组代表按照章程、规则和赛前抽取的顺序进行比赛。

7. 评委现场打分、亮分。依得分高低排出前 6 名，分列为一、二、三等奖。

8. 语文老师对本次活动进行总结。

相关资料

奇迹的名字叫父亲

1948 年，在一艘横渡大西洋的船上，有一位父亲带着他的小女儿，去和在美国的妻子会合。

一天早上，父亲正在舱里用刀削苹果，船却剧烈地摇晃。父亲摔倒时，刀子插在他的胸口。他全身都在颤抖，嘴唇瞬间发青。

6 岁的女儿被父亲瞬间的变化吓坏了，尖叫着扑过来想要扶他。他却微笑着推开女儿的手：“没事儿，只是摔了一跤。”然后轻轻地拔出刀子，很慢很慢地爬起来，不引人注意地用拇指揩去了刀锋上的血迹。

以后三天，父亲照常每晚为女儿唱摇篮曲，清晨替她系好美丽的蝴蝶结，带她去看大海的蔚蓝。仿佛一切如常，而小女儿却没有注意到父亲每一分钟都比上一分钟更衰弱、苍白，他看向海平线的目光都是那样的忧伤。

抵达的前夜，父亲来到女儿的身边，对女儿说："明天见到妈妈的时候，请告诉妈妈，我爱她。"

女儿不解地问："可是你明天就要见到她了，你为什么不自己告诉她呢?"

他笑了，俯身，在女儿额上深深刻下一个吻。

船到纽约港了，女儿一眼便在熙熙攘攘的人群中认出母亲，便大喊着："妈妈！妈妈!"

就在此时，周围一片惊呼，女儿一回头，看见父亲仰面倒下，胸口血如井喷，刹那间染红了整片天空。

尸检的结果让所有人惊呆了：那把刀无比精确地洞穿了他的心脏。他却多活了三天，而且不被任何人察觉。唯一能解释的是因为伤口太小，使得被切的心脏依原样贴在一起，维持了三天的供血。

这是医学上罕见的奇迹。医学会议上，有人称它为大西洋奇迹，有人建议以死者的名字命名，还有人说要叫它神迹。

"够了!"那是一位坐在首席的老医生，须发皆白，皱纹里满是人生的智慧，此刻一声大喊，然后一字一顿地说，"这个奇迹的名字，叫父亲。"

第四单元　描摹风景

单元导语

日月经天，江河行地，春风夏雨，秋霜冬雪，大自然生生不息，四时景物多姿多彩。这一单元我们学习写景文章，这些写景散文以优美的语言，描绘了大自然的美景，抒发了亲近自然、珍惜生命、热爱生活的情怀。

《济南的冬天》是一篇充满诗情画意的散文，老舍先生紧紧抓住济南冬天“温晴”这一特点，描绘出一幅幅济南特有的动人冬景。

《荷塘月色》是现代抒情散文的名篇。文章写了荷塘月色美丽的景象，含蓄而又委婉地抒发了作者不满现实，渴望自由，想超脱现实而又不能的复杂的思想感情。

《故都的秋》全文1500多字，运用了42个秋字来润色北国之秋的“清”“静”和“悲凉”，处处渗透着悲凉美感。

《壶口瀑布》是典型的借景抒情散文，作者用生动优美的笔触和抒情的语句，运用比喻、拟人、夸张、排比的修辞手法将黄河水的威武雄壮、奔腾不息展现在读者眼前，让人身临其境，更让人难忘的是对民族精神的赞美。

品读优美散文是一种令人愉悦的精神享受。我们要全身心投入，反复朗读，在整体感知内容大意的基础上，深入体会作者传达的微妙情感，揣摩和品味富有特色的语言，积累精彩语句。课文中多用比喻和拟人的手法，注意体会它们的表达效果。

13. 济南的冬天[1]

老　舍

对于一个在北平住惯的人，像我，冬天要是不刮风，便觉得是奇迹；济南的冬天是没有风声的。对于一个刚由伦敦[2]回来的人，像我，冬天要能看得见日光，便觉得是怪事；济南的冬天是响晴[3]的。自然，在热带的地方，日光是永远那么毒，响亮的天气，反有点叫人害怕。可是，在北中国的冬天，而能有温晴的天气，济南真得算个宝地。

设若单单是有阳光，那也算不了出奇。请闭上眼睛想：一个老城，有山有水，全在天底下晒着阳光，暖和安适地睡着；只等春风来把它们唤醒，这是不是个理想的境界？

小山整把济南围了个圈儿，只有北边缺着点口儿。这一圈小山在冬天特别可爱，好像是把济南放在一个小摇篮里，它们安静不动地低声地说："你们放心吧，这儿准保暖和。"真的，济南的人们在冬天是面上含笑的。他们一看那些小山，心中便觉得有了着落，有了依靠。他们由天上看到山上，便不知不觉地想起："明天也许就是春天了吧？这样的温暖，今天夜里山草也许就绿起来了吧？"就是这点幻想不能一时实现，他们也并不着急，因为有这样慈善的冬天，干啥还希望别的呢！

济南的冬天

---

① 《济南的冬天》选自《老舍文集》（人民文学出版社 1989 年版）。老舍（1899—1966），原名舒庆春，字舍予，北京人，著名作家。作品收在《老舍文集》里。

② ［伦敦］英国首都，多雾。

③ ［响晴］（天空）晴朗无云。

最妙的是下点小雪呀。看吧，山上的矮松越发的青黑，树尖上顶着一髻[①]儿白花，好像日本看护妇。山尖全白了，给蓝天镶上一道银边。山坡上，有的地方雪厚点，有的地方草色还露着；这样，一道儿白，一道儿暗黄，给山们穿上一件带水纹的花衣；看着看着，这件花衣好像被风儿吹动，叫你希望看见一点更美的山的肌肤。等到快日落的时候，微黄的阳光斜射在山腰上，那点薄雪好像忽然害了羞，微微露出点粉色。就是下小雪吧，济南是受不住大雪的，那些小山太秀气！

古老的济南，城内那么狭窄，城外又那么宽敞，山坡上卧着些小村庄，小村庄的房顶上卧着点雪，对，这是张小水墨画，也许是唐代的名手画的吧。

那水呢，不但不结冰，倒反在绿萍[②]上冒着点热气，水藻[③]真绿，把终年贮蓄[④]的绿色全拿出来了。天儿越晴，水藻越绿，就凭这些绿的精神，水也不忍得冻上，况且那些长枝的垂柳还要在水里照个影儿呢！看吧，由澄清[⑤]的河水慢慢往上看吧，空中，半空中，天上，自上而下全是那么清亮，那么蓝汪汪的，整个的是块空灵[⑥]的蓝水晶。这块水晶里，包着红屋顶，黄草山，像地毯上的小团花的小灰色树影；这就是冬天的济南。

手语词卡

绿萍　澄清　奇迹　依靠　济南　日本　伦敦　害羞　热带

词语积累

响晴　温晴　秀气　水藻　贮蓄　空灵　安适　水墨画　蓝汪汪
不知不觉

语言点

一、天儿越晴，水藻越绿，就凭这些绿的精神，水也不忍得冻上，**况**

① ［髻（jì）］在头顶或脑后挽束起来的头发。

② ［绿萍］植物名，又名满江红，叶子浮出水面，春季绿色，夏季红褐色，可作鱼类及家畜的饲料，也可作水田的肥料，并可供药用。

③ ［水藻］生长在水里的藻类植物。

④ ［贮藏］储存积累。

⑤ ［澄清］清澈、清亮。

⑥ ［空灵］灵活而不可捉摸。

且那些长枝的垂柳还要在水里照个影儿呢！

况且：表示更进一层，多用来补充说明理由。例如：

这书内容好，况且又不贵，你买一本吧！

二、看吧，由澄清的河水慢慢往上看吧，空中，半空中，天上，自上而下全是**那么**清亮，**那么**蓝汪汪的，整个的是块空灵的蓝水晶。

那么……那么……：用来形容事物性质，也泛指行为和动作。可以两个或两个以上“那么”连用。例如：

古老的济南，城内那么狭窄，城外又那么宽敞。

知识点

拟人：一种修辞方法，就是把事物人格化，将本来不具备人的动作和感情的事物变成和人一样具有动作和感情的样子，就像童话里的动物、植物能说话，能大笑。例如：

1. 这样，一道儿白，一道儿暗黄，给山们穿上一件带水纹的花衣。
2. 这一圈小山在冬天特别可爱，好像是把济南放在一个小摇篮里，它们安静不动地低声地说：“你们放心吧，这儿准保暖和。”
3. 小鸟在枝头快乐地唱起了歌谣。
4. 小树在跟小朋友们招手。

运用竞技场

一、给加点的字选择韵母并标声调。

u　ü　ui　iu　ie

贮蓄（zh　　）（x　　）　　秀气（x　　）　　绿萍（l　　）

垂柳（ch　　）（l　　）　　水藻（sh　　）　　况且（q　　）

二、写反义词。

害怕（　　）　安适（　　）　安静（　　）　依靠（　　）

澄清（　　）　秀气（　　）　狭窄（　　）　温暖（　　）

三、用“况且”将左右两边的内容连起来写一写。

这部书的内容非常好。　　又不贵，你买一本吧。

____

你带伤是无法再参加比赛的了。　　你还被取消了参赛资格。

____

你都不懂，你的表弟更不懂了。　　他还是个小孩！

____

四、仿写“拟人”句。

例句：那株枝条修长的凤尾菊羞羞答答地低下了头。

1. 风儿______________________________________

2. 顽皮的雨滴__________________________________

3. 秋天到了，树上金黄的果子_______________________

4. 夜空中的小星星______________________________

五、选择恰当的关联词填空。

有的……有的……　　那么……那么……

1. 冬日的早晨，天气是______冷，街上的人是______少。

2. 上课时，______同学用心听讲，______同学思想溜号，学习效果怎能一样？

3. 三峡两旁山石林立，______像奔驰的骏马，______像顶盔挂甲的武士，真是千姿百态！

4. 如果不自强不息，______就不能把握命运；如果不与时俱进，______就不能跟上时代。

六、阅读理解。

1. 作者紧紧抓住济南的冬天“____________”这一特点，通过与北平的比较，写出济南的冬天是没有________的；与伦敦比较，济南的冬天是看得见________的；与热带比较，济南的冬天能有__________的天气。

2. 作者为什么说济南是个理想的境界？

14. 荷塘月色[①]

朱自清

这几天心里颇不宁静。今晚在院子里坐着乘凉，忽然想起日日走过的荷塘，在这满月[②]的光里，总该另有一番样子吧。月亮渐渐地升高了，墙外马路上孩子们的欢笑，已经听不见了；妻在屋里拍着闰儿，迷迷糊糊地哼着眠歌。我悄悄地披了大衫，带上门出去。

沿着荷塘，是一条曲折的小煤屑路。这是一条幽僻的路；白天也少人走，夜晚更加寂寞。荷塘四面，长着许多树，蓊蓊郁郁[③]的。路的一旁，是些杨柳，和一些不知道名字的树。没有月光的晚上，这路上阴森森的，有些怕人。今晚却很好，虽然月光也还是淡淡的。

荷塘月色

路上只我一个人，背着手踱着。这一片天地好像是我的；我也像超出了平常的自己，到了另一个世界里。我爱热闹，也爱冷静；爱群居，也爱独处。像今晚上，一个人在这苍茫的月下，什么都可以想，什么都可以不想，便觉是个自由的人。白天里一定要做的事，一定要说的话，现在都可不理。这是独处的妙处，我且受用[④]这无边的荷香月色好了。

---

① 选自《朱自清文集》第1卷（江苏教育出版社1988年版），略有删节。朱自清（1898—1948），浙江绍兴人，现代著名散文家、诗人、学者、民主战士。

② ［满月］圆月。

③ ［蓊蓊（wěng wěng）郁郁］树木茂盛的样子。

④ ［受用］享受。

曲曲折折的荷塘上面，弥望[①]的是田田[②]的叶子。叶子出水很高，像亭亭[③]的舞女的裙。层层的叶子中间，零星地点缀着些白花，有袅娜[④]地开着的，有羞涩地打着朵儿的；正如一粒粒的明珠，又如碧天里的星星。微风过处，送来缕缕清香，仿佛远处高楼上渺茫的歌声似的。这时候叶子与花也有一丝的颤动，像闪电般，霎时传过荷塘的那边去了。叶子本是肩并肩密密地挨着，这便宛然有了一道凝碧[⑤]的波痕。叶子底下是脉脉[⑥]的流水，遮住了，不能见一些颜色；而叶子却更见风致了。

月光如流水一般，静静地泻在这一片叶子和花上。薄薄的青雾浮起在荷塘里。叶子和花仿佛在牛乳中洗过一样；又像笼着轻纱的梦。虽然是满月，天上却有一层淡淡的云，所以不能朗照；但我以为这恰是到了好处——酣眠固不可少，小睡也别有风味的。月光是隔了树照过来的，高处丛生的灌木，落下参差的斑驳的黑影；弯弯的杨柳的稀疏的倩影[⑦]，却又像是画在荷叶上。塘中的月色并不均匀；但光与影有着和谐的旋律[⑧]，如梵婀玲[⑨]上奏着的名曲。

荷塘的四面，远远近近，高高低低都是树，而杨柳最多。这些树将一片荷塘重重围住；只在小路一旁，漏着几段空隙，像是特为月光留下的。树色一例[⑩]是阴阴的，乍看像一团烟雾；但杨柳的丰姿[⑪]，便在烟雾里也辨得出。树梢上隐隐约约的是一带远山，只有些大意罢了。树缝里也漏着一两点路灯光，没精打采的，是渴睡人的眼。这时候最热闹的，要数树上的蝉声与水里的蛙声；但热闹是它们的，我什么也没有。

忽然想起采莲的事情来了。采莲是江南的旧俗，似乎很早就有，而六朝时为盛；从诗歌里可以约略知道。

于是又记起，《西洲曲》[⑫] 里的句子：

---

① ［弥望］满眼。弥，满。

② ［田田］形容荷叶相连的样子，古乐府《江南曲》中有“莲叶何田田”的句子。

③ ［亭亭］形容女子或花木挺立，十分秀气。

④ ［袅娜］柔美的样子。

⑤ ［凝碧］青翠欲滴的样子。

⑥ ［脉脉］默默地用眼神或行动表达情意。这里形容水没有声音，好像饱含深情的样子。

⑦ ［倩影］美丽的影子。倩，美丽。

⑧ ［旋律］也称曲调，指若干高低、强弱、长短不同的乐音的有节奏的、和谐的运动。

⑨ ［梵婀玲］英语“violin”的译音，即小提琴。

⑩ ［一例］一律、一概。

⑪ ［丰姿］风度、仪态，一般指美好的姿态。也写作“风姿”。

⑫ ［西洲曲］南朝乐府中的诗。

采莲南塘秋，莲花过人头；低头弄莲子，莲子青如水。

今晚若有采莲人，这儿的莲花也算得“过人头”了；只不见一些流水的影子，是不行的。这令我到底惦着江南了。——这样想着，猛一抬头，不觉已是自己的门前；轻轻地推门进去，什么声息也没有，妻已睡熟好久了。

1927年7月，北京清华园

手语词卡

惦着　寂寞　仿佛　参差　曲曲折折　隐隐约约

词语积累

弥望　田田　幽僻　亭亭　袅娜　缕缕　宛然　倩影　一例　朗照

梵婀玲　没精打采　蓊蓊郁郁

语言点

一、层层的叶子中间，零星地点缀着些白花，有袅娜地开着的，有羞涩地打着朵儿的；**正如**一粒粒的明珠，**又如**碧天里的星星。

正如……又如……：这个句子中把“荷花”比喻成“明珠”，还比喻成“星星”，这种连续两个或两个以上的比喻称为博喻。博喻能将事物的特征或事物的内涵从不同侧面、不同角度表现出来，运用博喻会使描绘更加生动，刻画更加全面，同时能加强语意，增添气势。例如：

雨是最寻常的，一下就是三两天。可别恼。看，像牛毛，像花针，像细丝，密密地斜织着，人家屋顶上全笼着一层薄烟。

二、微风过处，送来缕缕清香，**仿佛**远处高楼上渺茫的歌声似的。

仿佛：好像。例如：

徐悲鸿先生的马画得真有神，一匹匹骏马仿佛在奋蹄奔跑。

知识点

比喻：是一种常用的修辞手法，用跟甲事物有相似之点的乙事物来描写或说明甲事物。也叫“譬喻”“打比方”，中国古代称为“比”。比喻是认识事物的一种基本方式，通过把一种事物看成另一种事物而认识了它。

依据描写或说明的方式，常见比喻可分为“明喻（直喻）”“暗喻（隐喻)”“类喻”“借喻”“对喻”“博喻”。

运用竞技场

一、给加点的字选择韵母并标声调。

a ia an ian ao iao

田田（t ） 袅娜（n ） 宛然（w ）（r ）

朗照（zh ） 倩影（q ） 莲花（l ） 家庭（j ）

梵婀玲（f ） 渺茫（m ） 霎时（sh ） 树梢（sh ）

二、仿写词语。

蓊蓊郁郁（AABB 式）____________________

阴森森（ABB 式）____________________

三、仿写句子。

例句：层层的叶子中间，零星地点缀着些白花，正如一粒粒的明珠，又如碧天里的星星。

仿写：正如……又如……

____

例句：微风过处，送来缕缕清香，仿佛远处高楼上渺茫的歌声似的。

仿写：仿佛

____

四、下列各句与其他三句修辞方法不同的一项是（ ）

A. 微风过处，送来缕缕清香，仿佛远处高楼上渺茫的歌声似的。

B. 光与影有着和谐的旋律，如梵婀玲上奏着的名曲。

C. 绿茸茸的草坡，像一支充满幽情的乐曲。

D. 这样，一道儿白，一道儿暗黄，给山们穿上一件带水纹的花衣。

五、分析比喻句。

本文多次运用了比喻的修辞手法。请在第 3、4、5 三个自然段中找出有关句子，填写下面的表格。

本体	喻体	完整的句子	相似点
荷叶			
荷花			
月光			
树色			
路灯光			

六、阅读理解。

1. 融情于景是本文写作的主要特色，作者的情绪随着景物的转换而经过了______、______、______、______的变化过程。

回到现实　　暂得宁静　　不宁静　　找宁静

2. 对“像今晚上，一个人在这苍茫的月下，什么都可以想，什么都可以不想，便觉是个自由的人”这段话的理解最恰当的 项是（　　）

A. 作者用比喻的手法，描写宁静的月夜，这时的“我”与白天的“我”判若两人。

B. 在宁静的月夜中，作者可摆脱白天人世的羁绊，得到自己追求的一时的自由。

C. 在宁静的月夜下，作者可以任凭自己的性格，想说就说，想做就做。

D. 作者用白描手法，描写月夜的美丽，自己也进入了一个美妙的、神秘的世界。

3. 你从《荷塘月色》中的景物描写中读出了作者怎样的情感？请结合写作时间推断作者心情“颇不宁静”的原因。

15. 故都的秋[①]

郁达夫

秋天，无论在什么地方的秋天，总是好的；可是啊，北国的秋，却特别地来得清，来得静，来得悲凉。我的不远千里，要从杭州赶上青岛，更要从青岛赶上北平来的理由，也不过想饱尝一尝这“秋”，这故都的秋味。

江南，秋当然也是有的；但草木凋得慢，空气来得润，天的颜色显得淡，并且又时常多雨而少风；一个人夹在苏州上海杭州，或厦门香港广州的市民中间，浑浑沌沌地过去，只能感到一点点清凉，秋的味，秋的色，秋的意境与姿态，总看不饱，尝不透，赏玩不到十足。秋并不是名花，也并不是美酒，那一种半开半醉的状态，在领略秋的过程上，是不合式的。

故都的秋

不逢北国之秋，已将近十余年了。在南方每年到了秋天，总要想起陶然亭[②]的芦花，钓鱼台[③]的柳影，西山[④]的虫唱，玉泉[⑤]的夜月，潭柘寺[⑥]的

---

① 选自《郁达夫文集》（花城出版社、生活·读书·新知三联书店香港分店1982年版）。郁达夫（1896—1945），原名郁文，浙江富阳人。现代小说家、散文家。

② ［陶然亭］北京一个公园的名称，亭名取自白居易“更待菊黄家酿熟，共君一醉一陶然”的诗句。

③ ［钓鱼台］北京旧时一处皇家园林，现为国宾馆所在地。

④ ［西山］北京西郊群山的总称，是京郊名胜。

⑤ ［玉泉］指玉泉山，是西山东麓支脉。

⑥ ［潭柘（zhè）寺］在西山的潭柘山腰，距城40公里，相传“寺址本在青龙潭上，有古柘千章，寺以此得名”。

钟声。在北平即使不出门去吧，就是在皇城人海之中，租人家一椽[①]破屋来住着，早晨起来，泡一碗浓茶，向院子一坐，你也能看得到很高很高的碧绿的天色，听得到青天下驯鸽的飞声。从槐树叶底，朝东细数着一丝一丝漏下来的日光，或在破壁腰中，静对着像喇叭似的牵牛花（朝荣）的蓝朵，自然而然地也能够感觉到十分的秋意。说到了牵牛花，我以为以蓝色或白色者为佳，紫黑色次之，淡红色最下。最好，还要在牵牛花底，叫长着几根疏疏落落的尖细且长的秋草，使作陪衬。

北国的槐树，也是一种能使人联想起秋来的点缀。像花而又不是花的那一种落蕊，早晨起来，会铺得满地。脚踏上去，声音也没有，气味也没有，只能感出一点点极微细极柔软的触觉。扫街的在树影下一阵扫后，灰土上留下来的一条条扫帚的丝纹，看起来既觉得细腻，又觉得清闲，潜意识下并且还觉得有点儿落寞[②]，古人所说的梧桐一叶而天下知秋[③]的遥想，大约也就在这些深沉的地方。

秋蝉的衰弱的残声，更是北国的特产；因为北平处处全长着树，屋子又低，所以无论在什么地方，都听得见它们的啼唱。在南方是非要上郊外或山上去才听得到的。这秋蝉的嘶叫，在北方可和蟋蟀耗子一样，简直像是家家户户都养在家里的家虫。

还有秋雨哩，北方的秋雨，也似乎比南方下得奇，下得有味，下得更像样。

在灰沉沉的天底下，忽而来一阵凉风，便息列索落的下起雨来了。一层雨过，云渐渐地卷向了西去，天又晴了，太阳又露出脸来了，著[④]着很厚的青布单衣或夹袄的都市闲人，咬着烟管，在雨后的斜桥影里，上桥头树底去一立，遇见熟人，便会用了缓慢悠闲的声调，微叹着互答着的说：

“唉，天可真凉了——”（这了字念得很高，拖得很长。）

“可不是么？一层秋雨一层凉啦！”

北方人念阵字，总老像是层字，平平仄仄起来[⑤]，这念错的歧韵，倒来得正好。

北方的果树，到秋来，也是一种奇景。第一是枣子树；屋角，墙头，

---

① ［一椽（chuán）］一间屋。椽，放在房檩上架着木板或瓦的木条。

② ［落寞］冷落，寂寞。

③ ［梧桐一叶而天下知秋］指从一片叶子的凋落，就知道秋天就要来到。

④ ［著］穿（衣）。同“着”（zháo）。

⑤ ［平平仄仄起来］意思是推敲起字的韵律来。平仄是古代格律诗词所要遵循的声调规则。

茅房边上，灶房门口，它都会一株株的长大起来。像橄榄又像鸽蛋似的这枣子颗儿，在小椭圆形的细叶中间，显出淡绿微黄的颜色的时候，正是秋的全盛时期，等枣树叶落，枣子红完，西北风就要起来了，北方便是尘沙灰土的世界，只有这枣子，柿子，葡萄，成熟到八九分的七八月之交，是北国的清秋的佳日，是一年之中最好也没有的Golden Days①。

南国之秋，当然是也有它的特异的地方的，譬如廿四桥的明月，钱塘江的秋潮，普陀山的凉雾，荔枝湾②的残荷等等，可是色彩不浓，回味不永。比起北国的秋来，正像是黄酒之与白干，稀饭之与馍馍，鲈鱼之与大蟹，黄犬之与骆驼。

秋天，这北国的秋天，若留得住的话，我愿把寿命的三分之二折去，换得一个三分之一的零头。

一九三四年八月，在北平

手语词卡

陪衬　落寞　悲凉　渐渐　点缀　混混沌沌

词语积累

著着　歧韵　萧索　秋士　一椽　清凉　清闲　息列索落　浑浑沌沌　平平仄仄

语言点

一、扫街的在树影下一阵扫后，灰土上留下来的一条条扫帚的丝纹，看起来**既**觉得细腻，**又**觉得清闲，潜意识下并且**还**觉得有点儿落寞。

既……又……还……：复句，由两个或两个以上意义相关的分句组成。能分成两个或两个以上的句子。例如：

阅读课外书既可增长知识与阅历，又能丰富我们的业余生活，还能从中体会他人的感受。

二、秋天，无论在什么地方的秋天，总是好的；可是啊，北国的秋，却**特别**地来得清，来得静，来得悲凉。

---

① ［Golden Days］英语中指“黄金般的日子”。

② ［荔枝湾］位于广州城西。

特别：十分、非常的意思，形容人或事物达到了某个程度。在本文中，表示不一般、与众不同。例如：

你特别容易犯这种错误。

知识点

对比：对比是把对立的意思或事物、或把事物的两个方面放在一起作比较的一种表现手法，让读者在比较中分清好坏、辨别是非。例如，课文将“北国的秋”和“南国的秋”反复对比，使读者能深切感受到北国之秋的特点。

运用竞技场

一、下列加点字的注音有错误的一项是（　　）

A. 凋谢（diāo）　潭柘寺（zhè）　一椽（chuán）　落蕊（ruǐ）

B. 细腻（nì）　著着（zhē）　椭圆（tuǒ）　歧韵（qí）

C. 点缀（zhuì）　橄榄（lǎn）　嘶叫（sī）　普陀（tuó）

D. 鲈鱼（lú）　萧索（xiāo）　驯鸽（xùn）　譬如（pì）

二、辨析组词。

着（　　）　歧（　　）　萧（　　）　衬（　　）

著（　　）　支（　　）　潇（　　）　寸（　　）

缀（　　）　荤（　　）　暮（　　）　椽（　　）

辍（　　）　浑（　　）　寞（　　）　缘（　　）

三、仿写句子。

例句：看起来既觉得细腻，又觉得清闲，潜意识下并且还觉得有点儿落寞。

仿写：____

四、下列句子中，“特别”一词的意思与其他三项不同的是（　　）

A. 在公共场合，要特别注意文明礼貌。

B. 我们嘉奖该同志的原因是因为他特别能吃苦。

C. 你特别容易犯这种错误。

D. 他的脾气很特别。

五、阅读理解。

1. 文章中哪一句话概括了“故都的秋”的特点？

____

2. 本文作者在文章的______和______处，都以______的秋和______的秋进行对比，表达了对北国之秋的向往之情。

3. 为了体现故都秋的“清”“静”“悲凉”的特点，作者描绘了“故都的秋”几幅图画，分别是什么？请简要概括。

*16 壶口瀑布①

梁　衡

壶口在晋陕两省的边境上，我曾两次到过那里。

第一次是雨季，临出发时有人告诫："这个时节看壶口最危险，千万不要到河滩里去，赶巧上游下雨，一个洪峰下来，根本来不及上岸。"果然，车还在半山腰就听见涛声隐隐如雷，河谷里雾气弥漫②，我们大着胆子下到滩里，那河就像一锅正沸着的水。壶口瀑布不是从高处落下，让人们仰观垂空的水幕，而是由平地向更低的沟里跌去，人们只能俯视被急急吸去的水流。现时，正是雨季，那沟已被灌得浪沫横溢，但上面的水还是一股劲地冲进去，冲进去……我在雾中想寻找想象中的飞瀑，但水浸沟岸，雾罩乱石，除了扑面而来的水汽，震耳欲聋③的涛声，什么也看不见，什么也听不见，只有一个可怕的警觉：仿佛突然就要出现一个洪峰将我吞没。于是，只急慌慌地扫了几眼，我便匆匆逃离，到了岸上回望那团白烟，心还在不住地跳……

壶口瀑布

第二次看黄河，我专选了个枯水季节。春寒刚过，山还未青，谷底显得异常开阔。我们从从容容地下到沟底，这时的黄河像是一张极大的石床，上面铺了一层软软的细沙，踏上去坚实而又松软。我一直走到河心，原来河心还有一条河，是突然凹下去的一条深沟，当地人叫"龙槽"，槽头入水

① 选自《梁衡理性散文》（浙江文艺出版社1999年版）。

② ［弥漫（mí màn）］（烟尘、雾气、水等）充满；布满。

③ ［震耳欲聋］耳朵都快震聋了，形容声音很大。

处深不可测[1]，这便是“壶口”。我依在一块大石头上向上游看去，这龙槽顶着宽宽的河面，正好形成一个“丁”字。河水从五百米宽的河道上排排涌来，其势如千军万马，互相挤着、撞着，推推搡搡，前呼后拥[2]，撞向石壁，排排黄浪霎时碎成堆堆白雪。山是青冷的灰，天是寂寂的蓝，宇宙间仿佛只有这水的存在。当河水正这般畅畅快快地驰骋[3]着时，突然脚下出现一条四十多米宽的深沟，它们还来不及想一下，便一齐跌了进去，更涌、更挤、更急。沟底飞转着一个个漩涡，当地人说，曾有一头黑猪掉进去，再漂上来时，浑身的毛竟被拔得一根不剩。我听了不觉打了个寒噤[4]。

黄河在这里由宽而窄，由高而低，只见那平坦如席的大水像是被一个无形的大洞吸着，顿然拢成一束，向龙槽里隆隆冲去，先跌在石上，翻个身再跌下去，三跌、四跌，一川大水硬是这样被跌得粉碎，碎成点，碎成雾。从沟底升起一道彩虹，横跨龙槽，穿过雾霭，消失在远山青色的背景中。当然这么窄的壶口一时容不下这么多的水，于是洪流便向两边涌去，沿着龙槽的边沿轰然而下，平平的，大大的，浑厚庄重如一卷飞毯从空抖落。不，简直如一卷钢板出轧，的确有那种凝重，那种猛烈。尽管这样，壶口还是不能尽收这一川黄浪，于是又有一些各自夺路而走的，乘隙而进的，折返迂回的，它们在龙槽两边的滩壁上散开来，或钻石觅缝，汩汩如泉；或淌过石板，潺潺[5]成溪；或被夹在石间，哀哀打漩。还有那顺壁挂下的，亮晶晶的如丝如缕……而这一切都隐在湿漉漉的水雾中，罩在七色彩虹中，像一曲交响乐，一幅写意画。我突然陷入沉思，眼前这个小小的壶口，怎么一下子集纳了海、河、瀑、泉、雾所有水的形态，兼容了喜、怒、哀、怨、愁——人的各种感情。造物者难道是要在这壶口中浓缩一个世界吗？

看罢水，我再细观脚下的石。这些如钢似铁的顽物竟被水凿得窟窟窍窍，如蜂窝杂陈，更有一些地方被漩出一个个光溜溜的大坑，而整个龙槽就是这样被水齐齐地切下去，切出一道深沟。人常以柔情比水，但至柔至和的水一旦被压迫竟会这样怒不可遏。原来这柔和之中只有宽厚绝无软弱，当她忍耐到一定程度时就会以力相较，奋力抗争。据徐霞客游记中所载，

---

① ［深不可测］深得无法测量。形容极深。

② ［前呼后拥］前面有人吆喝开道，后面有人簇拥护卫。多形容随从多，排场大。

③ ［驰骋（chí chěng）］（骑马）奔驰。

④ ［寒噤（hánjìn）］寒战。

⑤ ［潺潺（chán chán）］形容溪水、泉水等流动的声音。

当年壶口的位置还在这下游一千五百米处。你看，日夜不止，这柔和的水硬是将铁硬的石寸寸地剁去。

黄河博大宽厚，柔中有刚；挟而不服，压而不弯；不平则呼，遇强则抗，死地必生，勇往直前。正像一个人，经了许多磨难便有了自己的个性；黄河被两岸的山、地下的石逼得忽上忽下，忽左忽右时，也就铸成了自己伟大的性格。这伟大只在冲过壶口的一刹那才闪现出来被我们所看见。

手语词卡

漩涡　淌过　湿漉漉　一刹那　推推搡搡

词语积累

寒噤　驰骋　汩汩　出轧　潺潺　窟窟窍窍　震耳欲聋　怒不可遏

语言点

一、这些如钢似铁的顽物竟被水凿得窟窟窍窍，如蜂窝杂陈，更有一些地方被漩出一个个光溜溜的大坑，而整个龙槽就是这样被水齐齐地切下去，切出一道深沟。

更（gèng）：副词，本文中表示程度的加深，相当于“更加”“愈加”“越发”等。例如：

他酷爱读书，如果遇上了好的书籍更是如饥似渴地去阅读，最后还要读得滚瓜烂熟。

二、它们在龙槽两边的滩壁上散开来，或钻石觅缝，汩汩如泉；或淌过石板，潺潺成溪；或被夹在石间，哀哀打漩。

或、或者：本文中用作连词，表示选择或并列关系，从两种以上的事物中选择一种，或两种以上的事物同时存在。例如：

画中的五只牛或行或立，或正或侧，或俯或仰，姿态生动。

知识点

借景抒情：是指作者带着强烈的主观感情去描写客观景物，把自身所要抒发的感情、表达的心情寄托在此景此物中，这种抒情方式叫借景或借物抒情。

《壶口瀑布》这篇文章不是孤立地写景，而是在写景中抒情言志。一是将赞美之情巧妙地融合在具体的描写中；二是结尾的巧妙联想。作者借助议论、抒情，由小小的壶口瀑布联系到黄河博大宽厚的雄壮之美，再由黄河的性格联想到中华民族压而不弯、勇往直前的精神，抒发了对自然的热爱，赞美了中华民族伟大的精神。

运用竞技场

一、根据拼音写汉字。

驰 chěng（ ）　xuán（ ）涡　雾 ǎi（ ）

一 chà（ ）那　寒 jìn（ ）　怒不可 è（ ）

chán（ ）chán（ ）　湿 lù（ ）lù（ ）

二、辨析组词。

池（ ）	漩（ ）	噤（ ）	迂（ ）
驰（ ）	旋（ ）	禁（ ）	于（ ）
汩（ ）	淌（ ）	刹（ ）	遏（ ）
汨（ ）	尚（ ）	杀（ ）	渴（ ）

三、选词填空。

更　或　或者　更加

1. 孝心，也许是一双递上来的袜子，______是一双摆放整齐的拖鞋，______是一桌为父母烧好的饭菜，______是下雨时及时送到的那把伞，甚至可以是一个温暖的拥抱，一个温馨的祝福。

2. 自从爸爸外出打工，妈妈整天忙里忙外，______憔悴，______疲惫了。

3. 雨过天晴后，天显得______蓝了。

4. 不懂的问题可以问老师、问同学，______上网查询。

四、下列句子运用的修辞手法不同于其他三项的是（ ）

A. 果然，车还在半山腰就听见涛声隐隐如雷，河谷里雾气弥漫，我们大着胆子下到滩里，那河就像一锅正沸着的水。

B. 当河水正这般畅畅快快地驰骋着时，突然脚下出现一条四十多米宽的深沟，它们还来不及想一下，便一齐跌了进去，更涌、更挤、更急。

C. 当然这么窄的壶口一时容不下这么多的水，于是洪流便向两边涌去，沿着龙槽的边沿轰然而下，平平的，大大的，浑厚庄重如一卷飞毯从空抖落。

D. 我们从从容容地下到沟底，这时的黄河像是一张极大的石床，上面铺了一层软软的细沙，踏上去坚实而又松软。

五、阅读理解。

1. 作者运用借景抒情的方式，将自己的感受融入写景状物中，请你从第四自然段对壶口之水的描写中找出能体现喜、怒、哀、怨、愁的句子。

喜____

怒____

哀____

怨____

愁____

2. 作者由壶口瀑布“集纳了______、______、______、______、______所有水的形态，兼容了______、______、______、______、______人的各种感情”。又联想到__________的特点：____________________________，表达了作者对中华民族____________精神的由衷赞美。

3. 细读文章，筛选信息，概括“壶口”之名的由来。

语文应用操练四

语言交往

致谢

记者采访一位104岁的老奶奶，询问她的长寿秘诀时，老奶奶的回答只有四个字：学会感恩。她说："我每天说得最多的两个字便是'谢谢'。别人为我做了一件平凡的小事，给了我一句亲切的问候，对我展露了温暖的笑脸，我都不忘说声谢谢。"中国有句俗话叫知恩图报，帮助别人是一种美德，学会感谢更是一种可贵的品质。在生活中，我们每一个人都会由衷地对别人的关心、别人的友好表达谢意，你是怎样向别人致谢的呢？

情景互动，学习致谢技巧

【情景一】

校运会上，我报名参加了100米短跑项目，当我奋力跑完之后，感觉有点累了，同学李明见我走回班级休息区，立刻递了一瓶水给我。

我（面露微笑并微微弯腰冲他点了一下头）："谢谢你的水。"

【情景二】

我昨晚没有休息好，下课时无精打采地趴在桌子上。同学张侠看见了，他走到我旁边，轻轻地拍了我一下，问道："你怎么了？不舒服吗？"

我回答说："没事，昨晚没睡好，头有点晕。"

张侠：“要不要我陪你去医院？我帮你去向班主任请假吧？”

我：“不用了，不严重，我中午睡一下就好了，谢谢你这么关心我，你太好了。”

【情景三】

语文课上，易老师要求每个同学上台做简短的自我介绍。我没有准备好，上台后站在原地不知道怎么说。

易老师面带微笑地对我点了点头，冲我做了一个加油的手势。

我立刻就不紧张了，我想对易老师说：“老师，谢谢您的鼓励。”

致谢应注意的事项

1. 态度要真诚。向人致谢时，一定要真诚。你真心实意的感激之情，别人定能体会得到。当你不真诚时，别人也能感觉得到。所以明确清晰地表达出你是因为什么事情感谢对方，最能体现出你的真诚。

2. 清晰、自然地表达。向人致谢时，不要扭扭捏捏。说“谢谢”时，要表现出高兴、快乐的表情。

3. 注视着对方。当你向对方致谢时，请保持眼神接触，目光柔和地看着对方。

4. 致谢时说出对方的名字。说“谢谢您，王老师”与说“谢谢您”会产生两种完全不同的效果。

致谢的方式

当面致谢：手语表达、动作表达、送锦旗表达、卡片表达等。

非当面致谢：书信致谢、电话致谢、短信（微信）致谢等。

致谢的常用态势语

1. 握手。双手有力的握住对方的右手，摇动两三次。
2. 半鞠躬。
3. 抱拳。左手握拳，右手为掌，左手拳抵住右手手掌处。
4. 双手合十，掌竖立并微微向前方晃动两下。
5. 九十度深鞠躬。

实用招牌词句

- 致谢
  - 回复赞美
    - 您过奖了！我还有很多地方需要向您学习。
    - 哪里哪里，我还有很多不足。
    - 还好啦！只是刚好做过一些。
  - 回敬友好
    - 谢谢您的邀请！
    - 非常感谢您的盛情款待！
    - 是你的鼓励让我找到自信，真心谢谢你！
  - 回应关心
    - 承蒙您的关爱！
    - 多谢您的提醒，不然我可能要犯大错了！
    - 多谢您的抬爱，让我有了这么好的机会！
  - 回馈帮助
    - 有劳您了！
    - 对于您给予的帮助，感激不尽！
    - 向您致以最真诚的谢意！
    - 谢谢你，要是没有你的帮助，我真的坚持不下去了！
    - 太谢谢了，因为有了你的帮助，我才能战胜困难。

运用竞技场

一、如果你遇到以下几种情况，想一想，你会怎么说？怎么做呢？请把你想说的话写下来。

1. 看到母亲日夜为我操劳的身影，我想对母亲说：

2. 老师不辞劳苦地培养我们的专业技能，我想对您说：

3. 学校给予我们学习的机会，让我们顺利就业，我想对学校说：

4. 你递交简历之后，公司给你一个机会，通知你去面试，你会回复公司说：

二、请根据情境选择致谢语。

A. 谢谢你提醒　　　　　B. 有劳您了！

C. 承蒙您对我如此关心　　　　　D. 谢谢你的邀请

1. 张丽邀请你去她家做客。　（　）

2. 领导叮嘱你注意休息。　（　）

3. 王林提醒你调好闹钟。　（　）

4. 老师帮你购买颜料。　（　）

三、如果因为“羞”于启口，或者当时错过了机会，或者当时忙着做自己的事没有时间感谢那些帮助过我们的人，现在有了机会，你会怎样表达你的感谢呢？请你写下来。

习　作

记叙文（绘景状物）

日月经天，江河行地，春风夏雨，秋霜冬雪，大自然生生不息，四时景物多姿多彩。怎样使写景如在眼前，又能融情于景？怎样使状物栩栩如生，又能寓情于物？这类问题常常困扰着我们，它既让我们苦恼不已，也让我们孜孜以求。

例文指路

【例文一】

春

朱自清

盼望着，盼望着，东风来了，春天的脚步近了。

一切都像刚睡醒的样子，欣欣然张开了眼。山朗润起来了，水涨起来了，太阳的脸红起来了。小草偷偷地从土里钻出来，嫩嫩的，绿绿的。园子里，田野里，瞧去，一大片一大片满是的。坐着，躺着，打两个滚，踢几脚球，赛几趟跑，捉几回迷藏。风轻悄悄的，草软绵绵的。

桃树、杏树、梨树，你不让我，我不让你，都开满了花赶趟儿。红的像火，粉的像霞，白的像雪。花里带着甜味儿；闭了眼，树上仿佛已经满是桃儿、杏儿、梨儿。花下成千成百的蜜蜂嗡嗡地闹着，大小的蝴蝶飞来飞去。野花遍地是：杂样儿，有名字的，没名字的，散在草丛里，像眼睛，像星星，还眨呀眨的。

“吹面不寒杨柳风”，不错的，像母亲的手抚摸着你。风里带来些新翻的泥土的气息，混着青草味儿，还有各种花的香，都在微微润湿的空气里酝酿。鸟儿将巢安在繁花嫩叶当中，高兴起来了，呼朋引伴地卖弄清脆的喉咙，唱出宛转的曲子，与轻风流水应和着。牛背上牧童的短笛，这时候也成天嘹亮地响着。

雨是最寻常的，一下就是三两天。可别恼。看，像牛毛，像花针，像细丝，密密地斜织着，人家屋顶上全笼着一层薄烟。树叶儿却绿得发亮，小草儿也青得逼你的眼。傍晚时候，上灯了，一点点黄晕的光，烘托出一片安静而和平的夜。在乡下，小路上，石桥边，有撑起伞慢慢走着的人，地里还有工作的农民，披着蓑戴着笠。他们的房屋，稀稀疏疏的在雨里静默着。

天上风筝渐渐多了，地上孩子也多了。城里乡下，家家户户，老老小小，也赶趟儿似的，一个个都出来了。舒活舒活筋骨，抖擞抖擞精神，各做各的一份事去。“一年之计在于春”，刚起头儿，有的是工夫，有的是希望。

春天像刚落地的娃娃，从头到脚都是新的，它生长着。

春天像小姑娘，花枝招展的，笑着，走着。

春天像健壮的青年，有铁 般的胳膊和腰脚，领着我们上前去。

写法注释

1. 开篇点题写“春景”。作品一开头，“盼望”这一动词的反复使用，写出了人们对春天的翘首企盼之情。

2. 善于观察，抓住特点。为了突出春的美丽和充满活力的特点，抓住了能表现这些特点的春草、春花、春风、春雨及人们的活动，使我们感受到春的美和活力，使春的特点具体而突出。例如，朱自清先生在描写春草时，细致地描写了春草的情态——“小草偷偷地从土里钻出来”；春草的质地——“嫩嫩的”；春草的色泽——“绿绿的”；春草的长势——“园子里，田野里瞧去，一大片一大片满是的”。这样，就把春草的美和勃勃生机很好地表现出来。每种景物都有自己的特点，主要表现在形状、颜色、音响、气味、姿态、质地等方面，这就需要我们充分调动多种感觉器官去感知，去体验，既观其形与色，又听其音，嗅其味，“色、香、味、形”俱全，从而描写出景物的特点。朱自清的《春》正是通过视觉、听觉、触觉、嗅觉去感知春天，敏锐地抓住了春草、春花、春风、春雨的特点，从而把充满生机的春天景象描写得细腻精彩，给人以美的享受。

3. 善用修辞手法，景物描写形象生动，贴切实际。比喻、比拟、反复、排比，使文中所描绘的树、草及其他植物，都呈现出一派生机和活力。在写春草时，作者还写了孩子们在草地的嬉戏，更表现出春草的活力和可爱。

4. 情景交融。作者描绘了一幅优美的春景画，展示出春的气息与魅力，同时抒发了对春的企盼和眷恋。

【例文二】

三峡之秋

方　纪

三峡已经是秋天了。三峡的秋天，是从大江两岸的橘柚树开始的。这些树，生长在陡峭的山岩上，叶子也同那青色的岩石一般，坚硬、挺直。越到秋天，它们越绿得发黑。而那累累的果实，正在由青变黄，渐渐从叶子中间显露出来。就在这时候，它们开始散发出一种清香，使三峡充满了成熟的秋天的气息。

早晨，透明的露水闪耀着，峡风有些凉意，仿佛满山的橘柚树撒了一层洁白的霜，新鲜而明净；太阳出来了，露水消逝，橘柚树闪烁着阳光，绿叶金实。三峡中又是一片秋天的明丽。

中午，群峰披上金甲，阳光在水面上跳跃，长江也变得热烈了，像一条金鳞巨蟒，翻滚着，呼啸着，奔腾流去；同时又把它那激荡跳跃的光辉，投向两岸陡立的峭壁。于是，整个峡谷波光荡漾，三峡又充满了秋天的热烈的气息。

下午，太阳还没有落，峡谷里早升起一层青色的雾。这使得峡谷里的黄昏来得特别早，去得特别迟。于是，在青色的透明的黄昏中，两岸峭壁的倒影，一齐涌向江心，使江面上只剩下一线发光的天空。长江平静而轻缓地流淌，犹如一条明亮的带子。

夜，终于来了。岸边的渔火，江心的灯标，接连地亮起，连同它们在水面映出的红色光晕，使长江像是眨着眼睛，沉沉欲睡。只有偶尔驶过的驳船，响着汽笛，在江面划开一条发光的路；于是渔火和灯标，都像惊醒了一般，在水面上轻轻地摇曳。

也许由于这里的山太高，峡谷太深，天空过于狭小，连月亮也来得很迟很迟。起初，只能感觉到它朦胧的青光，和黄昏连在一起；也不知在什么时候，它忽然出现在山上，就像从山上生长出来，是山的一部分，宛若一块巨大的、磨平发亮的云母石。这时月亮和山的阴影，对比得异常明显——山是墨一般的黑，陡立着，倾向江心，仿佛就要扑跌下来；而月光，从山顶上，顺着直立的深深谷壑，把它那清冽的光辉，一直泻到江面，就像一道道瀑布凌空飞降；又像一匹匹素锦从山上挂下来。

这一天，正是中秋。

写法注释

1. 开篇点明“三峡”的“秋”“是从大江两岸的橘柚树开始的”，突出季节景物。

2. 按时间推移的顺序描写景物，抓住三峡早晨、中午、下午、夜晚的不同特点，描绘了三峡中秋之日不同时间的不同美景。时间季节不同，景物就会有不同的特点。描写一处景物，可以按照春、夏、秋、冬的顺序来写，还可以从一天中不同的时段来写。这样，不仅从时间上拓宽了思路，丰富了文章的内容，而且把不同时间景物的不同特点表现出来，给人一个完整的印象。

知识链接

写景状物是指写文章的一种手法，文章有些是描写自然现象（如风、雨、雪）、地理环境（如森林、高山）、名胜古迹（如故宫、大雁塔）的，有些是描述事物的，如动物、植物、静物。

一、抓住特点，善用修辞，景物描写形象生动。

观察是写景的前提，要抓住景物特征，才能写出此景与彼景的不同之处，从而使所写的景物有特色，使景物的特点突出。自然界的颜色是七彩的，自然界的万物是各具形态的。我们在观察时，可抓住景物的形状、大小、色彩、数量、声响、神韵、变化等这些方面进行描写。同时，善用多种修辞手法，使景物更加形象生动，有如身临其境。例如：朱自清笔下的《荷塘月色》，就紧紧抓住月下荷塘、荷塘上月色的清雅、幽静的特点；老舍笔下的《济南的冬天》，就紧紧抓住济南冬天温晴的特点；梁衡笔下的《壶口瀑布》，就紧紧抓住壶口水各种形态的特点，使所写的景物特点突出，给读者留下深刻印象。

二、写景顺序。

1. 时间顺序：① 一年四季的时间顺序；② 一天的早晚顺序。

2. 空间顺序：① 由近及远或由远及近；② 从上到下或从下到上；③ 从整体到局部或从局部到整体；④ 东南西北的顺序。

3. 游览（参观）顺序：按照行踪描写所见到的景物。

要点：一是要有顺序；二是要有助于表现景物的特点；三是要符合景物的自然规律。

三、景情结合。

写景不只是为写景，写景最终的目的是表达自己的感情，把感情注入于所写的景物之中，才使所写的景物做到情景交融，才能更好地感染读者。

写景中，表达感情的方法很多，常用的有借描写表达感情；借联想表达感情；借议论表达感情和直接表达感情等诸多方法。

写景状物主要的目的在抒情，但在写作时，写景的文字分量应该比较重，将作者的情感融于景物描写的字里行间。

四、展开合理想象。

在对景物进行仔细观察的基础上，张开想象的翅膀，根据所见所感展开合理的想象，再把景物状态、颜色、声音、气味描写出来，会给人留下深刻的印象。例如：《桂林山水》中，作者在观察的基础上展开联想和想象，从桂林山的“奇”，想象到像老人、像巨象、像骆驼，奇峰罗列，形态万千，使景物内容更加丰富，充分表达了作者的思想感情；《林海》一文中，作者从千山一碧、万古长青的林海，联想到广厦、木材，直至日用家具，“有多少省市用过这里的木材呀!”此句将大兴安岭同祖国各地紧紧联系在一起，使人感到了它的存在，认识到它在社会主义建设中所起的举足轻重的作用。

写作小贴士

一、文章开头点明所要写的景物，也可直接表明情感。

二、抓住景物的特点，按一定的顺序进行写作。

1. 时间顺序、空间顺序、参观顺序任选其一，但不可混乱。

2. 写作中，抓住景物特点，善用修辞，使景物形象生动。

三、表达情感（赞美、喜爱、憎恶……）

1. 一篇写景文中，情感主线不能混乱。

2. 抒情文字的比重不能超过写景部分，可首尾呼应。

运用竞技场

一、展开想象，仿写比喻句。

大树像一排威武的士兵，挺立在道路的两旁。

白云像________________，____________________________。

微风像________________，____________________________。

花儿像________________，____________________________。

……

二、走入大自然。

生活在大自然的怀抱里，我们的天地充满了绚丽的色彩，春天的柳絮、夏日的荷花、秋天的落叶、冬天的飞雪——选取最能打动自己心灵的自然画面，写一则描摹景物的作文。

可选题目：

1. 四季的颜色

2. 我喜爱的季节

3. 家乡的________

4. ……（自拟）

要求：①要抓住景物的特征，全文不少于两处运用到修辞手法；②做到情景交融；③篇幅控制在500字左右。

拓展阅读

一、景物描写好句。

1. 这些流云在落日的映照下，转眼间变成一道银灰、一道橘黄、一道血红、一道绛紫，就像是美丽的仙女在空中抖动着五彩斑斓的锦缎。

2. 小河清澈见底，如同一条透明的蓝绸子，静静地躺在大地的怀抱里。

3. 冬天的雪像柳絮，如鹅毛，似棉花，从空中慢慢地飘落到地上。

4. 雨像一位音乐家，弹着优美无比的乐曲。

5. 夜空的烟花，像一朵朵秋日的金丝菊，在夜空中尽情绽放稍纵即逝的美丽。

二、景物描写好段。

1.《从百草园到三味书屋》（节选）——鲁迅

不必说碧绿的菜畦，光滑的石井栏，高大的皂荚树，紫红的桑椹；也不必说鸣蝉在树叶里长吟，肥胖的黄蜂伏在菜花上，轻捷的叫天子（云雀）忽然从草间直窜向云霄里去了。单是周围的短短的泥墙根一带，就有无限趣味。油蛉在这里低唱，蟋蟀们在这里弹琴。翻开断砖来，有时会遇见蜈蚣；还有斑蝥，倘若用手指按住它的脊梁，便会啪的一声，从后窍喷出一阵烟雾。

2.《一朵小花》（节选）——古清生

然而，这一天我走在街的花坛旁，我忽然发现，这干渴得如同水泥灰的泥土，居然萌出几点新绿，且自信地开出几朵小花，黄灿灿的小花。它们在春天的阳光照临下，竟是透着那么一份惊喜，它们的根就扎在这块毫无湿润的土地上。它们，是以怎样的毅力在这样的土地上生长起来的呵？我索性停下步来，俯身凝视着一朵小花，它向我微笑着，因它的缘故，我发现阳光要美妙得多。这样一朵小花，它有两片小小的叶子，像两只举起欢呼的小手，有一根小茎，极绿，在春风吹拂里颤栗不止，它整个的形象微小而精致，令人不忍触碰。

3.《桨声灯影里的秦淮河》（节选）——朱自清

岸上原有三株两株的垂杨树，淡淡的影子，在水里摇曳着。它们那柔细的枝条浴着月光，就像一支支美人的臂膊，交互的缠着，挽着；又像是月儿披着的发。而月儿偶尔也从它们的交叉处偷偷窥看我们，大有小姑娘怕羞的样子。岸上另有几株不知名的老树，光光的立着；在月光里照起来，却又俨然是精神矍铄的老人。远处——快到天际线了，才有一两片白云，亮得现出异彩，像是美丽的贝壳一般。白云下便是黑黑的一带轮廓；是一条随意画的不规则的曲线。这一段光景，和河中的风味大异了。但灯与月竟能并存着，交融着，使月成了缠绵的月，灯射着渺渺的灵辉，这正是天之所以厚秦淮河，也正是天之所以厚我们了。

第五单元　拥抱自然

单元导语

本单元所选课文以人与自然环境为主题，以不同的体裁、形式，表达了对生存环境的忧患与思考。

《大自然的语言》是现代科学家、教育家竺可桢创作的科学小品文。此文通俗生动地介绍了物候学及其研究的对象，阐述了物候学现象有关因素以及研究物候学的意义。全文综合运用了拟人和比喻等修辞手法，生动形象，语言浅显确切、通俗易懂。

《向芨芨草道歉》的作者以敏锐的观察，叙写平时被大家所忽略的小事物（踩倒一颗芨芨草），由浅入深，引导读者感悟生命，让读者在其细腻的笔触中去体悟生活的哲理，并启示读者重新审视人与周围其他生命存在之间的关系，从而使读者的心灵得到震撼和升华。

《藏羚羊的跪拜》赞美了崇高的母爱以及老猎人内心深处的慈善与厚道，也揭示了生命本质的强大震撼力，呼吁人们和动物应该和谐相处。

《罗布泊，消逝的仙湖》从今日罗布泊的荒漠景象写起，追溯历史上的美丽景象，着重说明罗布泊消逝的缘故，具体展现今日罗布泊的荒凉，最后说到青海湖、月牙泉的颓势，篇末发出拯救生态环境的强烈呼吁。

阅读本单元文章，除了能让同学们感受语言文字的魅力，还会增强大家保护环境、爱护自然的思想意识与感情。

17. 大自然的语言[①]

竺可桢

立春过后，大地渐渐从沉睡中苏醒过来。冰雪融化，草木萌发，各种花次第[②]开放。再过两个月，燕子翩然[③]归来。不久，布谷鸟也来了。于是转入炎热的夏季，这是植物孕育[④]果实的时期。到了秋天，果实成熟，植物的叶子渐渐变黄，在秋风中簌簌地落下来。北雁南飞，活跃在田间草际的昆虫也都销声匿迹[⑤]。到处呈现一片衰草连天的景象，准备迎接风雪载途[⑥]的寒冬。在地球上温带和亚热带区域里，年年如是，周而复始。

几千年来，劳动人民注意了草木荣枯、候鸟去来等自然现象同气候的关系，据以安排农事。杏花开了，就好像大自然在传语要赶快耕地；桃花开了，又好像在暗示要赶快种谷子。布谷鸟开始唱歌，劳动人民懂得它在唱什么："阿公阿婆，割麦插禾[⑦]。"这样看来，花香鸟语，草长莺飞[⑧]，都是大自然的语言。

这些自然现象，我国古代劳动人民称它为物候。物候知识在我国起源很早。古代流传下来的许多农谚[⑨]就包含了丰富的物候知识。到了近代，利用物候知识来研究农业生产，已经发展为一门科学，就是物候学。物候学

---

① 根据《科学大众》1963年第1期的《一门丰产的科学——物候学》一文改写而成。竺可桢（1890—1974），气象学家、地理学家、教育家。中国近代地理学和气象学的奠基者。主编了《中国自然区划》《中国自然地理》等丛书，是我国地理学和气象学界的一代宗师。

② ［次第］依次，一个接一个。

③ ［翩然］动作轻松迅速的样子。

④ ［孕（yùn）育］怀胎生育，这里指生长。

⑤ ［销声匿（nì）迹］原意是不公开讲话，不公开露面。这里指昆虫都无声无息、无影无踪。

⑥ ［载途］满路，有遍地的意思。

⑦ ［阿公阿婆］割麦插禾模拟布谷鸟的叫声编出来的，农谚。禾，这里指插秧。

⑧ ［草长莺飞］江南暮春时节景象，形容生机勃勃、万物复苏的景象。

⑨ ［农谚］有关农业生产的谚语，是农民在长期生活实践里总结出来的经验。

记录植物的生长荣枯，动物的养育往来，如桃花开、燕子来等自然现象，从而了解随着时节推移的气候变化和这种变化对动植物的影响。

物候观测①使用的是“活的仪器”，是活生生的生物。它比气象仪器复杂得多，灵敏得多。物候观测的数据反映气温、湿度等气候条件的综合，也反映气候条件对于生物的影响。应用在农事活动里，比较简便，容易掌握。物候对于农业的重要性就在这里。下面是一个例子。

北京的物候记录，1962 年的山桃、杏花、苹果、榆叶梅、西府海棠、丁香、刺槐的花期比 1961 年迟十天左右，比 1960 年迟五六天。根据这些物候观测资料，可以判断北京地区 1962 年农业季节来得较晚。而那年春初种的花生等作物仍然是按照往年日期播种的，结果受到低温的损害。如果能注意到物候延迟，选择适宜的播种日期，这种损失就可能避免。

大自然的语言

物候现象的来临决定于哪些因素呢？

首先是纬度。越往北桃花开得越迟，候鸟也来得越晚。值得指出的是物候现象南北差异的日数因季节的差别而不同。我国大陆性气候显著，冬冷夏热。冬季南北温度悬殊，夏季却相差不大。在春天，早春跟晚春也不相同。如在早春三四月间，南京桃花要比北京早开 20 天，但是到晚春五月初，南京刺槐开花只比北京早 10 天。所以在华北常感觉到春季短促，冬天结束，夏天就到了。

经度的差异是影响物候的第二个因素。凡是近海的地方，比同纬度的内陆，冬天温和，春天反而寒冷。所以沿海地区的春天的来临比内陆要迟若干天。如大连纬度在北京以南约 1°，但是在大连，连翘和榆叶梅的盛开都比北京要迟一个星期。又如济南苹果开花在四月中或谷雨节，烟台要到立夏。两地纬度相差无几，因为烟台靠海，春天便来得迟了。

影响物候的第三个因素是高下的差异。植物的抽青、开花等物候现象在春夏两季越往高处越迟，而到秋天乔木的落叶则越往高处越早。不过研究这个因素要考虑到特殊的情况。例如秋冬之交，天气晴朗的空中，在一定高度上气温反比低处高。这叫逆温层。由于冷空气比较重，在无风的夜晚，冷空气便向低处流。这种现象在山地秋冬两季，特别是这两季的早晨，

① ［观测］对自然现象进行观察或测定。

极为显著，常会发现山脚有霜而山腰反无霜。在华南丘陵区把热带作物引种在山腰很成功，在山脚反不适宜，就是这个道理。

此外，物候现象来临的迟早还有古今的差异。根据英国南部物候的一种长期记录，拿1741到1750年十年平均的春初七种乔木抽青和开花日期同1921到1930年十年的平均值相比较，可以看出后者比前者早九天。就是说，春天提前九天。

物候学这门科学接近生物学中的生态学和气象学中的农业气象学。物候学的研究首先是为了预报农时，选择播种日期。此外还有多方面的意义。物候资料对于安排农作物区划，确定造林和采集树木种子的日期，很有参考价值，还可以利用来引种植物到物候条件相同的地区，也可以利用来避免或减轻害虫的侵害。我国有很大面积的山区土地可以耕种，而山区的气候、土壤对农作物的适应情况，有很多地方还有待调查。为了便利山区的农业发展，开展山区物候观测是必要的。

物候学是关系到农业丰产的科学，我们要进一步加强物候观测，懂得大自然的语言，争取农业更大的丰收。

手语词卡

立春　显著　暗示　研究　悬殊　科学　生物　灵敏　现象

词语积累

次第　纬度　苏醒　销声匿迹　周而复始　草长莺飞　相差无几

语言点

一、立春过后，大地**渐渐**从沉睡中苏醒过来。

渐渐：指的是程度或数量的逐步增减。例如：

1. 过了清明，天气渐渐暖起来了。
2. 十点钟以后，马路上的行人渐渐少了。

二、越往北桃花开得**越**迟，候鸟也来得**越**晚。

越……越……：用来比较人或事物的数量或程度随着时间的推移而不断发展或变化，是同一事物不同时期或不同条件的比较。例如：

1. 你越努力就会收获得越多，离成功也就越近。
2. 老师越鼓励，同学们的劳动情绪越高涨。

知识点

设问：设问是一种常见的修辞手法，常用于表示强调作用。为了强调某部分内容，故意先提出问题，明知故问，自问自答。正确的运用设问，能引人注意，启发思考；有助于层次分明，结构紧凑；可以更好地描写人物的思想活动；突出某些内容，使文章起波澜，有变化。例如：

1. 什么是路？就是从没有路的地方踏出来的，从有荆棘的地方开辟出来的。

2. 谁是最可爱的人呢？我们的战士，我觉得他们是最可爱的人。

运用竞技场

一、注音全都正确的一项是（　　）

A. 纬度（wěi）　连翘（jiào）　显著（zhuó）　孤寂（qì）

B. 藐小（miǎo）　描摹（mó）　凝神（níng）　销声匿迹（nì）

C. 欢畅（chàng）　恬静（dián）　栖息（xī）　呵护（kē）

D. 无稽（qī）　浑然（hén）　上乘（chén）　悬殊（xián）

二、比一比，选合适的词语填空。

渐渐　慢慢　徐徐

1. 太阳出来了，晨雾______散去。

2. 我扶着老奶奶，______地走过人行横道线。

3. 清风______吹来，我闻到一股茉莉花的清香。

三、请判断下列句子是疑问句、反问句还是设问句。

1. 你认为明天会下雨吗？（　　）

2. 学好语文要背书吗？一定要！（　　）

3. 难道数学真的这么难么？（　　）

四、仿写句子。

例句：一般地说，离赤道越近，气温越高，但也有例外。

仿写：______________________________

五、作者为什么说“花香鸟语”“草长莺飞”都是大自然的语言？

18. 向芨芨草道歉①

蓝　蓝

如果你不小心踩倒了一根芨芨草，你应该弯下腰来向它道歉；如果你碰翻了一辆自行车，你要把它扶好，并向它的主人请求原谅。

每天吃饭时，你会不会充满歉意地在心中向豆芽菜、胡萝卜和小葱致谢呢？你呼吸、走路、穿着暖和，会不会想到应该对天空、大地、羊、农民和工人表示感激呢？

没有这一切就没有你——你是世界一个爱的结果。蝴蝶花使你的眼睛感到愉快，这愉快传递到你的胸间；溪水潺潺的流动声也从你的耳朵直达你的心灵。你生活在一个处处向你表达着关切与爱意的世界上，倘若你对这些伟大而默默无语的爱视而不见，你这种行为就是野蛮粗暴的。尊敬任何一种生命，尊敬每一件充满柔情的事物，就是尊重你自己，尊重自己纯洁的心灵。

芨芨草

如果踩倒了一棵芨芨草而若无其事，如果你指责那为你端来水杯的人没有为你在杯中放糖……你就不能算是一个善良的人，因为你蔑视②生命，你伤害着人性，你使那众多爱你的人因你遭受苦痛。

野蛮和暴力，就是从你享用别人的礼物、轻慢他人的善意而觉得理所

---

① 选自《滴水的书卷》（东方出版社 1995 年版），略有改动。芨（jī）芨草，一种多年生草本植物，生长在碱性土壤的草滩上，是良好的固沙耐碱植物。

② ［蔑（miè）视］轻蔑鄙视，轻视。

当然[①]时开始的。奥地利诗人傅立特曾这样说：

“暴力不是开始于一个人卡住另一个人的脖子。它开始于当一个人说：‘我爱你，你属于我！’”

手语词卡

呼吸　感激　表达　任何　蔑视　充满　纯洁　指责

词语积累

歉意　野蛮　视而不见　若无其事　理所当然

语言点

一、**没有**这一切**就没有**你——你是世界一个爱的结果。

没有……就没有……：属于条件关系的关联词。例如：

1. 没有梦想，没有信心，就没有成功的人。

2. 如果没有妈妈的鼓励，没有老师的帮助，就没有我今天的成绩。

二、**如果**踩倒了一棵芨芨草而若无其事；**如果**你指责那为你端来水杯的人没有为你在杯中放糖……你**就**不能算是一个善良的人，因为你蔑视生命，你伤害着人性，你使那众多爱你的人因你遭受苦痛。

如果……就……：属于假设关系的关联词。例如：

1. 如果想取得好成绩，就必须认真学习。

2. 如果没有绿叶的衬托，就没有花儿的芬芳。

知识点

“以小见大”的写作方法：“以小见大”就是指用小事来展现大主题。以小见大是记叙文、叙事散文常用的写法，它是从小处入手，写小的事情，表现大的主题。

生活中细小的事情经常发生，而这些小事后面却往往隐藏着许多大的道理。如本文作者以敏锐的观察和令人信服的觉悟，叙写平时被大家所忽略的小事物（踩倒一棵芨芨草），由浅入深，引导读者感悟生命，让读者在其细腻的笔触中去体悟生活的哲理。

---

① ［理所当然］应当如此。按道理应当这样。

运用竞技场

一、给加点的字选择正确的声母。

z　zh　c　ch　s　sh　r

蔑视（　ì）　　尊重（　ūn）　　理所当然（　uǒ）（　án）

潺潺（　án）　　致谢（　ì）　　若无其事（　uò）（　ì）

指责（　ǐ）　　踩倒（　ǎi）　　遭受（　āo）（　òu）

二、选词填空。

歉意　道歉

1. 对此事给您带来的不便，请接受我们的______。

2. 我为我犯下的错误向你______。

三、请选择合适的关联词语“如果……就……”“没有……就没有……”，把下面的句子合成一句话。

1. 明天下雨。
   我们不秋游了。

____

2. 世界上没了空气。
   人类灭亡了。

____

3. 你的帮助。
   我的成功。

____

4. 先烈们的牺牲。
   我们今天幸福的生活。

____

5. 边防战士艰苦的守卫。
   现在安稳的日子。

____

6. 语文老师耐心的教导。
   我们现在喜人的考试成绩。

____

四、阅读课文，回答下面的问题。

1. 文章围绕“踩倒一颗芨芨草”的问题，从正反两方面进行了论述。哪些段落是从正面论述的？哪些段落是从反面论述的？

2. 请你试着回答以下问题。

A. 每天吃饭时，你会不会充满歉意地在心中向豆芽菜、胡萝卜和小葱致谢呢？

B. 你呼吸、走路、穿着暖和，会不会想到应该对天空、大地、羊、农民和工人表示感激呢？

3. 在故宫博物院中，有一个太太不耐烦地对她先生说：“我说你为什么走得这么慢，原来你老是停下来看这些东西。”由此我们可以看出：世界上有很多人只明白在人生的道路上狂奔，结果失去了观看两旁美丽花朵的机会。这段话运用了“以小见大”的写作手法。

请说一说在课文中，作者从芨芨草身上看到了什么？

19. 藏羚羊跪拜①

王宗仁②

这是一个从西藏听来的故事。故事发生的年代距今有好些年了。可是，我每次乘车穿过藏北无人区时，总会不由自主地想起这个故事的主人公——那只将母爱浓缩于深深一跪的藏羚羊。

那时候，捕杀野生动物是不受法律惩罚的。就是在今天，可可西里的枪声仍然带着罪恶的余音，低回在自然保护区巡视③卫士们的脚步难以到达的角落。当年举目可见的藏羚羊、野马、野驴、雪鸡、黄羊等，眼下已经成为凤毛麟角④了。

藏羚羊

当时，经常跑藏北的人总能看见一个肩披长发、留着浓密大胡子、脚蹬长筒藏靴的老猎人在青藏公路附近活动。那支磨蹭得油光闪亮的杈子枪斜挂在身上，身后的两头藏牦牛驮着各种沉甸甸的猎物。他无名无姓，云游四方，朝别藏北雪，夜宿江河源，饿时大火煮黄羊肉，渴时一碗冰雪水。猎获的那些皮张自然会卖来一笔钱。他除了自己消费一部分外，更多地用来救济路遇的朝圣者。那些磕长头去拉萨朝觐⑤的藏人，心甘情愿地走一条布满艰难和险情

① 选自《大自然与大生命》（百花文艺出版社2003年版）。个别字句有改动。

② 王宗仁，陕西扶风人，笔名柳山。是中国作家协会会员，中国散文学会副会长兼秘书长，国家一级作家。散文集《藏地兵书》获得第五届鲁迅文学奖。迄今共出版散文、散文诗和报告文学专集31部。

③ ［巡（xún）视］巡行视察。

④ ［凤毛麟（lín）角］凤凰的羽毛，麒麟的角。比喻珍贵而稀少的人或物。

⑤ ［朝觐（jìn）］指宗教徒拜谒圣像、圣地等。

的漫漫长路。每次老猎人在救济他们时总是含泪祝愿：上苍保佑，平安无事。

杀生和慈善在老猎人身上共存。促使他放下手中的杈子枪是在发生了这样一件事以后——应该说那天是他很有福气的日子。大清早，他从帐篷里出来，伸伸懒腰，正准备喝一铜碗酥油茶，突然瞅见对面的草坡上站立着一只肥壮的藏羚羊。他眼睛一亮，送上门来的猎物！沉睡了一夜的他浑身立即涌上来一股清爽的劲头，他丝毫没有犹豫，就转身回到帐篷拿来了杈子枪。他举枪瞄了起来。奇怪的是，那只肥壮的藏羚羊并没有逃走，只是用乞求的眼神望着他，然后冲着他前行两步，两条前腿扑通一声跪了下来。与此同时，只见两行长泪就从它眼里流了出来。老猎人的心头一软，扣扳机的手不由得松了一下。藏区流传着一句老幼皆知的俗语："天上飞的鸟，地上跑的鼠，都是通人性的。"此时藏羚羊给他下跪自然是求他饶命。他是个猎手，不被藏羚羊的乞求打动是情理之中的事。他双眼一闭，扳机在手指下一动，枪声响起，那只藏羚羊便栽倒在地。它倒地后仍是跪卧的姿势，眼里的两行泪迹也清晰地留着。

那天，老猎人没有像往日那样当即将猎获的藏羚羊开宰、扒皮。他的眼前老是浮现着给他跪拜的那只藏羚羊。他觉得有些蹊跷[①]，藏羚羊为什么要下跪？这是他几十年狩猎生涯中唯一见到的一次情景。夜里躺在地铺上，他久久难以入眠，双手一直颤抖着……

次日，老猎人怀着忐忑[②]的心情对那只藏羚羊开膛扒皮，他的手仍在颤抖。腹腔在刀刃下打开了，他吃惊得叫出了声，手中的屠刀咣当一声掉在地上。原来在藏羚羊的子宫里，静静卧着一只小藏羚羊，它已经成形，自然是死了。这时候，老猎人才明白为什么那只藏羚羊的身体那么肥壮，也才明白它为什么要弯下笨重的身子向自己下跪：它是在求猎人留下自己孩子的一条命呀！

天下所有慈母的跪拜，包括动物在内，都是神圣的。

老猎人的开膛破腹半途而停。

当天，他没有出猎，在山坡上挖了个坑，将那只藏羚羊连同它那未能出世的孩子掩埋了，同时埋掉的还有他的杈子枪……

从此，这个老猎人在藏北草原上消失了。没人知道他的下落。

---

① ［蹊跷（qī qiāo）］指奇怪、可疑。

② ［忐忑（tǎn tè）］心神极为不安。

手语词卡

西藏　年代　浓缩　惩罚　罪恶　拉萨　祝愿　慈善　颤抖

词语积累

巡视　乞求　朝觐　蹊跷　忐忑　沉甸甸　凤毛麟角

语言点

他举枪瞄了起来。奇怪的是，那只肥壮的藏羚羊并没有逃走，只是用乞求的眼神望着他，然后冲着他前行两步，两条前腿扑通一声跪了下来。

只是：基本意思是仅仅是；不过是；就是；一直；一味。表示轻微的转折。例如：

1. 我来找你，没有什么要紧的事儿，只是拉拉家常罢了。
2. 他的作业全做对了，只是字写得不够端正。

知识点

细节描写：是指抓住人物或其他事物加以生动细致的刻画，表现描写对象富有特色的细枝末节。成功的细节描写可以使描写对象生动具体，真实可感，细细读来，仿佛读者亲眼可见一般。外貌描写、动作描写、语言描写、心理描写，都可以成为细节描写。例如：

那只肥壮的藏羚羊并没有逃走，只是用乞求的眼神望着他，然后冲着他前行两步，两条前腿扑通一声跪了下来。与此同时，只见两行长泪就从它眼里流了出来。

运用竞技场

一、给加点的字选择韵母并标声调。

an　en　in　un　ün

巡视（x　　）　沉甸甸（ch　　）　忐忑不安（t　　）

颤抖（ch　　）　朝觐（j　　）　凤毛麟角（l　　）

刀刃（r　　）　困顿（k　　）（d　　）　云游四方（y　　）

二、在课文中找出下列词语的近义词。

处罚________　清楚________　恳求________　笨拙________

三、选词填空。

只是　但是　就是

1. 这几天，不是刮风，________下雨。

2. ________流了一点血，不要紧。

3. 虽然困难很多，________他一点也不怕。

4. 我认为这________寻常的争吵。

5. 虽然这次考试没考好，________我并不灰心。

四、扩写下面的句子（每句至少扩两处）。

1. 藏羚羊望着猎人。

____

2. 老猎人挖坑。

____

五、选出下列语句运用的细节描写方法。

语言描写　动作描写　外貌描写　心理描写

1. 一个肩披长发、留着浓密大胡子、脚穿长筒藏靴的老猎人。（　　）

2. 他觉得有些蹊跷，藏羚羊为什么要下跪？（　　）

3. 藏羚羊冲着他前行两步，两条前腿扑通一声跪了下来。（　　）

4. “我不下去！”我哭着说，“我会掉下去，我会摔死的！”（　　）

六、阅读理解。

1. 课文中藏羚羊向老人下跪，是因为________________________，从中我看到了________________________________。

2. 老猎人在藏北草原消失了是因为________________________，由此我感到老猎人是一个________________________的人。

3. 怎样理解“杀生和慈善在老猎人身上共存”这句话？

*20. 罗布泊，消逝的仙湖[①]

吴 岗

塔克拉玛干沙漠边缘有个罗布泊。自 20 世纪初瑞典探险家斯文·赫定闯入罗布泊，它才逐渐为人所知。

1980 年，我国著名的科学家彭加木在那里进行科学考察失踪；16 年后，探险家余纯顺又在那里遇难，更给罗布泊增添了几分神秘色彩。

罗布泊，一望无际[②]的戈壁滩，没有一棵草、一条溪，夏季气温高达 70℃。罗布泊，天空中不见一只鸟，没有任何飞禽敢于穿越。

可是，从前的罗布泊不是沙漠。在遥远的过去，那里却是牛马成群、绿林环绕、河流清澈的生命绿洲。

罗布泊

罗布泊，“泊”字左边是三点水啊！

翻开有关西域的历史书籍，你会惊异于罗布泊的热闹与繁华。

《汉书·西域传》记载了西域 36 国在欧亚大陆的广阔腹地画出的绵延不绝[③]的绿色长廊，夏季走入这里与置身江南无异。昔日塔里木盆地丰富的水系滋润着万顷绿地。当年张骞肩负伟大历史使命西出阳关，当他踏上这片想象中荒凉萧瑟[④]的大地时，却被它的美丽惊呆了。映入张骞眼中的是遍地的绿色和金黄的麦浪，从此，张骞率众人开出了著名的丝绸之路。

---

① 节选自《善待家园——中国地质灾害忧思录》（《2001 中国年度最佳报告文学》，漓江出版社 2002 年版），标题是编者加的，有改动。

② ［一望无际］一眼望不到边，形容非常辽阔。

③ ［绵延不绝］形容相同的自然景观一个接一个不间断地出现。

④ ［萧瑟（xiāo sè）］草木被秋风吹袭的声音；寂寞凄凉。

另据史书记载，在4世纪时，罗布泊水面超过两万平方公里。到了20世纪还有1000多平方公里水域。斯文·赫定在20世纪30年代进罗布泊时还乘小舟。他坐着船饶有兴趣地在水面上转了几圈，他站在船头四下远眺，感叹这里的美景。回国后，斯文·赫定在他那部著名的《亚洲腹地探险八年》一书中写道：罗布泊使我惊讶，罗布泊像座仙湖，水面像镜子一样，在和煦[①]的阳光下，我乘舟而行，如神仙一般。在船的不远处几只野鸭在湖面上玩耍，鱼鸥及其他小鸟欢娱地歌唱着……

被斯文·赫定赞誉过的这片水域于20世纪70年代完全消失，罗布泊从此成了令人恐怖的地方。

罗布泊的消亡与塔里木河有着直接关系。

塔里木河干流全长1321公里，是中国第一、世界第二大内陆河。据《西域水道记》记载，20世纪20年代前，塔里木河下游河水丰盈，碧波荡漾，岸边胡杨丛生，林木茁壮。1921年，塔里木河改道向北流入孔雀河汇入罗布泊，导致塔里木河下游干旱缺水，三个村庄的310户村民逃离家园，耕地废弃，沙化扩展。新中国成立后的1952年，塔里木河中游因修筑轮台大坝，又将塔里木河河道改了过来。塔里木河下游生态环境得以好转，胡杨枝重吐绿叶，原来废弃的耕地长出了青草，这里变成牧场。

问题出在近30多年。塔里木河两岸人口激增，水的需求也跟着增加。扩大后的耕地要用水，开采矿藏需要水，水从哪里来？人们拼命向塔里木河要水。几十年间塔里木河流域修筑水库130多座。任意掘堤修引水口138处，建抽水泵站400多处，有的泵站一天就要抽水1万多立方米。

盲目增加耕地用水、盲目修建水库截水、盲目掘堤引水、盲目建泵站抽水，“四盲”像个巨大的吸水鬼，终于将塔里木河抽干了，使塔里木河的长度由60年代的1321公里急剧萎缩到现在的不足1000公里，320公里的河道干涸，以致沿岸5万多亩耕地受到威胁。断了水的罗布泊成了一个死湖、干湖。罗布泊干涸后，周边生态环境马上发生变化，草本植物全部枯死，防沙卫士胡杨树成片死亡，沙漠以每年3米至5米的速度向湖中推进。罗布泊很快与广阔无垠的塔克拉玛干大沙漠浑然一体。

罗布泊消失了。

金秋十月，我站到了位于新疆巴音郭楞蒙古自治州的塔里木河的大桥上。

放眼望去，塔里木河两岸的胡杨林似一道绿色的长城。

---

① ［和煦（xù）］温暖的。

胡杨，维吾尔语称作“托克拉克”，意为“最美丽的树”。胡杨林是牲畜天然的庇护[1]所和栖息地，马、鹿、野骆驼、鹅喉羚、鹭鸶等百余种野生动物在林中繁衍[2]生息，林中还伴着甘草、骆驼刺等多种沙生植物，它们共同组成了一个特殊的生态体系，营造了一个个绿洲，养育着南疆750余万各民族儿女。

如此重要的胡杨林因塔里木河下游的干涸而大面积死亡。1958年，塔里木河流域有胡杨林780万亩，现在已减少到420万亩。伴随着胡杨林的锐减，塔里木河流域土地沙漠化面积从66%上升到84%。“沙进人退”在塔里木河下游变成现实，至罗布庄一带的库鲁克库姆与世界第二大沙漠塔克拉玛干沙漠合拢，疯狂地吞噬[3]着夹缝中的绿色长城，从中穿过的218国道已有197处被沙漠掩埋。

我们沿塔里木河向东走出200公里后，绿色长城突然从眼中消失。塔里木河两岸的胡杨林与两边的沙地成了一个颜色。由于缺水，长达数百公里的绿色长城在干渴中崩塌。

号称千年不死的胡杨林啊，在忍受了20余年的干渴后终于变成了干枯的“木乃伊”。那奇形怪状的枯枝、那死后不愿倒下的身躯，似在表明胡杨在生命最后时刻的挣扎与痛苦，又像是向谁伸出求救之手！

再向前，我们到了罗布泊的边缘。同来的同志告诉我，再也不能向前走了。若想进入罗布泊，至少要有两辆汽车，必须备足食品和水。我们只得钻出汽车，将目光投向近在咫尺的罗布泊。

站在罗布泊边缘，会突然感到荒漠是大地裸露的胸膛，大地在这里已脱尽了外衣，露出自己的肌肤筋骨。站在罗布泊边缘，你能看清那一道道肋骨的排列走向，看到沧海桑田的痕迹，你会感到这胸膛里面深藏的痛苦与无奈。

罗布泊还能重现往日的生机吗？我问自己。

此时此刻，我们停止了说笑。那一片巨大的黄色沙地深深地刺痛着我们的心，使我们个个心情沉重。30年在历史的长河中只是一瞬。30年前那片胡杨茂密、清水盈盈的湖面就在这瞬间从我们的眼中消失了。

这出悲剧的制造者又是人！

悲剧并没有止住。同样的悲剧仍在其他一些地方上演。

---

① ［庇（bì）护］袒护；掩护。

② ［繁衍（yǎn）］指繁殖衍生；使其逐渐增多、增广；使生物数量逐渐增加或增多。

③ ［吞噬（tūn shì）］意思是吞吃，吞咽；犹吞并，兼并；比喻消灭。

世界著名的内陆湖——青海湖，50 年间湖水下降了 8.8 米，平均每 6 年下降 1 米，陆地已向湖中延伸了 10 多公里；数千年风沙未能掩埋的甘肃敦煌月牙泉，近年来却因当地超采地下水，水域面积从 50 年代的 1.1652 万平方米缩小至 5397 平方米，水深只剩尺余，大有干涸之势……这一切也都是人为的！

救救青海湖，救救月牙泉，救救所有因人的介入而即将成为荒漠的地方！

手语词卡

考察　失踪　惊讶　庇护　恐怖　扩展　清澈　矿藏　盲目　突然

词语积累

和煦　远眺　吞噬　萧瑟　绵延不绝　碧波荡漾　广阔无垠　浑然一体　沧海桑田　一望无际

语言点

一、在和煦的阳光下，我乘舟而行，如神仙一般。

在……下：表示动作、情状所涉及的处所、时间、范围等。例如：

1. 在老师的耐心辅导下，我的学习成绩有了很大的提高。
2. 在母亲的关爱下，我们茁壮成长。
3. 在奶奶的指导下，我学会了种蔬菜。

二、站在罗布泊边缘，会突然感到荒漠是大地裸露的胸膛，大地在这里已脱尽了外衣，露出自己的肌肤筋骨。

突然：表示发生得很急促；忽然；猝然。例如：

1. 刚才还晴朗的天空，突然乌云滚滚，大雨如注。
2. 刚才还是晴空万里的，突然就下起了暴雨。
3. 我正在家里看书，突然电话响起来了。

知识点

说明方法——引资料和列数字

1. 引资料，也叫作引用，是在说明文字中通过引用一些固有的资料来说明事物特征的说明方法。引资料，也可以增加读者对文章的印象。例如：

《汉书·西域传》记载了西域 36 国在欧亚大陆的广阔腹地画出的绵延不

绝的绿色长廊，夏季走入这里与置身江南无异。

回国后，斯文·赫定在他那部著名的《亚洲腹地探险八年》一书中写道：罗布泊使我惊讶，罗布泊像座仙湖，水面像镜子一样，在和煦的阳光下，我乘舟而行，如神仙一般。在船的不远处几只野鸭在湖面上玩耍，鱼鸥及其他小鸟欢娱地歌唱着……

2. 列数字，也叫列数据，从数量上说明事物特征或说理的方法，使语句更准确，更科学，更具体，更具说服力。数字要准确无误，估计数字要有可靠根据。列举时间年代不属于列数字。例如：

世界著名的内陆湖——青海湖，50 年间湖水下降 8.8 米，平均每 6 年下降 1 米，陆地已向湖中延伸了 10 多公里；数千年风沙未能掩埋的甘肃敦煌月牙泉，近年来却因当地超采地下水，水域面积从 50 年代的 1.1652 万平方米缩小至 5397 平方米，水深只剩尺余，大有干涸之势……这一切也都是人为的！

运用竞技场

一、给加点词语选择正确的读音。

和煦（hù　xù）　　远眺（tiào　tào）　　广阔无垠（gēn　yín）

萧瑟（sè　shè）　　庇护（pì　bì）　　绵延不绝（yán　yuán）

吞噬（sì　shì）　　沧海桑田（cāng　cān）　　碧波荡漾（yàn　yàng）

二、下列选项正确的是（　　）

1. 我刚走近海岸，________乌云密布，大雨倾盆直下。
2. 一个问题________跃入他的脑海。
3. 她________冲上前去，但是执法官用手臂拦住了她。
4. 下了一阵霜，天气就________变冷了。

A. 忽然　突然　猛然　骤然

B. 忽然　骤然　突然　猛然

C. 猛然　忽然　突然　骤然

三、仿写句子。

例句：在老师的鼓励下，在同学的帮助下，在父母的支持下，我在长沙市中职学校文明风采征文演讲比赛中荣获一等奖。

仿写：____

四、请选择下列句子使用的说明方法。

列数字　引用说明　作比较　打比方　举例子

1. 赵州桥非常雄伟，全长 50.82 米，两端宽 9.6 米，中部略窄，宽 9 米。（　　）

2. 科学家提出许多设想，例如，在火星或者月球上建造移民基地。（　　）

3. 同茫茫宇宙相比，地球是渺小的。（　　）

4. 塞特凯达斯瀑布在群山之间无奈地垂下了头，像生命垂危的老人，形容枯槁，奄奄一息。（　　）

5. 爱因斯坦曾经说过："天才等于百分之一的天赋加百分之九十九的汗水。"（　　）

五、把下面一段话重新排序。

① 30 年前那片胡杨茂密、清水盈盈的湖面就在这瞬间从我们的眼中消失了。

② 那一片巨大的黄色沙地深深地刺痛着我们的心，使我们个个心情沉重。

③ 30 年在历史的长河中只是一瞬。

④ 此时此刻，我们停止了说笑。

排序：________________

六、阅读理解。

1. 下面哪句是本文作者直接抒发自己感情的句子（　　）

A. 罗布泊，天空中不见一只鸟，没有任何飞禽敢于穿越。

B. 我们只得钻出汽车，将目光投向近在咫尺的罗布泊。

C. 30 年前那片胡杨茂密、清水盈盈的湖面就在这瞬间从我们的眼中消失。

D. 救救青海湖，救救月牙泉，救救所有因人的介入而即将成为荒漠的地方！

2. 品味"这出悲剧的制造者又是人！"和"这一切也都是人为的！"中"又""也都"所表达的思想感情。

语文应用操练五

语言交往

求助

不管是生活还是工作，我们总会遇到各种困难，有时候需要得到朋友的帮助。但因为怕被对方拒绝，或者感到没有面子，我们很多时候不知道如何求人帮忙。当我们遇到困难需要求助的时候，到底该怎么做呢?

情景互动，学习求助技巧

【情景一】

张明：李婷，我的尺子不见了，请借你的尺子给我用一下，行吗?

李婷：行，没问题，你拿去用吧。

张明：我画完图就还给你，谢谢。

李婷：不用谢。

【情景二】

曾帅：张明，我想到省图书馆借几本书，请问应该怎样办理，要交钱吗?

张明：到省图书馆借书不要钱，但需要凭身份证办理一张借书证，交100元押金，这个押金是可以退的。你每次到图书馆可以借阅4本书，但要在一个月之内归还。如果没有读完，可以在网站上办理续借手续。

曾帅：谢谢你，给我解答得如此详细，这个周末我就去办理，太感谢啦！

【情景三】

曾帅：叔叔，您好，请问到省图书馆是坐哪一路公交车呀？

警察：你可以从这里向前面步行1公里左右，在对面建设银行门口的公交站，坐701路公交车，在省图书馆站下。

曾帅：谢谢您！

求助时应注意的事项

1. 求助态度要谦和。求人帮忙是我们在求别人，所以态度要谦和。但不要自卑，毕竟人与人之间的关系是平等的，求人帮忙不是让自己矮人一截。别人答应了，关系更加亲密了，要懂得回报对方。别人不答应，不要抱怨，或许对方有他自己的难处，要学会谅解。

2. 说清楚求助的具体内容。把自己的困难、遇到的麻烦跟对方说清楚，讲明自己是要干什么，需要对方如何帮助。把问题说清楚，才能够让对方知道你的处境、困难，做出他们自己的判断，从而决定是否需要帮助我们。

3. 使用礼貌用语。求助别人，语气要合适，要有礼貌，不要用命令的口气，如“你必须帮我办”“一定要完成”等，这样说会让人难以接受。你应该说：“请尽量帮我一把”“能帮我一下吗”。如果是当时难以答复的问题，可以说：“过两天给我一个信息好吗？”或“到时我去找你，请你费心！”等。

求助的常用态势语

1. 请：双手伸平，掌心向上，同时向一侧移动一下，面带微笑。

2. 帮助：双手斜伸，掌心向外，按动两下。

实用招牌词句

- 求助
  - 借物
    - 麻烦你借尺子给我用用，可以吗？
    - 不好意思，能借你的笔用一下吗？
  - 寻求帮助
    - 打扰一下，有件事想请您帮忙，您看方便吗？
    - 您好！我想向您请教一个问题，您现在有时间吗？
  - 咨询
    - 请问补办身份证应该怎么做呢？
    - 我第一次来这里，请问您能带我去经理办公室吗？谢谢。
    - 请问您能告诉我宿舍怎么走吗？

运用竞技场

一、根据情境完成下面的对话。

1. 王丽的人物素描功底比较差，为了提高自己的水平，需要向专业老师余老师求助。

王丽：余老师，________________________________

余老师：我现在有时间，你有什么事情呢？

王丽：我想向您__________人物素描方面的问题，想请您__________

____

余老师：没问题。

王丽：____

2. 爷爷明天八十大寿，李铭（听障）想让班主任张老师帮他打电话给爷爷祝寿。

李铭：张老师，________________________________

张老师：你有什么事情吗？

李铭：明天是我爷爷八十岁生日，我想____________________

张老师：好的，我现在就帮你打电话。

李铭：____

二、下面有两个人需要帮助，你愿意帮助谁？请说一说你的理由。

陈铭说：“你有时间吗？我电脑坏了，你快来帮我修理。”

许兰说：“不好意思，打扰一下，我电脑坏了，能麻烦你帮我看看吗？”

____

____

三、情境对话。

你需要买一台手提电脑，请用礼貌的语气和家长商量，并写下来。

应用文写作

启　事

同学们，如果你遗失东西后，希望他人帮助寻找，你需要做什么？如果你拾到一件物品，想要归还给失主，你需要做的又是什么呢？

例文指路

【例文一】

寻物启事①

因本人不慎，今天上午在学校运动场将一个黑色钱包遗失，内有身份证、饭卡和少量钱币等。如有人发现或拾到，请与××级××专业××班×××联系。电话：138××××××××。非常感谢！②

失主：×××

×年×月×日 ③

写法注释

寻物启事是单位或个人寻找所丢的财物时张贴于相关公共场所进行公开的一种应用文。

① 标题：可直接用“寻物启事”，也可加上物品的名称，如“寻钥匙启事”。位于正文上方居中的位置。

② 正文内容：开头空两格写正文内容，主要包括三个部分：丢失财物的原因、时间、地点；财物的具体特征，如：数量、形状、色彩、特殊标记；具体联系的方式及酬谢事宜等。

③ 落款：署上失主的姓名，张贴启事的具体日期。位于正文的右下角的位置，姓名之下写明时间。

【例文二】

> **招领启事**①
>
> 本人在学校操场拾到钱包一个，请失主前来认领。
>
> 地点：××级××专业××班
>
> 电话：××××××××②
>
> ×××
>
> ×年×月×日③

写法注释

招领启事是拾到东西时，为寻找失主所用的一种应用文。

① 标题可以写为“招领启事”，或写明招领物品名称，如“招领自行车启事”，位于正文上方居中的位置。

②正文：开头空两格写正文内容，要求写明启事的具体内容，一是拾到的东西及有关情况，包括时间、地点、名称等，为防止他人冒领，不要详细描述物品的特征；二是联系的时间、地点、方式。

③ 落款署上招领启事的机关单位或姓名，张贴启事的具体日期。位于正文的右下角位置，姓名之下写明时间。

实用招牌词句

> 词：寻物　招领　启事　不慎　拾到　失主　着急　遗失　联系　认领　归还　重谢　悬赏　保管　不胜感激　心急如焚
>
> 句：1. 因本人不慎，今天上午在学校食堂丢失饭卡一张。
>
> 2. 如有拾到者，请与本人联系，将不胜感激。
>
> 3. 由于丢失的手提袋里有非常重要的资料，本人心急如焚。
>
> 4. 拾到钥匙一串，请到学校学生科认领。
>
> 5. 知情者请与本人联系，联系电话：131×××××××。

结构模板

一、寻物启事模板。

寻物启事
因本人不慎，在________将____________遗失。请拾到者与________联系。联系方式________________。本人将不胜感激。
____
____年____月____日

二、招领启事模板。

招领启事（或失物招领）
本人在________（时间）________（地点）拾到__________（物品）。请失主到__________认领。联系电话______________。
____
____年____月____日

运用竞技场

一、我会改。

你觉得以下启事写得对吗？若不对，请动笔修改。

招领启事
本人于 2017 年 4 月 23 日在学校阅览室拾到一个黑色钱包，里面有人民币 180 余元，另有一块女士电子手表。
请失主速来认领。
2017 年 4 月 24 日
李果

寻物启事

我不小心丢了一件大号的运动衫，谁捡了，务必送来。

许岚

2017 年 2 月 8 日

二、我会写。

1. 你上课的时候把电子词典放在抽屉里，下课时忘记拿。第二天才发现电子词典不见了，于是你写了一个启事贴在教学楼内。

2. 你在学校报告厅捡到了一个钱包，里面有一张火车票、饭卡，还有一定数额的钱，失主一定很着急，请你写一个失物招领启事。

拓展训练

1. 你从下面这则启事里了解到了哪些信息？（这是则什么启事？是谁发的？是什么事情？……）

2. 如果你有意应聘，觉得哪个岗位适合你？想想如何才能够应聘成功？

长沙众鑫服装厂招聘启事

长沙众鑫服装厂属于服装加工企业，具有年产各类服装10万件（套）的生产能力，长年生产各类服装，管理规范，工资福利有保障。为了发展事业，扩大市场，诚聘以下人员：

1. 缝纫工（50名）（可学徒）

岗位：缝纫工

主要工作：操作电动缝纫机做衣服，流水线生产，班组计件制。

要求：女性，经验不限。身体健康，能吃苦耐劳，熟手优先，生手免费培训。

工资待遇：2600—3200元。

2. 样品员（做样品的）（10名）

要求：女性，有工作经验。

主要工作：根据图纸或者样品规格要求，独立完成样品的制作，并能合理安排工艺工序。

工资待遇：2800—3200元。

3. 案板工（20名）

要求：女性，有无经验均可。

工资待遇：2600—2800元。

4. 手缝员

要求：女性，有无经验均可。

主要工作：用针钉纽扣等工作。

工资待遇：2200—2400元。

以上岗位免费提供食宿。

有意者请于见报之日起一周内携有关证件（身份证、毕业证等）到本厂面试。一经录用，即签订劳务合同。

详细地址：长沙市×××区×××路×××号。可乘×路至×站，下车即到。

联系电话：138××××××××

联系人：赵××

（公章）

2017年3月28日

课外拓展运用

微信等网络社交用语

网络社交是指人与人之间的关系网络化，即利用各种社会化网络软件如微博、微信、QQ、Facebook、Twitter等构建人际关系的一种社交方式。互联网以一种全新的人类社会组织和生存模式悄然走进我们每一个人的生活，构建了一个超越地球空间之上的、巨大的网络群体。如何在网络空间、社交软件聊天时正确运用祖国语言文字，体现出新时代中职学生应具备的文明素质，是我们需要关注的问题。

网络社交类型

1. 娱乐交友型。国外知名的如Facebook（脸书）、YouTube、Twitter（推特）等，国内知名的有哔哩哔哩（B站）、优酷土豆网、腾讯视频、微信、QQ等。

2. 物质消费型。涉及各类产品消费、休闲消费、生活百事、移动支付等活动，比如，大众点评网、美团网、淘宝网。

3. 文化消费型。涉及书籍、影视、音乐等，例如，国内知名的当当网、豆瓣网。

4. 综合型。话题、活动都比较杂，广泛涉猎个人和社会的各个领域，公共性较强。例如：人民网的强国社区以国家话题的交流影响较大；微博、天涯社区是以娱乐、交友和交流为主的综合性社交网站；知乎的话题更是无所不有。

总的来说，所有社交网站都以休闲娱乐和言论交流为主要特征，最终产物都是帮助个人打造网络关系圈，这个关系圈越来越叠合于网民个人日常的人际关系圈。借助互联网这个社交大平台，网民体验到前所未有的“众”的氛围和集体的力量感。

网络社交语言特点

从人类科技文化的发展历程来看，互联网推动着人类活动的科学化、技术化、知识化，给人们的生活方式以深刻的影响，改变了人们的某些传统生活习惯和行为方式。表现在语言交流上，具有以下明显特点：

一、特定场景性。

由于网络社交功能强大且丰富，我们可以在网络上经历如同现实生活中几乎一样的场景。而这些特定场景中，便会诞生各自环境中的语言文字。

例如：淘宝网等购物平台，买家、顾客被客服人员称呼为“亲”；在天涯社区、百度贴吧，话题发起者称为“楼主”；哔哩哔哩网站，内容制作者称为“Up 主”；在微博，用户被称为“大 V”“博主”。

二、简洁高效性。

网络社交的一大优势就在于它的便利、高效性，使用群体也讲求便捷、高效的沟通，于是在沟通交流时，不自觉地将省去部分字但仍能准确表达意思作为一种高效沟通的语言习惯。

例如：知乎上经常见到的“谢邀”，原本的表达意思是：“感谢您邀请我回答”；还有微信、QQ 中常见到的“生快”，原本的意思是：“生日快乐!”

三、混用性。

因为网络使得万物互联，逐渐抹平了地域的界限，我们与国外文化的交流融合日渐增多，于是在接收外界文化时，诞生了一些中外融合的新型表达方式。

1. 中外文混搭。例如：“搬家 ing”这一表达中，“ing”原本是英语中正在进行时的词根，在中文词语后加上这个词根，表达的就是正在做某件事的意思；近几年非常流行的词语“C 位”，前面的字母“C”是单词“Center”的开头字母，合在一起表示的是核心位置、最重要的一个的意思。

2. 表情标点达意。随着网络社交软件的不断更新升级，人们可以用简单的一个点击动作即可选定一种表情来表达自己的意思，而且往往比文字看起来更灵动、有趣。

例如：微信中蝉联多年使用频率冠军的表情：设计者给它配的文字是“呲牙”，但似乎它比文字更能表达出内心的那种欢喜、雀跃与得意的状态。

还有“。。。。。。”经常用来表达一种略感无奈的感受，“!!!”通常表达的是惊讶或者生气。还有用多个符号拼接而成的，如：^_^ 通常这种都可以直接从画面中去感受是什么表情和意思。

四、独特创造性。

1. 新事物往往推动着创新，网络社交这种全新的社交模式，推动着网络语言文字的不断创新。

例如：中二、秒回、打 call、安利等词语，都是伴随着网络社交的发展而诞生的词汇。

2. 许多外文翻译时，需要音译来保持它的原有意境，网络词语借由这种谐音方式，创生了很多新型趣味性词语。

例如：“刷我滴卡”是由泰语“**สวัสดีครับ(ค่ะ)**”的读音“sawatdee ka”（萨瓦迪卡）谐音发展而来，本意是泰国人民打招呼的用语，表示“你好”，谐音成“刷我滴卡”后，有进一步表示你好、友好之意。

3. 随着网络文字的创新，一些词语被赋予了新的词意。例如：2020 年初新型冠状病毒疫情期间，就诞生了以下词语新解：通风报信——指室内应保持通风，每日上报身体情况；不约而同——不约会不约饭已经成为大家的共识；别来无恙——只要你不来，我就不会生病。

由此可见，网络社交时，首先得准确理解词意、句意后进行沟通交流。当然，知之为知之，不知为不知，不懂就问、不明白就先查清楚弄明白依然是最重要的。

“网络社会”分散式的网络结构，使其没有中心、没有阶层、没有等级关系，与现实社会中人的交往相比，“网络社会”具有更为广阔的自由空间，传统的监督和控制方式已无法适应它的发展。“网络社会”开放的、自由的信息系统提供的是一种崭新的、动态的和超文本式的传播模式，容易导致人们对现实生活中的人和事漠不关心，容易使人产生精神麻木和道德冷漠等问题，并失去现实感和有效的道德判断力。因此，我们必须自我把控，坚持文明上网，为自己的网络行为负责。

运用竞技场

一、交流场景模拟。

（一）右图是你与数学老师的微信聊天界面，请选择合适的句子填空。

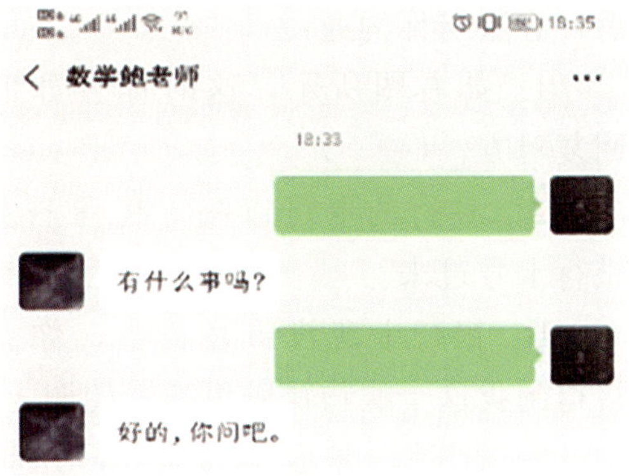

1. 开场白你会说：（　　　）

A. 在吗？

B. 你在吗？

C. 您在吗？

D. 鲍老师，您好，请问您现在有时间吗？

2. 在老师询问你“有什么事吗？”之后，你会说：（　　）

A. 想问个题目。

B. 作业有地方不明白。

C. 向您请教一个数学题可以吗？

D. 我有一个题目要问你。

（二）某天，你的家人微信群出现了这样一则由“新华视点”账号发布的消息称“上海药物所、武汉病毒所联合发现中成药双黄连口服液可抑制新型冠状病毒”。你看到后，会怎么说？（　　）

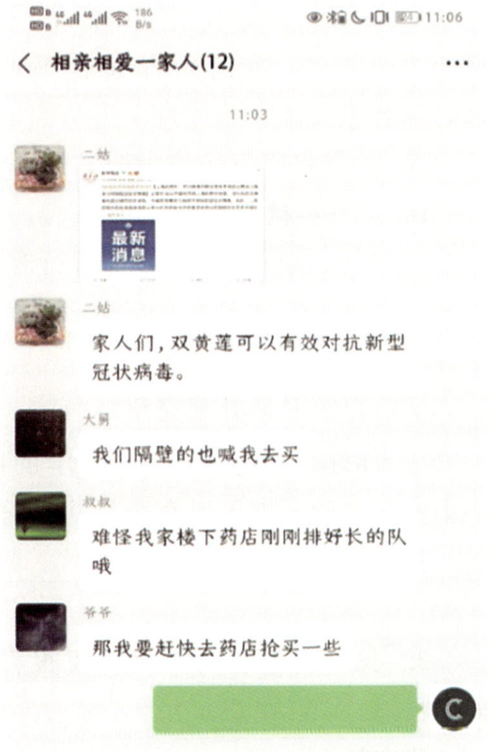

A. 在群里说：“亲人们，这个消息不是官方发布的，可信度不高，不信谣、不传谣哦！”

B. @群里的其他亲人们，并说：“大家赶紧去抢双黄连口服液啊，能治新冠病毒啦！”

C. 转发到其他的群，并说：“大家快去抢双黄连啊，可以治疗新冠肺炎啦！”

D. 在群里说：“我们家还没有买到，各位亲人们抢到了求送几盒给我们家啊！”

二、购物、支付场景模拟。

（一）你在某购物网站购买商品后，客服与你沟通：

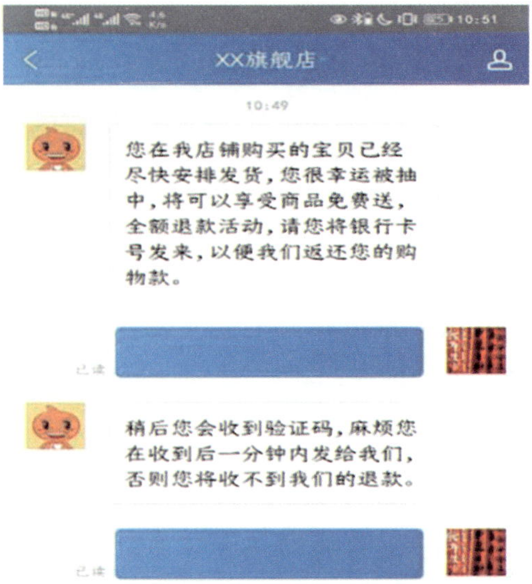

1. 如右图所示，这时你会如何回复对方？（　　）

A. 建行的卡可以吗？我马上发银行卡号过来。

B. 银行卡我没带在身上，你直接退到我这个购物账号里吧，谢谢。

2. 这时，客服继续跟你沟通，如图所示，这时你会如何回复对方？（　　）

A. 验证码我收到了，我马上发给你。

B. 验证码我收到了，但是显示是用于转账，我不能发给你。

（二）某天，你收到一条短信，尾号显示为 95533，短信内容如右图所示，这时你会怎么做（　　）

A. 按要求回复短信内容。

B. 点开链接咨询。

C. 进入银行 App，咨询银行客服。

三、交友场景模拟。

请将以下对话补充完整。

1. 你好，我是湖南工商大学的招生老师，你只需要交 500 元定金预定一个就读名额，就可以在今年 9 月份来我校报到了。

我会说：____

2. 我们俩挺聊得来的，我很喜欢你的性格，不如你来我家，我们见面吧！

我会说：____

3. 本公司现有大量岗位空缺，急招人，每天收入 50～300 元，有意者可加我私聊，转账 300 元后，我将发公司资料给你，并手把手教你如何月入万元。

我会说：____

4. 一位与你聊天 3 个月的网友说："我家里出了点事儿，急需用钱，但是我一时没那么多钱，你可以借点钱给我吗？"

我会说：____

相关资料

常见网络用语词库

1. 灌水：指在论坛发表文章。

2. 潜水：论坛里沉默不发帖也不回帖的人。

3. 赞：很好，很不错。

4. 抓狂：受不了刺激而行为失常。

5. 菜鸟，小虾，初哥：就是初级水平的新人。

6. 老鸟，大虾：高手。

7. 沙发：第一位跟帖的，最快的那个回复。

8. 3q：thank you，谢谢。

9. 666：表示赞扬、夸赞。

10. 吃瓜群众：在网络论坛中，人们发帖讨论问题，后面往往有一堆人排队跟帖，或发表意见，或不着边际地闲扯。2016 年，有人将"不发言只围观"的普通网民称为"吃瓜群众"。人们频频以"吃瓜群众"自嘲或互嘲，用来表示一种不关己事、不发表意见仅围观的状态。

11. 正能量：指的是一种健康乐观、积极向上的动力和情感，是社会生活中积极向上的行为。

12. 达人：在网络中是指在某一领域非常专业，出类拔萃的人物，指在某方面很精通的人，即某方面的高手。也指活跃用户，用户上线时长和内容更新频率很高的网民。

13. 秒杀：网上竞拍的一种新方式。所谓"秒杀"，就是网络卖家发布一些超低价格的商品，所有买家在同一时间网上抢购的一种销售方式。由于商品价格低廉，往往一上架就被抢购一空，有时只用一秒钟。

14．驴友：泛指爱好旅游，经常一起结伴出游的人。常用作对户外运动，自助自主旅行爱好者的称呼，也是旅游爱好者自称或尊称对方的一个名词。

15．逆袭：指在逆境中反击成功。逆袭表达了一种自强不息、充满正能量的精神。

16．锦鲤：是代指一切跟好运相关的事物，如有好运的人，或可带来好运的事情。

17．确认过眼神：网络流行词，用来表达一种“得到了自己内心希望得到的讯息”的心情，一般会在后句附上该“讯息”，以说明“确认”的内容，比如“确认过眼神，是不想理的人”。

18．吃鸡：源于“大吉大利，晚上吃鸡”，当在某款游戏中获得第一名的时候，就会有一段台词出现：“大吉大利，晚上吃鸡!”。于是此词被用于表示获得第一名、取得胜利的意思。

第六单元　颂扬美德

单元导语

本单元主题为“颂扬美德”，所选四篇文章从不同角度展现了人性的光辉。

《一碗清汤荞麦面》中母亲的坚强与无私、老板夫妇的善良与热情、儿子的懂事与孝顺让读者感知到生活的味道、人性的魅力。

《绝品》中常先生的舍生取义、刘三爷的重信守义、王商人的深明大义传承着中华民族闪耀夺目的人性光芒。

《一件小事》中车夫的勇于负责、富有爱心的人格魅力告诉我们应该向劳动人民学习，高贵的品性比金钱更加珍贵。

《一张诊断书》中林巧稚大夫救死扶伤、仁爱正直的敬业精神和人道精神值得我们每一个人学习，同时我们也应该像作者一样，对于帮助、关心自己的人要常怀感恩。

阅读本单元文章，可以了解古今仁人志士的美好品德，树立人生标杆，从中吸取精神力量，加强个人修养和行为规范，陶冶情操，净化心灵，追求道德修养的更高境界。

21. 一碗清汤荞麦面[1]

栗良平[2]

对于面馆来说，最忙的时候，要算是大年夜了。北海亭面馆的这一天，也是从早就忙得不亦乐乎。

平时直到深夜十二点还很热闹的大街，大年夜晚上一过十点就很宁静了。北海亭面馆的顾客，此时也像是突然都失踪了似的。

就在最后一位顾客出了门，店主要说关门打烊[3]的时候，店门被咯吱咯吱地拉开了。一个女人带着两个孩子走了进来。六岁和十岁左右的两个男孩子，一身崭新的运动服。女人却穿着不合时令的斜格子短大衣。

母子三人

"欢迎光临。"老板娘迎上前去招呼着。

"……唔……清汤荞麦面……一碗……可以吗?"那女人怯生生地问。

那两个小男孩躲在妈妈的身后，也怯生生地望着老板娘。

"行啊，请，请这边坐。"老板娘说着，领他们母子三人坐到靠近暖气的二号桌，一边向柜台里面喊着，"清汤荞麦面一碗——"

听到喊声的老板，抬头瞥了他们三人一眼，应声道:"好——咧！清汤荞麦面一碗——"

---

① 选自《电视·电影·文学》1990年第1期。

② 栗良平，日本作家，本名伊藤贡，昭和十八年（1943年）出生，北海道砂川市人。以《一碗麦面》（又名《一碗阳春面》）而成为日本的儿童类畅销作家。

③ ［打烊（yàng）］指商店晚上关门停止营业，引申为歇业。

案板上早就准备好了面条，堆成一座座小山似的面条，一堆是一人份。老板抓起一堆面，继而又加了半堆，一起放进锅里。老板娘立刻领悟到，这是丈夫特意多给这母子三人的。

热腾腾香喷喷的清汤荞麦面放到桌上，母子三人立即围着这碗面，头碰头地吃了起来。

"真好吃啊！"哥哥说。

"妈妈也吃呀。"弟弟夹了一筷面，送到妈妈的口中。

不一会，面吃完了，付了150元钱。

"承蒙款待[①]。"母子三人一齐点头谢过，出了店门。

"谢谢，祝你们过个好年！"老板和老板娘应声回答着。

过了新年的北海亭面馆，每天照样忙忙碌碌。一年很快过去了。转眼又是大年夜了。

和以前的大年夜一样，忙得不亦乐乎的这一天就要结束了。过了晚上十点，正想关门打烊的时候，店门又被拉开了。一个女人带着两个男孩走了进来。

老板娘看到那女人身上那件不合时令的斜格子短大衣，就想起了去年大年夜那三位最后的顾客。

"……唔……一碗清汤荞麦面……可以吗？"

"请，请里边坐，"老板娘将他们带到去年同样的二号桌，"清汤荞麦面一碗——"

"好——咧！清汤荞麦面一碗——"老板应声回答着，并将已经熄灭的炉火重又点燃起来。

"喂，孩子他爹，给他们下三碗，好吗？"

老板娘在老板耳边轻声说道。

"不行，如果这样做，他们也许会尴尬[②]的。"

老板说着，抓了一人半份的面下了锅。

桌上放着一碗清汤荞麦面。母子三人边吃边谈着，柜台里的老板和老板娘能听到他们的声音。

"真好吃……"

---

① ［款待］指亲切优厚地招待。

② ［尴尬（gān gà）］处于两难境地无法摆脱，使人觉得不好意思，难为情。

“今年又能吃到北海亭的清汤荞麦面了。”

“明年还能来吃就好了……”

吃完后，付了150元钱。老板娘对着他们的背影说：“谢谢，祝你们过个好年！”这一天，被这句说过几十遍乃至几百遍的祝福送走了。

随着北海亭面馆的生意兴隆，又迎来了第三年的大年夜。

从九点半开始，老板和老板娘虽然谁都没说什么，但都显得有点心神不定。十点刚过，雇工们下班走后，老板和老板娘立刻就把墙上挂着的各种面的价格牌，一一翻了过来，赶紧写好“清汤荞麦面150元”。其实，从今年夏天起，随着物价的上涨，清汤荞麦面的价格已经是200元一碗了。

二号桌上，在30分钟以前，老板娘就已经摆好了“预约席”的牌子。

到十点半，店里已经没有客人了。但老板和老板娘还在等待着那母子三人的到来。

他们来了。哥哥穿着中学生的制服，弟弟穿着去年哥哥穿的那件略有些大的旧衣服，弟兄俩都长大了，有点认不出来了。母亲还是穿着那件不合时令的有些褪色的短大衣。

“欢迎光临。”老板娘笑着迎上前去。

“……唔……清汤荞麦面两碗……可以吗？”女人怯生生地问。

“行，请，请里边坐！”

老板娘把他们领到二号桌，若无其事地将桌上那块“预约席”的牌子藏了起来，对柜台喊道：

“清汤荞麦面两碗！”

“好——咧，清汤荞麦面两碗——”

老板应声答道，把三碗面的分量放进锅里。

母子三人吃着两碗清汤荞麦面，说着，笑着。

“大儿，淳儿，今天，我做妈妈的想要向你们道谢。”

“道谢？向我们……为什么？”

“实在是，因为你们的父亲死于交通事故，生前欠下了八个人的钱。我把抚恤金全部还了债。还不够的部分，就每月五万元分期偿还。”

“这些我们都知道呀。”

老板和老板娘在柜台里，一动不动，凝神听着。

“剩下的债，到明年三月就可以还清了。可实际上，今天就可全部还清。”

“啊，真的？妈妈。”

“是真的。大儿每天送报赚钱支持我，淳儿每天买菜烧饭帮助我，所以我能够安心工作。因为我努力工作，得到了公司的特别津贴，所以现在能够全部还清债款。”

“好啊！妈妈，哥哥，从现在起，每天烧饭的事还是包给我了。”

“我也继续送报。弟弟，我们一起努力吧！”

“谢谢！真是谢……谢……”

“我和弟弟也有一件事瞒着妈妈，今天可以说了。这是在 11 月的星期天，我到弟弟学校去参加家长会。这时，弟弟已经藏了一封老师给妈妈的信……弟弟写的作文如果被选为北海道的代表，就能参加全国的作文比赛。正因为这样，家长会的那天，老师要弟弟自己朗读这篇作文。老师的信如果给妈妈看了，妈妈一定会向公司请假，去听弟弟朗读作文。于是，弟弟就没有把这封信交给妈妈。这事我还是从弟弟的朋友那里听来的。所以，家长会那天，是我去了。”

“哦，原来是这样……那后来呢？”

“老师出的作文题目是‘你将来想成为怎样的人’，全体学生都写了。弟弟的作文题目是‘一碗清汤荞麦面’。一听题目，我就知道写的是北海亭面馆的事。弟弟这家伙，怎么把这种难为情的事都写出来了，我这么想着。”

“作文写的是，父亲死于交通事故，留下一大笔债。母亲每天从早到晚拼命工作，我去送早报和晚报……弟弟全都写了出来。接着又写，12 月 31 日的晚上，母子三人吃一碗清汤荞麦面，非常好吃……三个人只买一碗清汤荞麦面，可面馆的叔叔阿姨还是很热情地接待了我们，谢谢我们，还祝我们过个好年。听到这声音，弟弟的心中不由地喊着，‘不能失败！要努力！要好好活着！’因此，弟弟长大成人后，想开一家日本第一的面馆，也要对顾客说，‘努力吧，祝你幸福，谢谢！’弟弟大声地朗读着作文……”

此刻，柜台里竖着耳朵，全神贯注[①]地听着母子三人说话的老板和老板娘不见了。在柜台的深处，只见他们两人面对面地蹲着，一人一条毛巾，各执一端，在擦着那不断夺眶而出的泪水。

“作文读完后，老师说，‘今天淳君的哥哥代替他母亲来参加我们的家长会，现在我们请他来说几句话……’”

“这时哥哥为什么……”弟弟疑惑地望着哥哥。

---

① ［全神贯注］全部精神集中在一点上。

“因为突然被叫上去说话，一开始，我什么也说不出……‘诸君一直和我弟弟很要好，在此，我谢谢大家。弟弟每天做晚饭，放弃了俱乐部的活动，中途回家，我做哥哥的，感到很难为情。方才，弟弟的《一碗清汤荞麦面》刚开始读时，我感到很丢脸。但是，当我看到弟弟激动地大声朗读时，我心里更感到羞愧。这时我想，决不能忘记母亲买一碗清汤荞麦面的勇气。兄弟们，齐心合力，为保护我们的母亲而努力吧！从今以后，请大家更好地和我弟弟结成朋友。’我就说了这些……”

母子三人，静静地，互相握着手，良久。继而又欢快地笑了起来。和去年相比，像是完全变了个模样。

作为年夜饭的清汤荞麦面吃完了，付了 300 元。

“承蒙款待。”母子三人深深地低头道谢后走出了店门。

“谢谢，祝你们过个好年！”

老板和老板娘大声地向他们祝福，目送他们远去……

又是一年的大年夜降临了。北海亭面馆里，晚上九点一过，二号桌上又摆上了“预约席”的牌子，等待着母子三人的到来。可是，没看到那三人的身影。

一年，又是一年，二号桌始终默默地等待着。可母子三人还是没有出现。

北海亭面馆因为生意越来越兴隆，店内重又进行了装修。桌子、椅子都换了新的。可二号桌却仍然如故。老板夫妇不但没感到不协调，反而把二号桌安放在店堂的中央。

“为什么把这张旧桌子放在店堂中央？”有的顾客感到奇怪。

于是，老板夫妇就把“一碗清汤荞麦面”的事告诉他们，并说，看到这张桌子，就是对自己的激励。而且，说不定哪天那母子三人还会来，这个时候，想用这张桌子来迎接他们。

就这样，关于二号桌的故事，使二号桌成了“幸福的桌子”。顾客们到处传颂着。有人特意从远方赶来。有女学生，也有年轻的情侣，都要到二号桌上吃一碗清汤荞麦面。二号桌也因此而名声大振。

时光流逝，年复一年。这一年的大年夜又来到了。

这时，北海亭面馆已经是同一条街的商店会的主要成员。大年夜这天，亲如家人的朋友、近邻、同行，结束了一天的工作后，都来到了北海亭。在北海亭吃了过年面，听着除夕夜的钟声，然后亲朋好友聚集起来，一起到附近的神社去烧香磕头，以求神明保佑在新的一年里万事如意，厄除云开。这种情形，已经有五六年的历史了。

今年的大年夜当然也不例外。九点半一过，以鱼店老板夫妇双手捧着装满生鱼片的大盆子进来为信号，平时亲如家人的朋友们大约30多人，也都带着酒菜，陆陆续续[①]地会集到北海亭。店里的气氛，一下子热闹起来。

知道二号桌由来的朋友们，嘴里虽然没说什么，可心里都在想着，今年二号桌也许又要空等了吧。那块“预约席”的牌子，早已悄悄地站在二号桌上。

狭窄的座席之间，客人们一点一点地移动着身子坐下，有人还招呼着迟到的朋友。吃着面，喝着酒，互相夹着菜。有人到柜台里去帮忙，有人随意拉开冰箱拿东西。什么廉价出售的生意啦，海水浴的艳闻轶事[②]啦，什么添了孙子的事啦。十点半时，北海亭里的热闹气氛到达了顶点。

就在这时，店门被咯吱咯吱地拉开了。人们都向门口望去，屋子里突然静了下来。

两位西装笔挺，手臂上搭着大衣的青年走了进来。这时，大伙都松了口气，随着轻轻的叹息声，店里又恢复了刚才的热闹。

“真不凑巧，店里已经坐满了。”老板娘面带歉意说。

就在她拒绝两位青年的时候，一位身穿和服的妇人，深深低着头走了进来，站在两位青年的中间。

店里的人们，一下子都屏住了呼吸，耳朵也竖起来了。

“唔……三碗清汤荞麦面，可以吗？”穿和服的妇人平静地说。

听了这话，老板娘的脸色一下子变了。十几年前留在脑海中的母子三人的印象，和眼前这三人的形象重叠起来了。

老板娘指着三位来客，目光和正在柜台里找韭菜的丈夫的目光撞到一处。

“啊！啊……孩子他爹！”

面对不知所措的老板娘，青年中的一位开口了。

“我们就是14年前的大年夜，母子三人共吃一碗清汤荞麦面的的顾客。那时，就是这一碗清汤荞麦面的鼓励，使我们三人同心协力，度过了艰难的岁月。这以后，我们搬到母亲的亲家滋贺县去了。”

---

① ［陆陆续续］有先有后，时断时续。

② ［轶（yì）事］世人不知道的史事。多指未经史书记载的事迹，正史所不记载的事，奇闻，别人闻所未闻的事，不可思议的事。

“我今年通过了医生的国家考试，现在京都的大学医院里当实习医生。明年四月，我将到札幌的综合医院工作。还没有开面馆的弟弟，现在京都的银行里工作。我和弟弟商谈、计划着这生平第一次的奢侈的行动。就这样，今天我们母子三人，特意来拜访，想要麻烦你们烧三碗清汤荞麦面。”

边听边点头的老板夫妇，泪珠一串串地掉下来。

坐在靠近门口桌上的蔬菜店老板，嘴里含着一口面听着，直到这时，才把面咽下去，站起身来。

“喂喂！老板娘，你呆站着干什么！这十年的每一个大年夜，你都为等待他们的到来而准备着这十年后的预约席，不是吗？快！请他们座，快！”

被蔬菜店老板用肩一撞，老板娘这才清醒过来。

“欢……欢迎，请，请坐……孩子他爹，二号桌清汤荞麦面三碗——”

“好嘞——清汤荞麦面三碗——”可泪流满面的丈夫却应不出声来。

店里，突然爆发出一阵欢呼声和鼓掌声。

店外，刚才还在纷纷扬扬飘着的雪，此刻也停了。皑皑白雪映着明净的窗子，那写着“北海亭”的布帘子，在正月的清风中，摇曳着，飘着……

手语词卡

对于　背影　制服　支持　津贴　代表　预约　奇怪　气氛　恢复

词语积累

打烊　尴尬　凝神　皑皑　抚恤金　心神不定　全神贯注　夺眶而出　齐心协力　纷纷扬扬

语言点

一、从九点半开始，老板和老板娘**虽然**谁都没说什么，**但**都显得有点心神不定。

虽然……但……：表转折关系的关联词。后一句分句表述的意思同前一分句的意思相反或相对。例如：

1. 虽然天气已晚，但是老师仍在灯下伏案工作。
2. 虽然上帝为他关上了一扇窗，但是却为他开了一扇门。

二、一年，**又**是一年，二号桌始终默默地等待着。

又：有以下几种意思。

1. 表示重复或继续，指相同的。例如：

今天又下雨了。

2. 表示加重语气，更进一层。例如：

你又不是小孩！

3. 表示几种情况或几种性质同时存在。例如：

又高又大。

4. 再加上，还有。例如：

十又五年。

5. 表示转折。例如：

这个人挺面熟，一下子又想不起来他叫什么。

知识点

线索：指事情可寻的端绪，路径，或贯穿于整篇文章的思路、脉络等。在写作中，用一根线把事件按一定顺序连起来，让这些材料表达一个完整的意思，这根“线”就是叙事的线索，即文章按什么顺序来叙述。

线索是在文章中起连贯作用的，如果有了好的材料，再加上有使之连贯的线索，那么文章就成为一串美丽的珍珠。在一篇文章里，事物发展的过程或作者所表述的思路，常常成为贯穿始终的一条线索。读课文，抓住了线索，就容易掌握段落结构，领会中心思想。写作文时，抓住了线索，就容易做到围绕中心，组织材料，使文章中心明确，条理井然，显得内容集中，脉络清晰。

一般叙事的线索有以下几种：

1. 按照事情的起因、经过和结果为线索来写。

2. 以时间顺序为线索，就是把事情发展过程中比较明显的时间写出来，并叙述在此时间内发生的内容。

3. 以地点变换的顺序为线索。以写景、参观访问为内容的文章，一般用地点变化顺序为线索，叙述时要写清每个地点发生的事情。

4. 以中心事件为线索。中心事件在文章中起主干作用，围绕它来写一些相关的事。

5. 以具体的事物为线索。例如：《一碗清汤荞麦面》的作者以“清汤荞麦面”为线索，以北海亭面馆为背景，以母子三人四次在除夕夜到面馆吃面为主要情节，以细腻的笔触叙说了故事，塑造了鲜明的人物形象。

运用竞技场

一、给加点的字选择正确的声母。

j　q　x　g　k　h

尴尬（　ān）（　à）　抚恤金（　ù）（　īn）　款待（　uǎn）

夺眶而出（　uàng）　齐心协力（　ié）　陆陆续续（　ù）

不亦乐乎（　ū）　荞麦面（　iáo）　全神贯注（　uán）（　uàn）

二、辨形组词。

拮（　　　）　侨（　　　）　烊（　　　）　轶（　　　）

诘（　　　）　荞（　　　）　样（　　　）　佚（　　　）

三、词语辨析。

1. 加点词释义完全正确的一项是（　　）

A. 款待（诚恳、恳切）　　款款而来（缓慢）

B. 移风易俗（交换）　　轶事（散失）

C. 错落有致（散乱）　　不知所措（安排、安放）

D. 承蒙照顾（受）　　启蒙（聪明）

2. 下列空缺处应填的词语是（　　）

①“……唔……荞麦面……一碗……可以吗？”那女人________地问。

② 热腾腾香喷喷的荞麦面放到桌上，母子三人立刻围着这碗面，________地吃了起来。

③ 从九点半开始，老板和老板娘虽然谁都没说什么，但都显得有些________。

④ 老板娘把他们领到二号桌，________地将桌上那块“预约席”的牌子藏了起来。

A. ① 怯生生　② 头碰头　③ 心神不定　④ 若无其事

B. ① 怯生生　② 头碰头　③ 心神无主　④ 若无其事

C. ① 小心翼翼　② 兴高采烈　③ 六神无主　④ 煞有介事

D. ① 小心翼翼　② 兴高采烈　③ 心神不定　④ 煞有介事

四、仿写句子。

1. 例句：他虽然身体欠佳，但是还能勉强坚持工作。

仿写：____

2. 例句：一年，又是一年，二号桌始终默默地等待着。

仿写：____

五、阅读课文，完成下面的题目。

1. 《一碗清汤荞麦面》中，“一碗清汤荞麦面”是小说的__________。

2. 小说采用人物描写中的____________________描写的手法，在母子三人身上表现了__________的精神，也从老板夫妇及店内其他人身上表现了________、________、________的思想品格。

3. 有人认为母子三人从逆境走向光明，除了自身的努力外，还有其他原因。请结合全文，谈谈你的看法。

22. 绝品[①]

谈　歌[②]

民国初年。保定城南有一家装裱[③]店。店主姓常。三十几岁，穿长袍，很斯文，人叫他常先生。

常先生没有雇佣伙计，自己装裱字画，手艺很神，一些模样落魄的旧字画到了他的手里，一经装裱，便神气崭新。

常先生是外埠人。几年前到了保定，开了这店。常先生无家室，常常一个人到保定望湖楼来饮酒。常先生善饮，久之便与刘三爷相熟了。

刘三爷是保定富户，三代经营绸缎，颇有些家财。闲来也做些收藏生意。

三爷是望湖楼的常客，保定的酒楼茶肆是富商们谈生意的地处。三爷来望湖楼是奔生意而来。三爷不饮酒，上楼只喊一壶茶。有时没有生意，三爷便与常先生闲聊神侃[④]。常先生学问大，善谈。三爷考过秀才，饱学。两人渐渐谈得入港[⑤]，由此熟了。三爷就常常到常先生店里购些字画收藏。常先生也偶尔推荐一些字画给三爷。三爷爽快，凡是常先生推荐，一概买下，且从不斩价。三爷的娘子马氏放心不下，瞒着三爷，让下人拿着字画到京城找行家鉴定，皆货真价实。如此几回，马氏也就不再疑。三爷后来知道，就讥笑："妇人之见。"

那天，三爷又与常先生在酒楼闲侃，侃了一会儿，三爷就问："我真是

---

① 选自《绝唱》(长江文艺出版社 2001 年 4 月出版)。

② 谈歌，原名谭同占。1954 年出生于河北龙烟铁矿，祖籍河北完县(今河北省顺平县)。作家、记者，中国作家协会会员。

③ ［装裱］裱褙书画并装上轴子等。

④ ［神侃］一般指人比较能说，说话多，不全是只说假话，说大话，只要是说话比较多的，连续不停地说的都可以称之为神侃。

⑤ ［入港］(交谈)投机。

不懂，今天冒失地问一句，先生目力老到，辨得真伪优劣，如何不做些收藏生意？”

常先生呷一口酒，笑道：“凡事依性情而定。三爷是聚财的性子，我是散财的脾气，好东西到了我手里，只怕是日后嘴馋挨不住，要换了酒吃。”说完，就笑。

三爷也笑了。

常先生左右看看，凑近三爷，低了声音道：“我手上现有一张古画，主顾要大价钱。我劝三爷吃进，三爷可否有意？”

三爷笑道：“先生替我看中，买进便是。但不知那边开价多少？”

常先生道：“三千大洋。”

“三千？”三爷倒吸一口气，就有些口软。

常先生笑道：“我仔细看过，此画实为无价之宝。唐代珍品。委实是主顾急着用钱，才忍痛抛出。三爷不可错过机会。”

三爷点点头：“既然先生已经认定，我明日凑足银子就是。”

常先生又道：“三爷若收下此画，万不可示人。若是有人开价，出多少也是不能卖的啊。”

三爷看常先生一脸郑重，点头说记下了。

三爷回家告诉了马氏，让马氏去凑足大洋。

马氏听得呆了：“什么宝贝？值这么多？”

三爷道：“常先生看中，断不会错的。你莫要再多言了。”

第二天，常先生携一布包，来到三爷家中。三爷屏去下人，又关门闭窗，常先生才打开布包，里边又是布，如此四五层，最后取出一幅画来。打开，那纸已泛深黄，但托裱一新。

三爷埋头看画，却看不出名堂。抬头淡然一笑；“刘某眼拙，还望常先生指点。”

常先生笑了笑，就把画卷好，重新包裹严密，双手交与三爷，郑重说一句：“三爷啊，善待此画，我不再多说，此画价值连城①，悉心藏之啊。”

三爷也庄重接下：“刘某记下了。”就喊进马氏，取来三千大洋的银票，交与常先生。

常先生就告辞。

第二天，三爷刚刚起床，下人来告，说常先生的店铺被官府抄了，已

① ［价值连城］连城：连在一起的许多城池。形容物品十分贵重。

查封，常先生也不在店里。

三爷惊了脸，半晌①说不出话来。

常先生从此失踪，保定街上便传常先生原是江洋大盗，犯了重案，改名换姓，来保定藏身。三爷听过，无动于衷②。

又过了些日子，马氏终是放心不下那幅画，差下人到京城请来一位古董行家，鉴定那幅画。

那行家认真看过，一阵无语之后，长叹一声："此画不假，可惜是揭品，便不值几文了。"

三爷一怔，忙问何为揭品。

行家道："所谓揭品，即一张画分两层揭开。这非一般作假者所能为之。此画更为厉害的是，将一张画揭为两张，且不露一点痕迹。这张是下边的一层，不值钱的。但此画揭得平展，无痕，匀称，也算得上世上罕见的装裱高手所为了。"

三爷听得发呆，许久，点头称是，就送走了古董行家。

马氏忍不住心疼地骂起来："姓常的黑心，坑了咱三千大洋啊。"

三爷登时沉下脸："不可胡说，我与常先生非一日之交，他坦荡爽直，怎么会哄骗我。千虑一失，或许常先生走了眼。即使常先生知此内情，也或许另有难言之隐。不可怪他。"

马氏就不敢再说。

这年冬天，常先生竟又回到保定。夜半敲动三爷家的门。三爷的下人急忙来报。

三爷大喜过望，披衣起床，忙不迭③喊下人摆下酒席。

二人相对坐下，刚刚要举杯，马氏进来，讥笑道："常先生果真走了眼力，卖与我家老爷一张好画？"

常先生一愣，旋即大笑起来。

三爷怒瞪了马氏一眼，也笑道："不提不提，吃酒吃酒。"

常先生喝了一会儿酒，叹道："我与三爷相交多年，甚是投缘。或许就今夜一别，再不能相见了。"

三爷道："常先生何出此言？我观先生举止不凡，将来或许能成大

---

① ［半晌（shǎng）］半天。

② ［无动于衷］衷：内心。心里一点儿也没有触动。指对应该关心、注意的事情毫不关心，置之不理。

③ ［不迭（dié）］表示急忙或来不及。

事啊。”

常先生哈哈笑了：“多谢三爷夸奖。”就大杯痛饮，十分豪气。

喝罢酒，天已微明。常先生就告辞。

三爷依依不舍：“常先生何日再回保定？”

常先生慨然一叹：“三爷啊，人在江湖，身不由己啊。”说罢，重重地看了三爷一眼，拱拱手，大步出门去了。并不回头。

三爷急急地送出门去，在晨雾中怔怔地呆了半晌。

再一年，三爷店铺中的伙计到京城办货，回来后战战兢兢地告诉三爷，说亲眼见常先生在京城被砍了头，罪名是革命党。临刑前常先生哈哈大笑，面色如常。

三爷听得浑身一颤，坐在椅子上一动不动，泪就匆匆地淌下来，直打湿了衣襟。

马氏听了，一声冷笑：“真是报应，那次被他坑去了三千大洋。”

三爷暴喝一声，直如猛虎一般。

马氏一哆嗦，不敢再说，悄悄退下去了。

入夜，三爷独自关在房中，把所有常先生帮他买下的字画，二十余幅，挂在房中，呆呆地看。看久了，就含了泪，叹一声。直看到天光大亮，才一一摘下，悉心收起。

又过了几年，战祸迭起。三爷的生意便不再好做。后来军阀在保定开战，一场大火，三爷的店铺皆烧尽。祸不单行，又一年，三爷又让土匪绑了票，索去许多财物，一个大大的家业就败落下来。三爷也就病倒在了床上。

这一年冬天，保定来了一个姓王的商人，收购古董字画。马氏就瞒着三爷，把三爷的收藏拿去卖了。下人偷偷地告诉了三爷，三爷大怒，让下人喊来马氏。

三爷黑下脸怒问：“你怎么敢去卖常先生帮我买进的字画？”

马氏便落泪哀告：“家中已经败落到这步田地，我拿去换些钱，也好度日啊。”

三爷看看马氏，许久，长叹一声，无力地摆摆手：“你也不易，我不再多说了。”就让马氏取来卖字画的钱，颤颤地下了床，拄一根拐杖，顶着细细的雪花，到客栈去寻那姓王的商人。

王商人听了三爷的来意皱眉道：“已成交，怎好反悔？”

三爷摇头叹道：“好羞惭人了。先生有所不知，这些字画，都是一位朋友帮我买进，说好不卖的。”就把常先生的事情细细说了一遍。

王商人听得呆了，愣愣地点点头，就把字画退给了三爷。

三爷谢过，把钱退了，让下人提着一捆字画告辞。

王商人送到客栈门前，忍不住叮嘱一句：“刘先生，这些字画大多是国宝，还望您悉心收好才是啊。”

三爷一怔，回转身笑问：“敢问其中一幅唐代珍品，不知真伪如何？先生慧眼，请指教一二。”

王商人笑道：“那幅画为宝中之宝，实为揭裱后倒装置了。”

三爷忙问：“何为倒装置？”

王商人道；“所谓倒装置，即把原画揭为三层，后倒装裱。我猜想装裱者担心此画被人夺走，才苦心所为。此画装裱实为绝技，天下一流。论其装裱，更是绝品。古人云，画赖装池以传。果然是了。”

三爷听得迷了，就问：“先生可能复原？”

王商人摇头叹息：“若复原，怕是要有绝代高手才行。我家三代做收藏生意，父辈只说过有倒揭两层者的绝技，不曾想还有倒揭三层者的。今日算是开了眼界。”

三爷点点头，又问一句：“王先生做收藏生意，不知收藏可卖？”

王商人正色道：“不敢。祖上有训，饿死不卖收藏。”

三爷微微笑了，赞叹一句：“好。”就让下人把那捆字画交与王商人：“这捆画，我送与先生了。”

王商人愣住：“刘先生此为何意？”

三爷郑重地再说一句：“我送与先生收藏。”

“如何使得？使、使、使不得啊。”王商人惊了脸，口吃起来。

三爷叹道：“我自知不久于人世，已无意收藏。这些都是国宝，我恐家人不屑。送与先生收藏，我终于算是对得住常先生了。”就唱一个诺，转身走了。

门外已经是漫天大雪。

王商人追出门来，呆呆地看刘三爷由下人搀扶着一路去了。

雪，哑哑地落着。

四野一时无声。

手语词卡

神气　爽快　推荐　鉴定　机会　郑重　可惜　匀称

词语积累

装裱　闲侃　无价之宝　价值连城　难言之隐　依依不舍　战战兢兢
祸不单行

语言点

一、常先生无家室，**常常**一个人到保定望湖楼来饮酒。

常常： 指时常，经常。表示行为、动作发生的次数多，而且时间相隔不久。例如：

1. 妈妈常常带我到姥姥家玩。

2. 我常常想独自一人去旅行。

二、直看到天光大亮，**才**一一摘下，悉心收起。

才： 表示事情发生的时间晚、慢，进行得比较不顺利。用法与之相反的“就”则表示事情发生的时间早、快、进行得比较顺利。例如：

1. 小明今天早晨 9 点才起床。

2. 我 5 分钟就到家了。

知识点

自然环境描写：人物活动的时间、地点、季节、气候以及景物等，对表现人物身份、地位、行动，表达人物心情、渲染气氛都具有重要作用。

本文最后四个自然段的描写，作者用雪的洁白晶莹，衬托三爷高洁宽广的情怀；用四野无声，表达对三爷等人的无限敬意和深深感动之情。这个结尾干净利落，戛然而止，发人深思，余味无穷。

运用竞技场

一、根据拼音写汉字。

装 biǎo（　　）　　jiàn（　　）定　　闲 kǎn（　　）

yàn（　　）品　　战战 jīng（　　）jīng（　　）

唱 rě（　　）　　xiā（　　）一口酒

二、选词填空。

就　　才

1. 天还没亮，她______起床了。

2. 已经上课半小时了，她______赶到教室。

3. 他花了一整天的时间______把口袋缝好。

4. 他只用10分钟的时间______把诗歌《致橡树》背完了。

三、请修改下列病句。

1. 星期天他打篮球是常常的事。

改：____

2. 上课的时候，常常刘老师纠正我们的声调。

改：____

3. 小玲打字速度很快，一个小时才打完。

改：____

4. 我家离学校很近，10分钟才可以到家。

改：____

5. 她今天9点就到学校，错过了第一节课。

改：____

四、阅读理解。

1. 读课文，根据自己的理解，对故事情节进行选择。

故事的开端（　　　）　　故事的发展（　　　）

故事的高潮（　　　）　　故事的结局（　　　）

A. 行家鉴定，绝品有“诈”　　B. 卖画度日，义赠绝品

C. 茶楼相识，收藏字画　　D. 再见先生，竟成诀别

E. 推荐绝品，重金收藏

2. 课文中的主要人物有（　　）人，请从以下词语中选择合适的词来评价主要人物的品质。

爱国主义精神　　不拘小节　　豪迈　　舍生取义　　深明大义

坦荡爽直　　重信守义　　豪爽　　重视友情　　大度

常先生：____

刘三爷：____

王商人：____

3. “绝品”的含义是指（　　　）（可多选）

A. 画，价值连城，可谓画中“绝品”。

B. 装裱技艺，天下一流，可谓装裱技艺中的“绝品”。

C. 常先生和刘三爷的为人，可谓人中“绝品”。

D. 两人之间肝胆相照的友情，可谓情中“绝品”。

4. 课文结尾的环境描写是自然环境描写还是社会环境描写？“四野一时无声”渲染了一种什么样的气氛？

23. 一件小事[①]

鲁　迅

我从乡下跑到京城里，一转眼已经六年了。其间耳闻目睹[②]的所谓国家大事，算起来也很不少；但在我心里，都不留什么痕迹，倘要我寻出这些事的影响来说，便只是增长了我的坏脾气，——老实说，便是教我一天比一天的看不起人。

但有一件小事，却于我有意义，将我从坏脾气里拖开，使我至今忘记不得。

这是民国六年的冬天，大北风刮得正猛，我因为生计关系，不得不一早在路上走。一路几乎遇不见人，好容易才雇定了一辆人力车，叫他拉到S门去。不一会，北风小了，路上浮尘早已刮净，剩下一条洁白的大道来，车夫也跑得更快。刚进S门，忽而车把上带着一个人，慢慢地倒了。

要榨出皮袍下面藏着的“小”来

跌倒的是一个女人，花白头发，衣服都很破烂。伊从马路上突然向车前横截过来；车夫已经让开道，但伊的破棉背心没有上扣，微风吹着，向外展开，所以终于兜着车把。幸而车夫早有点停步，否则伊定要栽一个大筋斗，跌到头破血出了。

伊伏在地上；车夫便也立住脚。我料定这老女人并没有伤，又没有别人看见，便很怪他多事，要自己惹出是非，也误了我的路。

---

① 选自《呐喊》（湖南文艺出版社2011年版）。

② ［耳闻目睹］亲耳听到，亲眼看见。

我便对他说："没有什么的。走你的罢！"

车夫毫不理会，——或者并没有听到，——却放下车子，扶那老女人慢慢起来，搀着臂膊立定，问伊说：

"你怎么啦？"

"我摔坏了。"

我想，我眼见你慢慢倒地，怎么会摔坏呢，装腔作势[①]罢了，这真可憎恶。车夫多事，也正是自讨苦吃，现在你自己想法去。

车夫听了这老女人的话，却毫不踌躇[②]，仍然搀着伊的臂膊，便一步一步的向前走。我有些诧异[③]，忙看前面，是一所巡警分驻所，大风之后，外面也不见人。这车夫扶着那老女人，便正是向那大门走去。

我这时突然感到一种异样的感觉，觉得他满身灰尘的后影，刹时高大了，而且愈走愈大，须仰视才见。而且他对于我，渐渐的又几乎变成一种威压，甚而至于要榨出皮袍下面藏着的"小"来。

我的活力这时大约有些凝滞[④]了，坐着没有动，也没有想，直到看见分驻所里走出一个巡警，才下了车。

巡警走近我说："你自己雇车罢，他不能拉你了。"

我没有思索的从外套袋里抓出一大把铜元，交给巡警，说："请你给他……"

风全住了，路上还很静。我走着，一面想，几乎怕敢想到自己。以前的事姑且搁起，这一大把铜元又是什么意思？奖他么？我还能裁判车夫么？我不能回答自己。

这事到了现在，还是时时记起。我因此也时时熬了苦痛，努力的要想到我自己。几年来的文治武力，在我早如幼小时候所读过的"子曰诗云"一般，背不上半句了。独有这一件小事，却总是浮在我眼前，有时反更分明，教我惭愧，催我自新，并且增长我的勇气和希望。

一九二〇年七月

---

① ［装腔作势］意思是故意装出一种腔调，做出一种姿势，用来比喻故意做作。

② ［踌躇（chóu chú）］意思是指犹豫不决，拿不定主意。也做思量、考虑的意思。

③ ［诧异（chà yì）］感到惊奇或奇怪。

④ ［凝滞（níng zhì）］指心思局限于某个范围，不灵活。

手语词卡

影响　脾气　老实　仍然　踌躇　感觉　仰视　裁判　分明

词语积累

诧异　异样　思索　憎恶　凝滞　刹时　装腔作势　自讨苦吃
耳闻目睹　毫不理会

语言点

一、这是民国六年的冬天，大北风刮得正猛，我因为生计关系，不得不一早在路上走。

不得不：表示没办法拒绝，必须。例如：

1. 因为你不去帮他们，所以我不得不去。

2. 为了考上一所好大学，我不得不努力学习。

二、幸而车夫早有点停步，否则伊定要栽一个大筋斗，跌到头破血出了。

否则：连词，“如果不这样”的意思。表示如果不是上文所说的情况，就产生或可能产生下文所说的情况或结果。例如：

1. 幸好今天带了雨伞，否则就淋成落汤鸡。

2. 幸好我平常坚持跑步，否则短跑比赛就拿不到第一了。

知识点

破折号

1. 其间耳闻目睹的所谓国家大事，算起来也很不少；但在我心里，都不留什么痕迹，倘要我寻出这些事的影响来说，便只是增长了我的坏脾气，——老实说，便是教我一天比一天的看不起人。

破折号“——”表示解释说明。

2. 车夫毫不理会，——或者并没有听到，——却放下车子，扶那老女人慢慢起来，搀着臂膊立定。

第一处破折号“——”表示补充说明，第二处破折号“——”表示意思的转换、跳跃或转折。

破折号还有以下作用：

1. 表示意思的递进。2. 表示语音的延长。3. 表示插说。4. 引出下文。5. 加强重点。6. 分行举例。7. 用在副标题前。8. 标明作者。9. 表示总结上文。10. 表示声音的延续。11. 表示话未说完。

运用竞技场

一、给加点词语选择正确的读音。

诧异（zhái chà）　　皮袍（bāo páo）　　耳闻目睹（dǔ zhě）

憎恶（céng zēng）　　刹时（chà sā）　　装腔作势（kōng qiāng）

踌躇（shòu chóu）（chú zhù）　　凝滞（nín níng）（zhì dài）

二、在______上填上合适的量词。

例：一件小事

______毛巾　　______鞋子　　______树林　　______石头

______小鸟　　______水珠　　______电脑　　______鲜花

三、仿写句子。

1. 例句：这是民国六年的冬天，大北风刮得正猛，我因为生计关系，不得不一早在路上走。

仿写：______________________________

2. 例句：幸而车夫早有点停步，否则伊定要栽一个大筋斗，跌到头破血出了。

仿写：______________________________

四、选词填空。

果然　　关于　　否则

1. ______他加入党组织的问题，我们已经讨论过了。

2. 看他的脸色就知道一定发生了什么事情，______，几天后，他爷爷因病去世了。

3. 在中职阶段就应该好好掌握专业技能，______就难以找到好工作。

坚定　　坚强　　坚持

面对特大洪灾，全市人民心中只有一个______的信念：严防死守，保卫家园。王市长当时身患重病，但他______在堤坝上指挥抗洪，他说："面对困难一定要______，人在堤在，誓死战胜洪涝。"

五、请判断下列句子中破折号的用法。

1. 亚洲大陆有世界上最高的山系——喜马拉雅山，有目前地球上最高的山峰——珠穆朗玛峰。（　　）

2. 太阳系除了九个大行星——水星、金星、地球、火星、木星、土星、天王星、海王星和冥王星——以外，还有40个卫星以及为数众多的小行星、彗星和流星体等。（　　）

3. “班长他牺——”小马话没说完就大哭起来。（　　）

4. 到山上打柴的记忆至今都是幸福而快乐的——尽管那是童年十分辛苦的一种劳作。（　　）

A. 表示解释说明　　B. 表示补充说明

C. 表示意思的转换、跳跃或转折　　D. 表示话未说完

六、阅读理解。

1. 文章描写了______个人物，其中运用到外貌、动作、语言描写的人物是______________________。

2. “一件小事”的起因是__________________________，结果是________________________________。

3. “我”说：“没有什么的。走你的罢！”车夫的反应是（　　）

A. 完全没有听到　　B. 听到了，但对我的话毫不理会

C. 或者听到了，或者没有听到　　D. 听到了，但不太清晰

4. “一件小事”赞美了车夫______的精神，表现了“我”________。

A. 对自己行为负责　　B. 自我批评（自愧自省）

C. 不想惹麻烦　　D. 敢于批评别人

5. 作者在这篇文章中主要表达了怎样的思想感情？

*24. 一张诊断书[①]

乐　拓

这是一张珍藏了多年的诊断书，纸已变黄。这是一则刚刚播放出来的消息，我和我的妻子都大为悲痛！

诊断书上有林巧稚大夫[②]的亲笔签名；消息却说她已溘然长逝[③]。

林大夫将自己的一生献给医学事业，数十年中经她亲手治疗过的病人何止千万；由她亲笔开出的诊断书也是无可数计的。可是，林大夫，您还记得我们吗？您对我说过，像这样的诊断书一生中您仅仅开过这一次。

夜深了，塞北的春风还在不停地呼啸，我和妻子坐在被风摇曳着的灯光下，扶着这张变黄了的诊断书，片片往事一起飘落在我们的眼前……

那是一个人妖颠倒的年代。因为我妻子曾任过外国专家的译员，又自愿由首都调到边疆小城来教书，因而便被人“合理”地“逻辑”出来，她一定是个“特务”。于是不问青红皂白[④]地便把她抓起来，当然，接着是审查、批斗。

林巧稚大夫

皮肉的折磨并没让她屈服，精神上的摧残几乎断送了她的生命。一个大汉对她宣布：“经查证，你是个特务，你是一个男扮女装的特务，你的孩子是搞特务活动的掩

① 选自1983年5月21日《光明日报》。乐拓（1931—），原名王念临，当代作家。

② 林巧稚（1901—1983），福建厦门人。1929年毕业于协和医学院，获医学博士学位。林巧稚是中国现代妇产科学的主要奠基人之一。

③ ［溘然长逝（kè rán cháng shì）］溘：忽然。长逝：死亡；去世。溘然长逝：忽然去世。

④ ［青红皂白］比喻事情的是非或原因、来龙去脉、是非曲直。

护，你根本就不会生孩子!”

多么荒唐的“审查”啊!

一个母亲失去了孩子。她彻夜痛苦，终日依窗守望，呼唤着孩子的名字又不许会见！她无法忍受，歇斯底里[1]地大叫，愤怒、狂奔，她终于被逼成了疯子。

我背起小小的行李卷，领着妻子进北京求医治病。精神病院里拥挤不堪，其他医院里大多不愿接受这种有政治色彩的病人。茫茫长街，无处落脚。我们也张大眼睛，彻夜不眠。

大约是广场上的寒风吹醒了她，半夜里，她突然以正常人的思维向我提出要求说：“找林巧稚大夫去，她是专家，只有她才能证明我是男是女。”

早年间我就听她说过，有一次，她的妈妈在生产中病危，经过林巧稚大夫抢救，转危为安了。这位医术精湛、品格高洁的林大夫，一直留在她的记忆中。

第二天清晨，我们迎着太阳往东走，走到当时已更名为“反帝”的协和医院。挂过号，等候就诊。

一位瘦小的老太太，坐在妇科门诊外为患者叫号。她戴着一副银边眼镜，前额高高的，显示着她的智慧。她的神态安然自若，给人一种可以信赖的感觉。我把妻子在长椅上安置好，便走上前求这位叫号的老护士帮助，希望她能将我妻的病历卡，直接送到林巧稚大夫手里。她听完我的要求，竟脱口说出：

“我就是林巧稚。”

噢！我望着她，和我在报上见到过的她的照片一模一样。可是，这又是为了什么呢？让一位著名的妇科专家，坐在走廊上叫号！

我向她陈述着我妻子的悲惨遭遇，林大夫耐心地倾听着，时而摇头，时而叹息。终于她激动得从椅子上站起来，手里的病历卡在瑟瑟地发抖。她那充满慈爱的目光，被晶莹的泪水模糊住了。她又强忍着把泪水吞了回去，果断地问我：

“病人在哪里？领我去看看!”

她走到我妻子身边，用母亲般温暖的手，梳理我妻子面颊上散乱的头发，以专家的锐利目光，观察她痴呆的眼神、瞳孔。最后，她沉重地对我说：

---

① ［歇斯底里］形容情绪激动，举止失常。

“把一个知识分子糟蹋到这种地步，残酷！请你们少候一会，我去向他们要求，我要亲自为她检查。”

林大夫迈着急促的步伐走进室内，好大一阵，又和另外一名女大夫一起走了出来。她们小心地搀扶着我的妻子，进了妇科的门诊室。

大约过了半个多小时，只见林大夫亲手扶着我妻从一条长长的走廊走来，我迎上去，林大夫把一张长方形的诊断书递交给我，她说：

“是我和孙医生共同给她检查的，诊断书上有我们两人的签名。将来即使到法庭上，我们也对她负完全责任。”

我看到诊断书上密密麻麻写满了字。最后一条结论是：“患者是正常女性。腹部有多条妊娠纹，证明患者曾有过正常分娩。”

我把这些逐一地念给妻子听，起初，她脸上露出惨笑，继而沉默，最后“哇”的一声，伏在林大夫的肩头上，放声大哭起来。

“这样的诊断书我还是第一次开。”

我心头酸楚地走下“协和”大门口的台阶。我妻一直反反复复地阅读着诊断书上的文字。走下台阶以后，我们回头望望，只见可尊敬的林巧稚大夫，还站在门外默默地向我们招手。

十五年过去了，我妻子的病已经康复，并能正常地工作。我们的第二个孩子已有十岁。那张挽救了我妻子生命的诊断书早已渐渐发黄。可是，林巧稚同志的高尚品格、革命人道主义的医疗作风，是我们铭刻心上，永远也不会忘记的。

林巧稚一生的业绩，是一棵伟岸高大的常青树；给我们的诊断书，是常青树上的一片绿叶。

手语词卡

诊断　悲痛　医学　事业　自愿　边疆　精湛　摧残　逻辑　审查
荒唐　愤怒　政治　思维

词语积累

糟蹋　呼啸　无可数计　青红皂白　歇斯底里　溘然长逝　安然自若

语言点

一、她无法忍受，歇斯底里地大叫，愤怒、狂奔，她终于被逼成了疯子。

终于：副词。到底，最终，表示所意料的或所期望的事情最终发生。有时候也反喻不希望的事情最终发生。例如：

1. 一场轰轰烈烈的卫国战争终于在弥漫的硝烟中画上了句号……

2. 但最近两年的不见，他终于忘却我的不好，只是惦记着我，惦记着我的儿子。

二、林巧稚一生的业绩，是一棵伟岸高大的常青树；给我们的诊断书，是常青树上的一片绿叶。

是：用于主谓之间表判断的句子中。例如：

1. 班主任老师是一个德高望重的人。

2. 我们学校是省级示范性学校。

知识点

倒叙：记叙的顺序一般可以分为顺序、插叙、倒叙、补叙。倒叙是把事件的结局或事件中最突出的片段提到文章的开头来叙述，然后再按事件的发展顺序进行叙述。倒叙并不是把整个事件都倒过来叙述，而是除了把某个部分提前外，其他仍是顺叙的方法。

采用倒叙的情况一般有三种：一是为了表现文章中心思想的需要，把最能表现中心思想的部分提到前面，加以突出；二是为了使文章结构富于变化，避免平铺直叙；三是为了表现效果的需要，使文章曲折有致，造成悬念，引人入胜。倒叙时要交代清楚起点。

倒叙与顺叙的转换处，要有明显的界限，还要有必要的文字过渡，做到自然衔接。特别要注意，不要无目的地颠来倒去，反反复复，使文章的眉目不清。

运用竞技场

一、给加点的字选择韵母并标声调。

e　ie　an　ian　ao　iao

糟蹋（z　　）　　精湛（zh　　）　　溘然长逝（k　　）

摇曳（y　　）　　签名（q　　）　　安然自若（r　　）

呼啸（x　　）　　瑟瑟（s　　）　　歇斯底里（x　　）

二、辨析组词。

糟______　　湛______　　曳______　　催______

遭______　　甚______　　拽______　　摧______

三、下列句子中加点的词语使用有误的一项是（　　）。

A. 他写了遗嘱和吩咐后事不久，即溘然长逝。

B. 既然人称大学问，那就要打扮得斯文模样儿，于是穿起了长衫，说话也歇斯底里。

C. 太阳系是由太阳及其他环绕太阳的星体所组成，这些星体包括九大行星、60 个以上的卫星及无可数计的小行星及彗星。

D. 伊丽莎白倒是安然自若，而且从容不迫地细细瞧着眼前那三位女士。

四、仿写句子。

1. 例句：林巧稚一生的业绩，是一棵伟岸高大的常青树；给我们的诊断书，是常青树上的一片绿叶。

仿写：______________________________

2. 例句：她无法忍受，歇斯底里地大叫，愤怒、狂奔，她终于被逼成了疯子。

仿写：______________________________

五、阅读理解。

1. 记叙的一般顺序可以分为__________、__________、__________、__________四种。本文的记叙顺序是________。

2. 选出对林巧稚大夫描写的句子相对应的一项。

外貌描写　语言描写　动作描写　神态描写

A. 她戴着一副银边眼镜，前额高高的，显示着她的智慧。（　　）

B. 她的神态安然自若，给人一种可以信赖的感觉。（　　）

C. 她说："病人在哪里？领我去看看！"（　　）

D. 大约过了半个多小时，只见林大夫亲手扶着我妻从一条长长的走廊里走来，我迎上去，林大夫把一张长方形的诊断书递交给我。（　　）

3. 选出能表现作者赞美林巧稚大夫奉献医学的精神和治病救人的职业操守的一句话（　　）

A. 她戴着一副银边眼镜，前额高高的，显示着她的智慧。她的神态安然自若，给人一种可以信赖的感觉。

B. 林巧稚一生的业绩，是一棵伟岸高大的常青树；给我们的诊断书，是常青树上的一片绿叶。

C. 走下台阶以后，我们回头望望，只见可尊敬的林巧稚大夫，还站在门外默默地向我们招手。

D. 她走到我妻子身边，用母亲般温暖的手，梳理我妻子面颊上散乱的头发，以专家的锐利目光，观察她痴呆的眼神、瞳孔。

4. 在生活中，你遇到过哪些敬业或不敬业的人，你怎么看待他们的行为？结合自己的职业理想，想想在你未来的职业中，你将怎样敬业并乐业？请写下来。

语文应用操练六

语言交往

求救

暑假的一天，8 岁的杰克到农场去，在摆弄一种机械时，手臂被机器夹断了。这时他赶紧打电话，让救护车来接他去医院。不仅如此，这个小孩还非常镇静，临走时，他带上已经断下来的手臂。到了医院里，医生很快帮他做了断肢再植的手术。正因为他学会了自救与求救，才没有因为断了手臂而残废，仍然有一双好手。我们在日常生活中，也会不可避免地遇到一些意想不到的事，这些意外可能会对我们身体、财物造成伤害，甚至会危及我们的生命，这时候我们该怎样向人求救呢？

求救方法指南

【情景一】

被拐骗的未成年人小刘是个聋哑人，去超市购物交款时，将一张纸条夹在了钱里。纸条上写有一条求救信息，还有父亲刘某的联系电话。超市老板立即报警，最终小刘得救。

【情景二】

17 岁的少年小彭 1 岁时因用药不当造成了聋哑。小彭不希望给家中增添负担，利用 QQ、微信在网上与外界联系，希望能找到合适的工作。8 月 20 日上午 11 时，小彭背着包准备离开家，他告诉妈妈，他要到市区找工作，并说一定要找到一个能挣钱的工作，随后就离开了家。

8月26日这天，小彭的表姐夫查看自己的QQ，发现了小彭留的消息："有人要抓我！快救救我！"8月31日，表姐夫再次收到了小彭的信息："别人抓我啊！我在宁波慈溪市，我跑不掉啊！"得知这一消息，第二天，小彭的父母来到派出所报案，小彭获救。

【情景三】

一对聋哑恋人去西安旅游，不想女方小翠被5名男子劫持，并被打成重伤，勒索6万元钱。小翠利用凌晨上厕所的机会，向窗外扔出求救纸条，有路人捡到纸条后立刻向警方报警，当地警方迅速出动，成功解救出了被劫持两天一夜的小翠，并将5名歹徒全部抓获。

求救时应注意的事项

1. 保持镇静，语言清楚简练。

遇到危险，求助时语言要简练，突出关键词。如：救我，我在XX地点。紧急求救可用数字表示。如95，995。

2. 选择恰当的报警求救方式。

报警的求助方式有三种：第一种是拨打110电话报警（首选）；第二种是编辑短信发送到12110报警（当电话不方便时用）；第三种是网络报警。聋人在遇到险境时，可选择编辑短信发送到12110报警。注意：报警短信应当尽量写明所在地点或明显建筑物名、报警事由以及其他可描述的有用内容，关键信息一定要写清楚，如：地址、电话号码等。

求救的常用态势语及求救信号

1. 救（挽救）：左手伸拇指、小指；右手拇、食、中指捏住左手拇指尖，向上一提。

2. 用一只手掐住自己的喉咙，眼睛翻白眼，另一只手伸向你要求救的人。

3. 求救信号：最常用的国际通用求救信号是"SOS"，它的通用远程表达方式为三短三长三短的声响或灯光。如用镜子晃三长三短三长的亮光；在黑暗中的野外，可以生三堆火，使之围成三角形，或者排成直线；白天可以用烟来吸引注意力，国际通用的受困信号是三柱烟。还可以用数字信号191519，SOS的数字表示为191519，因为S为字母表中第19个字母，O

为第 15 个字母。

实用招牌词句

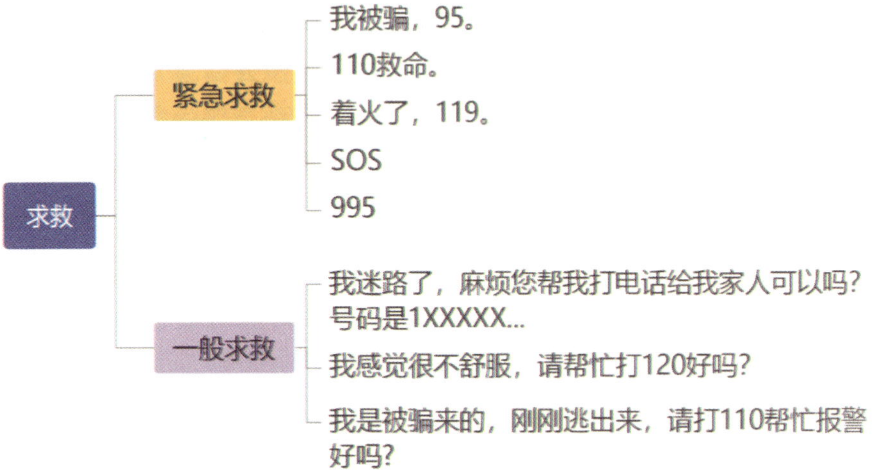

运用竞技场

一、改一改。

下面是一则微信求救信息，你觉得求救者能成功获救吗？若不能，请将有误的地方找出来并进行修正。

“有人要抓我，我很危险，请帮忙联系我父亲并报警。”

二、写一写。

1. 你独自一人在家看电视，突然电视机冒出黑烟，有刺鼻的味道，你不知如何处理，马上发信息向父母求救。请将短信内容写下来。

2. 你和爷爷两个人在家，爷爷突然发病晕倒在地，需要你马上发手机短信向父母求救或编辑短信发送到 12110 报警。请将短信内容写下来。

习　作

记叙文（写事）

一篇好的写事文章，标准就是将事情的过程写具体、写生动，就是有侧重点地将自己在生活事件中看到的、听到的、想到的、做到的能仔细描述出来，尤其是能把自己独特的发现、当时的心情写出来，才能让读文章的人有身临其境之感。这就需要大家用自己的眼睛、用自己的心灵去认真发现和感受。生活经历越丰富，你的作文素材和情感内容就越精彩。

例文指路

【例文一】

一面

1932年秋天，我在上海英商汽车公司当卖票的。

一天中午，我去接班，天空正飞着牛毛细雨，离接班的时间还有半个钟头。我心想：到内山书店去吧，在那里躲一会儿雨，顺便歇歇也好。

店里没有一个顾客，只有后面柜台旁边的两个人在谈笑。我向里面望了一下——阴天，暗得很，只能模糊辨出坐在南首的是一个瘦瘦的、五十上下的中国人。

我站在书架前，开始翻书。

门外，细雨烟似的被秋风扭着卷着，不分方向地乱飞。店里冷得像地窖（jiào）一样，冷气从裤管里向上钻。忽然，我看见架上排着一列中文的《毁灭》。《毁灭》？我记得一本什么杂志上介绍过，说是一本好书。书脊上赫（hè）然印着“鲁迅译”三个字，我像得到了保证似的，立刻从书架上抽下一本。

我先看后记，但是看完第一面就翻不开了：书没有切边。一个矮小而结实的日本中年人——内山老板走了过来。

“先生，这本书多少钱？”对于同情中国的内山老板，我总是带着几分敬意叫“先生”的。

他殷勤地点头，接过书翻了翻底页：“一块四。”

我不好意思地笑了一下，摸摸里衫上的衣袋——袋里只剩一块多钱，那是我和一个同住的失业工友几天的饭费。我有些懊（ào）悔自己的莽（mǎng）撞了，红了脸，说：“贵了。”

他没有注意到我的窘相，用粗短的手指捻（niǎn）着那张绿色厚布纹纸的封面：“哪里贵？你看这纸……”

厚实的纸张，清晰的字迹，相当厚的一大本书，拿在手里，有一种怪舒服的感觉。

“你买一本吧，这书是很好的。”

我真踌躇起来了：饭是不能不吃的，然而书也太好了，买一本放在床头，交班回来，带着那种软绵绵的疲倦躺着看这么几十页，该多好！我摩挲着那本书，舍不得丢开，不说买，也不说不买。

内山老板大概看出点什么苗头，就笑着回头对里面说了一句日语，原先和内山老板说话的那个老人咬着烟嘴走了出来。

他的面孔黄里带白，瘦得教人担心，好像大病新愈的人，但是精神很好，没有一点颓（tuí）唐的样子。头发约莫一寸长，显然好久没剪了，却一根一根精神抖擞地直竖着。胡须很打眼，好像浓墨写的隶体“一”字。

“你要买这本书？”他看了我一眼。那种正直而慈祥的目光，使我立刻感到身上受了父亲的抚摩——严肃和慈爱交织着的抚摩似的。

“是的。”我低低地说。

他从架上抽下一本书来，版式纸张和《毁灭》一模一样，只是厚一点，封面上印着两个字：铁流。

他用竹枝似的手指递给我，小袖管紧包在腕子上：“你买这本书吧——这本比那本好。”

他是谁？对我这样一个平日被人轻视的工人进行那样诚恳的劝告？我一进门的时候就有点疑惑，现在更加疑惑了；虽然猜不出是谁，但自己断定：一定是一个不平常的人。

我一翻那定价：一元八角！

“先生，我买不起，我的钱不够……”我的话低得连自己都听不见了，我不知道怎样才好。

“一块钱你有没有？一块钱！”

“有！”我抬起头，顿时恢复了勇气。

“我卖给你，两本，一块钱。”

什么？我很惊异地望着他：黄里带白的脸，瘦得教人担心；头上直竖着寸把长的头发；牙黄羽纱的长衫；隶体“一”字似的胡须；左手里捏（niē）着一枝黄色烟嘴，安烟的一头已经熏（xūn）黑了。这时，我忽然记起哪本杂志上的一段访问记——

“哦！您，您就是——”我结结巴巴的，欢喜得快要跳起来了。一定是！不会错，一定是！那个名字在我的心里乱蹦，我向四周望了望，可没有蹦出来。

他微笑着，默认地点了点头，好像我心里想要说的，他已经统统知道了一样。这一来不会错了，正是他！憎（zēng）恶黑暗有如憎恶魔鬼，把一生的时光完全交给了我们的民族。一位越老越顽强的战士！我又仔细地看他的脸——瘦！我们这位战士的健康，差不多已完全给没有休息的艰苦工作毁坏了。他带着奖励似的微笑，指着《铁流》对我说道：“这书本来可以不要钱的，但是是曹先生的书，现在只收你一块钱本钱；我那一本，是送你的。”

我费力地从里衫的袋里掏出那块带着体温的银元，放到他的手里——他的手多瘦啊！我鼻子陡然一阵酸，像要哭出来。我恭敬地鞠了一躬，把书塞进帆布袋，背起来便走出书店的门。

这事到现在已经隔了四年。在这四年里，我历尽艰苦，受尽非人的虐待，我咬紧了牙，哼都不哼一声。我总是昂着头。我对自己说：

“鲁迅先生是同我们一起的！”

写法注释

文章分两部分，先回忆“我”同鲁迅先生的一面之交，后讲述“一面”对我的影响和激励。回忆同鲁迅先生的一面之交是文章重点展开叙述的。

先写作者与鲁迅先生这一面之交的原因：再写内山先生的热情接待和作者买书缺钱的困窘，为鲁迅先生的出场作铺垫。接着重点记叙作者与鲁迅的会面，这里既有对先生的外貌描写，又有对先生推荐书、送书的语言、动作的描写。

第一部分：1—29 段，讲了我与鲁迅先生在内山书店见面的过程以及发生的事情。

第二部分：30—31 段，讲了与鲁迅先生见的这一面对我的鼓舞和影响。

【例文二】

一件珍贵的衬衫

在我的家里，珍藏着一件白色的确良衬衫。这不是一件普通的衬衫。这衬衫，凝聚着敬爱的周总理对工人群众的阶级深情。每当我看到它，周总理那高大光辉的形象就浮现在我的眼前；每当我捧起它，就不由得回想起那激动人心的往事。

那是 1972 年 8 月 3 日的夜晚。我在马路上骑自行车，不留神插进了快行线。突然一声紧急刹车，一辆大型“红旗”轿车紧贴着我身体的左侧，嘎地停住了。我刚扭过头，这辆车后座旁的窗帘唰地拉开了。周总理那慈祥的面容立即跃入了我的眼帘。啊！我仔细再看看，真是我们敬爱的周总理。周总理正亲切地注视着我，目光中充满了关切，充满了爱护，像在询问：同志，碰着了吗？受伤没有？

这时，总理的司机走下车来，站在我身旁问我：“同志，碰着没有？”我赶忙回答：“没事儿！没事儿！”有关人员迅速察看了现场，决定留下另一辆“红旗”轿车送我去医院检查，总理的车才开走了。

其实，我只是让汽车剐（guǎ）了一下，衬衫剐破了，后背蹭（cèng）破了一点皮，有啥要紧？自己回家上点药就行了。可是，遵照总理指示留下处理这件事的工作人员，却坚持让我坐进“红旗”轿车，并且脱下衬衫叫我穿上，他自己只穿个背心。我百感交集，思潮翻滚。一个普通工人，由于自己的不慎，蹭破点皮，却受到这样的关怀、照顾，如果不是在社会主义的新中国，不是遇到这样的好总理，哪会有这种事呢！

汽车很快开到了医院。检查将近结束时，屋内的电话铃响了。电话是打给这位工作人员的。通话时，我就坐在离电话机不远的椅子上。我听到，他在电话中说的是我的伤情和检查情况。原来电话是总理打来的。我出神地盯着那话机，心里十分激动，泪水禁不住涌了出来。周总理的工作是多么繁忙，时间是多么宝贵，可是，他老人家在日理万机的情况下，却挂念着我这样一个普通的工人，亲自打电话来询问我的情况。周总理真是人民的好总理，我们工人阶级的贴心人哪！

检查和治疗结束后，这位工作人员打电话把我们车间的支部书记和我们班的班长请来，让他们同我一起到交通队去谈谈情况。

“红旗”轿车把我们送到天安门交通队，我们谈了谈这次事故的经过。这时候，国务院的一名工作人员匆匆赶来了，他拿来一件崭新的白色的确良衬衫，要我穿上。我心里激动极了，说什么也不肯收。我猜到，这肯定是周总理出钱买的。我的衬衫刷破了，可这是由于我自己的过失造成的，怎么能叫总理给我买一件新衬衫呢？但这位工作人员坚持叫我收下，说这是领导的指示。我只好收下这件珍贵的衬衫。

这件事已经过去四十年多了。但是，这激动人心的一幕，却一直深深地印在我的脑海里。四十年来，这件珍贵的衬衫，我精心地收藏着，没有舍得穿它一次。我深深知道，我经历的这件事，在敬爱的周总理一生的伟大革命实践中，不过是微乎其微，然而，从这件小事上，我们看到的是周总理那平易近人的高贵品质，对劳动人民的深切关怀，一个伟大的无产阶级革命家的本色！

写法注释

第一段（第 1 自然段）：写“我”珍藏着一件珍贵的衬衫，由物引出对往事的回忆。

第二段（第 2—7 自然段）：回忆往事，这是文章的主体部分。通过一件交通事故的起因、经过及其结果的记叙，写出了周恩来同志热爱人民的崇高品质，也交代了这件珍贵衬衫的由来。

第三段（第 8 自然段）：照应第 1 段，再回到写“物”，从这件珍贵的衬衫点明自己经历的这件小事的深刻意义。

文章的开头使用了倒叙的写法，倒叙写法的目的就是为了引出回忆。回忆部分则按照事件的起因、经过和结果来写。

知识链接

在记叙文写作中，叙述好一件简单的事，这是一项基本功。练好这个基本功，以后进行复杂的叙事，也就有了基础。德国大作家歌德曾经说过：

“一个人只要能把一件事说得很清楚，他也就能把许多事都说得清楚了。”

怎样记叙好一件简单的事呢？

一、要交代清楚事情发生的地点、时间；要把事情的经过、因果写明白。一件事，总离不开时间、地点、人物、起因、经过、结果等六个方面的内容，因此，只有把这些方面写清楚了，才能使别人明白你写了一件什么事。

然而，交代这六个方面内容不应该呆板，要根据文章的需要灵活掌握。时间、地点也并不是非要直接点明不可的，有时候可以通过描述自然景物的特征及其变化，将它们间接表示出来。如“鸡喔喔叫了起来”，就是指天将亮了；“西边的太阳就要落山了”，指的是傍晚；等等。

二、要把事情经过写具体，并做到重点突出。在记叙文六个方面的内容中，起因、经过和结果，是构成事情最主要的环节。为了把事情写得清楚、明白，在记叙中一定要写好事情的起因、经过和结果，特别要把事情的经过写具体，给人留下完整而深刻的印象。

三、记叙的条理要清晰。一件事都有发生、发展和结果的过程，按照事情发展的顺序记叙，文章的条理就会清楚明白。一般来说，叙事的顺序包括顺叙、倒叙和插叙。

确定记叙的顺序以后，还要安排好段落层次。适当地分段，可以使文章眉目清楚。要做到记叙的条理分明，必须在动笔之前，仔细地想一想，文章应该先写什么，再写什么，然后写什么，把记叙的轮廓整理出来。写记叙文，必须考虑哪些先写，哪些后写，安排好记叙的顺序，否则就会头绪杂乱，条理不清。

写作小贴士

记事文章的要诀

一、学会命题

写事的文章重在按照事情的发展顺序来记述一件事。文章的题目可以选择中心词（难忘、惭愧），或地点（运动场上），或事件本身（拔河比赛）等方式命题，非常灵活。

二、选择材料

我们可以围绕自己的亲身经历和成长经历来选材。如：我们都学会哪些专业技能、劳动本领？业余时间我们有哪些参观、游览的经历？日常的学习生活我们经历了哪些让人难忘的事情？而这些事情中是否有第一次的经历？想一想，在所有这些经历中，哪一次让你激动、自豪？哪一次让你回味无穷？哪一次让你害怕、紧张？哪一次的经历带给你的感受最多？选一个印象最深的来写，这就是写作的材料。

三、编写提纲

1. 家务劳动、制作类。

介绍事情发生的时间、地点→劳动中遇到了什么样的困难→怎样解决的→结果或自己的感受、收获。

这其中，要把劳动中遇到困难时看到的、听到的以及自己当时的心情作为重点具体描述。

2. 游玩类。

游玩的时间、地点→看到的游乐设施的样子、玩法（选两三个）→玩中的感觉、心情→游玩后的感受、收获。

这其中，要把看到的游乐设施的样子、玩法进行具体描述，同时要将游玩过程分开始、中间、最后三个层次，写出自己的感受。

3. 参观游览类。

参观游览的时间、地点→对看到的情景或展品的描述（选两三处）→每一处自己的感受或产生的联想→参观、游览结束后的感受、收获。

这其中，重点要把看到的情景或展品抓住特点进行详细描述，写出自己由看到的情景产生的联想。

4. 学会某种本领类。

自己不会某种本领时的情景→开始学习的时间、地点→学习、尝试中遇到了什么样的困难→怎样解决的→在此之后的反复练习→现在掌握了这种本领的情景。

运用竞技场

一、我会填。

1. 记叙要素齐全是一篇记事习作的基本要求。因为一件事总离不开________、________、________、________、________、________这六要素。

2. 记事的作文，常用的叙述顺序有________、________、________三种，其中__________是记事作文中最常用的一种记叙方式。

二、我会写。

1. 你曾经度过的初中生活多么难忘，许多人和事都留下了深刻的印象。请选择印象最深的一件事，写一篇文章，题目可以用“难忘的……”，也可以根据所写的内容另外拟定。写完后认真修改，使习作内容具体，语句通顺，叙述有一定的顺序。

2. 在你成长的道路上，你游览了祖国壮丽的河山，目睹了现代化的建设，领略了人间亲情，感受了许多美好的事物，经历了许多难忘的事情，所有这些都给你留下了美好的回忆。请以“美好的回忆”为题，写一篇500字左右的作文。

拓展阅读

怎样写出更加感人的叙事文

叙事是作文的基本功，学生学习作文，一般从叙事开始。

可是，有超过半数的同学写不好叙事的文章，甚至厌恶写叙事文。究其原因，大抵是：虚情矫饰，平淡乏味，难以感人。

好的叙事文的标准是什么呢？——就一句话：所叙之事，能让人感动！

怎样才能让所叙之事能感动人呢？

一、以“真”动人

作文是写给人看的。文章感人是指看作文的人，心理被作者所叙的事情触动，有所反应。

人类有一个普遍的心理特点，就是排斥虚假、认同真实。如果你写的事情一进入读者眼球，就被视为虚假，让读者有被欺骗的感觉，如此，任怎样华丽的语言，也不可能感动他们，而只是徒增其厌恶罢了。相反，读者认为你写的事情是真的，他们就觉得作者是真诚的，可以交流，他们就会自觉不自觉地进入到事件的情景中去，与事件共喜怒哀乐，被感动就是自然的了。

“真”，有两个层意：一是原原本本地作生活实录，即文中的时间、地点、人物、事件大抵如实记录（如记事散文、传记等）。二是生活“仿真”，即文中的时间、地点、人物、事件都是虚构，但都是对真实生活的“仿照”，是对生活的“典型化概括”（如小说、戏剧等）。

“真”，有两个方面：一是事情真，二是感情真。

二、以“实”动人

“实”是指的叙述事情时要力求丰实。

1．情境要具体

写叙事文，最容易忽略与事情相关的情景（环境、背景）。比如写“童年堆雪人”，何时、何地、何人这是基本要素，一般学生都不会忘记，但交代常常失于粗略。

就时间因素而言，“连续大雪后某天”与“偶尔雪后某天”，一方面它对于主人公心情的影响可能是很不一样的，另一方面就是雪的多少、厚薄不同则肯定影响堆雪人的效果。

地点因素亦然。在北方，经常见到雪；南方，偶尔见到雪。堆雪人的技巧、感受又肯定不一样。

参与人也是一个重要因素。与经常玩的小伙伴一起，与一向严厉的父母一起，与陌生人一起……可以说，你的感受必然因人不同而大不同。

写叙事文，我们强调重视情景的因素，就是要求同学们在作文构思的时候，尽可能具体而细致地思考关于情景的问题，一是交代具体不粗疏；二是在细致的回味中因入境而渐入情，最终真实而深切地体味出当时的感受，从而写出情景交融的感人的好文章。

2．情节要完整

叙事文情节不完整的情况主要是叙述事情的经过时似乎无话可说，常常一笔而过，让人看不清楚事情的完整而详尽的经过。

一般地，立足于写自己经历过的真实的事情，大多能比较容易地把事情的经过写具体、写完整。此种情形下，不能写具体、写完整该怎么办呢？可以从这三方面注意：首先，动笔写前，认真地在头脑中把事情的经过回忆一遍，尤其是最感动你的地方，一定要回忆得细致些。其次，写的时候，要善于抓住一些“重点”环节，并把他们一一写清楚。比如“游动物园”，就想想：动物园里给我留下最深刻印象的是哪几处（比如，老虎园、狮子园、猴子园、孔雀园……），我先看的哪里，后看的哪里。每一处，我们都做了些什么事情，那动物是什么样儿，有什么表现，我当时有什么感觉？把这些都考虑进去了，作文肯定会内容丰富、情节生动感人的。最后，写完作文草稿后，一定要回头读读，边读边想，我经历的就是这样的吗？这些文字把我的经历都完整地详尽地反映出来了吗？如果没有，该怎样修改呢？

立足于“虚构”的叙事文，把事情经过写具体的基础是先能真实地写具体。然后，你在构思或写作的时候，一定要把“虚构”的事件放到某一真实的事件背景下去写，这样，就能写得比较具体详尽感人了。

3. 细节要细致

作文最难得的是细节描写。同学们作文写不生动，一是作文中少细节或者是根本没有细节，二是有很多同学不知如何写细节。

要写细节，就必须心中有细节。细节在于细。生活的美妙正在于细节。

当你把学校的奖状交到妈妈手里的时候，你看：妈妈的眼神多特别！妈妈在之后的三两句语言、一两个小小动作都与平常不一样！

你和你的竞争对手，在得知各自考试分数后，互相望一眼的瞬间，你看：那眼神、那之后的话语、那转身的动作与平常是多么的不一样……

这些细节比比皆是，你用心看了吗？你的脑海里记下了吗？你读懂了那瞬间细节里的深刻含义吗？如果你做到了，就有意识地把这些细节写入作文，你的作文肯定会因这些细节的进入而提升档次。如果你还没有做到，就提醒自己，做生活的有心人，从关注生活的细节开始，然后，你就能逐渐写出好的叙事文。

4. 形象要鲜活

让文中的形象活跃起来！这正是一切叙事文的最高追求。

看过《水浒传》《三国演义》等文学名著的同学一定深切地感受到，那些复活在文字中的人物有着怎样的音容笑貌、举手投足。

作文人物不“活”，主要原因一是人物以“幽灵”的方式出现，没有外貌、没有具体的动作、没有鲜明的性格。二是人物以“脸谱”的方式出现，说外貌，就是圆圆的脸、大大的眼睛、高高的鼻梁；说性格就是舍己为人、一心奉献的“神”人。究其根底，是心中无人物，笔下才无人物。

心中要有人物，就需要认真观察和分析生活中的人物，做生活的有心人，在写的时候，对号入座，就自然出语不凡、文动四座了。

第七单元　描摹世相

单元导语

本单元中的四篇小说，篇幅不长却内涵丰富，引人入胜。

小说三要素的基本知识点在各篇文章中，各有侧重。

《信》写了一个貌似可笑却又令人心酸的故事：一个想念儿子到极点的妈妈别出心裁地代儿子写了一封给自己的回信。让我们不禁反思：我们是否关爱了父母？

《老妪》塑造了一位在艰苦生活、冷清生意中仍能保有高尚人格的老人形象，无须怜悯与同情，让我们对她充满了敬重。

《理想破灭》刻画了一个可笑又可悲的小人物罗果夫的形象。从拾得一枚银币开始，他的发财梦也随之越做越大，最后所有银币竟不翼而飞！

《永远的蝴蝶》叙述了一个凄美的爱情故事：在一个雨天，“我”的恋人樱子自愿帮“我”到马路对面去寄信，随着一阵尖厉的刹车声，樱子年轻的生命消逝了。

通过本单元的学习，我们可以更深入理解小说三要素在刻画人物形象、推动情节发展、深化文章主题等方面的作用，可进一步帮助同学们学会阅读小说，学会从小说中发现众生世相，明白生活道理。

25. 信[1]

尤里·里希特

时值十二月三十一日。彼得·弗拉基米罗维奇·帕潘科夫坐在自己的办公室里，处理着即将结束的这一年的最后几件紧要公事。他一本正经地板着一副面孔，俨然[2]一派首长的风度。每当电话铃响，帕潘科夫总是一边抓着话筒，简要而认真地回答着，一边继续签阅着文件。

家书抵万金

一会儿，女秘书柳多奇卡敲门进了办公室："对不起，帕潘科夫，打扰您了。有您一封信，您私人的。"

说着，她把信放到帕潘科夫的桌上，随即转身走了。

帕潘科夫拆开信就念起来：

亲爱的妈妈：

你的儿子在给你写信。我已经好久没给你写信了。因为我出差、度假、住院了……

"真是活见鬼！"帕潘科夫惊诧不已[3]。他又看了看信封，上面分明写着他的机关地址和姓名，而且一点也没错。帕潘科夫真是百思不得其解[4]，但他仍然把信继续念下去：

---

① 选自《感动中学生微型小说全集》(九州出版社2006年版)。

② [俨然] 形容很像。

③ [惊诧不已] 形容因为惊奇而发出的感叹久久不止，感受至深。已：停止。同"惊叹不已"。

④ [百思不得其解] 表示对事情感到十分意外或十分复杂，不可思议，也比喻对事情百般思索也没有结果。百，多次；解，理解，解释。

我们这里现在正是秋高气爽、春光明媚、夏日炎炎、寒冬腊月的时节。

我身体还好、很好、不太好、很不好。

前不久我去逛过剧院、电影院、音乐厅、酒吧。

我打算再过一个月、一年、五年就来看你。

我知道你没钱花了，所以寄给你三十、二十、十、五个卢布[①]。

我已被任命为总工程师、厂长、总局局长。

我妻子祖莉菲娅向你问好。

你的爱子彼佳[②]

帕潘科夫更加莫名其妙，他又把信从头至尾念了一遍，然后又往信封里看了看。信封里果然还有一张小字条：

亲爱的彼佳：

我多么盼望你能来封信呀！可你却是个大忙人，哪有时间顾得上这种小事呢？我只好替你写了这封信，你只要简单地把那些不该要的词句划掉寄给我就行了。

吻你！

你的妈妈

帕潘科夫仰身靠到自己柔软舒适的安乐椅背上。

“唉，妈妈呀，你可真是位幽默家呀！而且对时间还掐算得那么准，让信不迟不早刚好在十二月三十一日送到，这一天我可是连喘口气的时间都没有啊！”

帕潘科夫叹了口气，把文件推到一边，接着便动手删起信中那些不该要的词句来。

手语词卡

处理　打扰　出差　度假　机关　地址　信封　幽默　莫名其妙

词语积累

俨然　简要　签阅　掐算　惊诧不已　百思不得其解

---

① ［卢布］俄罗斯等国的本位货币。

② ［彼佳］彼德的小名。

语言点

一、每当电话铃响，帕潘科夫总是**一边**抓着话筒，简要而认真地回答着，**一边**继续签阅着文件。

一边……一边……：表并列关系的关联词，一般表示同一个人在同一个时间做两件不同的事情。例如：

我一边看电视，一边吃苹果。

二、可你却是个大忙人，**哪有**时间顾得上这种小事呢？

哪有：用于反问句，表示否定。例如：

我们不学好专业，哪有能力赢得专业技能比赛呢？

知识点

小小说：又称微型小说、一分钟小说、超短篇小说等，是比短篇小说字数更少的小说文体，往往从一个侧面、一个瞬间之中，捕捉生活，表现主题。

小小说同样具有小说三要素：人物、情节、环境。

美国作家欧·亨利的《麦琪的礼物》《最后的藤叶》，中国作家冯骥才的《俗世奇人泥人张》等都被视为小小说中的经典。

运用竞技场

一、根据拼音写汉字。

yǎn（　　）然　　签 yuè（　　）　　惊 chà（　　）不已

jiǎn（　　）要　　qiā（　　）算　　莫 míng（　　）其妙

二、选词填空。

哪有　　哪里　　那里　　那么　　那些

1. 我好像在______见过他。
2. 舞台下______多的人，她都不紧张。
3. 你们______的天气怎么样？
4. 儿女是父母的亲生骨肉，______不惦念的？
5. 奶奶爱把早年间的______事儿讲给孩子们听。

三、依据提示造句。

1. 天气转凉了，早上起床时，奶奶一边＿＿＿＿＿＿＿＿，一边＿＿＿＿＿＿＿＿。

2. 课堂上，老师一边＿＿＿＿＿＿＿＿，一边＿＿＿＿＿＿＿＿。

3. 坐在游船上，我一边＿＿＿＿＿＿＿＿，一边＿＿＿＿＿＿＿＿。

四、文学常识填空。

小小说的三要素是＿＿＿＿、＿＿＿＿、＿＿＿＿。小小说又称＿＿＿＿、＿＿＿＿、＿＿＿＿等，我读过的小小说有＿＿＿＿＿＿＿＿＿＿＿＿。

五、阅读理解。

1. “他一本正经地板着一副面孔，俨然一派首长的风度”。对这句话的理解正确的是（　　）

A. 作者是在真心称赞他有“首长风度”。

B. 作者是在讽刺他的官派作风。

2. 这是一封离奇的信，是妈妈代儿子写给自己的信。你认为故事中的“妈妈”“儿子”符合下面的哪些性格特点呢？

热情　自私　关爱　冷漠　重亲情　繁忙　亲切　官僚　聪慧　不重亲情

“妈妈”的性格特点有：＿＿＿＿＿＿＿＿＿＿＿＿＿＿＿＿

“儿子”的性格特点有：＿＿＿＿＿＿＿＿＿＿＿＿＿＿＿＿

3. 你会常常和自己的父母沟通和联系吗？赶紧写一封信，向他们表达你的思念吧！

26. 老妪①

梁晓声

那个老妪是一个卖茶蛋的老妪。在12月的一个冷天。在北京龙庆峡附近。儿子须作一篇“游记”，我带他到那儿“体验生活”。

卖茶蛋的皆乡村女孩儿和年轻妇女。就那么一个老妪，跻身②她们中间，并不起劲儿地招徕③。偶尔发一声叫卖，嗓音是沙哑的。所以她的生意就冷清。茶蛋都是蛋煮的。老妪锅里的蛋未见得比别人锅里的小。我不太能明白男人们为什么连买茶蛋都要物色女主人。

老妪

老妪似乎自甘冷清，低着头，拨弄煮锅里的蛋。时时抬头，目光睃④向眼前行人，仿佛也只不过因为不能总低着头。目光里绝无半点乞意。

我出于一时的不平，一时的体恤⑤，一时的怜悯⑥，向她买了几个茶蛋。活在好人边上的人，大抵内心会发生这种一时的小善良，并且总克制不了这一种自我表现的冲动。表现了，自信自己仍立足在好人边上，便获得一种自慰。

老妪应找我两毛钱。我则扯着儿子转身便走，佯装没有算清小账。

儿子边走边说：“爸，她少找咱们两毛钱。”

---

① 选自《人一生不可不读的120篇哲理美文》(石油工业出版社1997年版)。老妪(yù)：老妇人。梁晓声，原名梁绍生，当代著名作家。

② [跻(jī)身] 在本文中解释为“置身”。

③ [招徕(zhāo lái)] 指的是招揽，招引到自己面前来。

④ [睃(suō)] 看，常指斜着眼看，动词。

⑤ [体恤(xù)] 设身处地为人着想，给人以同情、照顾。

⑥ [怜悯(mǐn)] 对遭遇不幸的人表示同情。

我说："知道。但是咱们不要了。大冷的天她卖一只茶叶蛋挣不了几个钱，怪不易的……"

于是我向儿子讲，什么叫同情心，人为什么应有同情心，以及同情心是怎样的一种美德……

两个多小时后，我和儿子从公园出来，被人叫住——竟是那老妪。袖着手，缩着瘦颈，身子冷得佝偻①着。

"这个人。"她说，"你刚才买我的茶蛋，我还没找你钱，一转眼，你不见了……"

老妪一只手从袖筒里抽出，干枯的一只老手，递给我两毛钱，皱巴巴的两毛钱……

儿子仰着脸看我。

我不得不接了钱。我不知自己当时对她说了句什么……

而公园的守门人对我说："人家老太太，为了你这两毛钱，站我旁边等了那么半天！"

我和儿子又经过卖茶蛋的摊位时，见一老叟，守着她那煮锅。如老妪一样，低着头，摆弄煮锅里的蛋。偶尔发一声叫卖，嗓音同样是沙哑的。目光偶向眼前行人一睃，也不过是任意的一睃，绝无半点乞意。比别人，生意依旧冷清……

人心的尊贵，一旦近乎本能的，我们也就只有为之肃然了。我觉得我的类同施舍的行径于那老妪，实在是很猥琐②的……

手语词卡

体验　物色　怜悯　善良　冲动　干枯　偶尔

词语积累

跻身　招徕　体恤　佯装　佝偻　肃然　猥琐

语言点

一、活在好人边上的人，大抵内心会发生这种一时的小善良，**并且**总

① ［佝偻（gōu lóu）］形容脊背向前弯曲。

② ［猥琐（wěi suǒ）］形容举动、容貌庸俗不大方。

克制不了这一种自我表现的冲动。

并且：

1. 表示几个动作同时或先后进行，或几种性质同时存在。例如：

见到有人落水，他大喊救人并且跳入水中。

2. 表示更进一层的意思。例如：

今天天气很差，不但风特别大，并且雨下个不停。

二、“人家老太太，**为了**你这两毛钱，站我旁边等了那么半天！”

为了：

1. 表目的：为着一定的目的。例如：

为了我们能理解，老师列举了很多事例。

2. 表原因：为人或事着想。例如：

运动员们为了下一场比赛正在进行紧张训练。

知识点：

小说人物：小说中的人物，称为典型人物，这个人物是作者根据现实生活创作出来的，他（她）不同于真人真事，可以通过人物的外貌、动作、语言、心理、神态等进行描写。

小说塑造的人物形象，可以是正面的，也可以是反面的。一篇小说可以塑造一个人物形象，也可以塑造多个人物形象。

本文塑造了一个生活艰苦、生意冷清却能保持高尚人格的老妪形象，让人对她充满敬意。

运用竞技场

一、根据拼音写汉字。

jī（　　）身　　怜 mǐn（　　）　　佝 lóu（　　）　　wěi（　　）琐

招 lái（　　）　　体 xù（　　）　　yáng（　　）装　　sù（　　）然

二、辨析组词。

恤（　　　）　徕（　　　）　悯（　　　）　样（　　　）

血（　　　）　来（　　　）　抿（　　　）　佯（　　　）

三、选词填空。

为什么　　为了　　因为　　作为

1. ______一名学生，只偏重某一科的学习是有害的。

2. ______鼓励同学们参加体育运动，学校成立了小足球队和小篮球队。

3. ______下雨，运动会的时间推迟了。

4. 你明明知道今天降温，______不多穿点衣服？

并且　　且慢

1. ______，我们还要等一下小王。

2. 我踢足球时踢到了玻璃，______把它踢碎了。

3. 政府不但给老人发了补助金，______还送来了生活必需品。

4. ______做决定，还是等你想清楚了再说。

四、文学知识填空。

小说人物可以通过人物的________、________、________、________等进行描写，在我读过的小说《____________》中，我最喜欢的人物有____________，最不喜欢的人物有____________。

五、阅读理解。

1. 对老妪的人物形象理解正确的是（　　）

A. 生计艰难但不占便宜，具有高尚人格，不卑不亢。

B. 生活条件艰苦，不爱干净，不会吆喝做生意的老人。

C. 即使生活凄凉困苦也依然保持着高尚道德品质的人。

D. 生意冷清，穿着寒酸，眼神总是有乞意，希望别人来买。

2. 文中的“我”为什么要买老妪的茶叶蛋，并且故意多给了两毛钱？

27. 理想破灭[①]

卡沙耶夫

伊凡·斯捷巴诺维奇·罗果夫去看最后一场电影，突然看见路上有一枚10戈比银币，立即捡起来放入口袋。他刚要继续赶路，脑中泛起一个念头：是否应该在这里再找找呢？也许银币像蘑菇一样成堆相偎着。罗果夫开始察看，他兜了一圈，又发现一枚（比第一次拾到的10戈比银币脏些），他满意地笑笑，用袖子擦擦银币随后放入口袋，仿佛存入储蓄罐似的。他继续寻找，在一刻钟内找到四枚10戈比银币，不过一枚比一枚脏。

“呦，”罗果夫思忖[②]道，“好了！大概是哪个醉鬼丢了工资，把钱不当回事，我来把所有的钱捡起来……”

罗果夫拿定主意后立即退掉了电影票，袖子一捋又聚精会神地干了起来。当拾到第十五枚10戈比的银币时，他的脑海里泛起了理想的浪花。

“好嘞！”罗果夫想道，“我把钱全捡起来修缮[③]房子，抽空翻改冬大衣，和妻子去索契[④]休养，而后去保加利亚旅游……”捡到第二十枚10戈比银币之后，他开始怀疑了。

“不是！”他深思道，“这不像一个醉鬼丢了工资，而是电影院会计把一周的票款送银行时丢的，我赶快去，否则……”

罗果夫加快步伐，因为天下起毛毛细雨。但一碰到沉甸甸的衣袋时，他立刻改变了主意，心想：“不必翻改冬大衣，还是买件新的羊羔皮领子大衣吧，给妻子买件像16号里的叶卡捷琳娜·伊凡诺夫娜穿的那种白貂皮领

---

① 选自《当玫瑰花开的时候》（社会科学文献出版社1998年版，刘丕然译）。卡沙耶夫，苏联作家。

② ［思忖（sī cǔn）］指考虑，思量。

③ ［修缮（shàn）］修理（建筑物）。

④ ［索契］俄罗斯的疗养胜地。

子的毛皮大衣吧，再买台彩电！从此我也能看彩色的花样溜冰，请四邻八舍都来，大可风光风光……还要给妻子买条尼龙套裙，让她给届时来看彩电的亲朋好友送咖啡，用瓷杯盛着。带她出国，不，我才不带这个傻婆娘做环球旅游，既没知识，又长得像笨重的老式挖掘机。最好带着我们首长的女秘书安契耶卡去……怎么办？向她求婚，她要不愿意，就另找个更美的。腰缠万贯，没有办不成的事。我得快去和克拉琪娅打离婚，房子送给她算了，自己再买一套三室一单元的公寓，再订购一辆高级豪华小轿车，万一妻子死不肯离，就买栋别墅送她。只要能早日离婚，可以不惜代价……”

罗果夫越想越有味儿，忙摸口袋，企图数数钱，可钱竟然不翼而飞，连一个子儿也没有了！口袋虽然还重重的，但那全都是泥水。原来他的口袋底上有一个个大洞，他立即慌了神，再看脚下，一枚10戈比银币正在向他“频送秋波[①]”，正是这枚银币，被他一晚上拾起三百多次。他抬起一脚把它踢得远远的，脸红脖子粗地飞奔回家，一见克拉琪娅就痛骂这个懒婆娘为什么不早点儿把他的衣袋缝好。

手语词卡

企图　蘑菇　满意　寻找　怀疑　改变　旅游　知识　秘书　豪华　聚精会神

词语积累

思忖　修缮　秋波　储蓄罐　腰缠万贯　不翼而飞

语言点

一、我**把**钱全捡起来修缮房子，抽空翻改冬大衣，和妻子去索契休养，而后去保加利亚旅游……

“把”字句：现代汉语的一种句式，用来强调行为结果或行为方式。

结构模式：甲把乙怎么样。例如：

我们把房间打扫一下吧！

---

① ［秋波］旧时比喻美女的眼睛像秋天明净的水波一样。多用于男女间眉目传情，也比喻巴结讨好。

二、伊凡·斯捷巴诺维奇·罗果夫去看最后一场电影，突然看见路上有一枚10戈比银币，立即捡起来放入口袋。

立即：立刻，马上着手行动。例如：

接到命令，部队立即出发。

知识点

小说情节：在小说作品所提供的艺术描写的特定环境中，由于人物之间的相互关系和人与环境间的矛盾冲突，而产生的一系列生活事件发生、发展，直至解决的整个过程。

小说情节发展一般分为：开端、发展、高潮、结局四个部分，有时还有序幕和尾声。

本文以“罗果夫在去看电影的路上捡到一枚10戈比银币”作为开端；然后故事发展为“罗果夫继续捡拾银币，甚至退掉了电影票”。故事高潮为“罗果夫继续捡拾银币，并陷入不切实际的幻想”。最后的结局是“罗果夫发现口袋的漏洞，理想破灭”。

运用竞技场

一、给加点词语选择正确的读音。

企图（zhǐ　qǐ）　　磨菇（mó　mǒ）　　聚精会神（jù　qǔ）

思忖（chěn　cǔn）　　修缮（sàn shàn）　　腰缠万贯（guàn guàng）

储蓄罐（guàng　guàn）　　不翼而飞（yǔ　yì）

二、填上合适的词语。

满意地________　　沉甸甸的________　　明亮的________

豪华的________　　聚精会神地________　　飞快地________

三、选词填空。

迅速　　立即　　随时　　顿时

1. 他现在病得很严重，必须________送医院抢救。
2. 同学们要注意保持干净，卫生委员会________来检查。
3. 突然一阵狂风暴雨，天________灰暗下来。
4. 近几年来，我国的旅游业发展________。

四、把下列句子改成“把”字句。

1. 雨水淋湿了同学们的衣服。

____

2. 李医生看好了孩子们的病。

____

五、阅读理解。

1. 以下句子分别是小说情节的哪个部分呢？

开端　　发展　　高潮　　结局

A. 罗果夫继续捡拾银币，甚至退掉了电影票。（　　）

B. 罗果夫发现口袋的漏洞，理想破灭。（　　）

C. 罗果夫继续捡拾银币，并陷入不切实际的幻想。（　　）

D. 罗果夫在去看电影的路上捡到一枚10戈比银币。（　　）

2. 罗果夫是一个怎样的人？请找到恰当的词语填写到横线上。

要面子　有人生理想　爱慕虚荣　积极向上　自欺欺人　脾气坏

好吃懒做　见钱眼开　吃苦耐劳　想入非非

____

3. 罗果夫的“理想”为什么会破灭呢？我们又该如何去实现自己的理想？

*28. 永远的蝴蝶①

陈启佑

那时候刚好下着雨，柏油路面湿冷冷的，还闪烁着青、黄、红颜色的灯火。我们就在骑楼②下躲雨，看绿色的邮筒孤独地站在街的对面。我白色风衣的大口袋里有一封要寄给南部的母亲的信。

樱子说她可以撑伞过去帮我寄信。我默默点头，把信交给她。

“谁叫我们只带来一把小伞哪。”她微笑着说，一面撑起伞，准备过马路帮我寄信。从她伞骨滑下来的小雨点，溅在我眼镜玻璃上。

永远的蝴蝶

随着一阵拔尖③的煞车声，樱子的一生轻轻地飞了起来，缓缓地，飘落在湿冷的街面上，好像一只夜晚的蝴蝶。

虽然是春天，好像已是秋深了。

她只是过马路去帮我寄信。这简单的行动，却要叫我终生难忘了。我缓缓睁开眼，茫然④站在骑楼下，眼里裹着滚烫的泪水。世上所有的车子都停了下来，人潮涌向马路中央。没有人知道那躺在街面的，就是我的蝴蝶。这时她只离我五米，竟是那么遥远。更大的雨点溅在我的眼镜上，溅到我的生命里来。

---

① 选自《世界华文微型小说大成》（上海文艺出版社1992年5月版），江曾培主编。这是一篇散文化的微型小说（又称“小小说”）。陈启佑，台湾作家。

② ［骑楼］方言。楼房向外伸出遮盖着人行道部分。

③ ［拔尖］文中指强烈刺耳的刹车声。

④ ［茫然］模糊不清的样子，失意的样子。

为什么呢？只带一把雨伞！

然而我又看到樱子穿着白色的风衣，撑着伞，静静地过马路了。她是要帮我寄信的。那，那是一封写给在南部的母亲的信。我茫然站在骑楼下，我又看到永远的樱子走到街心。其实雨下得并不大，却是一生一世中最大的一场雨。而那封信是这样写的，年轻的樱子知不知道呢？

“妈：我打算在下个月和樱子结婚。”

手语词卡

蝴蝶　对面　寄信　玻璃　拔尖　简单　终身　生命

词语积累

躲雨　飘落　茫然　闪烁　孤独　湿冷　涌向

语言点

一、从她伞骨滑下来的小雨点，溅在我眼镜玻璃上。

从……下来：由……下来。例如：

从山顶上走下来、从台阶上跳下来……

二、其实雨下得并不大，却是一生一世中最大的一场雨。

其实：转折，表示所说的是实际情况。例如：

这个问题从表面上看似乎很难，其实并不难。

知识点

小说环境：指对人物活动的环境和事情发生的背景作描写。

环境描写分为自然环境描写和社会环境描写。自然环境描写是指对人物活动的时间、地点、季节、气候及花草鸟虫的描写；社会环境描写是指对人物活动的具体背景、处所、氛围以及人际关系等作描写。

本文第一段中“下着雨”“柏油路面湿冷冷的”“闪烁着青、黄、红颜色的灯火”以及“绿色的邮筒孤独地站在街的对面”都属于环境描写，渲染了一种愁苦的氛围，为全文定下了一个伤感的基调，并暗示了后面的不幸。

运用竞技场

一、给加点的字选择韵母并标声调。

u　　uo　　ao　　iao　　an　　ian

蝴蝶（h　　）　躲雨（d　　）　拔尖（j　　）　遥远（y　　）

飘落（p　　）　茫然（r　　）　闪烁（sh　　）（sh　　）

二、搭配连线。

石头从	树枝上	流出来
苹果从	山坡上	掉下来
雪花从	峡谷中	滚下来
泉水从	天空中	飘下来

三、选词填空。

其实　　其中　　确实

1. 大家都以为这花是真的，________是用塑料做的，真是以假乱真了。
2. 桂林的山水________很美，名不虚传。
3. 学校表扬了十名学雷锋积极分子，________有两名是我们班的。

四、环境描写的作用有哪些？请将正确序号选择到对应的环境描写句段后的（　　）内。（可多选）

A. 交代故事发生的时间、地点

B. 暗示社会环境，揭示社会本质

C. 揭示人物心境，表现人物性格

D. 渲染某种气氛

E. 推动情节发展

1. 那时候刚好下着雨，柏油路面湿冷冷的，还闪烁着青、黄、红颜色的灯火。我们就在骑楼下躲雨，看绿色的邮筒孤独地站在街的对面。（　　）
2. 其实雨下得并不大，却是我一生一世中最大的一场雨。（　　）
3. 虽然是春天，好像已是秋深了。（　　）
4. 又过了几年，战祸迭起。三爷的生意便不再好做。（　　）
5. 罗果夫加快步伐，因天下起毛毛细雨来了。上百枚银币发出声响，他立刻改变了主意。（　　）

五、阅读理解。

1.“雨”这一环境描写在本文中的作用描述错误的是（　　）

A. 雨是本篇小说的线索，贯穿全文始终。

B. 雨是“我”痛失“樱子”悲伤泪水和痛苦的象征。

C. 雨在全文中并没有下大，就是简单的重复描写。

D. 雨使全文笼罩在阴冷凄凉的氛围里。

2. “随着一阵拔尖的煞车声，樱子的一生轻轻地飞了起来。缓缓地，飘落在湿冷的街面上，好像一只夜晚的蝴蝶。”这句话中，我为什么把樱子比喻成蝴蝶？（　　）（多选）

A. 蝴蝶是美的象征，是因为在“我”心目中，樱子就如蝴蝶般的美丽可爱。

B. 樱子的生命像蝴蝶那么短暂，蝴蝶的生命虽然结束了，但它将永远活在“我”的心里。

C. “我”对心目中的蝴蝶——樱子寄托了美好的爱情理想。

D. 本文的“蝴蝶”，既是形象地写出了樱子被撞飞起来的样子，又有“化蝶”的寓意，表达了“我”对逝去的樱子的美好祝愿。

3. 小说直到结尾处才告诉读者信的内容，这样处理有什么用意？

语文应用操练七

语言交往

拒绝

已经到了上午 8 点钟，身体没有任何不适的同宿舍李同学还在睡懒觉不想起床，也不想去上课，让你帮他去买早餐、请假，你会同意吗？上课的时候你的同桌让你偷偷和他一起打游戏，你会拒绝吗？当你在求学和找工作时遭到了别人的拒绝，你又会怎样应对呢？在日常生活中，每个人都会碰到需要拒绝别人或被别人拒绝的时候，该如何从容应对呢？

情景互动，学会拒绝他人与应对他人拒绝

【情景一】

张丽妈妈准备用同一种花色的窗帘来布置所有的房间，而张丽喜欢用另一种花色的布料来做自己房间的窗帘。于是她跟妈妈说："妈妈，最近我从书上看到这样一句话，说房间布置应该个性化，如果不同的房间用不同颜色的窗帘，就有了多样化的美，而且可充分体现个性。你看这话对不对？"妈妈被张丽说服了，允许她用自己喜欢的布料来做自己房间的窗帘。

【情景二】

李强是新疆人，大二暑假回家，有位同学知道他来自新疆，于是发来微信说："听说你们那里的哈密瓜特别甜，你回来的时候帮我带两个，可以吗？"

李强想：“我回学校要坐近30个小时的火车，天气也热，一路下来，再甜的瓜也得坏了。”于是他回信说：“还是算了吧？我回学校坐火车时间太久，瓜带过来也不新鲜了，什么时候你来新疆，我请你吃饱。”同学听了并没有因为遭到拒绝而不愉快，反倒说：“对啊，你家离学校确实挺远的，那就算了吧。如果有机会去新疆，你一定要带我尝尝你们家乡的水果啊。”

【情景三】

陈刚从学校毕业后向一家服装制作公司投递了简历。在面试时，主管发现他是一名聋哑人，连连摇头摆手。陈刚意识到自己可能会被淘汰，立刻拿出手机用讯飞语记和主管交流，主管发现他写的句子很通顺，意思表达明确，原本皱着的眉头慢慢舒展开来。陈刚见状马上从背包里拿出自己设计和缝制的作品向主管展示，主管看到做工精致和具有设计感的作品，非常满意，当场录用了他。陈刚在被拒绝时，用自己的勇敢、机智和恰当的沟通交流方式为自己赢得了机会。

拒绝他人应注意事项

1. 理由充分。先要拿出最能让对方相信的理由，最好不要编造虚假的理由来敷衍对方，要解释清楚你的苦衷和歉意，让对方有思想准备，让对方理解你心有余而力不足。

2. 语气委婉。当别人向你提出的要求不符合你的原则，就需要用委婉的话语去说明自己无法办到。

3. 提示办法。拒绝的同时给对方提供其他解决的办法。

被他人拒绝时需要注意的事项

1. 勇敢大方，保持微笑。
2. 不怕异样的眼光。
3. 用纸笔、手机等工具进行文字交流。
4. 用眼睛观察表情和动作，辨别对方心理。

拒绝他人的常用态势语

1. 微笑并充满歉意地摇头。
2. 低下头把玩身边的东西。

实用招牌词句

- 拒绝
  - 拒绝他人
    - 对不起，我帮不了这个忙。
    - 不好意思，我实在抽不出时间。
    - 很遗憾，我无法满足您的要求。
    - 你的想法很好，但是我不能接受。
    - 不行，因为这样做是不对的。
    - 这件事我做不了主，我把你的要求向老师反映一下，好吗？
    - 这个设想很不错，只是目前的条件不允许。
  - 被拒绝时
    - 好的，我理解的。
    - 我明白了，期待下次能有机会合作。
    - 那好吧！下次再约。
    - 虽然没能成功，但我会努力争取下次机会的。

运用竞技场

一、选择恰当的拒绝方式。

正在上课，有位同学要借你的连环画看，你会怎么说（　　）

A. 你小声说：“你看吧，小心点，不要被老师看到。”

B. 你不耐烦地说：“讨厌，老师没收了怎么办。”

C. 你厉声说：“不借，现在是上课时间。”

D. 你轻声说：“下课再看，请遵守课堂纪律。”

二、根据情境完成对话。

1. 星期天，李文约赵刚到网吧打游戏，赵刚该怎么拒绝并说服李文呢？

如果我是赵刚，我会对李文说：“李文，我不能和你去网吧，因为______________________________，所以，我劝你也不要去网吧。”

2. 王丰没有完成作业，请组长帮他编个理由。组长该怎么拒绝并说服王丰认真补完作业呢？

如果我是王丰的组长，我会说：“王丰，我不能帮你编理由，做作业也是为了______________________________，我作为你的朋友又是组长，我不编理由告诉老师是为你好啊！”

三、写一写。

1. 假如你的好朋友小张邀请你去看画展，恰巧你有事不能去。这时，你怎样说才能使小张不扫兴而归呢？请写下委婉拒绝小张的话。

2. 肖东是你在校外认识的一位朋友，可你的父母亲不了解对方，因此不同意你们继续交往，你该如何与父母沟通呢？请将你的计划写下来。

应用文写作

通　知

学校要举办校园运动会了，怎样告诉大家呢？学校团委要召开紧急会议，又该怎么让大家都知道呢？让我们一起来“通知”大家吧！

例文指路

【例文一】

通　知①

(全校师生)：②

为推动学校体育工作的深入开展，增强学生体质，学校定于2017年10月8日—10日举办校园运动会，请各班级及各参赛运动员做好准备。③

特此通知。④

××职业中专

×年×月×日

写法注释

① 标题：写在第一行正中。可只写“通知”二字，如果事情重要或紧急，也可写“重要通知 ”或“紧急通知”，以引起注意。

② 主送机关：在第二行顶格写。写被通知者的姓名，或职务，或单位名称。有时，因通知对象在所选范围内全体适用，且事项简短，书写时可略去称呼，直起正文。

③ 正文：另起一行，空两格写正文。正文内容一般包括：发布通知的缘由，通知的具体内容，如在什么时间、什么地点、做什么事情等。

④ 结尾：一般写明“特此通知”或不写。

⑤ 落款：分两行写在正文右下方，一行署名，写上发通知的单位名称（发文机关），一行写日期，加盖单位印章，要压在日期上。

【例文二】

通　知

各班团支部书记：

为了活跃我校学生课余生活，建设和谐校园，校团委决定举办一次全校性的学生歌咏比赛，请于今天 11：00 到学校大会议室开会，讨论有关比赛事宜，请勿缺席。①

学校团委

×年×月×日

写法注释

① 开会的通知要写开会的时间、地点、参加会议的对象以及开什么会，还要写清要求，时间要落实到分钟。

实用招牌词句

词： 通知　紧急　重要　为了　决定　召开　如下　请勿缺席　讨论　相关　事宜　准时　出席　具体　特此通知

句： 1. 决定召开“校园运动会”相关事宜会议。

2. 具体通知如下：

3. 特此通知，请相互转达。

结构模板

（　　）通知

________：

________（什么时间、什么地点、什么事情）________。

特此通知。

____

×年×月×日

运用竞技场

一、我会改。

你觉得以下通知写得对吗？若对，请说明理由。若不对，请动笔修改。

通　知

学习委员：

原定于今天的各班学习委员会议取消。

此致

教务科

2017 年 2 月 8 日

通　知

今天下午召开各班班长会议。

一定要到。

2017 年 4 月 24 日

学生科

二、我会写。

1. 学校要在今天上午 9：00 紧急召开全体教职工会议，地点在学校大会议室。请你以学校办公室的名义发一则通知。

2. 原定于本周二举行的室外篮球比赛因为天气下雨，活动取消。请帮助学校团委发布一个通知，告诉参加比赛的各班级。

语文综合实践活动

文学常识积累活动

文学常识是语文素养重要的组成部分。积累文学常识的过程，就是提高语文素养的过程，对我们的成长有着潜移默化的作用。让我们一起开展文学常识的积累活动吧！

活动目标

通过积累一定量的课内外文学常识，提升语文素养。

活动设计

本次活动，主要从作家作品、名篇名句、人物形象等几个方面开展文学常识资料的积累活动。全班同学根据任务分成若干小组，分工合作，参与活动的各个环节。小组长负责组织工作，并与老师积极沟通。

【环节一】

各小组根据文学常识包含的几个方面，分工合作，对语文教材中和课外的文学常识进行一番认真的梳理、收集，并录入电脑，制成电子文档。为方便记忆，有些内容可根据各文学常识主题制作成表格式，或者读书卡片。最后，将收集的文学常识编辑排版，并打印出来装订成册，以便复习。

示例1——读书卡片

读书卡片

作者：老舍，原名舒庆春，字舍予

主要成就：新中国第一位获得“人民艺术家”称号的作家

代表作品：小说《骆驼祥子》《四世同堂》
散文《济南的冬天》
话剧《茶馆》《龙须沟》

示例 2——名著阅读

<table>
<tr><td>书名</td><td colspan="2">格列佛游记</td></tr>
<tr><td>作者</td><td colspan="2">乔纳森·斯威夫特，英国 18 世纪前期最优秀的讽刺作家和政论家。</td></tr>
<tr><td>主要内容</td><td colspan="2">小说讲述的是英国船医格列佛因海难等原因流落到小人国、大人国、飞岛以及马（慧骃）国等地的经历。童话色彩是这部小说的表面特征，尖锐而深刻的讽刺才是其灵魂所在。斯威夫特的讽刺包含某些对人性及人类社会的悲观见解，但在尖刻与悲观的态度背后，却藏着一份苦涩而热切的忧世情怀。</td></tr>
<tr><td>主要情节</td><td>相关内容</td><td>人物形象</td></tr>
<tr><td>第一卷
利立浦特
（小人国）
游记</td><td>格列佛航行途中遇险，死里逃生，漂到利立浦特（小人国），被小人捆住献给国王。他温顺的表现赢得了国王和人民对他的好感，他也渐渐熟悉了小人国的风俗习惯。但是他厌倦了小人国的战争。最后逃走，平安回到英国。</td><td rowspan="4">格列佛：聪明机智，有胆识，处事圆滑合理，说话巧妙伶俐，做事坚决果断，能够见机行事，抓住一切机会追求自由，有着极强的自信心，相信自己能够成功。他为人坦率，爱国，也十分顾惜自己的面子，对敌视他和无耻的人充满了仇恨、厌恶与鄙视，但敬重高尚的人、知识丰富的学者。总的来说他是一个具有质疑精神、酷爱真理、有忍耐力的勇者。</td></tr>
<tr><td>第二卷
布罗卜丁奈格
（大人国）
游记</td><td>格列佛有一次出海时，遇到风暴，被风刮到了一个陌生的陆地，那里的居民身高如铁塔，他被大人国一位农夫当作玩物带回。之后他有机会见到国王，与其辩驳。后来因思乡心切，他装病到海边休养，鹰将他住的箱子叼起，后来箱子掉进海里，他被路过的船只救起，回到英国。</td></tr>
<tr><td>第三卷
勒皮他、巴尔尼巴比、拉格奈格、格勒大锥、日本（飞岛国）游记</td><td>在家待了一段时间，格列佛又随“好望号”出海。这一次，格列佛所乘的船遭贼船劫持，格列佛侥幸逃脱，被一座叫“勒皮他”的飞岛上的人救起。接着他又到了巫人岛，见到许多古人，发现史书上记载的大多与史实不符。离开该国后，格列佛来到日本，然后乘船回到英国。</td></tr>
<tr><td>第四卷
马（慧骃）
国游记</td><td>格列佛被放逐到“慧骃国”。这里马是有理性的居民和统治者，人形动物“耶胡"则是马所豢养和役使的畜生。格列佛怀着对“慧骃国”的向往，一辈子与马为友。</td></tr>
</table>

【环节二】

文学常识的积累，涉及经典文学作品，我们在日常阅读中应多积累故事内容、人物、情节等。如何将“精彩”和“经典”部分记下来呢？让我们一起拿起手中的画笔，动手画出来吧！让我们一起来表演精彩人物、还原经典情节吧！

经典文学作品的连环画、绘本、影视作品等，都能给我们很好的启发，当然，更鼓励大家发挥自己的想象力来创造。各小组互相讨论，选取不重复的文字作品 1—2 个经典人物形象、经典情节进行插画设计、表演排练。

【环节三】

为更好地积累文学常识，还可以开展形式多样的活动，激发同学们的学习兴趣，营造学习氛围，提升语文素养。建议根据实际情况制定活动方案。

活动 1：文学常识竞赛

将整理出来的文学常识制作成试题卡（PPT），制定竞赛评分标准，准备竞赛工具（抢答器、答题板、马克笔等），选出主持人，以小组为单位开展竞赛活动。竞赛活动可以按“必答”（难度一般）、“抢答”（要求熟练掌握）、“挑战”（难度较大）等环节依次开展。

活动 2：手语诗朗诵，妙语对对碰

从整理出来的名句、名篇中，选出其中的一句，制作成手语视频，要求竞答者抢答出此句的上（下）一句。在积累文学常识的同时，也促进了手语交流与表达。活动形式可以参照“活动 1”。

活动 3：才艺展文学，竞猜长知识

以小组为单位，将本组在“环节二”中选取的 1—2 个经典人物形象、经典情节设计的插画、表演等成果展示交流，同时可以进行“竞猜”——作者、人物、情节……也可以进行“评比”——画得是否逼真、形象，演绎是否符合原著。

相关资料

古代文学常识

一、常见借代词语

1. 桑梓：故乡	2. 桃李：学生	3. 社稷、轩辕：国家
4. 南冠：囚犯或俘虏	5. 同窗：同学	6. 烽烟：战争

7. 巾帼：妇女　8. 丝竹：音乐　9. 须眉：男子

10. 婵娟、嫦娥：月亮　11. 手足：兄弟　12. 汗青：史册

13. 伉俪：夫妻　14. 白丁、布衣：百姓　15. 黄发：老人

16. 桑麻：农事　17. 垂髫：小孩　18. 三尺：法律

19. 膝下：父母的身边　20. 华盖：运气　21. 庙堂：朝廷

22. 朱门：贵族宅第　23. 缙绅：士大夫、官宦

24. 函、笺、鸿雁、札：书信

二、特殊称谓

（一）百姓的称谓

布衣、黔首、黎民、黎庶、黎元、生民、庶民、苍生、氓等。

（二）年龄的称谓

古人的年龄有时不用数字表示，不直接说出某人多少岁或自己多少岁，而是用一种与年龄有关的称谓来代替：

【初度】：小儿初生之时，后称生日为初度

【襁褓】：本义指包裹婴儿的被子和带子，后来借指未满周岁的婴儿

【周晬】：婴儿周岁

【孩提】：2—3 岁的儿童

【龆龀】：指小孩七八岁换牙期

【垂髫】：是三四岁至七八岁的儿童（髫，古代儿童头上下垂的短发）

【幼学】：小孩 10 岁

【总角】：指八九岁至十三四岁的少年（古代儿童将头发分作左右两半，在头顶各扎成一个结，形如两个羊角，故称“总角”）

【豆蔻】：指十三四岁的少女（豆蔻是一种初夏开花的植物，初夏还不是盛夏）

【束发】：指男子十五岁至二十岁（到了十五岁，男子要把原先的总角解散，扎成一束）

【结发】：指刚成年，谓男二十岁，女十五岁。（可联系“弱冠、及笄”）

【及笄】：指女子十五岁（笄：古代盘头发用的簪子，表示成年了）

【二八年华】：指十五六岁的好年华

【弱冠】：指男子二十岁（古代男子二十岁行冠礼，表示已经成人，因为还没达到壮年，故称“弱冠”）

【而立】：指年满三十岁（立，“立身、立志”之意）

【不惑】：指年满四十岁（不惑，“不迷惑、不糊涂”之意）

【知命、半百】：指年满五十岁（知命，“知天命”之意）
【花甲、耳顺之年】：指六十岁
【古稀】：指七十岁
【耄耋】：指八九十岁
【期颐】：指一百岁
【花甲重开】：指一百二十岁
【古稀双庆】：指一百四十岁
（三）文史典籍
“四书”：《大学》《中庸》《论语》《孟子》
“五经”：《诗经》《尚书》《礼记》《易经》《春秋》
“四史”：《史记》《汉书》《后汉书》《三国志》
“四库”：经、史、子、集
《诗经》六义：风、雅、颂、赋、比、兴
六艺：也称“六经”，即礼、乐、射、御、书、数
（四）朝代传说
“三代”：夏朝、商朝、周朝
“三皇”：传说是“伏羲、女娲、神农”
“五帝”：据《史记》载为：黄帝、颛顼、帝喾、尧、舜
（五）地理
“三山”：相传神仙所居住的山：蓬莱、方丈、瀛洲。
“五岳”：东岳泰山，西岳华山，南岳衡山，北岳恒山，中岳嵩山。
“九州”：传说中的我国上古行政区划，后成为古代中国的代称。
赤县：古人把中国称作“赤县神州”。
海内：古代认为我国疆土四面环海，故称国境之内为海内。
四海：指天下、全国。
“六合”“八荒”：都泛指天下。
江河：古代文章中专指“长江、黄河”。
三国：指东汉后分裂成魏、蜀、吴。
三秦：旧指潼关以西的关中地区。
山水阴阳：古代以山南、水北为阳，以山北、水南为阴。
古代别称：南京（建康、金陵、江宁、白下）。
（六）其他
1. 五行：指金、木、水、火、土

2. 五谷：对粮食作物的统称。（即稷、黍、麦、豆、稻）

3. 五味：指酸、咸、甜、苦、辣五种味道

4. 六畜：泛指各种家畜，即马、牛、羊、猪、狗、鸡

5. 文房四宝：笔、墨、纸、砚

6. 文人四友：琴、棋、书、画

7. 花中四君子：梅、兰、竹、菊

8. 岁寒三友：松、竹、梅

9. 六书：象形、指事、会意、形声、转注、假借

10. 连中“三元”：指在乡试、会试、殿试三级考试中连续获得第一名，即接连中解元、会元、状元。

11. 五声：五个音级。也称“五音”，即我国古代五声音阶中的宫、商、角、徵、羽。

12. 四大民间故事：《梁山伯与祝英台》《牛郎织女》《白蛇传》《孟姜女哭长城》

13. 《尔雅》：我国最早的解释词的专著，也是世界上第一部成体系的词典。

14. “风骚”，风指《诗经》中的《国风》，骚指《楚辞》里的《离骚》，常用作代指文学才华。

15. 《诗经》：是我国最早的一部诗歌总集，共305篇，按地域和音乐性质分“风、雅、颂”三大类。

16. 伯（孟）仲叔季：兄弟行辈中长幼排行次序。

17. 五更：古代中国民间把夜晚分为五个时段，用鼓打更报时，也称“五鼓”或称五夜。一更19时—21时，二更21时—23时，三更23时—1时，四更1时—3时，五更3时—5时。

第八单元　品读诗意

单元导语

本单元选的诗歌以近现代诗、散文诗为主，共四篇。

《再别康桥》是现代诗人徐志摩所作的脍炙人口的诗篇，是新月派诗歌的代表作品。全诗以离别康桥时感情起伏为线索，抒发了对康桥依依惜别的深情。

《致橡树》是以舒婷为代表的女性向陈腐观念发出挑战的现代女性的爱情宣言，是一曲富有时代气息的动人诗篇。

《金色花》是一篇表现母子之情的散文诗，作者泰戈尔以一个孩子向母亲独语的方式，十分生动地书写了孩子对母亲无限热爱、眷恋的赤子之心。《荷叶·母亲》是一篇借景抒情、托荷叶赞母的散文诗。它是一篇爱的美文，作者被雨打红莲、荷叶护莲的生动场景所感动，从而联想到母亲的呵护与关爱，抒发了子女对母亲的爱。

普希金的《假如生活欺骗了你》告诉我们应如何面对成长道路上不期而至的风雨。在《我愿意是急流》中，诗人裴多菲为了爱愿意奉献所有，愿意为这份爱坚守一生。“我愿意”短短的三个字，包含了诗人无比厚重、深切的情感，更是诗人对爱人相伴终生的承诺。

生活就是一首首的诗歌，让我们一起细细品读与感悟。

29. 再别康桥①

徐志摩

轻轻的我走了，
　正如我轻轻的来；
我轻轻的招手，
　作别西天的云彩。

那河畔的金柳，
　是夕阳中的新娘；
波光里的艳影，
　在我的心头荡漾。

在康河的柔波里，我甘心做一条水草

软泥上的青荇②，
　油油的在水底招摇③；
在康河的柔波里，
　我甘心做一条水草！

那榆阴下的一潭，
　不是清泉，是天上虹；

---

① 选自《徐志摩诗全编》（浙江文艺出版社1997年版）。康桥：现译作“剑桥”，是英国著名的剑桥大学所在地。徐志摩（1897—1931），浙江海宁人，现代诗人、散文家，新月派代表诗人。徐志摩1920年9月开始，在剑桥大学求学两年。

② ［青荇（xìng）］荇菜，多年生水生草本植物，叶子略呈圆形，全草入药，也可作饮料或绿肥。

③ ［招摇］这里有“逍遥”之意。

揉碎在浮藻间，
　沉淀着彩虹似的梦。

寻梦？撑一支长篙[1]，
　向青草更青处漫溯[2]，
满载一船星辉，
　在星辉斑斓[3]里放歌。

但我不能放歌，
　悄悄是别离的笙箫[4]；
夏虫也为我沉默，
　沉默是今晚的康桥！

悄悄的我走了，
　正如我悄悄的来；
我挥一挥衣袖，
　不带走一片云彩。

十一月六日，中国海上

手语词卡

虹　梦　新娘　沉淀　沉默

词语积累

荡漾　柔波　揉碎　漫溯　斑斓　笙箫　青荇　长篙

语言点

一、**轻轻的**我走了，正如我**轻轻的**来；我**轻轻的**招手，作别西天的云彩。

---

① ［篙（gāo）］撑船的竹竿或木杆。
② ［漫溯（sù）］漫，不受约束，随便。溯，逆着水流的方向走。
③ ［斑斓 bān lán］灿烂多彩。
④ ［笙箫（shēng xiāo）］笙和箫，分别指不同形状的用竹子制成的管乐器。

悄悄的我走了，正如我**悄悄的**来；我挥一挥衣袖，不带走一片云彩。

轻轻的……　　悄悄的……

第一节和最后一节的语意相似，都表达了与母校告别的依依不舍。“轻轻”到“悄悄”，寂然无声中，从“招手”作别“云彩”到“挥袖”不带走“云彩”，首尾呼应，惜别之情更进一层，让人惆怅不已。

二、那河畔的金柳，**是**夕阳中的新娘

是：此句为比喻句（暗喻），把“金柳”比作“新娘”，“是”为比喻词。暗喻的比喻词还有：就是、似、成为、变成等。例如：

你喜爱的一本书就是一位朋友。

知识点：

诗歌的“绘画美”：指诗的语言多选用有色彩的词语。诗人通过联想和想象，运用绚丽的色彩，选用动作性很强的词语，给读者视觉上的色彩想象。

全诗中选用了“云彩，金柳，夕阳，波光，艳影，青荇，彩虹，青草”等词语，作者通过动作性很强的词语，如“招手”“荡漾”“招摇”“揉碎”“漫溯”“挥一挥”等，使每一幅画都富有流动的画面美，给人以立体感。诗人将一首离别诗写得如此有情趣和美感，充分表现出对康桥爱的真切。

运用竞技场

一、根据拼音写汉字。

荡 yàng（　　）　　长 gāo（　　）　　róu（　　）碎

漫 sù（　　）　　沉 diàn（　　）　　斑 lán（　　）

shēng（　　）箫　　青 xìng（　　）　　róu（　　）波

二、仿写词语。

轻轻的（AAB）＿＿＿＿＿＿＿＿＿＿＿＿＿＿＿＿＿＿＿＿

挥一挥（A一A）＿＿＿＿＿＿＿＿＿＿＿＿＿＿＿＿＿＿＿

三、下列句子是比喻句的有（　　　　）（多选）

A. 四合院是一个大盒子。

B. 我的好朋友是一个爱笑的人。

C. 听到了这个消息，他好像很失落。

D. 春天是位爱美的姑娘，把世界变得姹紫嫣红。

E. 天上的星星一闪一闪，好像萤火虫一样。

F. 葡萄熟了，成了鸟儿们的美食。

四、阅读理解。

1. “但我不能放歌”的原因是什么？下列表述正确的是（　　）

A. 因为放歌会破坏这里宁静的美景。

B. 因为我不是一个歌唱家，我只是一个诗人。

C. 因为我不愿意回忆当年在这里的一切。

D. 因为沉默是最好的离别方式，面对曾经美好的一切依依不舍。

2. 最后一节，诗人说“悄悄的我走了”，“悄悄的”表达了诗人怎样的情感呢？

3. 诗人在离别康桥时，描绘的景“如诗如画”，选出你最喜欢的两幅美景用绘画的形式表现出来吧！

30. 致橡树[①]

舒　婷

我如果爱你——
绝不像攀援[②]的凌霄花
借你的高枝来炫耀自己；
我如果爱你——
绝不学痴情的鸟儿
为绿荫重复单调的歌曲；
也不止像泉源，
长年送来清凉的慰藉[③]；
也不止像险峰，
增加你的高度，衬托你的威仪。
甚至日光，
甚至春雨，
不，这些都还不够！
我必须是你近旁的一株木棉，
作为树的形象和你站在一起。
根，紧握在地下；
叶，相触在云里。
每一阵风过，
我们都互相致意，
但没有人，

仿佛永远分离，却又终身相依

① 选自1979年第4期《诗刊》。舒婷，原名龚佩瑜，中国当代女诗人，朦胧诗派的代表人物。
② ［攀援］同“攀缘”，比喻投靠有权有势的人往上爬。
③ ［慰藉（wèi jiè）］安慰，抚慰。

听懂我们的言语。
你有你的铜枝铁干，
像刀，像剑，
也像戟[①]；
我有我红硕的花朵，
像沉重的叹息，
又像英勇的火炬。
我们分担寒潮、风雷、霹雳；
我们共享雾霭[②]、流岚[③]、虹霓[④]，
仿佛永远分离，
却又终身相依。
这才是伟大的爱情，
坚贞就在这里：
爱——
不仅爱你伟岸[⑤]的身躯，
也爱你坚持的位置，足下的土地。

手语词卡

炫耀　重复　必须　沉重　火炬　衬托　寒潮　分离　爱情　坚持　位置

词语积累

虹霓　攀援　慰藉　威仪　致意　分担　共享　雾霭　流岚　凌霄花

语言点

一、我如果爱你——**绝不**像攀援的凌霄花，借你的高枝来炫耀自己。

绝不：“绝不”偏重于对客观事物否定的程度，表示完全否定。换言之

---

① [戟（jǐ）] 一种古代的兵器，既能直刺，又能横击。
② [雾霭（wù ǎi）] 雾气。
③ [流岚（liú lán）] 流动的雾气。
④ [虹霓] 大气中一种光的现象，指彩虹。
⑤ [伟岸] 雄伟挺拔。

就是“任何情况下都不”，“一丝一毫也不”。例如：

我绝不去。（“我”绝对不去，任何情况下都不会去。）

二、爱——**不仅**爱你伟岸的身躯，**也**爱你坚持的位置，足下的土地。

不仅……也：表递进关系的关联词语。例如：

他不仅是我同学，也是我最好的朋友。

知识点

诗歌的意象与象征

意象：通常是指自然景象，即取自大自然的借以寄托情思的物象。“意”与“象”的关系，亦即“情”与“景”的关系，“心”与“物”的关系，“神”与“形”的关系。

象征：文艺创作中的一种表现手法。指通过某一特定的具体的形象以表现与之相似或相近的概念、思想或感情。

《致橡树》中，意象“凌霄花”象征着极力攀附的爱情；“鸟儿”象征着单方痴恋的爱情；“源泉、险峰、春雨、日光”象征着一味奉献、自我牺牲的爱情；“橡树”象征男性的阳刚，木棉象征女性的阴柔，木棉对橡树的爱情是一种独立、平等、互相依赖又相互扶持、理解对方的存在意义又珍视自身生存价值的爱情。

运用竞技场

一、给加点词语选择正确的读音。

凌霄花（lín　líng）　攀援（yuán　yán）　慰藉（jí　jiè）

衬托（chèn　cèn）　威仪（ní　yí）　致意（zhì　zì）

雾霭（ǎi　āi）　流岚（fēng　lán）　虹霓（ní　lí）

二、用合适的词语填空。

________的爱情　________的歌曲　________的枝干

________的花朵　________的山峰　________的阳光

________的山泉　________的叹息　________的身躯

三、选词填空。

绝不　　拒绝

1. 我们________能放松对敌人的警惕。

2. 他想拉拢我跟他去打游戏机，被我________了。

3. 我们________辜负祖国和人民的殷切期望。

4. 因为家里有事儿，李丹委婉地________了李平的邀请。

四、依据情境造句。

1. 要成为一名优秀的学生，不仅______________，也______________。

2. 这个文具盒，不仅______________，也______________。

五、阅读理解。

1. 结合诗歌，连线意象所象征的爱情模式。

凌霄花	需借助他人证明自身价值的攀附式爱情
鸟儿	独立平等、互依互存，既尊重对方存在，又珍视自身价值
泉源、春雨	一厢情愿表达爱意
木棉	无止境的忘我奉献

2. 你还知道哪些表达美好爱情的诗句呢？请写下来。

31. 散文诗两首

金色花[①]

泰戈尔

假如我变成了一朵金色花，为了好玩，长在树的高枝上，笑嘻嘻地在空中摇摆，又在新叶上跳舞，妈妈，你会认识我吗？

你要是叫道："孩子，你在哪里呀？"我暗暗地在那里匿笑[②]，却一声儿不响。

我要悄悄地开放花瓣儿，看着你工作。

金色花

当你沐浴后，湿发披在两肩，穿过金色花的林荫，走到做祷告的小庭院时，你会嗅到这花香，却不知道这香气是从我身上来的。

当你吃过午饭，坐在窗前读《罗摩衍那》[③]，那颗树的阴影落在你的头发与膝上时，我便要将我小小的影子投在你的书页上，正投在你所读的地方。

---

① 《金色花》是泰戈尔散文集《新月集》的代表作。泰戈尔（1861—1941），印度诗人、文学家、哲学家，代表作有《吉檀迦利》《飞鸟集》《新月集》等。1913年，他以《吉檀迦利》成为第一位获得诺贝尔文学奖的亚洲人。

② ［匿（nì）笑］偷偷地笑；不让人发现地笑。

③ ［《罗摩衍那》］梵语，意思为"罗摩的历险经历"，内容主要讲述阿逾陀国王子罗摩（Rama）和他妻子悉多（Sita）的故事。

但是你会猜得出这就是你孩子的小小影子吗？

当你黄昏时拿了灯到牛棚里去，我便要突然地再落到地上来，又成了你的孩子，求你讲故事给我听。

“你到哪里去了，你这坏孩子？”

“我不告诉你，妈妈。”这就是你同我那时所要说的话了。

荷叶　母亲[①]

冰心

父亲的朋友送给我们两缸莲花，一缸是红的，一缸是白的，都摆在院子里。

八年之久，我没有在院子里看莲花了——但故乡的园院里，却有许多；不但有并蒂[②]的，还有三蒂的，四蒂的，都是红莲。

荷叶

九年前的一个月夜，祖父和我在园里乘凉。祖父笑着和我说：“我们园里最初开三蒂莲的时候，正好我们大家庭中添了你们三个姊妹。大家都欢喜，说是应了花瑞[③]。”

半夜里听见繁杂的雨声，早起是浓阴的天，我觉得有些烦闷。从窗内往外看时，那一朵白莲已经谢了，白瓣儿小船般散漂在水面。梗上只留个小小的莲蓬，和几根淡黄色的花须。那一朵红莲，昨天还是菡萏[④]的，今晨却开满了，亭亭地在绿叶中间立着。

仍是不适意！——徘徊了一会子，窗外雷声作了，大雨接着就来，愈下愈大。那朵红莲，被那繁密的雨点，打得左右攲斜[⑤]。在无遮蔽的天空之下，我不敢下阶去，也无法可想。

对屋里母亲唤着，我连忙走过去，坐在母亲旁边——一回头忽然看见

---

① 选自《冰心全集》第一卷。原题作《往事（一）》之七，题目是编者加的。冰心（1900—1999），原名为谢婉莹，现代著名诗人、作家、翻译家、儿童文学家，代表作有诗集《繁星》《春水》，散文集《寄小读者》等。

② ［并蒂（bìng dì）］指两朵（及以上）花并排地长在同一个茎上。

③ ［花瑞（ruì）］花中的祥瑞，指特异而不常见的奇花，本文指花带来好预兆。

④ ［菡萏（hàn dàn）］荷花的别称，这里指含苞未放。

⑤ ［攲（qī）斜］倾斜、歪斜。歪斜不正。

红莲旁边的一个大荷叶，慢慢地倾侧了下来，正覆盖在红莲上面……我不宁的心绪散尽了！

雨势并不减退，红莲却不摇动了。雨点不住地打着，只能在那勇敢慈怜①的荷叶上面，聚了些流转无力的水珠。

我心中深深地受了感动——

母亲啊！你是荷叶，我是红莲，心中的雨点来了，除了你，谁是我在无遮拦天空下的荫蔽②？

一九二二年七月二十一日

手语词卡

跳舞　哪里　工作　祷告　乘凉　繁杂　烦闷　徘徊　覆盖

词语积累

匿笑　并蒂　花瑞　菡萏　慈怜　荫蔽

语言点

一、**当**你沐浴后，……；**当**你吃过午饭，……；**当**你黄昏时拿了灯到牛棚里去，……

当：这里作介词，组成时间短语，表示事件发生的时间。例如：

当我到家时，他已经走了。

二、母亲啊！你是荷叶，我是红莲，心中的雨点来了，**除了**你，谁是我在无遮拦天空下的荫蔽？

除了：

1. 表示所说的不计算在内，本诗中就是此用法。例如：

那条山路，除了他，谁也不熟悉。

2. 跟“还、也、只”连用，表示在什么之外，还有别的。例如：

他除了教课，还负责学校里的工会工作。

3. 跟“就是”连用，表示不这样就那样。例如：

刚生下来的孩子，除了吃就是睡。

---

① ［慈怜（cí lián）］慈爱怜惜。

② ［荫蔽（yīn bì）］树木遮蔽。“荫”，树荫，读“yīn”或“yìn”，此处读一声，在“荫庇”中读四声。

知识点

散文诗：是散文和诗相结合而产生的一种新文体，或韵或散，句式短小，篇章长度短小。有散文的外观，不像诗歌那样分行和押韵，但不乏内在的音韵美和节奏感；有诗的情绪和幻想，有散文的外观和内涵，给读者美和想象。

运用竞技场

一、根据拼音写汉字。

并 dì（　　）　花 ruì（　　）　菡 dàn（　　）　cí（　　）怜

yīn（　　）蔽　nì（　　）笑　dǎo（　　）告　徘 huái（　　）

二、用合适的词语填空。

繁杂的________　浓阴的________　黄色的________

繁密的________　亭亭地________　慢慢地________

悄悄地________　暗暗地________　小小的________

三、选词填空。

除了……也　除了……还　当……时

除了……就是　当……后　除了……只

1. 张老师________教课，________做大队辅导员。

2. ________我到家________，他已经走了。

3. 这件事情，________老师知道，学生________知道。

4. 懒惰的人生活很单调，________吃饭，________睡觉。

5. ________还在作答的这个题目，假期里的作业________剩一篇作文了。

6. ________你沐浴________，一定要将湿发吹干。

四、作者、散文诗或诗集搭配连线。

余光中　　　　　　　《野草》

泰戈尔　　　　　　　《女神》

高尔基　　　　　　　《职业》

鲁　迅　　　　　　　《乡愁》

郭沫若　　　　　　　《寄小读者》

冰　心　　　　　　　《海燕》

五、阅读理解。

1. 孩子为什么想变成一朵金色花，而且一而再、再而三地不让妈妈知道？

2. 两首诗分别借助意象（金色花、荷花）抒发了对母亲的爱，请参照这种写法选取生活中的一种具体的物象，写一段话或一首诗表达对父母的爱。

*32 外国诗两首

假如生活欺骗了你[①]

普希金

假如生活欺骗了你，
不要悲伤，不要心急！
忧郁的日子里须要镇静；
相信吧，快乐的日子将会来临。
心儿永远向往着未来；
现在却常是忧郁。
一切都是瞬息[②]，一切都将会过去；
而那过去了的，就会成为亲切的怀恋。

普希金

我愿意是急流[③]

裴多菲

我愿意是急流，

① 选自《普希金诗集》，普希金（1799—1837），俄国伟大的诗人、小说家，著名诗作有《自由颂》《致大海》《致恰达耶夫》等，小说《上尉的女儿》《黑桃皇后》等。

② ［瞬息（shùn xī）］指一眨眼，形容极短的时间。

③ 选自《裴多菲诗选》（人民文学出版社 1979 年版），孙用译。裴多菲（1823—1849），19 世纪匈牙利诗人。《我愿意是急流》是裴多菲于 1847 年创作并献给恋人的一首情诗。

山里的小河，
在崎岖[1]的路上、
岩石上经过……
只要我的爱人
是一条小鱼，
在我的浪花中
快乐地游来游去。

我愿意是荒林，
在河流的两岸，
对一阵阵的狂风，
勇敢地作战……
只要我的爱人
是一只小鸟，
在我的稠密[2]的
树枝间做窠[3]、鸣叫。

山涧激流

我愿意是废墟，
在峻峭的山岩上，
这静默的毁灭
并不使我懊丧[4]……
只要我的爱人
是青青的常春藤，
沿着我荒凉的额，
亲密地攀援上升。

我愿意是草屋，
在深深的山谷底，
草屋的顶上

① ［崎（qí）岖（qū）］地面高低不平的样子。有时也比喻人生艰难。
② ［稠（chóu）密］形容多而密。
③ ［窠（kē）］一般指鸟兽昆虫的窝。这里指鸟窝。
④ ［懊丧］因事情不如意而情绪低落，精神不振。

饱受风雨的打击……
只要我的爱人
是可爱的火焰，
在我的炉子里，
愉快地缓缓闪现。

我愿意是云朵，
是灰色的破旗，
在广漠的空中，
懒懒地飘来荡去，
只要我的爱人
是珊瑚似的夕阳，
傍着[1]我苍白的脸，
显出鲜艳的辉煌。

手语词卡

镇静　向往　亲切　怀念　崎岖　辉煌

词语积累

瞬息　懊丧　荒凉　闪现　广漠　废墟　飘来荡去

语言点

一、**一切**都是瞬息，**一切**都将会过去。

一切：泛指全部事物，有“全部，所有”“一律、一概”之意。例如：

没有人民的军队，便没有人民的一切。

二、我**愿意**是急流，山里的小河，在崎岖的路上、岩石上经过……

愿意：情愿，心里想要的，希望（发生某种情况）。例如：

他是一个很诚信的人，大家都愿意和他交朋友。

知识点

诗歌朗诵的停顿与节奏：诗歌，形式多样化，可以吟咏、朗诵。诗歌

---

① ［傍（bàng）着］依附着。

朗诵就是朗诵者把原诗歌有感情地向听众表达出来，诗歌朗诵中要把握好停顿的长短，节奏的抑扬，表达诗歌的思想内容及情感，引起听众的共鸣。例如：

我愿意/是急流，
山里的/小河，
在崎岖[2]的/路上/
岩石上/经过……
只要/我的爱人
是一条/小鱼，
在我的/浪花中，
快乐地/游来游去。

运用竞技场

一、给加点词语选择正确的读音。

瞬息（shùn　xǔn）　　荒凉（huāng　hāng）（lián　liáng）
辉煌（huán　huáng）　　闪现（shǎn　shǎng）（xiàng　xiàn）
广漠（gǎng　guǎng）　　懊丧（àn　ào）（sàng　sàn）
荒林（huāng　hāng）　　崎岖（qí　xí）（xū　qū）

二、选词填空。

一律　　一共　　一切　　一些　　一起

1. 家里________都好，请爸爸安心工作，不必挂念。
2. 同学们围坐在________，畅想美好的未来。
3. 假冒伪劣产品一旦查获，________销毁。
4. 老师在教学中经常提出________问题叫同学们讨论。
5. 世界上大大小小的国家________有两百多个。

三、仿写句子。

我愿意是急流，山里的小河，在崎岖的路上、岩石上经过……
我愿意是________，____________，在______________。
我愿意是________，____________，在______________。

四、阅读理解。

1. 下列关于《假如生活欺骗了你》说法正确的一项是（　　）

A. “假如生活欺骗了你”，欺骗是指不要上当受骗，要接受别人的意见。

B. 诗中阐明了一种积极的人生态度，我们要乐观面对生活中的困难。

C. 普希金通过想象向我们展现了一幅幅未来美好生活的画卷。

D. 现在的生活中如果遇到了困难，不要着急去解决，因为未来会是美好的。

2. 下列关于《我愿意是急流》说法不正确的一项是（　　）

A. 这是给恋人的一首抒情诗，诗中用一连串的“我愿意”引出构思巧妙的意象，反复咏唱对爱情的坚贞与渴望，向恋人表达着自己的爱恋。

B. “我”愿意是“急流、废墟、草屋、荒林、白云”，这些意象表达了诗人为了爱人愿意奉献一切的感情。

C. 只要“爱人”是“小雨、小鸟、常春藤、火焰、夕阳”，这些意象象征着女性在爱情中被爱与呵护，也描绘了女性在爱情中与爱人相偎相依的高尚爱情。

D. 诗人在诗中表达了对爱人深切的爱恋，宁愿在爱情中迷失自我，宁愿为爱人变得一无所有。

3. 诗歌朗诵（划分停顿与把握节奏）

我愿意是急流，
山里的小河，
在崎岖的路上、
岩石上经过……
只要我的爱人
是一条小鱼，
在我的浪花中
快乐地游来游去。

假如生活欺骗了你，
不要悲伤，不要心急！
忧郁的日子里须要镇静；
相信吧，快乐的日子将会来临。

4. 思考：为什么被生活“欺骗”了，还“不要悲伤，不要心急”？

语文应用操练八

语言交往

道歉

人与人交往，总免不了有说错话、办错事的时候。当你的言行有失礼不当之处，或是打扰、麻烦、妨碍了别人，最好的办法就是及时向对方道歉，以求得谅解。在日常交往中，道歉可以消除他人对自己的厌恶感，为自己赢得朋友。

情景互动，学习道歉技巧

【情景一】

体育课上，某工艺美术班正在进行立定跳远测试。只见吴伟憋足劲，用力朝前一跳，结果脚下一滑，一屁股摔倒在地，好多同学哄笑起来，吴伟满脸通红地爬了起来。陆明赶快跑过去问他："摔着了吗，是不是鞋底太滑，要不，换上我的再试试。""没事的，谢谢你。"吴伟应道。轮到陆明跳了，结果陆明一不小心竟然坐在了地上。他双手撑地，在同学们的笑声中站了起来。"嗨，老兄啊，是不是你的鞋底也太滑啊?"吴伟笑着，上前轻轻拍了陆明一掌，口气有些轻快地问道。"我刚才好心问你，你现在却嘲笑我!"陆明听着有些气恼，对着吴伟的胸口出了一拳。"对不起啊！我在跟你开玩笑呢！都怪我！其实，你刚才对我的关心让我感到很温暖。"吴伟赶快说道。陆明阴沉着的脸立刻转晴，说道："我说呢，你不会这么不够哥们的!"说着陆明亲切地揽住了朋友的肩膀。

【情景二】

一次班会课上，一对好朋友王晓和刘心针对中专生该不该上网的问题展开了激烈的讨论。王晓在趋于下风的情况下脱口而出：“你说中专生不该上网，可是上个星期你不是告诉我，你经常和那个网名叫作‘雾中花’的网友聊到深夜吗?”刘心被问得面红耳赤，好在他反应机敏，说道：“正因如此，我才深感沉迷于网络，对大家不利啊!”

论辩胜利的刘心，却丝毫没有感到胜利的快乐，总觉得有人在背后议论自己，平时他最信任王晓了，可是现在他对王晓唯恐避之不及。王晓早就对自己说过的话感到后悔不已。可是，刘心总躲着他，不给他道歉的机会。这让王晓万分苦恼。

过了几天，班内举行演讲比赛，刘心也参加了。刘心的演讲很精彩，刘心的话音还未落，王晓瞅准机会，站了起来，满怀真诚地说：“刘心，我真心佩服你！你的演讲真棒啊！我上次那样说你，对不起哦!”接着，全班爆发出一阵雷鸣般的掌声。课后，王晓和刘心重归于好，又成了一对铁哥们。

道歉应注意事项

1. 及时道歉，大方坦率。道歉一定要及时，知道自己做错了就要及时说“对不起”，时间越长让别人越生气。跟别人道歉的时候，不要扭扭捏捏、遮遮掩掩，应该大大方方，因为每个人都有可能犯错误。

2. 注意场合，把握时机。不要在对方还在气头上就去道歉，这样效果不好，甚至有可能因为他无视你的道歉，让你感到不爽引发更大的矛盾。所以道歉的时候要把握时机，等对方冷静下来的时候比较好，场合也要看是否让对方感到你有诚意。

3. 补救错误，行动证明。道完歉，还要为自己的错误“买单”，要尽全力去弥补自己的错误，用实际行动证明自己的决心和诚意，同时还要向对方确保自己绝不会再犯同样的错误，这样才会让对方更快地原谅你。

4. 真诚礼貌，文字传情。道歉的话一定要文明，如果你知道自己做错了，还满口不文明的道歉，别人会很生气。如果你有愧于他人之处，可以说“深感愧疚”；如果渴望别人原谅，可以说“多多包涵”。

道歉的常用态势语

1. 一般情况下用右手做敬礼手势的同时可附带适当的点头。

2. 一手五指并拢，掌心向下，贴于前额一侧，如军人行军礼状，然后伸小指，向胸部点几下，表示向人道歉并自责。

3. 鞠躬，拥抱，下跪（犯错误比较严重的情况）。

实用招牌词句

- 道歉
  - 师长、领导
    - 我郑重地向您道歉。
    - 对不起，打扰您了。
    - 这件事我没什么好解释的，确实都是我的错。
    - 请您原谅我这一次，我保证下次一定不会再犯。
    - 我深刻地认识到了自己的错误，并下定决心改正。
    - 我诚挚地道歉，请求您再给我一次机会好吗？
  - 平辈、朋友
    - 很抱歉，是我做错了。
    - 你别生气了好吗？我下次一定不这样了。
    - 我不是故意摔坏的，原谅我好吗？
    - 对不起，你愿意听一下我的解释吗？

运用竞技场

李丽同学是个非常热心的人，总喜欢主动帮助值日生打扫卫生。今天是星期天，值日生都很忙，只有李丽一个人在教室里打扫卫生。突然“啪”的一声！同学浩文桌上的水杯摔下来碎了。李丽吓得哭了，心里想，本想帮忙做点好事的，怎么会是这个样子呢！李丽的好朋友张明和肖战看到此情此景，给李丽出主意了。

张明：“李丽，我和浩文是老乡，你就说是我砸坏的吧，我想他不会责怪我的。”

肖战：“不行，李丽你什么也别说，把水杯碎片扫起来，这样谁也不知道发生了什么，要是有人问起来，你说不知道就行了。”

1. 辩一辩：张明和肖战说得对吗？为什么？

2. 帮一帮：你能帮帮犯难的李丽吗？

3. 想一想：在平常的学习、生活中你伤害过别人吗？比如说：不小心撞倒了同学，不小心弄坏了别人的东西……

4. 做一做：请按照下面的步骤向你曾经伤害过的同学真诚地道歉。

第一步：分析错误原因。

第二步：写一封道歉信。

第三步：用肢体语言主动求和。

附　录

一、常用词中容易写错的字一览表

（注：打×的是错误的字，括号内为正确的字）

密诀（秘）	严历（厉）	造指（诣）	溺名（匿）	斯守（厮）
佳宾（嘉）	漫骂（谩）	振灾（赈）	溪落（奚）	情素（愫）
殒落（陨）	即然（既）	污诟（垢）	干憋（瘪）	鹰品（赝）
呕歌（讴）	坦护（袒）	锐智（睿）	篑乏（匮）	笑怄（靥）
附合（和）	焕散（涣）	切搓（磋）	恢谐（诙）	脏物（赃）
沉伦（沦）	视查（察）	广茅（袤）	要胁（挟）	沮击（狙）
冒然（贸）	决择（抉）	抽咽（噎）	苦色（涩）	造形（型）
报歉（抱）	协迫（胁）	栈别（饯）	法码（砝）	严俊（峻）
题纲（提）	振撼（震）	迅色（逊）	抵毁（诋）	污告（诬）
导至（致）	暮蔼（霭）	排徊（徘）	哽直（耿）	由忠（衷）
消毁（销）	观摹（摩）	蓝球（篮）	铿锵（锵）	清淅（晰）
布署（部）	拖踏（沓）	镇密（缜）	亲呢（昵）	坦城（诚）
宏扬（弘）	松驰（弛）	干锢（涸）	腻爱（溺）	接恰（洽）
装钉（订）	贫脊（瘠）	贮立（伫）	地否（痞）	挛生（孪）
简炼（练）	全愈（痊）	搬奖（颁）	溪跷（蹊）	徉装（佯）
寒喧（暄）	证卷（券）	狡幸（侥）	消张（嚣）	鬼计（诡）
流览（浏）	演译（绎）	恰谈（洽）	暗然（黯）	诰事（肇）
骄健（矫）	复没（覆）	恶运（厄）	枯委（萎）	陷井（阱）
善长（擅）	苍桑（沧）	偎亵（猥）	砰击（抨）	醇朴（淳）

二、常用成语中容易写错的字一览表

（注：打×的是错误的字，括号内为正确的字）

礼上往来（尚）	一巧不通（窍）	爱不失手（释）	不屑子孙（肖）
当人不让（仁）	婷婷玉立（亭亭）	无机之谈（稽）	不醒人事（省）
大事大非（是）	发愤图强（奋）	志高气扬（趾）	含情默默（脉脉）
循绪渐进（序）	刚腹自用（愎）	人才倍出（辈）	凤毛鳞角（麟）
走头无路（投）	砰然心动（怦）	挤挤一堂（济济）	变本加利（厉）
突如奇来（其）	坚如磬石（磐）	跚跚来迟（姗姗）	爱屋及巫（乌）
谈笑风声（生）	虎视耽耽（眈眈）	一刀两段（断）	半途而费（废）
多仇善感（愁）	陈词烂调（滥）	甘败下风（拜）	见义思迁（异）
变化无长（常）	娇揉造作（矫）	和言悦色（颜）	斤斤有味（津津）
沤心沥血（呕）	真知卓见（灼）	一脉相成（承）	偶断丝连（藕）
巧夺天功（工）	惮精竭虑（殚）	战战惊惊（兢兢）	一视同人（仁）
手屈一指（首）	姹紫艳红（嫣）	入不付出（敷）	往开一面（网）
曲指可数（屈）	一愁莫展（筹）	披星带月（戴）	委屈求全（曲）
梦昧以求（寐）	相形见拙（绌）	无精打彩（采）	消声匿迹（销）
金榜提名（题）	功亏一匮（篑）	金壁辉煌（碧）	平水相逢（萍）
悲欢离和（合）	墨守陈规（成）	残无人道（惨）	世外桃园（源）
语无轮次（伦）	自鸣不凡（命）	一番风顺（帆）	破斧沉舟（釜）
名列前矛（茅）	迫不急待（及）	冲耳不闻（充）	穿流不息（川）
因地治宜（制）	急攻近利（功）	烂竽充数（滥）	一败途地（涂）
无动于中（衷）	原形必露（毕）	义不容词（辞）	怨天由人（尤）
穷困撩倒（潦）	挺而走险（铤）	鞠躬尽萃（瘁）	故名思义（顾）
万恶不射（赦）	不可思异（议）	融汇贯通（会）	海市胜楼（蜃）
非同繁响（凡）	克尽职守（恪）	儒子可教（孺）	辛辛学子（莘莘）
道听涂说（途）	翻云复雨（覆）	含辛如苦（茹）	穷形尽像（相）
轰堂大笑（哄）	及及可危（岌岌）	吊以轻心（掉）	美轮美涣（奂）

三、常用标点符号用法简表

名称	符号	用法说明	例句
顿号	、	句中较短的并列词语或短语之间的停顿	中国共产党是光荣、伟大、正确的党。
逗号	，	一句话中间的停顿，比顿号停顿稍长些	在一个明媚的早晨，他登上了去石家庄的列车。
句号	。	用于陈述句末尾	北京是中国的首都。
		用于语气舒缓的祈使句末尾	请您稍等一下。
（感）叹号：	！	用于感叹句末尾	我们的祖先多么伟大啊！
		用于语气强烈的祈使句末尾	停止射击！
		用于语气强烈的反问句末尾	我哪里比得上他啊！
问号	？	用于疑问句和语气不太强烈的反问句末尾	你见过熊猫吗？
分号	；	复句内部并列分句之间的停顿，停顿比逗号要长	语言，人们用来抒情达意；文字，人们用来记言记事。
冒号	：	用于称呼后面，表示提起下文	亲爱的妈妈： 　　最近好吗？……
		用于"想、说、宣布、指出、如下"等词语后面，表示提起下文	他接着说："最近这连降暴雨，大家一定要注意安全！"
		用于总结性话语后面，表示引起下文的分说	北京紫禁城有四座城门：午门、神武门、东华门、西华门。
		总结性话语之前也可以用，总结上文	刘亮考上了职业学院，读机械制造专业；李兵到一家酒店当了一名厨师；我在旅行社当导游：我们都有光明的前途。
		用于需要解释的词语后面，表示引出解释或说明	开学典礼 时间：上午9时至11时 地点：学校大礼堂
引号	" "	行文中直接引用的话	"满招损，谦受益"这句格言，流传到今天至少有两千多年了。
		需要着重论述的对象	古人对写文章有个基本的要求，叫作"有物有序"。"有物"就是要有内容，"有序"就是要有条理。
		具有特殊含义的词语	这样的"聪明人"还是少一点好。
		引号里还要用引号时，外面一层用双引号，里面一层用单引号	他站起来问老师："老师，'有条不紊'的'紊'是什么意思？"

名称	符号	用法说明	例句
破折号	——	用于行文中解释说明的语句	迈进金色的大门，穿过宽阔的风门厅和衣帽厅，就到了大会堂建筑的枢纽部分——中央大厅。
		话题突然转变	“今天好热啊！——你什么时候去上海？”张华对刚刚进门的刘强说。
		表示声音的延长，象声词后面用破折号	“呜——”火车开动了。
		事项列举分承，各项之间用破折号	根据研究对象的不同，环境物理学分为以下五个分支学科： ——环境声学； ——环境光学； ——环境热学； ——环境电磁学； ——环境空气动力学。
省略号	……	用于引文的省略	她轻轻地哼起了《摇篮曲》：“月儿明，风儿静，树叶儿遮窗啊……”
		用于列举的省略	在广州的花市上，牡丹、水仙、墨兰、山茶……春秋冬三季的鲜花都挤在一起啦！
		表示说话的断断续续	“我……对不起……大家，我……没有……完成……任务。”
书名号	《 》	用于书名、篇名、报纸名、刊物名等	《红楼梦》的作者是曹雪芹。
		书名号里面还要用书名号时，外面一层用双书名号，里面一层用单书名号	《〈中国工人〉发刊词》发表于1940年2月7日。
括号	（）	用于行文中注释性的文字	中国猿人（全名为“中国猿人北京种”，或简称“北京人”）在我国的发现，是对古人类学的一个重大贡献。

标点符号的位置：

1．句号、逗号、问号、（感）叹号、顿号、分号和冒号一般占一个字的位置，居左偏下，不出现在一行之首。

2．引号、括号、书名号的前一半不出现在一行之末，后一半不出现在一行之首。

3．破折号和省略号都占两个字的位置，中间不能断开，上下居中。

四、常用修辞手法简表

名称		定义	举例	说明
比喻	明喻	把甲事物说成像乙事物。 格式：甲像乙。	叶子出水很高，像亭亭的舞女的裙。（朱自清《荷塘月色》）	（同类事物不可比喻。） 常用比喻词“像、好像、似的、仿佛、犹如”等。
	暗喻	把甲事物说成是乙事物。 格式：甲是乙。	那河畔的金柳，是夕阳中的新娘。（徐志摩《再别康桥》）	常用比喻词“是”“成了”“变成”等。
	借喻	用乙事物直接代替甲事物，甲事物不在句中出现。	我就知道，我们之间已经隔了一层可悲的厚障壁了，我再也说不出话。（鲁迅《故乡》）	不用比喻词。
	博喻	连用好几个比喻表现同一事物。	层层的叶子中间，零星地点缀着些白花，有袅娜地开着的，有羞涩地打着朵儿的；正如一粒粒明珠，又如碧天里的星星。（朱自清《荷塘月色》）	多用明喻从几个侧面作比。
比拟	拟人	把物当作人来写，使之具有人一样的动作行为和思想感情。	树缝里也漏着一两点路灯光，没精打采的，是瞌睡人的眼。（朱自清《荷塘月色》）	1. 比拟要符合事物的特点。 2. 比拟要符合人物的心情。
	拟物	把人当作物，或者把甲类事物当作乙类事物来描写。	1. 咱老实，才有恶霸，咱们敢动刀，恶霸就得夹着尾巴跑。（老舍《龙须沟》） 2. 这些闪电的影子，在大海里蜿蜒游动，一晃就消失了。（高尔基《海燕》）	
借代		不直接说出要说的人或事物，而是借用和这个人或事物有密切关系的东西来代替。	1. 黄发、垂髫，并怡然自乐。（陶潜《桃花源记》） 2. 朱门酒肉臭，路有冻死骨。（杜甫《自京赴奉先县咏怀五百字》） 3. 你们杀死一个李公朴，会有千百万个李公朴站起来！（闻一多《最后一次讲演》）	1. 用来借代的事物要有明显的代表性。 2. 借代有用具体代抽象，用部分代全体，用人的外部特征来代替人等。 3. 使用借代，有时前文要做必要的交代。
夸张		为了更鲜明、更突出地表现某一事物，对原事物形象、特征、作用、程度等进行合乎情理的扩大、缩小或超前的描述。	1. 蜀道之难，难于上青天！（李白《蜀道难》） 2. 五岭逶迤腾细浪，乌蒙磅礴走泥丸。（毛泽东《七律·长征》） 3. 李大爷种的瓜很甜，几十里外就闻到瓜香了。	要求使用时不能失去生活的基础和根据，不能浮夸。其作用在于烘托气氛，增强联想，给人启示。

续表

名称	定义	举例	说明
对比	把相反的两种事情，或一件事情的两个方面并举出来，相对比较。	骐骥一跃，不能十步；驽马十驾，功在不舍。锲而舍之，朽木不折；锲而不舍，金石可镂。蚓无爪牙之利，筋骨之强，上食埃土，下饮黄泉，用心一也。蟹六跪而二螯，非蛇鳝之穴无可寄托者，用心躁也。（荀子《劝学》）	对比的主要特征，是意义上的对比，比如新与旧，生与死，好与坏，爱与恨等。
对偶	用结构相同或相近，字数相等的一对短语或句子对称排列起来表达相对或相近的意思。	1. 无边落木萧萧下，不尽长江滚滚来。（杜甫《登高》） 2. 横眉冷对千夫指，俯首甘为孺子牛。（鲁迅《自嘲》） 3. 两个黄鹂鸣翠柳，一行白鹭上青天。（杜甫《绝句》）	两个字数相同的分句，且词性相同，结构整齐匀称。
排比	把意义紧密相关，结构相同或相似，语气一致的几个句子或词组接连说出来。	1. 燕子去了，有再来的时候；杨柳枯了，有再青的时候；桃花谢了，有再开的时候……（朱自清《匆匆》） 2. 一日之计在于晨，一年之计在于春，一生之计在于勤。（谚语）	排比的词组或句子一般是并列的，所以，所举各项应该轻重相当。
反复	根据表达的需要，使同一个词语或句子一再出现。	1. 沉默啊，沉默，不在沉默中爆发，就在沉默中灭亡。（鲁迅《纪念刘和珍君》） 2. 冒着敌人的炮火，前进！前进！前进！进！（《义勇军进行曲》）	1. 反复分为连续反复和间隔反复。 2. 反复与重复罗嗦不同。前者是表达思想感情的需要，后者是语病。
反语	通常也叫作“说反话”，就是实际要表达的意思和字面意思完全相反。	“这屯子还是数老孙头能干，又会赶车，又会骑马，摔跤也摔得漂亮，啪嗒一响掉下地来，又响亮又干脆！”（周立波《暴风骤雨》）	使用反语要让人能通过上下文意体会出来。
双关	利用词的多义性或词语谐音等条件，言在此而意在彼，使词句具有双重意义。	1. 东边日出西边雨，道是无晴却有晴。（刘禹锡《竹枝词》） 2. 低头弄莲子，莲子清如水。（南北朝《西洲曲》）	双关，往往是在不想说或不便直说的情况下采用，所以显得含蓄，耐人寻味。

续表

名称	定义	举例	说明
引用	说话或写文章时用到的别人的话，或大家熟悉的成语、谚语、歇后语等。	1. 子曰："学而时习之，不亦说乎？有朋自远方来，不亦乐乎？" 2. "少壮不努力，老大徒伤悲"，我们应该把握时间，好好学习。	直接引用的要加引号。
设问	为了引起注意和思考，先提出问题，然后自己做出回答。	谁是最可爱的人呢？我们的战士，我觉得他们是最可爱的人。（魏巍《谁是最可爱的人》）	设问，不同于一般疑问，它是无疑而问，自问自答。疑问句是有疑问而问（或是为了考别人而问），要求对方回答。
反问	用问句形式来表达自己确定的意思。	1. 面对这般友情，我们还好意思说我不重要吗？（毕淑敏《我很重要》） 2. "晚了也得去，怎么可以逃学？起！"一个字的命令最可怕。（林海音《城南旧事》）	反问，也是无疑而问，但只问不答，答案在问句本身。否定语气表示肯定的意思，肯定语气表示否定的意思。

本书系湖南省教育科学“十三五”规划课题“中职特教学校聋生实用语文教材的开发研究（课题批准号：XJK17BZXX068）”成果

中职聋生阅读与表达

（下）职业与拓展模块

湖南省特教中等专业学校基础教研室　编

湘潭大学出版社

《中职聋生阅读与表达》编委会

（职业与拓展模块）

编写说明

为进一步贯彻落实“以立德树人为根本，以服务发展为宗旨，以促进就业为导向”的职业教育指导思想，巩固和提高聋生的沟通交流和阅读写作能力，湖南省特教中等专业学校一线教师秉承实用和提高的原则，编写了这套具有聋人职业教育特点的汉语阅读与表达教程，以期满足学生交流、就业、适应社会的需要。

本套教程分基础模块、职业和拓展模块两册，每册各八个单元，每个单元的阅读部分主题突出，通过体验文本，掌握语言和知识点，在运用竞技场获得字、词、句的基础训练与阅读感悟，学生生成应用能力，并通过“语文应用操练”（语言交往、应用文写作或习作指导）获得实操训练。每册内容各有侧重点，既各自独立，又相互联系，融合为一个有机的整体。旨在通过两年在校的系统学习，为聋生顺利步入社会搭建一个沟通交往训练的平台。

聋人因为听力障碍，感知不到外界的声音，感知语音更加困难。手语是部分聋人日常使用的主要语言，他们学习汉语具有将汉语作为第二语言学习的特点，加上听力补偿效果、口语康复程度以及受教育背景等诸多因素的影响，聋生学习汉语存在着很多困难，汉语水平也比较低。他们写出的汉语存在语句不通顺、词语运用不当、重复颠倒等很多问题。聋人学习语文的目的首先是沟通，其次是提高文化修养。语文学习对于聋生最大的意义，就是能够帮助他们顺利完成从形象思维→形象思维＋手语思维→手语思维＋文字思维→以文字思维为主，因此文化层次的高低决定了聋生是否能形成以文字语言为载体的思维活动。针对这些现实问题，本套教程就如何培养聋生的书面表达能力做了以下几项大胆的尝试：

一、构建聋生丰富的语言库

针对聋生词汇贫乏的特点构建丰富的语言库。每篇课文、每则语言交往和每则应用文均提供针对性强的手语词卡和词语积累。旨在帮助学生积累一定的词汇量，为提高写作水平奠定基础。

二、渗透语言点与知识点弥补语法与知识的缺失

为弥补聋生语法知识的缺失，引导学生独立写出通顺的语句，本套教程在每篇课文中渗透语言点，习题设计围绕语言点进行。或针对课文特点，有针对性地选择聋生容易理解的知识点予以解释与示例，旨在根据语法规则指导学生有规律地认识和学习语言，把“手势语言”转变成正确的汉语语言，并指导聋生理解文学常识，掌握较为丰富的语文知识。

三、习题训练形式多样化、生活化

为培养聋生语言文字的表达能力，在“运用竞技场”中设计了字、词、句、段的阶梯性训练；为满足层次较高的聋生需求，提升他们的理解能力，每篇课文后设计1—2个阅读理解题。另外习题设计紧密联系学生生活和学习实际，采用学生在家庭、学校经历以及在工作中将要经历的语言情境和场景图片，满足学生运用语言的需要，增强其在日常生活中学习、使用规范的汉语语言的意识和能力。

四、贯彻文化课为专业服务的理念

中职教育既要突出专业人才培养的针对性和应用性，又要让学生具备一定的可持续发展能力。本套教程的课文选择和习题设计都尽量与聋生所学专业接轨，如多采用学生的作品、实习或工作场景，习题设计采用学生实习或工作情境等。既完成了文化课的使命，也贯彻落实了中职课改的精神。

五、语言交往以“写”代“说”

为减少聋生步入社会后与健全人的沟通障碍，本套教程设计了16个口语专题帮助聋生进行语言转换，学会从“说”过渡到“写”，旨在让学生在与健听人交流时，能使用规范语序的语言，体现语文学科的工具性。

六、应用文写作结构模板化

针对聋生模仿力强、创造力弱的特点，在应用文的写作教学和练习环节将结构模板化，为聋生提供正确的模板让学生学会填写，降低学习难度，有助于知识的掌握和运用。

七、课外阅读、应用与综合性学习具体实用

通过古诗词手语诵读、手语故事比赛、语言知识及应用、非连续性文本阅读、文学常识梳理、名著导读等综合性学习和拓展阅读内容，引导学生感知祖国语言文字魅力，掌握实用语言知识，提升语言文字运用能力。另外，网络社交是聋生使用频率较高的社交方式，但聋生网络社交明辨是非能力弱，使用文字聊天时缺乏礼貌，因此安排了一次网络社交语言的运用训练，借以提升学生网络社交的能力。

本教程从酝酿到编写前后四年时间，先后五易其稿，但由于编写者水平有限，时间仓促，不尽人意之处太多，需要在使用中予以不断修订与完善，真诚希望有关专家和聋人职业教育领域的语文教师提出宝贵的意见和建议。

编　者

2021年4月

《中职聋生阅读与表达》职业与拓展模块整体结构

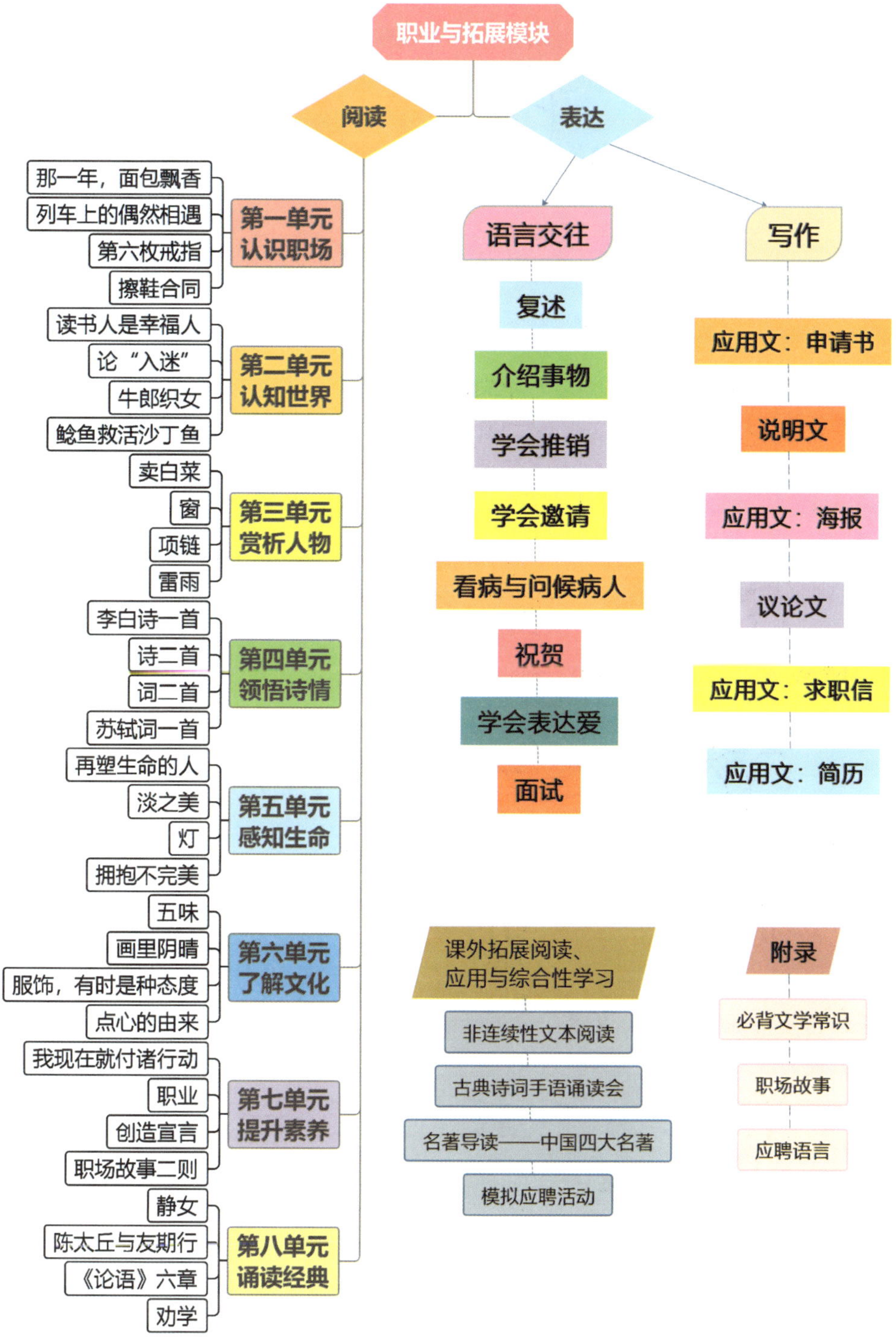

汉语手指字母指式图

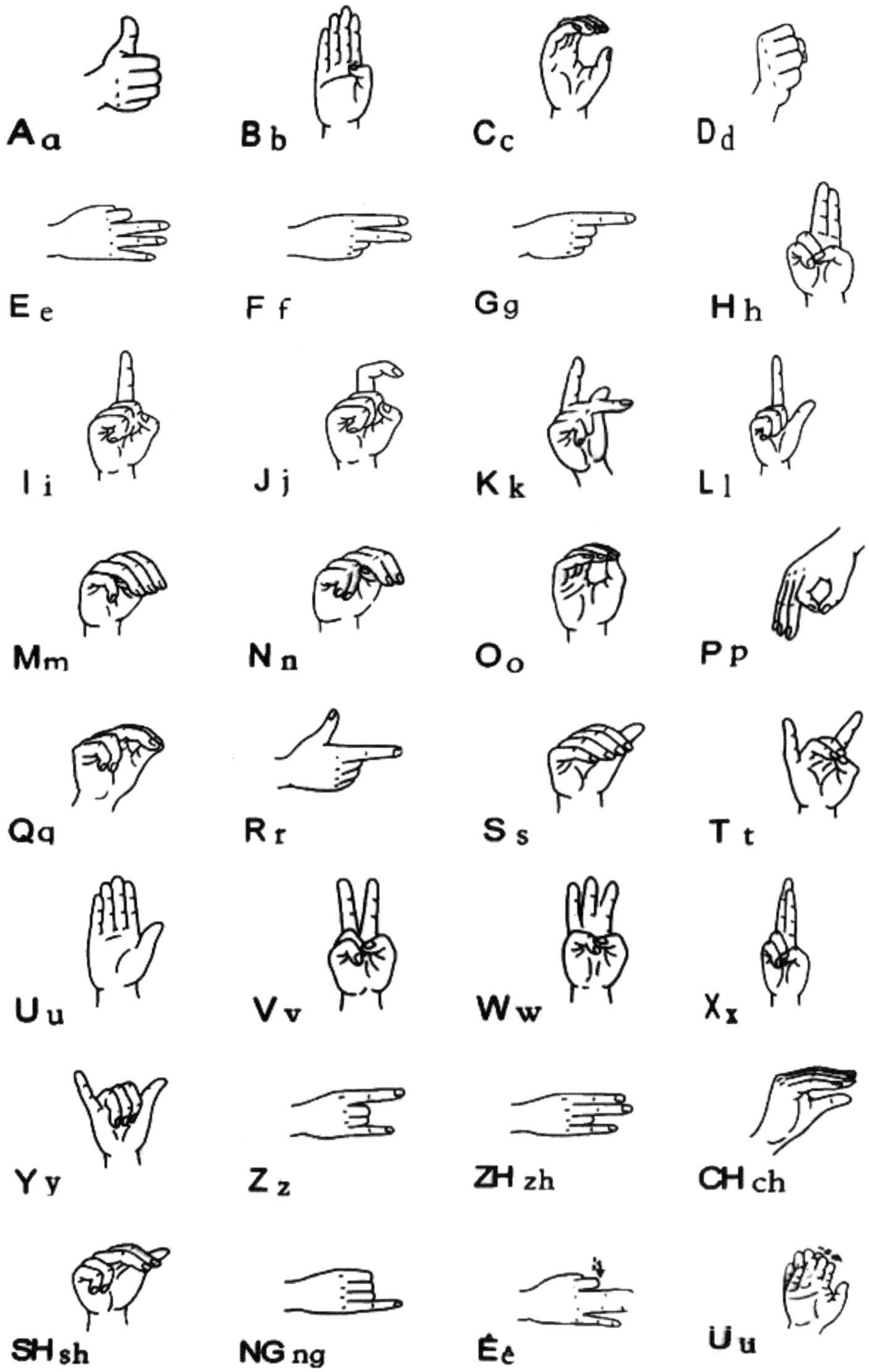

Aa
Bb
Cc
Dd
Ee
Ff
Gg
Hh
Ii
Jj
Kk
Ll
Mm
Nn
Oo
Pp
Qq
Rr
Ss
Tt
Uu
Vv
Ww
Xx
Yy
Zz
ZH zh
CH ch
SH sh
NG ng
Êê
Üü

目 录

第一单元　认识职场

单元导语

本单元以“认识职场”为话题选录了四篇课文，通过与职场相关文章的学习，让同学们学会准确地阐释文章，提高大家的阅读理解能力。

《那一年，面包飘香》以面包为线索，采用插叙的手法，悬念迭出，层层推进，人物形象生动，故事情节感人。

在阅读《列车上的偶然相遇》时，要进一步了解散文的基本常识，掌握散文欣赏的基本方法，理解课文运用倒叙、紧扣中心叙事议论的特色，以及人物描写的方法与作用。

《第六枚戒指》写一位初入职场的女青年，用自己的善良之心、善良之举感动了一位尚未泯灭善良本性的偷窃者，使第六枚戒指失而复得。那出乎意料而又切合情理的结尾给我们留下了深深的思考。

《擦鞋合同》涉及待业青年创业的社会问题。一位失去了双脚的可敬的书店女老板，以自己的爱心和行动巧妙地帮助一名待业青年勇敢地站了起来。

学习本单元，我们会对职业与人生、职业与理想有一个更加务实的理解，会认识到中等职业学校学生要实现职业理想，关键在于具有扎实的专业知识、正确的职业态度和过硬的职业能力。

1. 那一年，面包飘香①

李家同

我一直很喜欢好吃的面包，清大门口有好几家面包店，我每家都去过，哪一家有哪一种好吃的面包，我都知道。

最近几个月来，有不知名的人送面包给我。送的人是一位年轻人，我住的公寓管理员问他是谁，他不肯说，他说他的老板是李老师的忠实读者，听说李老师喜欢吃面包，所以就送来了。这些面包果真高级，我在全台湾各个面包店去找，都没有找到这种面包。

有一天我回家，看到那一位年轻人正要离开，我偷偷地尾随其后，居然找到了那家面包店。

进了门，迎面就是扑鼻而来的法国面包的香味。大师傅注意到了我。他问我是不是李老师，我说是的，他说老板关照，如果李老师来，就要给予特别照顾。

那一年，面包飘香

我坐在小圆桌旁边，看到外面一棵树的影子，正好斜斜地洒在窗子上，这扇窗是有格子的那一种，窗帘是瑞士白纱，看来这家店的老板很有品位。

大师傅拿了一个银盘子进来了，原来他准备了一套下午茶来招待我。大师傅陪我一起享受，因为这些食物才出炉，吃起来当然是满口留香，但是大师傅说，还有更精彩的在后面。精彩的是什么呢？

是一种烤过的薄饼，卷起来的，里面有馅，我一口咬下去，发现薄饼

① 选自2005年第七期《青年文摘》。李家同，中国台湾作家。

里有馅的汁进去了，馅已经很好吃，因为馅汁进入了薄饼里，饼本身也好吃得不得了，当我在又吃又喝的时候，我听到外面人声嘈杂，原来大批食客也在享受每天出炉一次的烤卷饼。

大师傅告诉他们，每天只出炉一次，现烤现卖，也不外带，因为这种饼冷了就不好吃了，每人只能买两块，但是老板免费招待咖啡或红茶。我都不敢问价钱，我想凡是免费招待茶或咖啡的食物，一定不会便宜。我看了一下这些食客，都是新竹科学园区工程师样子的人，有一位还告诉别人，他吃了以后要赶回去加班，这些食客也很合作，吃了以后自动将店里恢复得干干净净。

我对这家店的老板感到十分好奇，就问大师傅能不能见到他，大师傅说他一定会来，叫我在一张沙发上休息一下，他去找老板来。

老板还没有来，却来了一个小伙子，他拿了一个大信封进来，说老板要我看一下。我拆开信封，里面全是算数的考卷，考的全是心算的题目，比方说 15×19，答案就写在后面，学生不可以经过一般的乘法过程，而必须经由心算，直接算出答案来。

我想起来了，十年前，我教过一个小学生，每一次教完了，他就要做心算习题，一开始他不太厉害，后来越来越厉害，数学成绩也一直保持在 95 分左右，可惜得很，他小学毕业以后，就离开了新竹，我再也教不到他了。他家境十分不好，我也陆陆续续地听到他不用功念书的消息。我虽然心急如焚①，但鞭长莫及②，毫无办法。

我曾经去看过他一次，还请他到一家饭馆去饱餐一顿，那时他初一下学期。我劝他好好念书，至少不可以抽烟，不可以打架，不可以喝酒，不可以嚼槟榔。他都点点头，说实话，我只记得他当时叛逆得很厉害，一副对我不理不睬的模样。

这个孩子后来没有升学，我听到消息以后，曾经写过一封信给他，第一劝他无论如何不要去 KTV 做事，第二劝他一定要学一种技术，这样将来才能在社会立足。我虽然写了好几封信给他，他却都没回。

就在我回忆往事的时候，老板走进来了，原来一进门时看到的大师傅就是老板，也就是我当年教过的学生。他说他进入中学以后，因为家境非常不好，不仅没有钱补习，有时连学杂费和营养午餐费用都交不起，他知

---

① ［心急如焚（fén）］心急火燎，形容非常着急、焦虑。

② ［鞭长莫及］原指鞭子虽长，但是不能打到马肚子上，比喻距离太远而无能为力，毫无办法。

道他绝对考不上公立中学，也绝对念不起私立高中，只好放弃升学了。

他很坦白地告诉我，他是很想念书的，但是家境不好，使他无法安心念书，有一次他跑进清华大学去玩，看见那些大学生，心里好生羡慕，回家梦见自己成了大学生，醒来大哭一场。

就在这个时候，他收到我的信，他以为我会责备他放弃升学的，没有想到我一句责备的话都没有，我只是鼓励他要有一技之长，他想起我曾带他去一家饭馆吃饭，吃完以后在架子上买了一大批面包送他，他到现在还记得那批面包有多好吃。

初中还没有毕业，他就跑去那家餐厅找工作。也是运气好，他一下子就找到工作了，从此以后，他就一心一意地学做面包。两年前，他自己创业，开了这家面包店。

我的学生虽然从来没有回过我的信，却始终对我未能忘情。我当年劝他要学得一技随身，他现在岂止一技随身，他应该是绝技随身了。

在我要离开以前，我又考了他几道心算的题目，他都答对了。他送我上车的时候问我："李老师，你有好多博士学生，我可只有初中毕业，你肯不肯承认我也是你的学生呢?"我告诉他，他当然是我的学生，而且将永远是我的得意高徒，我只担心他不把我当老师，毕竟我只是他的家教老师而已。

他知道我将他看成我的学生，露出一脸灿烂的笑容。这个笑容带给了我无比的温暖。我其实什么也没有教他，只教了他两件事，"不要学坏，总要有一技随身"，没有想到这两句话如此有用。

手语词卡

免费　面包　羡慕　坦白　厉害　灿烂　得意　鼓励

词语积累

叛逆　陆陆续续　心急如焚　鞭长莫及　不理不睬

语言点

一、我想起来了，十年前，我教过一个小学生，每一次教完了，他就要做心算习题，**一开始**他不太厉害，**后来**越来越厉害，数学成绩也一直保持在 95 分左右。

一开始……后来……：这一组词语用来表示事物的开端以及发展的状态。例如：

上课了，一开始小军还挺认真的，后来居然开小差了，被老师狠狠地批评了一顿。

二、他家境十分不好，我也陆陆续续地听到他不用功念书的消息。

十分：非常、极、很，表示程度高。例如：

我十分喜欢上语文课。

知识点

插叙：在记叙的过程中，由于表达的需要，暂时中断叙述，并不会改变全文中心，插入另一个或几个与中心事件有关的情节或事件的叙述方式，叫插叙。它是记叙文常用的一种叙述方法。

插叙的方法主要有两种：

1. 作者直接插进来进行叙述、介绍、说明，或通过作品中的人物所见所闻所感和亲身经历来进行插叙。

2. 通过人物的回忆、思念、想象等心理活动来进行插叙。

本文中“我”对往事的回忆就是插叙。

运用竞技场

一、给加点的字选择韵母并标声调。

u　ai　ian　an　ang　en　eng

叛逆（p　　）　陆陆续续（l　　）

不理不睬（c　　）　鞭长莫及（b　　）（ch　　）

曾经（c　　）　心急如焚（f　　）

二、补全成语。

陆（　）续（　）　心急（　）（　）　（　）（　）莫及

不（　）不（　）　（　）（　）扑鼻　越（　）越（　）

一（　）一（　）　又（　）又（　）　一（　）之（　）

三、选择合适的词语填空。

一开始……后来……　因为……所以……　虽然……但是……

1. ________你这一次考试成绩很好，________不能骄傲，要继续努力。

2. 爸爸带我去游泳，________我很害怕，________就放开胆子玩了。

3. ________今天下雨，________ 体育课不能去操场跑步。

四、按课文内容选词填空。

关照　　注意　　扑鼻而来　　特别

1. 进了门，迎面就是________的法国面包的香味。大师傅________到了我。他问我是不是李老师，我说是的，他说老板________，如果李老师来，就要给予________特别照顾。

不理不睬　　叛逆　　不可以

2. 我劝他好好念书，至少______________抽烟，____________打架，__________喝酒，________嚼槟榔。他都点点头，说实话，我只记得他当时________得很厉害，一副对我____________的模样。

五、选择句子中“十分”相对应的解释，将序号填在括号里。

① 很、非常　　② 数字

1. 你是一个十分乖巧的孩子，老师很喜欢你。(　　)

2. 这套试题的满分是十分，我全都拿到了，太棒了！(　　)

六、阅读理解。

1. 文中出现了________个主要人物，他们之间是________和________关系。

2. 文章以________为线索，采用插叙手法讲述了一个年轻人成长的故事。插叙的段落是从________自然段至________自然段，请把这个故事对你的启发写下来。

3. 请结合自己的专业或爱好，谈谈你准备如何“一技随身”？

2. 列车上的偶然相遇[①]

阿历克斯·哈利

我们兄弟姐妹无论何时相聚在一起，总是免不了谈论起我们的父亲，以及父亲那个晚上在火车里遇到的神秘的先生。

美国西部列车

我们是黑人。父亲西蒙·阿历克斯·哈利，1892 年出生在美国田纳西州的一个小农场里。作为刚被解放了的黑奴的儿子，可以想见他的地位之卑微。当他吵着要去上大学时，祖父总共只给了他 50 美元：“就这么些，一个子儿也不会加了。”凭着克勤克俭，父亲艰辛地读完了预科班，接着又考取了北卡罗来纳州格林斯堡大学，勉强读到二年级。一个烈日炎炎的下午，父亲被召进教师办公室。他被告知：因为无钱买课本的那一门功课的考试不及格。失败的沉重负担，使他抬不起头来：“也许该回农场去了吧。”……

几天以后，父亲收到客车公司的一封信：“从几百名应聘者中，你被选上作为夏季旅客列车的临时服务员。”父亲匆匆忙忙地去报到，上了布法罗开往匹兹堡的火车。显然，不积累点路费，又怎么回农场呢？

清晨两点钟，车厢内拥挤闷热，忠于职守的父亲穿着白色的工作服，仍在颠簸的车厢里缓缓巡回。一位穿着讲究的男子叫住了他，他说他与妻子都无法入睡，想要一杯热牛奶。父亲不一会儿就在银色的托盘里放了两

---

① 选自上海市中学《语文》教材（H 版）（上海教育出版社 1997 年第 2 版）。阿历克斯·哈利（1921—1992），美国黑人作家，著有长篇小说《根》。

杯热牛奶与餐巾，穿过拥挤的车厢，极为规范地端到这位男子面前。这人递给他妻子一杯，又递给父亲5美元小费，随后，慢慢地从杯中一口一口地呷着牛奶，并开始了交谈。

“你从哪来?”“田纳西州的大草原，先生。”“这么晚了，你还工作?”“这是车上的规矩，先生。”“太好了。做这工作之前你干什么?”“我是格林斯堡大学的学生，先生。但我如今正准备回家种田。”这样交谈了半小时。

整个夏季，父亲一直在火车上干活，他积攒了不少钱，远远超出了回家的路费。父亲想，这点积蓄已够整整一学期的学费，何不再试一学期，看看究竟能取得什么样的成绩?他又回到了格林斯堡大学。

翌日①他就被人叫进校长室。父亲怀着忐忑不安②的心情在这位威严的人面前坐定。

“我刚收到一封信，西蒙。”校长说，“整个夏季，你都在客车上当服务员?”“是的，先生。”“有一天夜里，你为一位先生端过牛奶?”“是的，先生。”“是这样的，他的名字叫M·博西先生，他是那家发行《星期六晚报》的出版公司退休了的总经理。他已为你整个一学年的伙食、学费以及书费捐赠了500美元。”

父亲惊讶得目瞪口呆。这出人意料的恩惠使父亲不用再每天奔波于学校、打工餐馆之间，使他以全班第一的成绩毕业。最后父亲又以优异的成绩获得纽约埃塔卡大学的全额奖学金。

30年后的一天，巧了，我也来到了《星期六晚报》社。那是这家著名的报社为我写的《马尔科姆自传》的修改问题而请我去的。坐在豪华的大办公室里，我突然想起了博西先生，正是他的帮助，改变了我们一家的发展轨迹。

当然，这位神秘的博西先生之所以给我父亲一次机会，是因为父亲首先显示出了一个人的真正价值：执着、认真。后来，他抓住这机会，克服了许许多多的困苦，成为一个很有学问、受人尊敬的人，也为我们兄弟姐妹创造了一个良好的教育环境。我的哥哥乔治是美国邮政定价委员会主席，妹妹朱丽叶是一位建筑师，露伊丝是位音乐老师。我本人呢，是曾获得普利策奖的著名小说《根》的作者。

---

① [翌日（yì rì）] 第二天。

② [忐忑（tǎn tè）不安] 心神极为不安。

手语词卡

捐赠　负担　考试　拥挤　成绩　毕业　退休　不及格　目瞪口呆

词语积累

卑微　颠簸　翌日　神秘　克勤克俭

语言点

一、当然，这位神秘的博西先生**之所以**给我父亲一次机会，**是因为**父亲首先显示出了一个人的真正价值：执着、认真。

之所以……是因为……：它是一个表示"因果关系"的关联词，先说结果，再说原因，这样把"结果"前置是为了强调"原因"。例如：

小明之所以期末考试取得第一名的好成绩，是因为平时的刻苦努力。

二、整个夏季，父亲**一直**在火车上干活，他积攒了不少钱，远远超出了回家的路费。

一直：表示动作持续不断或状态持续不变。例如：

我从小到大一直是个很乖巧的孩子。

知识点

反问句：修辞手法中的一种，用疑问的句式，表达肯定的观点。反问句表面看来是疑问的形式，但实际上表达的是肯定的意思，答案就在问句之中。

反问的形式比一般的陈述句语气更加强烈，更能引起人们的深思与反思。反问句中常搭配反问词"难道""怎么""怎么能"等。例如：

显然，不积累点路费，又怎么回农场呢？

这句话实际要表达的意思是：不积累点路费，就没办法回农场。

运用竞技场

一、根据拼音写汉字。

颠 bǒ（　　）　　捐 zèng（　　）　　bēi（　　）微

yì（　　）日　　tǎn（　　）tè（　　）不安

克勤克 jiǎn（　　）　　目 dèng（　　）口呆

二、补全成语。

克(　　)克(　　)　　烈日(　　)(　　)　　(　　)(　　)职守

素(　　)相识　　目(　　)口(　　)　　(　　)(　　)不安

三、选择合适的关联词填空。

之所以……是因为　　因为……所以……

1. 我______学习成绩这么好，______我付出了努力。

2. ______今天下了一整天的雨，______我一直在家没出门。

3. ______吃了不卫生的食品，______她现在拉肚子了。

4. 弟弟______长得又高又大，______他从来不挑食。

四、把反问句改成陈述句，陈述句改成反问句。

1. 你们怎能破坏环境呢？

____

2. 难道我们能浪费时间吗？

____

3. 你迟到了也得去上课。

____

4. 这是多么深刻的教诲啊！值得我们永远牢记。

____

五、选择对应的人物描写方法，填在括号里。

外貌描写　　心理描写　　语言描写　　动作描写

1. “你从哪来？”“田纳西州的大草原，先生。”“这么晚了，你还工作？”“这是车上的规矩，先生。”（　　　）

2. 父亲想，这点积蓄已够整整一学期的学费，何不再试一学期，看看究竟能取得什么样的成绩？（　　　）

3. 这人递给他妻子一杯，又递给父亲5美元小费，随后，慢慢地从杯中一口一口地呷着牛奶，并开始了交谈。（　　　）

4. 她高高的个儿，一头乌黑柔软的头发，梳着许多根又细又长的小辫子。雪白的瓜子脸，细长的眉毛下闪动着一双乌黑发亮的眼睛，流露出聪颖的光芒。（　　　）

六、阅读理解。

1. 课文通过________描写、________描写、________描写，写出了我的父亲年轻时是一个______________________的人，所以他获得了成功。

2. 你从这篇课文中获得了什么教育和启示？我们应该怎么对待工作、学习和生活？

3. 第六枚戒指[1]

简·柏特

我17岁那年，好不容易找到一份临时工作。母亲喜忧参半：家有了指望，但又为我的毛手毛脚操心。

工作对我们孤女寡母太重要了。我中学毕业后，正赶上大萧条，一个差事会有几十、上百的失业者争夺。多亏母亲为我的面试赶做了一件整洁的海军蓝，才得以被一家珠宝行录用。

蓝宝石戒指

在商店的一楼，我干得挺欢。第一周，受到领班的称赞。第二周，我被破例调往楼上。

楼上珠宝部是商场的心脏，专营珠宝和高级饰物。整层楼排列着气派很大的展品橱窗，还有两个专供客人看购珠宝的小屋。

我的职责是管理商品，在经理室外帮忙和传接电话。要干得热情、敏捷，还要防盗。

圣诞节临近，工作日趋紧张、兴奋，我也忧虑起来。忙季过后我就得走，回复往昔可怕的奔波日子。然而幸运之神却来临了。一天下午，我听到经理对总管说："艾艾那个小管理员很不错，我挺喜欢她那个快活劲。"

我竖起耳朵听到总管回答："是，这姑娘挺不错，我正有留下她的意思。"

这让我回家时蹦跳了一路。

翌日，我冒雨赶到店里。距圣诞节只剩下一周时间，全店人员都绷紧

---

① 选自《成长·心灵圣经》(湖南人民出版社2008年版)。

了神经。

我整理戒指时，瞥见那边柜台前站着一个男人，高个头，白皮肤，约摸30岁。但他脸上的表情吓我一跳，他几乎就是这不幸时代的贫民缩影。一脸的悲伤、愤怒、惶惑，有如陷入了他人置下的陷阱。剪裁得体的法兰绒服装已是褴褛不堪，诉说着主人的遭遇。他用一种永不可企及的绝望眼神，盯着那些宝石。

我感到因为同情而涌起的悲伤。但我还牵挂着其他事，很快就把他忘了。

小屋打来要货电话，我进橱窗最里边取珠宝。当我急急地挪出来时，衣袖碰落了一个碟子，六枚精美绝伦的钻石戒指滚落到地上。

总管先生激动不安地匆匆赶来，但没有发火。他知道我这一天是在怎样干的，只是说："快捡起来，放回碟子。"

我弯着腰，几欲泪下地说："先生，小屋还有顾客等着呢。"

"我去那边，孩子。你快捡起这些戒指！"

我用近乎狂乱的速度捡回五枚戒指，但怎么也找不到第六枚。我寻思它是滚落到橱窗的夹缝里了，就跑过去细细搜寻。没有！我突然瞥见那高个子男人正向出口走去。顿时，我领悟到戒指在哪儿了。碟子打翻的一瞬，他正在场！

当他的手正要触及门柄时，我叫道：

"对不起，先生。"

他转过身来。漫长的一分钟里，我们无言对视。我祈祷着，不管怎样，让我挽回我在商店里的未来吧。跌落戒指是很糟，但终会被忘却；要是丢掉一枚，那简直不敢想象！而此刻，我若表现得急躁——即使我判断正确——也终会使我所有美好的希望化为泡影。

"什么事?"他问。他的脸肌在抽搐。

我确信我的命运掌握在他手里。我能感觉得出他进店不是想偷什么。他也许想得到片刻温暖和感受一下美好的时辰。我深知那种苦寻工作而又一无所获的感觉。我还能想象得出这个可怜人是以怎样的心情看这社会：一些人在购买奢侈品，而他一家老小却无以果腹。

"什么事?"他再次问道。猛地，我知道怎样作答了。母亲说过，大多数人都是心地善良的。我不认为这个男人会伤害我。我望望窗外，此时大雾弥漫。

"这是我头回工作。现在找个事儿做很难，是不是?"我说。

他长久地审视着我，渐渐，一丝十分柔和的微笑浮现在他的脸上。“是的，的确如此。”他回答，“但我肯定，你在这里会干得不错。我可以为你祝福吗？”

他伸出手与我相握。我低声地说：“也祝您好运。”他推开店门，消失在雾里。

我慢慢地转过身，将手中的第六枚戒指放回了原处。

手语词卡

操心　临时　奢侈　热情　敏捷　激动　肯定

词语积累

弥漫　奢侈品　毛手毛脚　精美绝伦　一无所获　无以果腹　褴褛不堪

语言点

一、**顿时**，我领悟到戒指在哪儿了。

顿时：短时间，一会儿。副词，表示紧接着要发生。例如：

我听了这话吃了一惊，顿时呆了。

二、我祈祷着，**不管**怎样，让我挽回我在商店里的未来吧。

不管：连词，表示在任何条件或情况下结果都不会改变。句中用“不管”表示“我”一定要找到戒指，不能被开除。例如：

不管你同不同意，我都要去参加同学的生日会。

知识点

引号：引号分为单引号和双引号两大类。

引号最基本的用法是引用，引用包括直接引用和间接引用。在学习中常用的是直接引用，直接引用就是把人所说的话完整地记录下来。例如：

1. “是的，的确如此。”他回答，“但我肯定，你在这里会干得不错。我可以为你祝福吗？”

2. 小明举手问：“老师，‘精美绝伦’是什么意思呢？”

运用竞技场

一、给加点词语选择正确的读音。

弥漫（mí ěr）　　奢侈品（duō chǐ）（pǐn pǐng）

一无所获（huò hòu）　　精美绝伦（jīng jīn）（lén lún）

无以果腹（fù fú）　　褴褛不堪（lán jiān）（lǒu lǚ）

二、补全成语。

毛（　　）毛（　　）　　精美（　　）（　　）

一无（　　）（　　）　　无以（　　）（　　）

（　　）（　　）不堪　　（　　）（　　）参半

三、选词填空。

毛手毛脚　喜忧参半　精美绝伦　褴褛不堪　无以果腹

1. 母亲________：家有了指望，但又为我的________操心。

2. 一些人在购买奢侈品，而他一家老小却________。

3. 当我急急地挪出来时，衣袖碰落了一个碟子，六枚________的钻石戒指滚落到地上。

4. 剪裁得体的法兰绒服装已是________，诉说着主人的遭遇。

顿时　不管

1. ________我身在哪里，祖国永远是我心中的牵挂。

2. 天空中突然乌云密布，________就下起了黄豆大的雨点。

3. ________你是老百姓还是国家干部，都要遵守法律法规。

4. 一只老鼠从下水道里冲出来，________我就被吓傻了。

四、给下列句子加上正确的标点符号。

1. 有的人说____桂林山水甲天下____

2. 当他的手正要触及门柄时____我叫道____对不起____先生____

3. 什么事____他问____

4. 是的____的确如此____他回答____

五、阅读理解。

1. 文中有这样一句话："漫长的一分钟里，我们无言对视"。这里使用了"漫长的"，然而又只有"一分钟"，这样写是否矛盾？为什么？

2. 为什么第六枚戒指能够失而复得呢？

*4. 擦鞋合同[①]

一　冰

张志林中专毕业后，长期找不到工作，邻居李大婶给他出了一个擦鞋的主意，张志林只有咬咬牙，上街擦皮鞋。

专业化擦鞋

第一天上街，张志林很不好意思。拎着擦鞋工具躲躲闪闪，直到中午也没擦到一双鞋，饥肠辘辘[②]地在街头徘徊，终于痛下决心，从街两边的店铺挨个寻找生意。

张志林路过一家书店，鼓足勇气走进去。书店不大，四壁摆满了书，三十岁左右的女老板正静静地看书，他问："大姐，要不要擦鞋？才五角钱，不贵的。"街上擦皮鞋的都是一元钱。

女老板放下书，认真地打量他一下，然后伸出手向屋里一指，笑着说："床边有一个床头柜，上面有一个鞋盒，你把鞋盒里面的鞋拿出来擦擦。"张志林很快拿到鞋："大姐，这双鞋还没穿过，不用擦，有没有穿过的鞋？"

女老板说："这双鞋买回来还没上油，就擦这双吧。"张志林只好拿出工具，认真擦起来。不一会儿把红皮鞋擦得油亮油亮的。

女老板小心翼翼地捧着红皮鞋，像对待一件容易破碎的珍宝，随后拿出一张百元大钞，递给他，张志林一见这么大的钱，手足无措地说："大姐，我今天是第一次出来，没带零钱。"

---

① 选自《微型小说选刊》2004年11期，略有改动。

② ［饥肠辘（lù）辘］形容非常饥饿。

女老板轻轻笑了，双手抚摸着百元大钞："小兄弟，我跟你定个口头合同，行不行?"张志林忙问："啥合同?"

女老板说："这一百块钱，请你每两天过来一次，给我擦一百次鞋，行不行?"张志林接下钱。心里暗暗决定，无论如何，一定要每两天来给女老板擦一次鞋，不能失信于人。他信心百倍地沿街往下走，挨门问人家："老板，擦皮鞋吧，五角钱，不贵的。"很幸运，张志林接下来又擦了好几十双鞋，到晚上算算账，不算女老板的一百元，还挣了二十多元。

第二天，张志林照昨天的办法跑了另一条街，挣了三十多元。

第三天，他按约又到书店。女老板从柜台后面递出皮鞋，仍是那双红皮鞋，但根本没穿过。张志林知道女老板是想照顾自己的生意，只好再擦一遍。不过这次他擦得仍十分仔细，连鞋缝合处的灰都擦干净了。张志林擦鞋的时候，偶然抬头看了一眼女老板，只见她呆呆地盯着红皮鞋，眼睛里仿佛还噙着泪水。他吓了一跳，但也不好问什么。

又过了两天，张志林去书店，女老板还是拿出那双红皮鞋让他擦。张志林再也忍不住："大姐，我知道您是想帮助我，但您这双鞋已经不用擦了。我还是过几天等你穿脏了再来吧。"说完，张志林转身就要走。

女老板诚恳地说："小兄弟，你也看得出来，这种鞋只有婚礼上才能穿，这就是我结婚那天穿的鞋。我想让它永葆青春，记住那个难忘的时刻。"原来这双鞋凝聚着她一生的美好回忆。张志林点点头，答应了他的要求。

从此张志林风雨无阻，隔天都要来为女老板擦一次红皮鞋。不知不觉，一年过去了。

由于张志林的勤奋，他很快有了积蓄还清了欠账，又谈了个女朋友。因为他长期擦皮鞋，对鞋子的皮质、式样有了研究，女朋友建议他开个皮鞋店，张志林想想也是，总不能一辈子都擦皮鞋。鞋店开起来后，张志林特意挑选了一双最漂亮、最新潮的女士皮鞋，准备送给那个女老板，以感谢他对自己的帮助。并再为女老板擦最后一次皮鞋。到了书店，仍和往常一样认真地擦过皮鞋后，他拿出一双新皮鞋："大姐，是您鼓励我走上了创业的道路，为了表达我的感谢，特意给您买了一双鞋。"

女老板仔细端详着新皮鞋，眼里渐渐有了泪光："谢谢你的好意，可惜，不论什么鞋子对我都没有用了。"张志林奇怪了："为什么?"女老板苦涩地微笑一下，说："这一年来，你什么时候见我站起来过?"张志林吃了一惊，走向柜台一看，女老板原来坐在一个轮椅上，而她的双腿处，只剩下两截空空的裤管！女老板平静地说："我的脚在三年前就没有了。"

"大姐——"张志林惊呆了。他的脑子里嗡嗡作响，不知该说什么才好。他为一个没有脚的人擦了一年的皮鞋！是一个没有脚的人指引他站了起来。

手语词卡

新潮　回忆　勤奋　偶然　青春　不好意思

词语积累

躲躲闪闪　饥肠辘辘　永葆青春　风雨无阻

语言点

一、张志林擦鞋的时候，**偶然**抬头看了一眼女老板，只见她呆呆地盯着红皮鞋，眼睛里仿佛还噙着泪水。

偶然：表示突然的，意想不到的。例如：

沙漠里偶然也能看见几棵老树。

二、**从此**张志林风雨无阻，隔天都要来为女老板擦一次红皮鞋。

从此：时间定性语句，从这一时间起。例如：

他和小杰从此成了最好的朋友。

知识点

设置悬念：指在文章的某一部分设置一个疑问或矛盾冲突，以造成某种急切期待和热烈关心的心理，这种写法叫设置悬念。

本文抓住了张志林为女老板擦鞋这个细节进行反复的渲染和铺垫展开。前面通过对一双干净红鞋的反复擦拭，设置悬念，紧紧扣住读者的探究心理，引导读者步步深入主题。在故事的高潮之处，才对悬念进行解释，使人深深思索，久久回味。这样，所产生的情感冲击会给读者的心灵带来极大的震撼，这也是文章的构思巧妙之处。

运用竞技场

一、根据拼音写汉字。

duǒ（　　）duǒ（　　）闪闪　　饥肠 lù（　　）lù（　　）

不 zhi（　　）不 jué（　　）　　永 bǎo（　　）青春

风雨无 zǔ（　　）　　小心 yì（　　）yì（　　）

二、补全成语。

躲（ ）闪（ ）　　饥肠（ ）（ ）　　小心（ ）（ ）

永葆（ ）（ ）　　（ ）（ ）无阻　　手足（ ）（ ）

（ ）（ ）百倍　　（ ）知（ ）觉　　无论（ ）（ ）

三、选词填空。

突然　　偶然　　从此　　从来

1. 这是什么动物？我________都没有见过。

2. 今天坐公交车，我________间看见了初中的班主任，这真是太巧了！

3. 我坐在教室里看书，________有人从后面蒙住了我的眼睛，吓我一跳。

4. 看了白衣天使抗击新冠肺炎的新闻，________我立志要当一名医生。

四、给加点字选择正确的解释。

站：A. 直立，直着身体，两脚着地

B. 指客运、货运的停车处所

C. 在行进中停下来；停留

D. 比喻人的振作自立，意志坚定

1. 女老板苦涩地微笑一下，说："这一年来，你什么时候见我站起来过？"（　　）

2. 他为一个没有脚的人擦了一年的皮鞋！是一个没有脚的人指引他站了起来。（　　）

3. 这趟客车，中途不进站。（　　）

4. 车还没有站稳，请别着急下车。（　　）

五、阅读理解。

1. 本文主要讲述了张志林几次为书店女老板擦鞋的经历，依据小说情节，填写表格。

时间	张志林的所作所为	女老板对皮鞋的表现
第一天		小心翼翼地捧着红皮鞋
第三天	十分仔细地擦皮鞋并心生疑惑	
又过两天	不想再擦，但最终答应了女老板的要求	诚恳说出红皮鞋的意义
一年之后		

2. 本文作者设下悬念，让读者产生疑问：_________________________？通过反复擦拭一双干净红皮鞋的情节，设置________，紧紧扣住读者的探究心理，引导读者步步深入。然后在故事的________之处，才对悬念进行解释。

3. 这篇小说写了一位中专毕业生从无奈待业到成功创业的故事。你认为文中的创业者张志林和皮鞋店女老板分别有着怎样的性格特点呢？

诚信　热情　悲观　身残志坚　勤劳朴实　乐于助人

勇敢　冷漠　勤奋　自立自强　挑三拣四　知恩图报

创业者张志林的性格特点有：______________________________________

皮鞋店女老板的性格特点有：______________________________________

语文应用操练一

语言交往

复述

在我们日常的生活、工作和学习中，复述所见、所闻、所读、所感都是必不可少的。复述正确了，人与人之间就能有效地传输信息，良好地进行沟通交流；反之，复述的内容不正确，或有遗漏，就不能达到有效传输信息的目的，甚至导致信息失真。

情景互动，学习复述技巧

水饺，是中国的传统美食。以前只能在大年三十晚上吃到一顿，如今，人们的生活水平提高了，如果爱吃，天天都可以做。现在我来说一说它的制作过程。

做饺子第一步是和面。面要用温水和，和得不能太软也不能太硬。和好后用盆子盖住面，让面粉变得更柔和一点。

接下来就是制馅了。制馅是做好饺子的重要一步，因为饺子味道的可口与否，完全取决于馅的味道。馅可分为荤馅和素馅，做什么样的馅，这得根据个人的喜好来定。例如做白菜饺子，我们得先把白菜洗好，切成碎末，把水挤干。再把绞好的肉和切好的菜一起放入盆中，加入适量的葱末、姜末、精盐、花椒、味精等搅拌均匀。调味料一定要放适量，过多或过少都会直接影响饺子的味道。

现在轮到包饺子了。包饺子先要学会擀皮，把和好的面拿出来，切下一小块揉成像擀面杖粗细的长棒。然后切成2—3厘米长的小块，洒上面粉，一块一块地擀，要擀得中间稍厚，四周稍薄。包饺子时，左手掌心放一片饺子皮，右手用筷子夹一些馅，放在饺子皮中间，馅放得不能太多，要适量。然后把饺子皮对折，馅在中间。再用两只手各一边，同时用劲捏紧，一定要捏紧，不然就露馅了。这样，一个饺子就包好了。手巧的同学可以包出好多不同的形状，如老鼠形、狗耳朵形、麦穗形等等。

饺子包好了以后，就可以放锅里煮了。先把水烧开，然后把饺子下入锅里，一次不可下得过多。待水沸腾后，添上一点凉水，这样反复两三次饺子才能熟透。

终于等到吃饺子了。把煮好的饺子用漏勺盛到盘子里，然后在每个人的小碟子里倒点醋，放点辣子。吃时蘸一下，真是要多香有多香。怎么样？你也试试！

简单复述：利用填空形式抓住文章要点有条理地进行复述。

制作水饺，首先__________；接着__________；第三步__________；第四步__________；最后__________。

详细复述：“和面要注意什么？”“制馅有几种馅？”“擀皮要注意些什么？”等。

个性复述：当在煮饺子时，你是否闻到什么味道？在做饺子时你又是否想过饺子煮出来的味道？

复述应注意的事项

1. 突出重点。要准确地体现原材料的中心和重点。

2. 条理清楚。反映各部分内容的内在联系，如果叙述一件事情，复述时一定要交代清楚时间、地点、人物，事情的起因、经过、结果等。

3. 语言准确。发挥手语的表现力，手语表达要规范，形神兼备突出中心和重点，吸引注意力。

4. 信息正确。条件允许时可以借助电子信息化手段，文字、图片、PPT、视频等都可以作为复述时的辅助方法。

运用竞技场

一、根据提示复述下面的内容，请分清楚主次。

在北京自然博物馆的古生物大厅里，陈列着一头完整的，长 8 米，高 4 米的大象骨架。这是 1973 年在甘肃省被挖掘出来的。科学家假想：200 万年前的一天，太阳炙烤着大地，一条弯弯的小河缓缓地向南流去。一群黄河象从远处走来。疲劳和干渴，把他们折磨得有气无力。老象最先来到河边，它想喝一顿，洗个澡。于是它一下踏进河里，踩在河底的淤泥上，栽进了河里。老象的尸体腐烂了，骨骼和大牙就变成了化石。

______年在__________挖掘出来一头完整的大象骨架，陈列在北京自然博物馆。据科学家推想，______的一天，一头干渴的______来到河边______，因为疲劳________，后来，尸体腐烂了，骨骼和大牙就变成了化石。

二、回顾课文《那一年，面包飘香》，简要整合信息，进行复述。

时间：__________　地点：__________　人物：__________

事件的起因：____

事件的经过：____

事件的结果：____

三、请完整复述下面的通知。

5 月 4 日下午 2：30 在致远楼一楼报告厅举行“迎五四”的联欢活动，要求每个班级准备一个文艺节目，5 月 2 日下午一点在致远楼六楼舞蹈房彩排。

应用文写作

申请书

积极上进的你想成为一名团员，怎样写申请加入共青团呢？在生活和学习中，我们什么情况需要用到申请书呢？

例文指路

【例文一】

申请书①

尊敬的团组织：②

我志愿加入中国共产主义青年团。

我认识到中国共产主义青年团是青年群众的先进组织，是中国共产党的好助手和后备军，是一个有纪律的组织，因此我争取加入共青团。

我在校成绩较好，表现良好，曾获得过“三好学生”“优秀班干部”等光荣称号，第一学年获得了一等奖学金。我是老师的得力助手，与同学们团结友好，是一名品学兼优的学生。

加入共青团后，我一定会努力学习，更加严格要求自己，刻苦钻研，不断提高学习成绩和政治思想觉悟，提高自己的自制力，在课堂上遵守纪律，认真听老师讲课，不开小差，不说小话，遵守学校的规章制度，认真完成老师布置的作业和任务。在课余时间阅读一些有益身心的书刊，培养自己高尚的情操，成为德、智、体、美、劳全面发展的社会主义新一代接班人。我一定拥护中国共产党，履行团员的义务，严守团的纪律，成为中国共产党的好助手和后备军。如果未能入团，我会继续刻苦努力，争取下一次入团。③

我热切盼望加入中国共产主义青年团，请学校团委批准。④

此致

敬礼！

申请人：×××

××××年×月×日⑤

写法注释

① 标题：有两种写法，一种是直接写“申请书”，另一种是在“申请书”前加上申请事由，如“入团申请书”“调换工作申请书”等。

② 称谓：一般申请书应写给接受申请书的组织机关、团体，所以称谓一般不写领导人姓名，而写：××党支部，××校团委等。

③ 正文：

第一段：申请什么。开篇就要向组织提出申请什么，要开门见山，直截了当，不含糊其词。

第二段：申请原因。为什么申请，说明写申请的目的、意义及自己对申请事项的认识。

第三段：申请资格。写明本人具备哪些申请的条件。

第四段：表态。进一步表明自己的决心、态度和要求，以便组织了解申请人的情况，应写得具体、详细、诚恳、有分寸，语言要朴实准确，简洁明了。

④ 结尾：常用“敬请批准”“恳请领导帮助解决”“敬请领导研究批准”等，也可用“此致”“敬礼”等礼貌用语。

⑤ 落款：个人申请要写清申请者姓名，单位申请写明单位名称并加盖公章，注明日期。

【例文二】

复学申请书[①]

尊敬的校领导：

我是本校××××级××××专业（1）班的学生×××。我在去年的一次体育课上，由于不慎摔了一跤，造成左腿骨折。经过一年的治疗和调养，现已基本痊愈，为了不耽误下学期的课程学习，特提出申请，请求复学。

去年住院以后，由于不能上课，就向学校提出了休学申请。在家休养这一年中，我从未放弃过自己的学习。出院不久，我就给自己制定了学习计划。这一年来，我虽未在校，但并未停止专业课程学习，还读了不少提高个人修养方面的书，如许多中外名著。

因此，我恳请领导考虑让我重新跟原班学习。

敬请批准。

学生：×××

2019 年 6 月 5 日

实用招牌词句

1. 申请　入团　入党　入学　社团　党委　党总支　团支部　领导
   强烈　负责　愿望　自律　上进　追求　热爱　衷心　真诚
   考虑　答复　感谢　敬请　接受　特此
2. 我志愿加入中国共产主义青年团。
3. 我自愿接受组织的考验。
4. 严于律己，宽以待人。
5. 我将进一步提高自身修养，加强自我监督。

写作小贴士

1. 申请书是个人或集体向组织、机关、企事业单位或社会团体表述愿望、提出请求时使用的一种文书。
2. 申请书从内容上大致可以分为以下几类：
   ① 要求参加某种组织的申请书。如入党申请书（包括入党转正申请书）、入团申请书等。
   ② 要求解决问题的申请书。如住房申请书、困难补助申请书等。
   ③ 要求某种权利的申请书。入学申请书（包括复学申请书）等。
3. 申请书的写作要求：
   ① 申请的事项要写清楚、具体，涉及的数据要准确无误；
   ② 理由要充分、合理，实事求是，不能虚夸和杜撰，否则难以得到上级领导的批准；
   ③ 语言要准确、简洁，态度要诚恳、朴实。

结构模板

申请书

尊敬的__________：

（第一段：申请什么）______________________________

____

（第二段：申请原因）______________________________

____

____

（第三段：申请资格）______________________________

____

（第四段：表态）__________________________________

____

敬请批准。

申请人：________

______年_____月_____日

运用竞技场

一、填空。

1. 申请书是由______、______、______、______、______五部分组成。

2. 申请书的正文要写清楚__________、__________、__________、__________这四项内容。

二、我会写。

学校学生会的工作可以丰富你的校园生活，可以锻炼你的工作能力，积极上进的你如果想加入学生会××部，那就赶紧写份申请吧。

第二单元　认知世界

单元导语

常言说得好："海纳百川，有容乃大。"要拓宽视野，充实自己，就必须认识世界，认识自我，科学求真，艺术求美，人文求善。一个人要完善人生，离不开对人对物对事的发现、感悟和追求。

本单元所选的四篇课文，或从不同对象来探索和认识世界，或从不同侧面探求认知世界的方法。

《读书人是幸福人》使我们认识到读书人的幸福不仅在于知识的增广，更在于精神的感化和陶冶。

《论"入迷"》列举了"入迷"的各种表现，探讨了"入迷"的程度，阅读文学作品，拥有"入迷"的态度才能受到作品的感染，才能领会作品的真正意义。

《牛郎织女》让我们感受到科学的现实与浪漫的传说并不相悖，还让我们通过具体的数字和作比较的说明方法了解牛郎织女星的相关天文知识。

《鲶鱼救活沙丁鱼》是一篇知识小品文，作者通过鲶鱼救活沙丁鱼的故事，告诉人们其实危机感能激发出更多的潜能。在现实生活中，有了像天敌一样的对手，我们才会更加强壮，才会更加勇敢。

阅读本单元课文，需要领会说明文的说明方法，了解议论文的论点、论据和论证，从而获得认知世界的方法和途径。

5. 读书人是幸福人[1]

谢　冕[2]

我常想读书人是世间幸福人，因为他除了拥有现实的世界之外，还拥有另一个更为浩瀚也更为丰富的世界。现实的世界是人人都有的，而后一个世界却为读书人所独有。由此我又想，那些失去或不能阅读的人是多么的不幸，他们的丧失是不可补偿的。世间有诸多的不平等，财富的不平等，权力的不平等，而阅读能力的拥有或丧失却体现为精神的不平等。

读书人是幸福人

一个人的一生，只能经历自己拥有的那一份喜悦，那一份苦难，也许再加上他亲自感知的那一些关于自身以外的经历和经验。然而，人们通过阅读，却能进入不同时空的诸多他人的世界。这样，具有阅读能力的人，无形间获得了超越有限生命的无限可能性。阅读不仅使他认识了草木虫鱼之名，而且可以上溯远古下及未来，饱览存在的与非存在的奇风异俗。

更为重要的是，读书加惠于人们的不仅是知识的增广，而且还在于精神的感化与陶冶。人们从读书学做人，从那些往哲先贤[3]以及当代才俊的著述中学得他们的人格。人们从《论语》中学得智慧的思考，从《史记》中学得严肃的历史精神，从《正气歌》学得人格的刚烈，从马克思学得入世的激情，从鲁迅学得批判精神，从列夫·托尔斯泰学得道德的执着；歌德

---

① 选自《永远的校园》(北京大学出版社，1997 年版)。

② 谢冕 (1932—)，北京大学中文系教授，文学评论家。

③ [往哲先贤] 历代贤明、智慧之士。哲，有智慧。贤，有德行和才能。

的诗句刻写出睿智[1]的人生，拜伦的诗句呼唤着奋斗的热情。一个读书人，是一个有机会拥有超乎个人生命体验的幸运人。

一个人一旦与书结缘，极大的可能是注定了做一个与崇高追求和高尚情趣相联系的人。说“极大的可能”，指的是不排除读书人中也有卑鄙和奸诈。况且，并非凡书皆好，在流传的书籍中，并非全是劝善之作，也有无价值的甚而有负面影响的。但我们所指的书，总是以其优良品质得以流传一类，这类书对人的影响总是良性的。我之所以常感读书幸福，是从喜爱文学书的亲身感受而发。一旦与此种嗜好结缘，人多半因而向往于崇高一类，对暴力的厌恶和对弱者的同情，使人心灵纯净而富正义感，人往往变得情趣高雅而趋避凡俗。或博爱、或温情、或抗争，大抵[2]总引导人从幼年到成人，一步一步向着人间的美好境界前行。笛卡儿[3]说“读一本好书，就是和许多高尚的人谈话”，这就是读书使人向善；雨果[4]说，“各种蠢事，在每天阅读好书的影响下，仿佛被烤在火上一样渐渐熔化”，这就是读书使人避恶。

所以，我说，读书人是幸福人。

手语词卡

幸福　现实　丰富　补偿　权力　经历　经验　卑鄙　历史　智慧

词语积累

浩瀚　上溯　饱览　睿智　嗜好　结缘　大抵　奸诈　往哲先贤
趋避凡俗

语言点

一、人们**从**《论语》中**学得**智慧的思考，**从**《史记》中**学得**严肃的历史精神，**从**《正气歌》**学得**人格的刚烈，**从**马克思**学得**入世的激情，**从**鲁迅**学得**批判精神，**从**列夫·托尔斯泰**学得**道德的执着。

从……学得……：排比句。例如：

---

① ［睿智］英明有远见。睿，看得深远。

② ［大抵］大多，大都；基本上。

③ ［笛卡儿（1596—1650）］法国哲学家、数学家、物理学家。

④ ［雨果（1802—1885）］法国作家。欧洲浪漫主义文学流派的主要代表。

从学校学得知识，从工厂学得技能，从军营学得勇敢。

二、**并非**凡书皆好，在流传的书籍中，**并非**全是劝善之作，也有无价值的甚而有负面影响的。

并非：并不是。例如：

并非如此。意思是说“其实这件事，并非你想象的那样，有可能存在另外一种情况”。

知识点

议论文：又叫说理文，是一种发表意见、提出主张的文体。作者通过摆事实、讲道理、辨是非等方法，来确定其观点正确或错误，树立或否定某种主张。议论文三要素为：论点、论据、论证。

1. 论点（需要证明什么）。是正确、鲜明阐述作者观点的句子，每篇议论文都只有一个中心论点。例如：

我常想读书人是世间幸福人。这句话就是本文的论点。

2. 论据（用什么来证明）。是作者用来证明论点的理由和根据，分为事实论据和理论论据两种。例如：

人们从读书学做人，从那些往哲先贤以及当代才俊的著述中学得他们的人格。人们从《论语》中学得智慧的思考，从《史记》中学得严肃的历史精神，从《正气歌》学得人格的刚烈，从马克思学得入世的激情，从鲁迅学得批判精神，从列夫·托尔斯泰学得道德的执着；歌德的诗句刻写出睿智的人生，拜伦的诗句呼唤着奋斗的热情。

举出古今中外八个事例作为论据，充分而有力地论证了本文的论点，这些事例就是事实论据。

3. 论证（怎样来证明）。是用论据来证明论点的过程。例如：

笛卡儿说“读一本好书，就是和许多高尚的人谈话”，这就是读书使人向善；雨果说，“各种蠢事，在每天阅读好书的影响下，仿佛被烤在火上一样渐渐熔化”，这就是读书使人避恶。

此处引用名家名言，论证有力。

运用竞技场

一、给加点的字选择韵母并标声调。

u　ü　an　ian　uan　üan　ui　ie

浩瀚（h　　）　上溯（s　　）　饱览（l　　）

睿智（r　　）　　结缘（y　　）　　刚烈（l　　）
往哲先贤（x　　）　　趋避凡俗（q　　）　　流传（ch　　）

二、辨析组词。

瀚________　　溯________　　智________
翰________　　塑________　　知________
趋________　　抵________　　俗________
雏________　　低________　　裕________

三、根据要求，完成下列题目。

1. 联系上下文，对“浩瀚”解释最符合文义的一项是(　　)

A. 广大繁多　　B. 浩浩荡荡　　C. 盛大广阔　　D. 广大辽阔

2.“饱览”在文中的意思解释最恰当的一项是(　　)

A. 同“包揽”　　B. 比喻“吃得很饱，很痛快”
C. 尽情地观赏　　D. 充分品尝

3.“往哲先贤”中对“哲”解释正确的一项是(　　)

A. 有智慧的人　　B. 聪明的人
C. 考证历史的人　　D. 清楚明白事理的人

4. 对“睿智”的“睿”解释正确的一项是(　　)

A. 明白　　B. 明亮的　　C. 看得深远　　D. 有智慧

四、选择合适的词语填空。

不仅……而且……　　并非　　除了……还……　　所以

1. 五年前，我和他一起在中专读书时是室友，______对他比较熟悉。

2. 我常想读书人是世间幸福人，因为他________拥有现实的世界之外，________拥有另一个更为浩瀚也更为丰富的世界。

3. 更为重要的是，读书加惠于人们的________是知识的增广，________还在于精神的感化与陶冶。

4. 你别听他乱讲，事实真相________如此。

五、仿写句子。

人们从《论语》中学得智慧的思考，从《史记》中学得严肃的历史精神，从《正气歌》学得人格的刚烈。

仿写：____

六、阅读理解。

1. 读完全文，你认为作者在文中提出的论点是什么？

2. 文章第三段，作者发表了一个观点，也就是本段的分论点，请找出来。

3. 结合自己的读书经历，联系文中“并非凡书皆好”的观点，谈谈怎样对待“读书”这一问题。

6. 论"入迷"[①]

茅　盾

有多种多样的"入迷"。

堂吉诃德[②]先生看武侠小说把一份家产几乎看光，还嫌不够，还要出去行侠，终于把一条老命也赔上。这是"入迷"的一种。

《红楼梦》上香菱学诗，弄得茶饭无心，梦里也作诗。这也是"入迷"。但据说香菱居然把诗作好了。

乡间有伧夫[③]读《封神榜》[④]，搔头抓耳，心花大放，忽开窗俯瞩，窗下停有馄饨担，开了锅盖，热气蓬蓬直上；伧夫见了，遽大叫道："吾神驾祥云去也！"跨窗而出，把馄饨担踹翻了。这又是一种的"入迷"，然而程度远在堂吉诃德先生之下。

香菱学诗

堂吉诃德先生的"入迷"，结果是悲剧。乡间伧夫的"入迷"，结果是喜剧。香菱的"入迷"，结果不悲不喜，只成了一篇平凡的故事。

就"入迷"而论，堂吉诃德先生实在是伟大的，你看他始终不动摇。乡间伧夫那一幕喜剧，叫作一时发昏，也许他赔偿了馄饨担以后就发誓不再看《封神榜》了。但当他高叫"吾神驾祥云去也"，而且撩衣跳窗的时

① 选自《大语文》(中国大百科全书出版社 2002 年 7 月版)。

② [堂吉诃德] 指西班牙小说家塞万提斯 (1547—1616) 的长篇小说《堂吉诃德》中的主人公。

③ [伧 (cāng) 夫] 粗人。伧，粗野。

④ [《封神榜》] 也作《封神演义》，百回长篇小说，作者难于确知。主要讲述商末政治纷乱和武王伐商的历史故事，有很多关于仙佛斗法的离奇描写。

候，他那态度倒也是“严肃”的，他确实“走进了《封神榜》”，不自知其非书中人了！至于香菱，她茶饭无心地读杜工部温飞卿[①]的时候，她唯一目的是自己也做个诗人。使她着了“迷”的，不是杜工部他们的作品，而是她自己想做诗人这一念的“虚荣”。故就“入迷”而论，香菱的，便是最下乘！

有些人一拿起小说来读，便在心里说：“小说家言，岂能当真。”于是他带着怀疑的微笑，被动地看下去了。有些人进了戏园，就自己提醒自己道：“这是做戏呀！”于是他让戏拉着，坐到终场。他们自视为绝顶聪明的人，视堂吉诃德先生为天字第一号笨伯。可是我们说，真正含有严肃的人生意义的小说或戏曲，原来不是给此等人看的！此等人看小说进戏园只是糟蹋时间罢了！读小说或观剧，一定得有几分“入迷”——就是走入作品中，和书中人一同笑一同哭，这才算不负那小说或戏曲，而小说或戏曲也没有白糟蹋了他的光阴。

一位作家写作品的时候，也非“入迷”不可。他的感情要和他笔下人物的感情合一。他写的人物不止一个，然而他所憧憬的，或拈出来使人景仰或认识的人物，却只有一个或一群；作家就要恨此人物所憎恨的对象，拥护此人物所拥护的一切！作家必须自己先这么“入迷”，然后可望读者也“入迷”。然后他的作品不是消遣品，他的力气不算白费。一个演员在舞台上假使存了“我是在做戏”的念头，他的戏一定做不好。

现在常听得人说：“多读杰作，学取技巧。”这话是不错的，但假使像香菱似的一面读杰作，一面心里想：“我读完了这些，我就是文学家了。”那他还是白读。他读杰作的时候，应当毫无杂念，应该只是走进书去，笑时就笑，哭时就哭——他应该“入迷”！所谓技巧的学得这一步，是在他几次“入迷”以后自然而然的结果。他把杰作咀嚼消化，成为他自己的力量了。倘使他读杰作的时候心里总惦记着“快学技巧呀！”他在杰作的字里行间时时都发生“这是不是技巧”的问号，那他绝学不到什么技巧。要是他自以为“学到”了一点什么，那也不是真正的学到，而是生吞活剥模仿，甚至是剽窃！

归根一句话，人与文学的关系，“入迷”是必要的！

---

① ［杜工部温飞卿］即杜甫、温庭筠（yún）。

手语词卡

憧憬　憎恨　拥护　程度　模仿　赔偿　虚荣

词语积累

行侠　伧夫　咀嚼　剽窃　绝顶聪明　生吞活剥

语言点

一、使她着了“迷”的，不是杜工部他们的作品，而是她自己想做诗人这一念的“虚荣”。

不是……而是……：是一组表示并列关系的关联词。例如：

我不是没有认真学习，而是这次考试时没看仔细题目。

二、读小说或观剧，一定得有几分“入迷”——就是走入作品中，和书中人一同笑一同哭，这才算不负那小说或戏曲，而小说或戏曲也没有白糟蹋了他的光阴。

一定：表示坚决。例如：

我们明天一定走，离开这儿。

知识点

论证方法：是指表明自己的观点之后，运用一些方法加以证明，证实自己的观点。常见的论证方法有举例论证、道理论证、对比论证、比喻论证、引用论证。例如：

堂吉诃德先生的“入迷”，结果是悲剧。乡间伧夫的“入迷”，结果是喜剧。香菱的“入迷”，结果不悲不喜，只成了一篇平凡的故事。

此处运用了举例论证、对比论证，表明了“入迷”的多种多样，通过三者的比较，体现“入迷”有程度和高下之分。

运用竞技场

一、给加点的字选择韵母并标声调。

ang　　eng　　ing　　ong

行侠（x　　）　　伧夫（c　）　　憧憬（ch　　）（j　　）

憎恨（z　　）　　香菱（l　　）　　绝顶聪明（c　　）（m　　）

生吞活剥（sh　）　　字里行间（h　　）　　热气蓬蓬（p　　）（p　　）

二、连字成词。

搔　　　耳

撩　　　窗

开　　　衣

抓　　　头

三、选择关联词填空。

不是……而是……　　　不但……而且……

1. 他______我们的敌人，______我们的朋友。

2. 邻居家的叔叔______会弹钢琴，______还会修钢琴。

3. ______因为我跑得太快，______因为你走得太慢。

4. 他______自己学习好，______还能帮助别人。

四、选择合适的词语填空。

一定　　　决定

1. 姐姐经过再三考虑，______报考师范大学，将来做一名教师。

2. 看他那没精打采的样子，______是昨天夜里又玩电子游戏了。

3. 你去或者是不去，请赶快作出______。

4. 老师一再嘱咐我们，上窗台擦玻璃______要小心。

五、选择下面各句运用的论证方法。

举例论证　　　引用论证

1. 笛卡儿说“读一本好书，就是和许多高尚的人谈话”，这就是读书使人向善。（　　）

2. 从列夫·托尔斯泰学得道德的执着；歌德的诗句刻写出睿智的人生，拜伦的诗句呼唤着奋斗的热情。一个读书人，是一个有机会拥有超乎个人生命体验的幸运人。（　　）

3. 雨果说，“各种蠢事，在每天阅读好书的影响下，仿佛被烤在火上一样，渐渐熔化”，这就是读书使人避恶。（　　）

4. 就“入迷”而论，堂吉诃德先生实在是伟大的，你看他始终不动摇。（　　）

六、阅读理解。

1. 下列说法，不符合原文意思的两项是（　　）

A. 作者对堂吉诃德先生的“入迷”抱着善意嘲讽的态度。

B. 作者认为没有作者的“入迷”，也就没有读者的“入迷”。

C. 作者反对香菱以功利态度学诗。

D. 作者认为阅读的技巧应该在毫无杂念的情况下自然地学会。

E. 作者论述“入迷”的目的在于倡导有更多更好的作品问世并提高欣赏文艺的水平。

2. 作者最后下结论说“人与文学的关系，‘入迷’是必要的”，请阐释“入迷”在文中的确切意思。

*7. 牛郎织女[①]

戴文赛[②]

牛郎织女是我国最有名的一个民间传说，是我国人民最熟悉的关于星的故事。这个故事是谁最先说出来的，什么时候开始在民间流传——这两个问题不晓得已经有人考证出来没有。南北朝时期写成的《荆楚岁时记》[③]里有这么一段：“天河之东，有织女，天帝之子也。年年织杼劳役，织成云锦天衣。天帝怜其独处，许嫁河西牵牛郎。嫁后遂废织纴。天帝怒，责令归河东。惟每年七月七日夜，渡河一会。”

牛郎织女

宋代词人秦观被牛郎织女这个悲里带欢、欢里带悲的故事激动了文思，他把这可歌可泣的故事的意境用长短句很巧妙地表达出来。《鹊桥仙》是词里很美丽的一首：

纤云弄巧，飞星传恨，银汉迢迢暗度。金风玉露一相逢，便胜却人间无数。　柔情似水，佳期如梦，忍顾鹊桥归路。两情若是久长时，又岂在朝朝暮暮。

从前，我国许多人相信牛郎和织女真的在七夕渡河相会一次。那一夜，

---

① 选自《大家知识随笔·中国卷》（人民文学出版社2000年版），有改动。

② 戴文赛（1911—1979），天文学家。他十分重视科学普及工作，撰写过八十多篇科普文章，著有《戴文赛科普创作选集》。

③ ［《荆楚岁时记》］是南朝梁代宗懔撰写的一部记载荆楚岁时习俗的著作，也是保存到现在的我国最早的一部专门记载古代岁时节令、风物故事的专著，保存了一些古代的神话和传说。

妇女们都穿针乞巧①，又以瓜果祀②织女星。这个故事也常被采用做戏剧的资料，京剧、话剧和各地的地方戏里多半有“牛郎织女”这出戏。

在戏剧里，牛郎是一个农村里放牛的孩子。他不肯帮哥哥种田，不肯帮嫂嫂车水，不肯帮妈妈做家务事。牛郎只是贪玩，只爱作奇怪的幻想。他的最好的朋友就是他所看守的老牛。有一晚，他在梦幻中看到天上的仙境。他便牵着老牛动身到天上去。同时，在天上有一位织女却想要下凡来享受人间的温暖。王母娘娘可怜织女的孤寂，便差遣金童玉女和喜鹊把织女带到天涯海角去和牛郎相会。“金风玉露一相逢”，真是“胜却人间无数”。一对爱侣被送上九霄云外度蜜月去了。

牛郎游遍了天上的胜境。日子一久，便也觉得平淡无奇了。织女得继续纺织云锦天衣，不能老陪着他。牛郎越来越感觉无聊，又从金童那里得知家人日夜在盼望他回去，便把回家的意念告诉织女。织女决心和他同到地上去享受那可爱的春天。可惜事机不密，给西王母晓得了。她赶来用玉簪划成银河一道，把牛郎和织女隔开，只答应每年七夕遣喜鹊结成天桥，使他们渡河相会一次。牛郎回到人间，很高兴地再看到母亲、哥哥、嫂嫂。从此，他不再偷懒，不再作无谓的幻想，天天努力劳动。他觉悟到在现实生活里也可以创造出美丽来。他闻到泥土的香味了，他洞悉③生活的意义了。他惟一的惋惜，就是所爱的织女不能也到地上来和他一起劳动，一起享受人间的温暖。不过每年七夕还可以相会一次，那已经比永别好多了。

有个话剧里有几首歌曲，其中一首是俞鹏所作的《鹊相会》：

谁知道天长地久何时了？
谁知道离恨年年有多少？
度尽了长岁，好难得这七夕良宵；
却又是无限悲愁相逢在鹊桥。
梦长夜短总是多情恼。
见东山晨星已现，天将晓。
可奈何，喜鹊频噪，催人分道。
只好待明年的七夕快快地来到。

---

① ［乞巧］这是旧时的一种民间风俗。农历七月初七的晚上，妇女在院子里陈设瓜果，向织女星祈祷，请求帮助她们提高刺绣缝纫的技巧。

② ［祀（sì）］祭祀。

③ ［洞悉］很清楚地知道。

一直到今天，我国还有好些人真的相信牛郎织女两星每年七夕渡河相会一次，许多妇女还在那一夜向织女乞巧。很可惜，科学告诉我们：牛郎织女这个故事并不是真的，它只是一个富有诗意的神话而已。近年来，天文学的进步，使我们对这个恒星，对其他的恒星和银河，都认识得比从前清楚得多。银河并不是一条河，银河里并没有一滴水，也没有桥。它是很多恒星和星云的集合，用大望远镜就可以看出来。牛郎织女两星虽然不是绝对的“恒”，但每逢七夕并不能看出它们向对方移动丝毫，当然更谈不到“渡河”。每年七夕，还是一在河之东，一在河之西，彼此都在望河兴叹。科学的进步竟打碎了他们的美梦，这使作者想起曹雪芹替太虚幻境的牌坊所作的对联：

厚地高天，堪叹古今情不尽；
痴男怨女，可怜风月债难偿。

恒星的“恒”字，只是和行星的“行”字相对而言。实际上天上没有一个星是绝对的“恒”；每个星都在动，动多动少而已。牛郎星每年在天球上移动 0.658 角秒[①]；此外，每秒钟还以 26 公里的速度离开我们往外跑。所以，牛郎星在空间的速度比地上最快的客机还快几十倍。织女动得慢一点，不过在女子百米比赛里还是可以得冠军。她每年在天球上移动 0.345 角秒，每秒钟以 14 公里的速度离开我们往外跑。

牛郎和织女都比太阳大得多、亮得多。为什么我们看起来只是两小点的光呢？那是因为这两个恒星比太阳远得多。牛郎的光度为太阳的 10.5 倍，直径大 7 成，质量差不多大 7 成。织女的光度等于太阳的 60 倍，直径等于太阳直径的 2.76 倍，质量差不多等于太阳的 3 倍。所以，织女比牛郎大，比牛郎亮，比牛郎重，算来还是牛郎的大姐姐。牛郎离我们的距离为 154 万亿公里，比太阳远 100 万倍；织女离我们的距离为 250 万亿公里，比太阳远 170 万倍。织女不仅比牛郎大好些、亮好些，而且又远好些，所以我们看起来两个星差不多一样亮。光从牛郎星来到我们的眼里，需要 16 年 4 个月；光从织女星来，需要 26 年 5 个月。牛郎织女两星不是在同一方向，两星之间的距离是 16.4 光年。无线电波的速度和光一样，假使牛郎想打一个无线电报给织女，得等 32 年才有收到回电的可能。

恒星在大小、光度、温度、颜色方面相差都很大，质量却差得不很多。

① ［角秒］角度单位，角秒就是秒，1 度等于 60 分（角分），1 角分等于 60 秒（角秒）。

本世纪[1]以来，天文学家对许多恒星分门别类，好像生物学家对动物植物分门别类那样。

科学家已经证明日光和星光都是从原子能来的。因此，牛郎和织女这两个星也可以说是两个非常大的原子弹。它们把肚子里的原子能变成光线发射出来。人类在欣赏它们的灿烂的光辉的时候，竟幻想出一个哀艳动人的故事来。童话和神仙故事并不因物质文明的进步而被消灭。它们可以提高少年人的幻想能力，可以做成年人业余的消遣，又可以作为各种艺术的原料。中国的牛郎织女可以和希腊的奥德赛、金羊毛，法国的尼贝伦指环等故事并列。每年七夕，大家不妨继续提出牛郎织女这个故事来谈：一方面欣赏这富有诗意的神话，一方面也可借机会提倡科学，使一般人注意到科学家替我们发现的许多关于星星的新知识。

手语词卡

童话　希腊　恒星　欣赏　注意　提倡　质量　行星　熟悉　戏剧
世纪　盼望　消遣　望远镜　原子弹　天涯海角

词语积累

星宿　洞悉　差遣　可歌可泣　九霄云外　哀怨动人

语言点

一、牛郎离我们的距离为154万亿公里，比太阳远100万倍；织女离我们的距离为250万亿公里，比太阳远170万倍。织女不仅比牛郎大好些、亮好些，而且又远好些，所以我们看起来两个星**差不多**一样亮。

差不多：是约数词，起限定作用，体现了说明文语言的准确性、严谨性。例如：

牛郎的光度为太阳的1.5倍，直径大7成，质量差不多大7成。

二、每年七夕，大家不妨继续提出牛郎织女这个故事来谈：**一方面**欣赏这富有诗意的神话，**一方面**也可借机会提倡科学，使一般人注意到科学家替我们发现的许多关于星星的新知识。

一方面……一方面……：常用来表示两种并列的事物或一个事物的两

---

① ［本世纪］这里指20世纪。

个方面，是并列关系。条理清晰地从不同方面分门别类地加以说明，使说明更有条理性。例如：

一方面，要有冲天的干劲和百折不挠的意志；另一方面，也必须有实事求是的科学态度。

知识点

说明文：介绍事物的状态、性质、功能，或阐明事理，给人以知识的一种文体。以说明为主要表达方式。说明方法有举例子、列数字、作比较、打比方等。

1. 列数字：用具体的数据，科学、准确、具体地说明牛郎星的移动和移近太阳的速度，使说明更准确、更有说服力。例如：

牛郎星每年在天球上移动 0.658 角秒；此外，每秒钟还以 26 公里的速度离开我们往外跑。

2. 作比较：把牛郎星和客机加以比较，突出强调了牛郎星在空间的速度，使说明更加具体深刻。例如：

牛郎星在空间的速度比地上最快的客机还快几十倍。

运用竞技场

一、给加点词语选择正确的读音。

1. 星宿(　　)　　宿舍(　　)　　整宿没睡(　　)

A. xiǔ　　B. sù　　C. xiù

2. 差异(　　)　　差遣(　　)　　差劲(　　)　　参差(　　)

A. chā　　B. chāi　　C. chà　　D. cī

3. 角色(　　)　　天涯海角(　　)

A. jiǎo　　B. jué

二、将词语补充完整。

平淡无(　　)　　哀(　　)动人　　佳(　　)如(　　)

可(　　)可(　　)　　天(　　)海(　　)　　九(　　)云(　　)

三、将节日和风俗连线。

七夕节	五月初五	吃粽子赛龙舟
端午节	正月十五	登高插茱萸
重阳节	七月初七	赏月吃月饼
元宵节	九月初九	拜月乞针线
中秋节	八月十五	看花灯吃汤圆

四、选词填空。

差不多　　并　　一方面……一方面……　　又

1. 电脑______可以增长我们的知识，______会令我们深陷其中，不能自拔。

2. 这两种花的颜色______。

3. 它们可以提高少年人的幻想能力，可以做成年人业余的消遣，______可以作为各种艺术的原料。

4. 牛郎织女这个故事______不是真的，它只是一个富有诗意的神话而已。

五、选出下列各句所使用的说明方法。

作比较　　打比方　　列数字　　举例子

1. 天河就是我们在夜里看到的那条横贯天空的光带。（　　　）

2. 织女不仅比牛郎大好些、亮好些，而且又远好些，所以我们看起来两个星差不多一样亮。（　　　）

3. 光从牛郎星来到我们的眼里，需要 16 年 4 个月；光从织女星来，需要 26 年 5 个月。牛郎织女两星不是在同一方向，两星之间的距离是 16.4 光年。（　　　）

4. 云能预示天气。比如，在新疆地区，出现云就代表将要下雨。

（　　　）

六、阅读理解。

1. 将《鹊桥仙》的词句填写完整。

两情若是久长时，____________________。

2. 既然牛郎织女的神话不是真的，为什么作者还要用大量的篇幅叙写词文戏剧中的牛郎织女的故事？

3. 牛郎织女的传说至今仍在流传的原因是什么？

*8. 鲶鱼救活沙丁鱼[①]

很久以前，在挪威的一个小镇，人们靠捕鱼为生。

小镇紧靠着大海，因出产沙丁鱼而小有名气。在那里，渔船归航抵港时，只要沙丁鱼是活着的，一定会被抢购一空，卖个好价钱。活的沙丁鱼，吃起来味道鲜美极了。

遗憾的是，由于每次出海的时间比较长，少则两三天，多则六七天。等到归来时，沙丁鱼已经死去的死去，烂掉的烂掉。也正因为如此，活着的沙丁鱼才格外惹人垂涎三尺[②]。

鲶鱼与沙丁鱼

人们想尽招儿，尝试着让沙丁鱼存活，但是无人成功。没有什么办法，大伙儿除了失望，只能望“鱼”兴叹。

有一天，一位老渔民照例准备出海打渔。出发前，可爱的小孙子嚷着要他多带回一些沙丁鱼。小家伙一定是好久没吃上沙丁鱼了，牙根直痒痒。

忙碌了几日，老渔民捕获了不少鱼，当然少不了孙子点名要的沙丁鱼。他喜出望外[③]，驾船火速返航。谁知才到半途，沙丁鱼便不再鲜活了，懒洋洋的潜在水中，一动不动。

---

① 鲶鱼：同鲇鱼，体长形，头部平扁，尾部侧扁。沙丁鱼：细长的银色小鱼，为群居鱼类，聚集时，沙丁鱼的数量可达3亿只。多用来制罐头食品。

② ［垂涎（xián）三尺］涎：口水。本意为口水挂下三尺长，多用于形容羡慕到极点，特别想占为自己所有。

③ ［喜出望外］遇到意想不到的喜事而感到非常高兴。

老渔民一边察看着鱼舱，一边心里暗暗着急。他无计可施，只得按照土办法，挑出那些死去的鱼。他看见一条挺肥美的鲶鱼漂浮在水面，猜想它肯定快要死了，于是捞起来打算扔掉。令人意想不到的是，鱼儿忽地一跃，挣脱他的手掌，掉进了装着沙丁鱼的鱼舱。

老渔民顺利归航了，回到阔别多日的家。他不敢相信，到达港口时，原本以为那些沙丁鱼已经死去了，然而它们竟然都是蹦蹦跳跳的。他大感意外，仔细地想了想，不停地琢磨，觉得事出有因。经过反复研究，他终于发现了存活沙丁鱼的秘密。

有谁会想到，竟然是鲶鱼救活了沙丁鱼呢？

人们费尽心机，想让沙丁鱼存活下来，无不失败。人没有办法做到的事情，鲶鱼做到了。

事情是这样的。

大家都还没有忘记那条鲶鱼吧，它起先也是躺在自己的舱内的，正在悠然自得，被老渔民误以为快要死去，于是从水中抓了起来，而它挣脱了他的手掌，掉进了沙丁鱼舱。

那个时候，大部分沙丁鱼原本是昏昏欲睡的，没想到竟然有异类分子跑了进来。顿时，鱼群中一片喧哗。鱼儿们纷纷骚乱了，显得一点也不安分。它们睁大眼睛，神经绷得紧紧的，快速在舱内游动，打量着眼前的外来客。

不知过了多久，鲶鱼还是没有离去。沙丁鱼根本不认识它，它们素不相识①。于是沙丁鱼像炸开了锅似的，叽叽喳喳地议论起来。

“看它那副样子，肯定不怀好意，我们可要小心一点。”一条大沙丁鱼不禁叫出了声。

“有什么大惊小怪的，只有一条鱼，它能怎么样。”体型硕大的沙丁鱼嗤之以鼻②。

“不管怎样，大家还是小心一点。”又有沙丁鱼发出倡议。

沙丁鱼哪里知道，其实鲶鱼是无辜的，它被迫离开住处，来到这个陌生之地。鲶鱼忐忑不安，惶恐不已，不敢有丝毫懈怠，它担心沙丁鱼发起攻击。

一路上，两军对峙，彼此你盯着我，我瞪着你，谁也没有松懈。沙丁

---

① ［素不相识］向来不认识。素：平素，向来。

② ［嗤之以鼻］从鼻子里发出冷笑的声音。表示讥笑和蔑视。

鱼想要驱逐眼前的入侵者，解除心头不快。而鲶鱼又苦于无路可退，只得硬着头皮呆在那儿……

正所谓有心栽花花不发，无意插柳柳成荫。老渔民歪打正着，借鲶鱼救活了沙丁鱼。

鲶鱼救活沙丁鱼的故事，简单地说明一个道理，不妨称之为鲶鱼效应。

在长期保持固有关系的群体环境中，加入陌生身份的人，会引起群体人员的瞩目，带来刺激性因素，促进环境氛围的活跃与改变，这就是鲶鱼效应。

鲶鱼效应之所以存在，主要来源于新鲜感、陌生感、安全感及危机感，这是生物共有的心理活动。就像鲶鱼与沙丁鱼那样。当鲶鱼来到沙丁鱼当中，抬眼看看，并没有发现自己的同类伙伴，内心油然升起一股陌生感，担心自身安全。换了沙丁鱼发现异己时，它们则认为对方不怀好意，一定是来惹是生非①的，心里产生了危机感。鱼儿们有些紧张，加速游动。结果呢，水自然活起来了，鱼跟着就不死了。

鲶鱼效应大有推广应用的实际价值，它能增强组织的生命力。很多公司惯于使用鲶鱼效应，来刺激组织成员。例如日本三泽之家公司就称得上是高手。经过长期观察，三泽之家公司发现，大多数企业由三种类型人员组成。一类是不可能缺少的精英，约占二成；一类是埋头苦干的人物，约占六成；一类是终日无所事事、拖企业后腿的败家子，约占二成。如何减少第三类人，增加第一第二类人呢？公司总裁三泽千代治的办法就是学以致用，大力开展“鲶鱼效应”，故意经常从外聘用一些头脑聪明、干劲十足的年轻人，组成公司的主力军，甚至包括常务董事一级的重量级人物也位于其列。这样一来，公司上下都有一种危机感，担心会失去手中的饭碗，因而干起活来，格外有精神。三泽千代治曾说：“其实人也是一样。由于人员长期固定，公司缺少新鲜感和竞争力，大多数员工容易产生惰性。外来人员加入公司，可以制造一种紧张气氛与危机环境，企业也就跟着有活力了。”

瞧一瞧，鲶鱼效应的威力竟然如此强大，大到可以激活一个组织。如果多来几条鲶鱼，岂不更好？

---

① ［惹是生非］招惹是非，引起争吵。也作惹是生非。

手语词卡

精神　紧张　竞争　组织　制造　昏昏欲睡　大惊小怪　学以致用

词汇

垂涎三尺　喜出望外　悠然自得　素不相识　叽叽喳喳　嗤之以鼻　埋头苦干　惶恐不已　惹是生非

语言点

一、他看见一条挺肥美的鲶鱼漂浮在水面，猜想它**肯定**快要死了，于是捞起来打算扔掉。

肯定：确定，一定。对事物持认可或赞成的态度，与“否定”相对。例如：

1. 他今天来不来还不能肯定。
2. 请给我一个肯定的答复。

二、瞧一瞧，鲶鱼效应的威力**竟然**如此强大，大到可以激活一个组织。

竟然：表示出乎意料，没想到。例如：

这样宏伟的建筑，竟然只用那样短的时间就建成了。

知识点

举例子：举例子是通过列举有代表性的、恰当的事例来说明事物特征的说明方法，为了说明事物的情况或事理。从道理上讲，人们不太理解，这就需要举些既通俗易懂又有代表性的例子来加以说明，使想要描写的事物更清晰。文章中所举例子的前面常有“比如”“例如”“如 ”或“某年某月”等标志词语。

本文中，作者为了说明鲶鱼效应的推广价值，把日本三泽之家的管理经验作为例子举出来，从而体现了鲶鱼效应的威力。

运用竞技场

一、给加点的字选择韵母并标声调。

ian　iang　ang　uang

垂涎三尺（x　　）　喜出望外（w　　）　鲶鱼（n　　）

抢购一空（q　　）　懒洋洋（y　　）　鲜活（x　　）

惶恐不已（h　　）　　素不相识（x　　）　　船舱（c　　）

二、补全成语。

（　）（　）三尺　　喜（　）望（　）　　（　）（　）自得

昏昏（　）（　）　　素（　）相识　　（　）惊（　）怪

嗤（　）（　）鼻　　（　）（　）不已　　惹（　）生（　）

（　）以（　）用　　叽叽（　）（　）　　（　）头苦（　）

三、选词填空。

肯定　　否定

1. 不应该________我们的一切，只应该________正确的东西；同时，也不应该________。我们的一切，只应该______错误的东西。

2. 他暗暗想道："王老师今天到家里来家访，______和我今天在学校打架有关。"

3. 同学们不要自卑，不要总是______自己，而是要积极面对，______自己的优点和长处。

四、区别"竟然""果然""突然"并选择填空。

1. 美国______不顾全世界的反对，公然对伊拉克动武！

2. 老太太______昏倒在地，大家慌手慌脚的，不知该怎么办才好。

3. 气象预告说今天有雨，傍晚______下起了滂沱大雨。

4. 电灯______灭了，教室里黑洞洞的。

5. 这个狠心的妈妈______遗弃自己亲生的孩子。

6. 我没有好好学习，期末考试成绩______下降了。

五、划出下面句中举例时所使用的提示词语。

1. 有人请你做你不愿意做的事情，例如替朋友看孩子或加班，你想拒绝，能说得出口吗？

2. 至于白花，那是因为细胞液里不含色素的缘故。有些白花，例如菊花，萎谢之前微染红色，表示它这时也含有少量的花青素了。

3. 有些问题已经作出决定，如招多少学生、分多少班，等等。

六、阅读理解。

1. 鲶鱼为什么能救活沙丁鱼?

2. 什么是鲶鱼效应? 鲶鱼效应可以推广应用到哪些领域?

语文应用操练二

语言交往

介绍事物

在我们周围，有各种各样的动物、植物，有形形色色的器物、建筑物，还有同学们自己亲手制作的面点、工艺品或服装。你能把你喜欢的事物、亲手制作的物品介绍给亲人朋友吗？它有着怎样的外形？又有哪些特点呢？它经历了怎样的制作过程？你为什么想把它介绍给别人？说出来，大家一起交流。

情景互动，学习介绍事物的技巧

【情景一】

李丁：我今天给大家介绍一下我最喜欢的动物——大黄牛（模仿大黄牛的样子）。它有着大大的眼睛，长长的睫毛，弯弯的角，粗短的脖子上有几圈褶皱，强壮的身躯后面拖着一条长长的尾巴。它没有孔雀那样美丽的外表，也没有鸟儿那样婉转的歌喉，更没有老虎那威风凛凛的气势。可是它无私、坚韧、踏实、勤恳。它终日在田间辛勤劳作，从不偷懒，从不耍滑，一步一个脚印，耕耘出整齐肥沃的土地，也耕耘出农民的希望。它如此辛苦却从不要求回报，它的食物不过是几把青草，冬天甚至是一把干枯的稻草。可它从不计较，一如既往地为人类奉献着它的力气，难怪大文学家鲁迅先生都敬佩它的奉献精神，写下了“俯首甘为孺子牛”的名句呢！

【情景二】

王林：我先给大家猜个谜语吧！“池中有个小姑娘，从小生在水中央，粉红笑脸迎风摆，身挨绿船不划桨。”大家能猜出这是什么东西吗？谜底就是我今天要介绍的一种植物——荷花。

荷花的形状可以分为碟状、碗状、杯状、球状、叠球状和飞舞状。颜色有白、粉、深红、淡紫色等。它不仅有着美丽的外形，像一位婀娜多姿的仙女，有很大的观赏价值，很多公园和景区都能看到它美丽的身影；而且品质高洁，“出淤泥而不染，濯清涟而不妖”，历来为文人墨客所喜爱。更难得的是它的实用价值。它的果实莲蓬、它的块茎莲藕都是美味又营养的食品，老少皆宜。说句不夸张的话，荷花浑身上下都是宝呢！

【情景三】

（学校里，哥哥张翔第一次来特教中专看弟弟张明）

张翔：小明，我是第一次来你们学校，带我参观并介绍一下你们学校吧！

张明：哥，欢迎你来到我们学校。我们学校共有两栋主楼，从校门进来后，左边（指向左边）这一栋是教学楼，右边（指向右边）这一栋是实训楼。请抬头看（向上指）！你看三楼有一个连廊把两栋楼连起来了，像不像一道彩虹？下雨天我们从教学楼去实训楼就不会淋雨啦。穿过连廊下面往前走（向前指），这里是一个大操场，我们早操、课间操和体育课都会在这里进行。操场的左边（指向左边）是食堂和宿舍楼，右边（指向右边）是体育馆，前面（指向前面）远处是培训公寓和教师宿舍。学校各个场地、功能都很齐全，我们在这里学习、生活都非常愉快。

【情景四】

（专业课实训教室，向参观的领导介绍工艺品——掐丝画制作过程，学生手语介绍，老师翻译）

张处长：同学，你这幅作品是怎样制作出来的，能简单介绍一下吗？

郭州：老师好，我这幅作品叫作景泰蓝掐丝画。分为描图——掐丝

——上色——固沙四个步骤。首先第一步是描图，将要做的画一笔笔描出来，印到木板上。第二步是掐丝，把丝线在光滑一点的物体表面捋直，掐出的线条就会更流畅好看。图案转角的地方要用镊子，才能做得更光滑圆润。用粘丝胶涂到画板上时，不要急着马上粘丝，要等到胶水干了，手摸上去不粘了，再粘丝，这样既干净又牢固，等待的时间大约5～10分钟。第三步是上沙，沙子事先要淘洗一下，加上清水，洗掉漂浮物，泡一泡再上。在上沙时，要把画面摇晃平整，或者用喷壶喷平整。最后是固沙，等沙子干了后，刷一层“淋膜胶”，起到防水润滑的作用。这样就完成了一幅精美的景泰蓝掐丝画啦！

介绍事物应注意的事项

1. 先向大家介绍所讲事物的名字、名称，再进行介绍；

2. 要抓住所讲事物的特点；

3. 讲述准确、有条理，且按照一定的顺序；

4. 使用说明方法，能让人听出你对所介绍事物的喜爱，并知道你为什么喜欢它。

介绍事物的常用态势语

1. 介绍姿态：同时面向被介绍者和倾听者，伸出手做出介绍手势。

2. 介绍事物手势：手心朝上，手背朝下，四指并拢，拇指张开，手掌基本上抬至肩的高度，并指向被介绍的事物，面带微笑。

实用招牌词句

- 介绍事物
  - 外观
    - 形状
      - 这件衣服的下摆形状如鱼尾，……
      - 这件作品形似仙鹤，……
    - 颜色
      - 这便是今年最流行的亮黄色，……
      - 画作采用对比色，……
  - 材质
    - 材料
      - 这件衣服用的是高科技面料，……
      - 这件作品是烧制的陶瓷产品，……
    - 质地
      - 这件作品质地坚硬，……
      - 这件衣服质地柔软，……
    - 气味
      - 这件木雕用的是紫檀木，……
      - 这件作品采用纯天然材料制作，……
  - 特色
    - 优势
      - 这款茶壶可以真正实现一键开合，……
      - 我们的T恤图案可定制，……
    - 情怀
      - 这款糕点纯手工制作，……
      - 这款瓷器从设计到制作，皆由一人独立完成，……
  - 设计
    - 结构
      - 这件作品采用上轻下重的设计，……
    - 理念
      - 它采用可回收材料做成，……
    - 工艺
      - 这条围巾采用最新编织工艺制作，……
  - 功能
    - 用途
      - 这件冲锋衣适用于户外运动，……
      - 它是一个艺术摆件，……
    - 效果
      - 这一束丝网花色泽艳丽，为您的办公桌面添加了一分暖意。
      - 这条丝巾不仅百搭，还能在整体搭配中增加一份独特的美感。

知识链接

介绍事物的要求

1．语言简洁、准确、通俗。

简洁，就是语言简明扼要，不要说得太复杂。

准确，就是选用与介绍对象实际相符的词句，客观真实地介绍对象。

通俗，就是要考虑听者的实际情况，用简短的句子、平实的词语，让人一听就懂。

2．抓住特征。所谓特征，就是指这一事物区别于其他事物的标志。

3．理清顺序。

A．空间顺序：在简介某个实际的事物时，很多都采用这种顺序。它按照这个实际事物的空间存在形式，或由外到内，或从上到下，或由远及近，或从整体到局部，或由中心到四周等依次进行介绍。

B．时间顺序：在简介某事物的发展变化或制作过程时往往采用这种顺序。有的是从过去到现在再到未来；或按照制作的先后顺序来介绍。

运用竞技场

一、根据情境对自己熟悉的事物进行介绍。

1．老乡来到你的学校做客，如果请你用空间顺序介绍一下自己的宿舍，你会说：____________________

____

2．如果让你运用时间顺序介绍自己的一幅作品的制作过程（如木雕、陶艺、衍纸画、裙子、牛仔裤、月饼、蛋黄酥等），你会说：__________

____

二、假如你是某商场的导购人员，请你向顾客介绍一款商品。先分成2—3人一组，综合运用介绍事物的方法和技巧进行练习，互相介绍并互相评价，然后在全班展示。

习　作

说明文

说明文既不像记叙文那样重在记叙、描写和抒情，也不像议论文那样，重在阐明主张，批驳谬论。说明文的表达方式是以说明为主，因此熟练地掌握说明方法是写好说明文的关键。

例文指路

【例文一】

景泰蓝的制作

叶圣陶

一天下午，我们去参观北京市手工业公司实验工厂。粗略地看了景泰蓝的制作过程。景泰蓝是多数人喜爱的手工艺品，现在把它的制作过程说一下。

……

第二步工作叫掐丝，就是拿扁铜丝（横断面是长方形的）粘在铜胎表面上。这是一种非常精细的工作。掐丝工人心里有谱，不用在铜胎上打稿，就能自由自在地粘成图画。譬如粘一棵柳树吧，干和枝的每条线条该多长，该怎么弯曲，他们能把铜丝恰如其分地剪好曲好，然后用钳子夹着，在极稠的白芨浆里蘸，粘到铜胎上去。柳树的每个枝子上长着好些叶子，每片叶子两笔，像一个左括号和一个右括号，那太细小了，可是他们也要细磨细琢地粘上去。他们简直是在刺绣，不过是绣在铜胎上而不是绣在缎子上，用的是铜丝而不是丝线、绒线。他们能自由地在铜胎上粘成山水、花鸟、人物种种图画，当然也能按照美术家的设计图样工作。反正他们对于铜丝好像画家对于笔下的线条，可以随意驱遣，到处合适。美术家和掐丝工人的合作，使景泰蓝器物推陈出新，博得多方面人士的爱好。

于是轮到涂色料的工作了，他们管这个工作叫点蓝。图上的色料有好些种，不只是一种蓝色料，为什么单叫作点蓝呢？原来这种制作方法开头的时候多用蓝色料，当时叫点蓝，就此叫开了（我们苏州管银器上涂色料叫发蓝，大概是同样的理由）。这种制品从明朝景泰年间十五世纪中叶开始流行，因而总名叫景泰蓝。

用的色料就是制颜色玻璃的原料，跟涂在瓷器表面的釉料相类。我们在作场里看见的是一块块不整齐的硬片，从山东博山运来的。这里头基本质料是硼砂、硝石和碱，因所含的金属矿质不同，颜色也就各异，大概含铁的作褐色，含铀的作黄色，含铬的作绿色，含锌的作白色，含铜的作蓝色，含金含硒的作红色……

他们把那些硬片放在铁臼里捣碎研细，筛成细末应用。细末里头不免掺和着铁臼上磨下来的铁屑，他们利用吸铁石除掉它。要是吸得不干净，就会影响制成品的光彩。看来研磨色料的方法得讲求改良。

各种色料的细末都盛在碟子里，和着水，像画家的画桌上一样，五颜六色的碟子一大堆。点蓝工人用挖耳似的家伙舀着色料，填到铜丝界成的各种形式的小格子里。大概是熟极了的缘故，不用看什么图样，自然知道哪个格子里该填哪种色料。湿的色料填在格子里，比铜丝高一些。整个表面填满了，等它干燥以后，就拿去烧。一烧就低了下去，于是再填，原来红色的地方还是填红色料，原来绿色的地方还是填绿色料。要填到第三回，烧过以后，色料才跟铜丝差不多高低。

写法注释

1. 这篇文章根据景泰蓝制作的先后，采用了时间顺序进行说明。

2. 选用合理的说明方法。要让读者了解“掐丝”，首先对“掐丝”做解释。接着用“粘一棵柳树”的例子，给人具体印象。最后与“刺绣”作对比，突出掐丝的精细。几种说明方法综合运用，把一道复杂的制作工序介绍清楚。

【例文二】

南州六月荔枝丹

贾祖璋

成熟的荔枝，大多数是深红色或紫色。生在树头，从远处当然看不清它壳面的构造，只有红色映入眼帘，因而把它比做“绛囊”“红星”“珊瑚珠”，都很逼真。至于整株树以至成片树林，那就成为“飞焰欲横天”“红云几万重”的绚丽景色了。荔枝的成熟，广东是四月下旬到七月，福建是六月下旬到八月，都以七月为盛期，“南州六月荔枝丹”指的是阴历六月，正当阳历七月。荔枝也有淡红色的，如广东产的“三月红”和“桂绿”等。又有黄荔，淡黄色而略带淡红。

荔枝呈心脏形、卵圆形或圆形，通常蒂部大，顶端稍小。蒂部周围微微突起，称为果肩；有的一边高，一边低。顶端叫果顶，浑圆或尖圆。两侧从果顶到蒂部有一条沟，叫作缝合线，显隐随品种而不同。旧记载中还有一些稀奇的品种，如细长如指形的“龙牙”、圆小如珠的“珍珠”，因为缺少经济价值，现在已经绝种了。

荔枝大小，通常是直径三四厘米，重十多克到二十多克。六十年代，广东调查得知，有鹅蛋荔和丁香大荔，重达四五十克。还有四川合江产的“楠木叶”，《四川果树良种图谱》说它重十九克左右，《中国果树栽培学》则说大的重六十克。

所谓“膜如紫绡”，是指壳内紧贴壳的内壁的白色薄膜。说它“如紫绡”，是把壳内壁的花纹误作膜的花纹了。明代徐勃有一首《咏荔枝膜》诗，描写吃荔枝时把壳和膜扔在地上，好似“盈盈荷瓣风前落，片片桃花雨后娇”，是夸张的说法。

荔枝的肉大多数白色半透明，说它“莹白如冰雪”，完全正确。有的则微带黄色。从植物学的观点看，它不是果肉，而是种子外面的层膜发育而成的，应称作假种皮。真正的果肉倒是前面说的连同果壳扔掉的那一层膜。荔枝肉的细胞壁特别薄，所以入口一般都不留渣滓。味甜微酸，适宜于生食。有的纯甜。早熟品种则酸味较强。荔枝晒干或烘干，肉就成红褐色，完全失去洁白的面貌。

写法注释

1. 在写说明文时，首先必须抓住说明对象的本质，需要对其进行仔细观察，了解其外形、结构、构造、性能、功用等，有时还要查阅相关资料。

2. 在对事物进行说明时，作者采用了由主到次、由表及里的说明顺序，思路清晰，脉络分明。

3. 本文综合运用了很多种说明方法。

知识链接

1. 根据说明的对象、目的，说明文可以分为事物说明文和事理说明文。事物说明文，是以事物为具体的说明对象，使读者了解和认识事物的特征为说明的目的。以分析事物的因果关系、介绍科学道理为主的说明文称作事理说明文。无论是写事物说明文还是事理说明文，首先必须抓住说明对象的特征，即该事物或现象区别于其他事物或现象的主要标志。抓住了特征也就抓住了说明对象的本质。而要抓住说明对象的特征，就需要对其进行仔细观察，了解其外形、构造、性能、功用等，有时还要查阅相关资料，力求对它有更完整的认识。

2. 抓住说明对象的特征后，便要确定恰当的说明顺序。说明顺序主要有时间顺序、空间顺序、逻辑顺序。写说明文时，要依据对象的特点确定说明顺序。例如，以说明某一事物构造为主的事物说明文，采用空间顺序；以说明某事物发生发展过程为主的事物说明文，采用时间顺序；而写以说明事理为主的事理说明文，则采用逻辑顺序。

3. 常见的说明方法有下定义、分类别、列数字、举例子、作比较、打比方、引用、配图表等。

4. 说明文的表达方式主要是说明，必要时也可兼用其他表达方式，如描写和叙述等。

5. 说明文常用结构模式为：总——分——总。

运用竞技场

1. 我喜爱的____________（动植物或物品）。

2. 向朋友和家人介绍一种手艺（或技术），如掐丝画、衍纸工艺画、裙子、牛仔裤或蛋黄酥的制作过程等。

要求：写自己所熟悉的事物，学习例文中所运用的说明方法。

课外拓展阅读

非连续性文本

例文指路

同学们，下图是一位中学生近两年来课外阅读量与语文成绩分析图。你读了之后，获得的最重要的信息是什么呢？

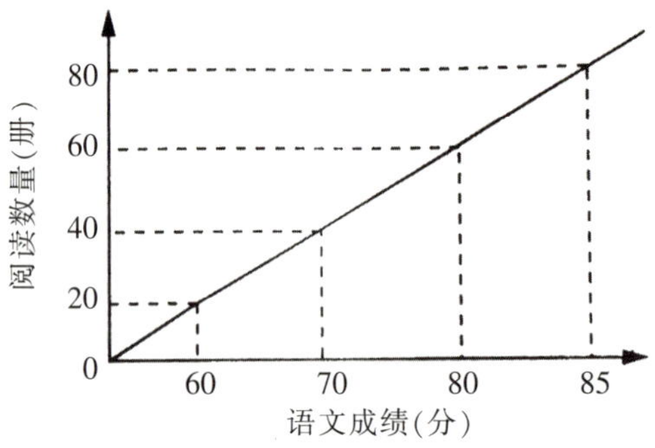

结论：随着课外阅读量的增加，这位同学的语文成绩也成正比例提高。

这种夹杂了图表的阅读材料和我们平时学习的课文有所不同，我们称之为非连续性文本。

知识链接

非连续性文本，是相对于以句子和段落组成的“连续性文本”而言的阅读材料，除了文字之外，还有数据表格、图表和曲线图、图解文字、凭证单、说明书、广告、地图、清单、时刻表、目录、索引等其他元素。

阅读方法指南

一、图表类——表格转换成文字。

1. 抓住图表中的主要信息。要关注表头中的文字，这些往往规定了关注对象和关注范围。

2. 比较图表数据，寻找变化规律。如果有多行多列的表格，要纵向、横向作比较，探究数字的变化规律和趋势。

例如：下图是对不同学历段学生关注国内外重大新闻事件的人数比例进行的统计，请认真读图，然后写出你的结论。

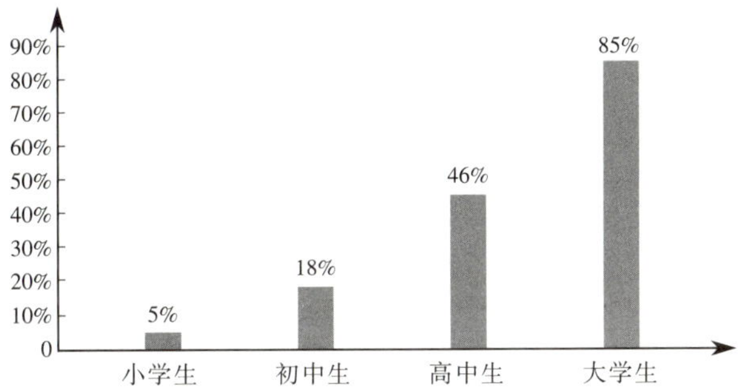

分析：这张图中，横向表头标明了不同学历段的学生，总共四种，分别是小学生、初中生、高中生和大学生，纵向表头是比例值，分别对应不同学历段的学生关注国内外重大新闻的比例。

结论：学历（或文化程度）越高对国内外重大新闻事件关注度越高。

二、漫画类——图画转换成文字。

1. 读画——观察画面的人、景、物等构成要素。

2. 析画——弄清画面中的各要素之间的关系。

3. 悟画——联系生活现象进行类比联想，揣摩创作意图。

4. 述画——根据要求简单地表达出来。

例如：中国西南五省的旱情不断加重，出现80年一遇的严重干旱，部分地区旱情甚至百年一遇，国人忧心如焚！下面两幅图，图一是云南的孩子在干涸的荷塘里捡河蚌壳，图二是一幅漫画，你能从图中读到什么内容？

分析：读懂画面内容，找齐画面上所有要素（图画和文字），按照一定顺序介绍。再探究漫画的寓意（含义、感受、启示等），结合社会现实问题看是在讽刺揭露还是在歌颂赞美。

从右上图读到的信息：一个写有“水资源”的水龙头在滴水，水管有三处破裂，在向外流水，浪费严重。我们要节约水资源，因为水资源有限。

三、材料类——材料得出结论。

1. 读懂材料中文字的意思。

2. 能找到材料之间的联系，寻找共同点。

例如：请你阅读下面材料，找出共同点，写出结论性的话。

材料一：海纳百川，有容乃大；壁立千仞，无欲则刚——林则徐。

材料二：天空容留每一片云彩，不论其美丑，故天空广阔无比；高山容留每一块岩石，不论其大小，故高山雄伟壮观。

材料三：有人批评林肯总统：“你为什么让政敌变成朋友？你应该消灭他们。”“当我们与政敌成为朋友时，政敌就不存在了。”林肯温和地说。后来，林肯再度当选美国总统。

分析：材料一和材料二都能看出宽容和胸怀博大是一个人的美德，但只有联系到材料三，我们才能看出宽容与胸怀博大对一个人走向成功、成就大业的作用。

结论：胸怀博大者，方能目光高远；宽容他人者，更能成就大业。

四、新闻类——找到主要信息。

1. 找总起段。

2. 从总起段中找中心句。

3. 从中心句中找关键词语。

4. 将关键词语整合成一句话。

例如：下面这则新闻报道了什么？

施德荣是生建村社区五组一名普通的妇女，十多年如一日精心照料中风的婆婆，始终用爱传递着真情，在社区传为美谈。

十多年前，施德荣婆婆李金贞因高血压突然中风，丈夫花建斌在外工作无暇顾及，施德荣将婆婆送进医院进行救治……这个家正是在她日复一日、年复一年的精心呵护下，公公婆婆健康快乐，女儿学习优秀，夫妻和睦，家庭和谐，常常引来邻里、同事、亲朋的羡慕和称赞。

结论：报道了施德荣长时间精心照料婆婆，传为美谈。

实用招牌词句

在阅读非连续性文本后，需要书写结论或获得的信息时，可以运用到以下词句。

图表类：告诉了……/表明了……/……
漫画类：揭示了……/讽刺了……/反映了……/……
材料类：从材料中看出……/得到了……/……
新闻类：报道了……/叙述了……/……

运用竞技场

一、阅读美林用药说明，完成文后练习。

【美林药品名称】商品名：美林

【美林性状】美林为橙色混悬液，味甜，有调味剂的芳香。

【美林适应症】用于儿童普通感冒或流行性感冒引起的发热。也用于缓解儿童轻至中度疼痛。

年龄（岁）	体重（公斤）	一次用量（毫升）	次数
1—3	10—15	4	若持续疼痛或发热，可间隔 4～6 小时重复用药 1 次，24 小时不超过 4 次。
4—6	16—21	5	
7—9	22—27	8	
10—12	28—32	10	

【美林注意事项】

（1）美林为对症治疗药，不宜长期或大量使用，用于止痛不得超过 5 天，用于解热不得超过 3 天，症状不缓解，请咨询医师或药师。

（2）有下列情况患者慎用：支气管哮喘、肝肾功能不全、凝血机制或血小板功能障碍。

（3）下列情况患者应在医师指导下使用：有消化性溃疡史、胃肠道出血、高血压。

（4）1岁以下儿童应在医师指导下使用。

（5）不能同时服用其他含有解热镇痛药的药品（如某些复方抗感冒药）。

（6）如服用过量或出现严重不良反应，应立即就医。

（7）对美林过敏者禁用，过敏体质者慎用。

（8）美林性状发生改变时禁止使用。

（9）请将美林放在儿童不能接触的地方。

（10）如正在使用其他药品，使用美林前请咨询医师或药师。

1.【美林注意事项】第7条“对美林过敏者禁用，过敏体质者慎用。”改为“对美林过敏者慎用，过敏体质者禁用。”可以吗？为什么？

2. 下列做法正确的一项是（　　）

A. 半夜，张小明体温39℃，妈妈倒出清澈如水的美林，喂小明。

B. 陈琳感冒发热，吃了999复方抗感冒颗粒，又吃了美林。

C. 王方身体发烧，早上七点半他喝了美林去上学，十二点回家喝了一次，下午五点到家又喝了一次，十点钟睡觉前又喝了一次。

D. 李伟伟是个壮小子，才八个月大，就有21斤了。有天发热了，妈妈心疼，喂了他4毫升的美林。

二、仔细观察右边的漫画，说说它的含义。

三、根据图表写文字。

观察下面的调查结果统计表，用简要的文字概述表格所反映的主要信息。

项目	小学生	初中生	高中生
祝福母亲生日	54%	66%	91%
祝福同学生日	56%	86%	92%

第三单元　赏析人物

单元导语

本单元所选的课文有三篇小说，一篇戏剧。

《卖白菜》写的是一段辛酸的往事，几番痛苦的回忆。文章通过母子二人卖白菜，折射出母亲与“我”的不同性情。在生活的无奈中，母亲的坚强和自尊与“我”的暴躁和狭隘，泾渭分明。同时也告诉我们：人穷不能志气短，再穷也需真诚实在。

《窗》的作者借病房的窗，写出了人的心灵之窗。通过两个病人的对比，透过这扇窗，我们能认识到：人要克制自己的贪恋，不能任其泛滥；人要除去对他人的嫉妒，怀有平常之心；人要扬善抑恶，做一个高尚善良的人。

《项链》的女主人公玛蒂尔德为了体面地参加一场舞会，向朋友借了一串项链，舞会上她大出风头，不幸的是她丢失了这串项链。为了赔偿朋友的项链，玛蒂尔德与她的丈夫节衣缩食，辛苦劳作，整整花了十年时间。当他们为还清债务而如释重负的时候，却得知这串项链是假的。小说的情节出乎意料，又合乎情理。

《雷雨》（节选）写鲁侍萍与周朴园分别18年后的相遇，作者巧妙地将周、鲁两家几十年的爱恨情仇浓缩于周家客厅内的故事之中，以扣人心弦的情节、激烈的戏剧冲突、简练含蓄的语言、各具特色的人物，展示出一幕人生大悲剧，给人留下难以磨灭的印象。

小说和戏剧都是通过具体生动的艺术形象来反映社会生活和时代风貌的。阅读小说和戏剧是认识社会、认识人生的重要手段。这几篇课文均从不同侧面反映了不同时代不同社会广阔的现实生活，引发读者深入体察人与社会的种种现象，在感悟与思辨中形成自己的价值观。

9. 卖白菜[①]

莫　言

1967 年冬天，我 12 岁那年，临近春节的一个早晨，母亲苦着脸，心事重重地在屋子里走来走去，时而揭开炕席的一角，掀动几下铺炕的麦草；时而拉开那张老桌子的抽屉，扒拉几下破布头烂线团。母亲叹息着，并不时把目光抬高，瞥一眼那三棵吊在墙上的白菜。最后，母亲的目光锁定在白菜上，端详着，终于下了决心似的，叫着我的乳名，说：

“社斗，去找个篓子来吧……”

“娘，”我悲伤地问，“您要把它们……”

“今天是大集。”母亲沉重地说。

“可是，您答应过的，这是我们留着过年的……”话没说完，我的眼泪就涌了出来。

母亲的眼睛湿漉漉的，但她没有哭，她有些恼怒地说：“这么大的汉子了，动不动就抹眼泪，像什么样子！”

“我们种了一百零四棵白菜，卖了一百零一棵，只剩下这三棵了……说好了留着过年的，说好了留着过年包饺子的……”我哽咽着说。

母亲靠近我，掀起衣襟，擦去了我脸上的泪水。我把脸伏在母亲的胸前，

从娇嫩的芽苗，侍弄成饱满的大白菜

---

① 选自《莫言文集·小说的气味》（当代世界出版社 2004 年版），有删节。莫言（1955—　），原名管谟业。当代作家。

委屈地抽噎[①]着。我感到母亲用粗糙的大手抚摸着我的头，我嗅到了她衣襟上那股揉烂了的白菜叶子的气味。从夏到秋、从秋到冬，在一年的三个季节里，我和母亲把这一百零四棵白菜从娇嫩的芽苗，侍弄成饱满的大白菜，我们撒种、间苗、除草、捉虫、施肥、浇水、收获、晾晒……每一片叶子上都留下了我们的手印……但母亲却把它们一棵棵地卖掉了……我不由地大哭起来。

透过朦胧的泪眼，我看到母亲把那棵最大的白菜从墙上钉着的木橛子[②]上摘了下来。母亲又把那棵第二大的摘下来。最后，那棵最小的、形状圆圆像个和尚头的也脱离了木橛子，挤进了篓子里。我熟悉这棵白菜，就像熟悉自己的一根手指。因为它生长在最靠近路边那一行的拐角的位置上，小时被牛犊或是被孩子踩了一脚，所以它一直长得不旺，当别的白菜长到脸盆大时，它才有碗口大。发现了它的小和可怜，我们在浇水施肥时就对它格外照顾。我曾经背着母亲将一大把化肥撒在它的周围，但第二天它就打了蔫[③]。母亲知道了真相后，赶紧地将它周围的土换了，才使它死里逃生。后来，它尽管还是小，但卷得十分饱满，收获时母亲拍打着它感慨地对我说："你看看它，你看看它……"在那一瞬间，母亲的脸上洋溢着珍贵的欣喜的表情，仿佛拍打着一个历经磨难终于长大成人的孩子。

集市在邻村，距离我们家有三里远。母亲让我帮她把白菜送去。我心中不快，嘟哝[④]着，说："我还要去上学呢。"母亲抬头看看太阳，说："晚不了。"我还想啰嗦，看到母亲脸色不好，便闭了嘴，不情愿地背起那只盛了三棵白菜，上边盖了一张破羊皮的篓子，沿着河堤南边那条小路，向着集市，踽踽[⑤]而行。寒风凛冽，有太阳，很弱，仿佛随时都要熄灭的样子。不时有赶集的人从我们身边超过去。我的手很快就冻麻了，以至于当篓子跌落在地时我竟然不知道。篓子落地时发出了清脆的响声，篓底有几根蜡条跌断了，那棵最小的白菜从篓子里跳出来，滚到路边结着白冰的水沟里。母亲在我头上打了一巴掌，骂道："穷种啊！"然后她就颠着小脚，乍[⑥]着两只胳膊，小心翼翼但又十分匆忙地下到沟底，将那棵白菜抱了上来。我看

---

① ［抽噎（yē）］抽咽；抽搭，一吸一顿地哭泣。

② ［木橛（jué）子］短木桩。

③ ［蔫（niān）］花木、水果等因失去所含的水分而萎缩。

④ ［嘟哝（dū·nong）］连续不断地自言自语。

⑤ ［踽（jǔ）踽］形容一个人走路孤零零的样子。

⑥ ［乍（zhà）］伸开、张开。

到那棵白菜的根折断了，但还没有断利索，有几绺①筋皮联络着。我知道闯了大祸，站在篓边，哭着说："我不是故意的，我真的不是故意的……"母亲将那棵白菜放进篓子，原本是十分生气的样子，但也许是看到我哭得真诚，也许是看到了我黑黢黢②的手背上那些已经溃烂的冻疮，母亲的脸色缓和了，没有打我也没有再骂我，只是用一种让我感到温暖的腔调说："不中用，把饭吃到哪里去了？"然后母亲就蹲下身，将背篓的木棍搭上肩头，我在后边帮扶着，让她站直了身体。

终于挨到了集上。母亲让我走，去上学，我也想走，但我看到一个老太太朝着我们的白菜走了过来。风迎着她吹，使她的身体摇摆，仿佛那风略微大一些就会把她刮起来。她走到我们的篓子前，看起来是想站住，但风使她动摇不定。我认识这个老太太，知道她是个孤寡老人，经常能在集市上看到她。她用细而沙哑的嗓音问白菜的价钱。母亲回答了她。她摇摇头，看样子是嫌贵。但是她没有走，而是蹲下，揭开那张破羊皮，翻动着我们的三棵白菜。她把那棵最小的白菜上那半截欲断未断的根拽了下来。然后她又逐棵地戳着我们的白菜，用弯曲的、枯柴一样的手指。她撇着嘴，说我们的白菜卷得不紧，母亲用忧伤的声音说："大婶子啊，这样的白菜您还嫌卷得不紧，那您就到市上去看看吧，看看哪里还能找到卷得更紧的吧。"

我对这个老太太充满了恶感，你拽断了我们的白菜根也就罢了，可你不该昧着良心说我们的白菜卷得不紧。我忍不住冒出了一句话："再紧就成了石头蛋子了！"

老太太抬起头，惊讶地看着我，问母亲："这是谁？是你的儿子吗？"

"是老小，"母亲回答了老太太的问话，转回头批评我："小小孩儿，说话没大没小的！"

老太太将她胳膊上挎着的柳条篼篼③放在地上，腾出手，撕扯着那棵最小的白菜上那层已经干枯的菜帮子。我十分恼火，便刺她："别撕了，你撕了让我们怎么卖？"

"你这个小孩子，说话怎么就像吃了枪药一样呢！"老太太嘟哝着，但撕扯菜帮子的手却并不停止。

"大婶子，别撕了，放到这时候的白菜，老帮子脱了五六层，成了核了。"母亲劝说着她。

---

① ［绺（liǔ）］量词，线、麻、头发、胡须等许多根顺着聚在一起叫一绺。

② ［黑黢（qū）黢］很黑或很暗。

③ ［篼篼（yuān dōu）］竹篾等编成的盛东西的器具。

她终于还是将那层干菜帮子全部撕光，露出了鲜嫩的、洁白的菜帮。在清冽的寒风中，我们的白菜散发出甜丝丝的气味。这样的白菜，包成饺子，味道该有多么鲜美啊！老太太搬着白菜站起来，让母亲给她过秤。母亲用秤钩子挂住白菜根，将白菜提起来。老太太把她的脸几乎贴到秤杆上，仔细地打量着上面的秤星。我看着那棵被剥成了核的白菜，眼前出现了它在生长的各个阶段的模样，心中感到阵阵忧伤。

终于核准了重量，老太太说："俺可是不会算账。"

母亲因为偏头痛，算了一会儿也没算清，对我说："社斗，你算。"

我找了一根草棒，用我刚刚学过的乘法，在地上划算着。

我报出了一个数字，母亲重复了我报出的数字。

"没算错吧？"老太太用不信任的目光盯着我说。

"你自己算就是了。"我说。

"这孩子，说话真是暴躁！"老太太低声嘟哝着，从腰里摸出一个肮脏的手绢，层层地揭开，露出一叠纸票，然后将手指伸进嘴里，沾了唾沫，一张张地数着。她终于将数好的钱交到母亲的手里。母亲也一张张地点数着。

等我放了学回家后，一进屋就看到母亲正坐在灶前发呆。那个蜡条篓子摆在她的身边，三棵白菜都在篓子里，那棵最小的因为被老太太剥去了干帮子，已经受了严重的冻伤。我的心猛地往下一沉，知道最坏的事情已经发生了。母亲抬起头，眼睛红红地看着我，过了许久，用一种让我终生难忘的声音说：

"孩子，你怎么能这样呢？你怎么能多算人家一毛钱呢？"

"娘，"我哭着说："我……"

"你今天让娘丢了脸……"母亲说着，两行眼泪就挂在了腮上。

这是我看到坚强的母亲第一次流泪，至今想起，心中依然沉痛。

手语词卡

戳　啰嗦　冻疮　抽屉　坚强

词语积累

乍　绺　蔫　抽噎　拽断　嘟哝　篼篼　篓子　洋溢　撇嘴　黑黢黢　木橛子　踽踽而行

语言点

一、然后她就**颠着**小脚，**乍着**两只胳膊，小心翼翼但又十分匆忙地**下到**沟底，将那棵白菜**抱了**上来。

颠着、乍着、下到、抱了：此处作者连续运用了四个动词，表现了母亲急切的、小心翼翼的样子，生怕那棵白菜受到损伤。例如：

她拿起筷子，向一盘色泽鲜艳的菜伸去，轻轻夹起一片，用左手在筷子下方端着，小心翼翼跟随着筷子，把菜放入嘴中，细细地品尝着。

二、临近春节的一个早晨，母亲苦着脸，心事重重地在屋子里走来走去，**时而**揭开炕席的一角，掀动几下铺炕的麦草；**时而**拉开那张老桌子的抽屉，扒拉几下破布头烂线团。

时而……时而……：表示动作或情况不时地重复发生。例如：

大雁时而排成一字形，时而排成人字型。

知识点

省略号：用来表示节略原文或语句未完、意思未尽或语句断断续续。符号为：……，占字二格。省略号具体包含以下作用。例如：

1. 表引文或引述的话有所省略。例如：

周恩来同志用命令的口吻说："不要管我，大家要沉着，不要慌张……"

2. 表重复语句的省略。例如：我扑到指导员身上大喊："指导员，指导员……"

3. 表示意在言外的省略。例如：

想着想着，我的心里，好像有一颗种子在生根、发芽……

4. 表示语意难尽的省略。例如：

我失声喊起来："老班长，你怎么……"

5. 表示说话断断续续。例如：

他轻轻地摇了摇头，两眼望着那捆书，用微弱的声音说："你们要……好好学习……将来……"

6. 表语言的中断。例如：

凤凰接着说："要搭窝，先要选好根基，比如大树干上的三个杈……"老鹰一听，想："啊！原来就是找个树杈，挺简单，我会了。"

7. 表示列举的省略。例如：

在广州的花市上，牡丹、吊兰、水仙、山茶、梅花……春秋冬三季的鲜花都挤在一起啦！

8. 表示含糊其词的省略。例如：

我立刻胆怯起来，我想全翻过先前的话来。“那是……实在……我就不清楚，……其实有没有灵魂，我也说不清。”

9. 表示沉默的省略。例如：

何为：“梅伯母的身体已经经不起路上的颠簸了！”欧阳平：“……”

10. 表示思维的跳跃。例如：

“对呀对呀！……会字有四样写法，你知道吗？”

11. 表示话还未说完，被别人抢了话。例如：

孔乙己睁大眼睛说，“你怎么这样凭空污人清白……”“什么清白？我前天亲眼见你偷了何家的书，吊着打。”

运用竞技场

一、给加点词语选择正确的读音。

乍（zhà　zuò）	绺（lǔ　liǔ）	蔫（niān　yān）
戳（zhái chuō）	抽噎（yē　yī）	拽断（yè　zhuài）
嘟哝（dū　dōu）	篼篼（yuān　wǎn）	篓子（lǒu　lòu）
冻疮（cāng　chuāng）	撇嘴（biē　piě）	黑黢黢（qū　jùn）
木橛子（quē　jué）	踽踽而行（yǔ　jǔ）	恶感（wù　è）

二、找出下列词语中的错别字，并更正。

都哝（　　）　暴燥（　　）　唾秣（　　）　清列（　　）

秤竿（　　）　连络（　　）　感概（　　）　罗嗦（　　）

三、选择适当的词语填空。

颠着　放着　哭着　乍着　抱着　苦着

______小脚　______说　______小婴儿

______脸　茶几上______一盆花　______两只胳膊

四、仿写句子。

母亲苦着脸，时而揭开炕席的一角，掀动几下铺炕的麦草；时而拉开那张老桌子的抽屉，扒拉几下破布头烂线团。

仿写：____

五、下列句子中的省略号表达作用，对的打“√”，错的打“×”。

1. 他……直指着正北方向，“好，好同志……你……你把它带给……”（表示说话断断续续） （ ）

2. 听筒里传来十分响亮而焦灼的声音：“时间来不及了，请马上设法空运……空运！”（表示重复语句的省略） （ ）

3. 孔乙己低声说道：“跌断，跌、跌……”他的脸色，很像恳求掌柜，不要再提。（表引文或引述的话有所省略） （ ）

六、阅读理解。

1. 课文围绕“卖白菜”展开故事情节，请你阅读文章，填写表格。

故事情节	“我”的心情
	不舍
“我”不小心摔白菜	
老太太挑白菜	
	气愤
白菜被老太太退回	

2. 文章结尾写到“至今想起，心中依然沉痛”，请你说说作者“依然沉痛”的原因是什么。

10．窗[①]

泰格特

在一家医院的病房里，曾住过两位病人，他们的病情都很严重。这间病房十分窄小，仅能容下他们俩。病房设有一扇门和一个窗户，门通向走廊，透过窗户可以看到外面的世界。

其中一位病人经允许，可以分别在每天上午和下午起身坐上一个小时。这位病人的病床靠近窗口。

而另一位病人则不得不日夜躺在病床上。当然，两位病人都需要静养治疗。使他们感到痛苦的是，两人的病情不允许他们做任何事情借以消遣，既不能读书阅报，也不能听收音机、看电视……只有静静地躺着。而且只有他们两个人。噢，两人经常谈天，一谈就是几个小时。他们谈起各自的家庭妻小，各自的工作，各自在战争中做过什么，曾在哪些地方度假，等等。

窗

每天上午和下午，时间一到，靠近窗的病人就被扶起身来，开始一小时的仰坐。每当这时，他就开始为同伴描述起他所见到的窗外的一切。渐渐地，每天的这两个小时，几乎就成了他和同伴生活中的全部内容了。

很显然，这个窗户俯瞰[②]着一座公园，公园里面有一泓[③]湖水，湖面上漫游着一群群野鸭、天鹅。公园里的孩子们有的在扔面包喂这些水禽，有的在摆弄游艇。一对对年轻的情侣手挽

① 选自《语文补充教材》（上海教育出版社）。泰格特，澳大利亚作家。

② ［俯瞰（kàn）］从高处往下看。

③ ［一泓］清水一片或一道。

着手在树荫下散步。公园里鲜花盛开，主要有玫瑰花，但四周还有五彩斑斓[1]、争相斗妍[2]的牡丹花和金盏草，在公园那端的一角，有一块网球场。有时那儿进行的比赛确实精彩，不时也有几场板球赛；虽然球艺够不上正式决赛的水平，但是，有得看比赛，总比没有强。那边还有一块用于玩滚木球的草坪。公园的尽头是一排商店。在这些商店的后边，闹市区隐约可见。

躺着的病人津津有味地听着这一切。这个时刻的每一分钟对他来说都是一种享受。描述仍在继续：一个孩童怎样差一点跌入湖中，身着夏装的姑娘是多么美丽动人。接着，又是一场扣人心弦的网球赛。他倾听着这栩栩如生的描述，仿佛亲眼看到了窗外所发生的一切。

一天下午，当他听到一名板球队员正慢悠悠地把球击得四处皆是时，不靠窗的病人突然产生了一个想法：为什么偏是挨着窗户的那个人，有幸能观赏到窗外的一切？为什么自己不应得到这种机会呢？他为自己会有这种想法而感到惭愧，竭力[3]不再这么想。可是，他愈加克制，这种想法却变得愈加强烈，直至几天以后，这个想法已经进一步变为紧挨着窗口的为什么不该是我呢？

他白昼无时不为这一想法所困扰，晚上，又彻夜难眠。结果，病情一天天加重了，医生们对其病因不得而知。

一天晚上，他照例睁着双眼盯着天花板，这时，他的同伴突然醒来，开始大声咳嗽，呼吸急促，时断时续，液体已经充塞了他的肺腔，他两手摸索着，在找电铃的按钮，只要电铃一响，值班的护士就会立即赶来。

但是，另一位病人却纹丝不动地看着。心想，他凭什么要占据窗口那张床位呢？

痛苦的咳嗽声打破了黑夜的沉静。一声又一声……卡住了……停止了……直至最后呼吸声也停止了。

另一位病人仍然继续盯着天花板。

第二天早晨，医护人员送来了漱洗水，发现那个病人早已咽气了，他们静悄悄地将尸体抬了出去。

稍过几天，似乎这时开口已经正当得体。剩下的这位病人就立刻提出

---

① ［五彩斑斓（lán）］五彩：指青、黄、赤、白、黑五色。斑斓：色彩错杂灿烂的样子。形容颜色非常好看，色彩非常丰富。

② ［争相斗妍］色彩的奇异、艳丽，以比高下。

③ ［竭（jié）力］尽力（表示使用全力去进行某种活动）。

是否能让他挪到窗口的那张床上去。医护人员把他抬了过去，将他舒舒服服地安顿在那张病床上。

医生刚一离开，这位病人就十分痛苦地挣扎着，用一只胳膊支起了身子，口中气喘吁吁。他探头朝窗口望去。

他看到的只是光秃秃的一堵墙。

手语词卡

俯瞰　描述　精彩　惭愧　痛苦　气喘吁吁

词语积累

一泓　漫游　慢悠悠　五彩斑斓　争相斗妍　津津有味　扣人心弦　栩栩如生

语言点

一、一个孩童怎样差一点跌入湖中，身着夏装的姑娘是**多么**美丽动人。

多么：

1. 用在疑问句里，问程度。例如：

洛阳离这里有多么远？

2. 用在感叹句里，表示程度很高。例如：

他的品德多么高尚！

二、**一对对**年轻的情侣手挽着手在树荫下散步。

一对对：表示数量，泛指年貌可以相配的两个人或物体。例如：

晚风吹动着树叶，月光拉长着一对对恋人的身影。

三、结果，病情**一天天**加重了，医生们对其病因不得而知。

一天天：一昼夜一昼夜的。例如：

他一天天地从早忙到晚。

知识点

小说题目的含义及“窗”在文中的作用。

含义：1.“窗”既指病房实际的窗，也喻指人物的心灵。

2.“窗”是生活的透视和折光。

作用：1.“窗”是文中人物关注的焦点，是故事发生的缘起，也是故事的落点。

2. 故事围绕“窗”展开，它引发了人物内心的矛盾冲突。

3. 反映了作品主题，给人以人生的启迪。

运用竞技场

一、给加点的字选择韵母并标声调。

u　ü　an　ian　en　in　uan　eng　ong

一泓（h　）　俯瞰（k　）　漫游（m　）

争相斗妍（zh　）（y　）　栩栩如生（x　）（sh　）

扣人心弦（r　）（x　）　五彩斑斓（b　）（l　）

津津有味（j　）　气喘吁吁（ch　）

二、词语连线搭配。

一群群　　房子

一幢幢　　球赛

一对对　　天鹅

一场场　　树木

一排排　　情侣

三、选词填空。

多么　怎么　那么　这么

1. ______漂亮的天鹅啊！

2. 他们的品德______高尚！

3. ______重要的事情，你______能够迟到呢？

四、阅读理解。

1. 小说以“窗”为题，有双重含义，第一是指______________，第二是指______________。

2. 从“不靠窗病人”的角度梳理小说的情节，请连线。

开端　　发觉同伴病危，漠然纹丝不动。

发展　　挪到窗口，只看到一堵光秃秃的墙。

高潮　　产生嫉妒心理，身心为之困扰。

结尾　　与同伴关系融洽，享受同伴的描述。

3. 这篇文章中的两个病人，作者主要运用了哪些描写方法(　　)(多选)

A. 心理描写　　B. 语言描写　　C. 动作描写　　D. 外貌描写

4. 下面对小说理解有误的一项是(　　)

A. 小说以“窗”为焦点，以两位重病人相互之间所持的态度为线索展开情节，在对比中表现人物心灵的美与丑、善与恶。

B. 小说对公园美景的详细描写，为小说情节的展开做了铺垫，也反衬出近窗病人热爱生活的态度和善良无私的心灵。

C.“两位病人都需要静养治疗”这句话，突出强调了两位病重者的需要，暗示出靠窗病人应该注意保持病房的安静。

D. 离窗病人的“病情一天天加重了”是因为他心理恶化，产生嫉妒，私心膨胀。这是心病，所以医生不知其原因。

5. 你认为只看到光秃秃的一堵墙的病人是一个怎样的人？

11. 项链[①]

莫泊桑

她也是一个美丽动人的姑娘，好像由于命运的差错，生在一个小职员的家里。她没有陪嫁的资产，也没有什么法子让一个有钱的体面人认识她，了解她，爱她，娶她，最后只得跟教育部的一个小书记[②]结了婚。

她不能够讲究打扮，只好穿得朴朴素素，但是她觉得很不幸，好像这降低了她的身份似的。因为在妇女，美丽、丰韵、娇媚，就是她们的出身；天生的聪明、优美的资质、温柔的性情，就是她们唯一的资格。

她觉得她生来就是为着过高雅和奢华的生活，因此她不断地感到痛苦。住宅的寒伧[③]、墙壁的黯淡、家具的破旧、衣料的粗陋，都使她苦恼。这些东西，在别的跟她一样地位的妇人也许不会挂在心上，然而她却因此痛苦，因此伤心。她看着那个替她做琐碎家事的勃雷大涅省[④]的小女仆，心里就引起悲哀的感慨和狂乱的梦想。她梦想那些幽静的厅堂，那里装饰着东方的帷幕，点着高脚的青铜灯，还有两个穿短裤的仆人，躺在宽大的椅子里，被暖炉的热气烘得打盹儿；她梦想那些宽敞的客厅，那里张挂着古式的壁衣[⑤]，陈设着精巧的木器、珍奇的古玩；她梦想那些华美的香气扑鼻的小客室，在那里，下午五点钟的时候，她跟最亲密的男朋友闲谈，或者跟那些一般女人所最仰慕最乐于结识的男子闲谈。

---

① 发表于1884年，原题《首饰》。《项链》这个译名是由英译本转译过来的。莫泊桑（1850—1893），19世纪后半叶法国批判现实主义作家，与俄国契诃夫和美国欧·亨利并称为“世界三大短篇小说巨匠”。莫泊桑被誉为“世界短篇小说之王”，代表作品有《项链》《漂亮朋友》《羊脂球》和《我的叔叔于勒》等。

② ［书记］旧时在机关里做抄写工作的职员。

③ ［寒伧（chen）］同“寒碜”，丢脸、不体面。

④ ［勃雷大涅省］法国西部靠海的一个省区。雇用这个地方的人，工资比较低。

⑤ ［壁衣］装饰墙壁的织物。

每当她在铺着一块三天没洗的桌布的圆桌边坐下来吃晚饭的时候，对面，她的丈夫揭开汤锅的盖子，带着惊喜的神气说："啊！好香的肉汤！再没有比这更好的了！……"这时候，她就梦想到那些精美的晚餐，亮晶晶的银器；梦想到那些挂在墙上的壁衣，上面绣着古装人物，仙境般的园林，奇异的禽鸟；梦想到盛在名贵的盘碟里的佳肴；梦想到一边吃着粉红色的鲈鱼①或者松鸡②翅膀，一边带着迷人的微笑听客人密谈。

她没有漂亮服装，没有珠宝，什么也没有。然而她偏偏只喜爱这些，她觉得自己生在世上就是为了这些。她一向就想望着得人欢心，被人艳羡，具有诱惑力而被人追求。

她有一个有钱的女朋友③，是教会女校的同学，可是她再也不想去看望她了，因为看望回来就会感到十分痛苦。由于伤心、悔恨、失望、困苦，她常常整日地哭好几天。

然而，有一天傍晚，她丈夫得意扬扬地回家来，手里拿着一个大信封。

"看呀，"他说，"这里有点东西给你。"

她高高兴兴地拆开信封，抽出一张请柬，上面印着这些字：

教育部部长乔治•郎伯诺及夫人，恭请路瓦栽先生与夫人于一月十八日（星期一）光临教育部礼堂，参加夜会。

她不像丈夫预料的那样高兴，她懊恼地将请柬丢在桌上，咕哝着：

"你叫我拿着这东西怎么办呢？"

"但是，亲爱的，我原以为你一定会喜欢。你从来不出门，这是一个机会，这个，一个好机会！我费了多大力气才弄到手。大家都希望得到，可是很难得到，一向很少发给职员。你在那儿可以看见所有的官员。"

她用恼怒地眼睛瞧着他，不耐烦地大声说：

"你打算让我穿什么去呢？"

他没有料到这个，结结巴巴地说：

"你上戏园子穿的那件衣裳，我觉得就很好，依我……"

他住了口，惊慌失措，因为看见妻子哭起来了，两颗大大的泪珠慢慢地顺着眼角流到嘴角来了。他吃吃地说：

---

① ［鲈（lú）鱼］一种嘴大鳞细的鱼，肉味鲜美。

② ［松鸡］一种山鸡，脚上长满羽毛，背部有白、黄、褐、黑等杂色的斑纹，生长在寒冷地带的森林中，肉味鲜美。

③ ［一个有钱的女朋友］指下文的佛莱思节夫人。

“你怎么了？你怎么了？”

她费了很大的力，才抑制住悲痛，擦干她那润湿的两腮，用平静的声音回答：

“没有什么。只是，没有件像样的衣服，我不能参加这个夜会。你的同事，谁的妻子打扮得比我好，就把这请柬送给谁去吧。”

他难受了，接着说：

“好吧，玛蒂尔德①。做一身合适的衣服，你在别的场合也能穿，很朴素的，得多少钱呢？”

她想了几秒钟，合计出一个数目，考虑到这个数目可以提出来，不会招致这个俭省的书记立刻的拒绝和惊骇的叫声。

末了，她迟迟地答道：

“准数呢，我不知道，不过我想，有四百法郎就可以办到。”

他脸色有点发白了。他恰好存着这么一笔款子，预备买一杆猎枪，好在夏季的星期天，跟几个朋友到南代尔平原去打云雀。

然而他说：

“就这样吧，我给你四百法郎。不过你得把这件长衣裙做得好看些。”

夜会的日子近了，但是路瓦栽夫人显得郁闷、不安、忧愁。她的衣服却做好了。她丈夫有一天晚上对她说：

“你怎么了？看看，这三天来你非常奇怪。”

她回答说：

“叫我发愁的是一粒珍珠、一块宝石都没有，没有什么戴的。我处处带着穷酸气，很想不去参加这个夜会。”

他说：

“戴上几朵鲜花吧。在这个季节里，这是很时新的。花十个法郎，就能买两三朵别致的玫瑰。”

她还是不依。

“不成……在阔太太中间露穷酸相，再难堪也没有了。”

她丈夫大声说：

“你多么傻啊！去找你的朋友佛来思节夫人，向她借几样珠宝。你跟她很有交情，这点事满可以办到。”

---

① ［玛蒂尔德］路瓦栽夫人的名字。

她发出惊喜的叫声。

“真的！我倒没想到这个。”

第二天，她到她的朋友家里，说起自己的烦闷。

佛来思节夫人走近她那个镶着镜子的衣柜，取出一个大匣子，拿过来打开了，对路瓦栽夫人说：

“挑吧，亲爱的。”

精美的钻石项链

她先看了几副镯子，又看了一挂珍珠项圈，随后又看了一个威尼斯式的镶着宝石的金十字架，做工非常精巧。她在镜子前边试这些首饰，犹豫不决，不知道该拿起哪件，放下哪件。她不断的问着：

“再没有别的了吗？”

“还有呢。你自己找吧，我不知道哪样合你的意。”

忽然她在一个青缎子盒子里发现一挂精美的钻石项链，她高兴得心也跳起来了。她双手拿着那项链发抖。她把项链绕着脖子挂在她那长长的高领上，站在镜前对着自己的影子出神好半天。

随后，她迟疑而焦急的问：

“你能借给我这件吗？我只借这一件。”

“当然可以。”

她跳起来，搂住朋友的脖子，狂热的亲她，接着就带着那件珠宝跑了。

夜会的日子到了，路瓦栽夫人得到成功。她比所有的女宾都漂亮、高雅、迷人，她满脸笑容，兴高采烈。所有的男宾都注视她，打听她的姓名，求人给介绍；部里机要处的人员都想跟她跳舞，部长也注意她了。

她狂热地兴奋地跳舞，沉迷在欢乐里，什么都不想了。她陶醉于自己的美貌胜过一切女宾，陶醉于成功的光荣，陶醉在人们对她的赞美和羡妒所形成的幸福的云雾里，陶醉在妇女们所认为最美满最甜蜜的胜利里。

她是早晨四点钟光景离开的。她丈夫从半夜起就跟三个男宾在一间清冷的小客室里睡着了。那时候，这三个男宾的妻子也正舞得快活。

她丈夫把那件从家里带来预备给她临走时候加穿的衣服披在她的肩膀上。这是件朴素的家常衣服，这件衣服的寒伧味儿跟舞会上的衣服的豪华气派很不相称。她感觉到这一点，为了避免那些穿着珍贵皮衣的女人看见，想赶快逃走。

路瓦栽把她拉住，说：

“等一等，你到外边要着凉的。我去叫一辆马车来。”

但是她一点也不听，赶忙走下台阶。他们到了街上，一辆车也没看见，他们到处找，远远地看见车夫就喊。

他们在失望中顺着塞纳河①走去，冷得发抖，终于在河岸上找着一辆拉晚儿的破马车。这种车，巴黎只有夜间才看得见；白天，它们好像自惭形秽②，不出来。

车把他们一直拉到马丁街寓所门口，他们惆怅地进了门。在她，一件大事算是完了。她丈夫呢，就想着十点钟得到部里去。

她脱下披在肩膀上的衣服，站在镜子前边，为的是趁这荣耀的打扮还在身上，再端详一下自己。但是，她猛然喊了一声。脖子上的钻石项链没有了。

她丈夫已经脱了一半衣服，就问：

“什么事情？”

她吓昏了，转身向着他说：

“我……我……我丢了佛来思节夫人的项链了。”

他惊慌失措地直起身子，说：

“什么！……怎么啦！……哪儿会有这样的事！”

他们在长衣裙褶里，大衣褶里寻找，在所有口袋里寻找，竟没有找到。

他问：

“你确实相信离开舞会的时候它还在吗？”

“是的，在教育部走廊上我还摸过它呢。”

“但是，如果是在街上丢的，我们总听得见声响。一定是丢在车里了。”

“是的，很可能。你记的车的号码吗？”

“不记得，你呢，你注意吗？”

“没有。”

他们惊惶地面面相觑。末后，路瓦栽重新穿好衣服。

“我去，”他说，“把我们走过的路再走一遍，看看会不会找着。”

他出去了。她穿着那件参加舞会的衣服，连上床睡觉的力气也没有，

---

① ［塞纳河］法国西北部的一条河，流经巴黎，把巴黎分为河南、河北两部分。

② ［自惭形秽］看到自己不如别人而感到羞愧。形秽，形态丑陋，引申为感到自身的缺点或者不足。

只是倒在一把椅子里发呆，一点精神也提不起来，什么也不想。

七点钟光景，她丈夫回来了。什么也没找着。

后来，他到警察厅去，到各报馆去，悬赏招寻，也到所有车行去找。总之，凡有一线希望的地方，他都去过了。

她面对着这不幸的灾祸，整天等候着，整天在惊恐的状态里。

晚上，路瓦栽带着瘦削苍白的脸回来了，一无所得。

“应该给你的朋友写信，”他说，“说你把项链的搭钩[①]弄坏了，正在修理。这样，我们才有周转的时间。”

她照他说的写了封信。

过了一个星期，他们所有的希望都断绝了。

路瓦栽，好像老了五年，他决然说：

“应该想法赔偿这件首饰了。”

第二天，他们拿了盛项链的盒子，照着盒子上的招牌字号找到那家珠宝店。老板查看了许多账簿，说：

“太太，这挂项链不是我卖出的，我只卖出这个盒子。”

于是他们就从这家珠宝店到那家珠宝店，凭着记忆去找一挂同样的项链。两个人都愁苦不堪，快病倒了。

在皇宫街一家铺子里，他们看见一挂钻石项链，正跟他们找的那一挂一样，标价四万法郎。老板让了价，只要三万六千。

他们恳求老板，三天以内不要卖出去。他们又订了约，如果原来那一挂在二月底以前找着，那么老板就可以拿三万四千收回这一挂。

路瓦栽现有父亲遗留给他的一万八千法郎。其余的，他得去借。

他开始借钱了。向这个借1000法郎，向那个借500法郎，从这儿借五个路易，从那儿借三个路易。他签了好些债券，订了好些使他破产的契约。他跟许多放高利贷的人和各种不同国籍的放债人打交道。他顾不得后半世的生活了，冒险到处签着名，却不知道能保持信用不能。未来的苦恼、将要压在身上的残酷的贫困、肉体的苦楚、精神的折磨，在这一切的威胁之下，他把三万六千法郎放在商店的柜台上，取来那挂新的项链。

路瓦栽夫人送还项链的时候，佛来思节夫人带着一种不满意的神情对她说：

---

① ［搭钩］这里指项链两头连接的钩子。

“你应该早一点还我，也许我早就要用它了。”

佛来思节夫人没有打开盒子。她的朋友正担心她打开盒子。如果她发觉是件代替品，她会怎样想呢？会怎样说呢？她不会把她的朋友当作一个贼吗？

路瓦栽夫人懂得穷人的艰难生活了。她一下子显出了英雄气概，毅然决然打定了主意。她要偿还这笔可怕的债务。她就设法偿还。她辞退了女仆，迁移了住所，租赁了一个小阁楼住下。

她懂得家里的一切粗笨活儿和厨房里的讨厌的杂事了。她刷洗杯盘碗碟，在那油腻的盆沿上和锅底上磨粗了她那粉嫩的手指。她用肥皂洗衬衣，洗抹布，晾在绳子上。每天早晨，她把垃圾从楼上提到街上，再把水从楼下提到楼上，走上一层楼，就站住喘气。她穿得像一个穷苦的女人，胳膊上挎着篮子，到水果店里、杂货店里、肉铺里，争价钱，受嘲骂，一个铜子一个铜子地节省她那艰难的钱。

她变成穷苦人家的粗壮耐劳的妇女

月月都得还一批旧债，借一些新债，这样来延缓清偿的时日。

她丈夫一到晚上就给一个商人誊写账目，常常到了深夜还在抄写五个铜子一页的书稿。

这样的生活继续了十年。

第十年年底，债都还清了，连那高额的利息和利上加利滚成的数目都还清了。

路瓦栽夫人现在显得老了。她成了一个穷苦人家的粗壮耐劳的妇女了。她胡乱地挽着头发，歪斜地系着裙子，露出一双通红的手，高声大气地说着话，用大桶的水刷洗地板。但是有时候，她丈夫办公去了，她一个人坐在窗前，就回想起当年那个舞会来，那个晚上，她多么美丽，多么使人倾倒啊！

要是那时候没有丢掉那挂项链，她现在是怎样一个境况呢？谁知道呢？谁知道呢！人生是多么奇怪，多么变幻无常啊，极细小的一件事可以败坏你，也可以成全你！

有一个星期天，她到极乐公园去走走，舒散一星期来的疲劳。这时候，她忽然看见一个妇人领着一个孩子在散步。原来就是佛来思节夫人，她依旧年轻，依旧美丽动人。

路瓦栽夫人无限感慨。她要上前去跟佛来思节夫人说话吗？当然，一定得去。而且现在她把债都还清，她完全可以告诉她了。为什么不呢？

她走上前去。

“你好，珍妮。”

那一个竟一点也不认识她了。一个平民妇人这样亲昵地叫她，她非常惊讶。她磕磕巴巴[①]地说：

“可是……太太……我不知道……你一定是认错了。”

“没有错。我是玛蒂尔德·路瓦栽。”

她的朋友叫了一声：

“啊！……我可怜的玛蒂尔德，你怎么变成这样了！……”

“是的，多年不见面了，这些年来我忍受着许多苦楚……而且都是因为你！……”

“因为我？……这是怎么讲的？”

“你一定记得你借给我的那挂项链吧，我戴了去参加教育部夜会的那挂。”

“记得。怎么样呢？”

“怎么样？我把它丢了。”

“哪儿的话！你已经还给我了。”

“我还给你的是另一挂，跟你那挂完全相同。你瞧，我们花了十年工夫，才付清它的代价。你知道，对于我们这样什么也没有的人，这可不是容易的啊！……不过事情到底了结了，我倒很高兴了。”

佛来思节夫人停下脚步，说：

“你是说你买了一挂钻石项链赔我吗？”

“对呀。你当时没有看出来？简直是一模一样啊。”

于是她带着天真的得意的神情笑了。

佛来思节夫人感动极了，抓住她的双手，说：

“唉！我可怜的玛蒂尔德！可是我那一挂是假的，至多值五百法郎！……”

---

① ［磕（kē）磕巴巴］口吃。发声和说话时不由己地停顿或重复方言。形容说话费力。

手语词卡

契约　抑制　英雄　威胁　贫困　气概　残酷　感动　可怜　冒险　无限　国籍

词语积累

寒伧　黯淡　请柬　粗陋　誊写　衣褶　惊惶　自惭形秽　面面相觑　磕磕巴巴

语言点

一、因为在妇女，美丽、丰韵、娇媚，**就是**她们的出身；天生的聪明、优美的资质、温柔的性情，**就是**她们唯一的资格。

就是……就是：表示同意。例如：

时间就是生命，浪费时间就是浪费生命。

二、人生是多么奇怪，多么变幻无常啊，极细小的一件事**可以**败坏你，**也可以**成全你！

可以……也可以：表选择的并列关系。例如：

生活可以是甜的，也可以是苦的，但绝不是无味的，我可能成功，也可能失败，但我决不气馁。

知识点

一、世界三大短篇小说巨匠。

1. 莫泊桑。十九世纪法国著名的批判现实主义小说家。代表作有短篇小说《羊脂球》《项链》等，长篇小说《一生》《俊友》（又译做《漂亮的朋友》）等。

2. 契诃夫。十九世纪俄国批判现实主义作家、戏剧家和短篇小说艺术大师。代表作有短篇小说《变色龙》《苦恼》《万卡》《第六病室》《套中人》等。

3. 欧·亨利。十九世纪末二十世纪初美国现实主义著名作家。代表作有长篇小说《白菜与皇帝》，短篇小说《麦琪的礼物》《警察与赞美诗》等。

二、伏笔：一种为下文情节发展而预做铺设安排的写作手法。《项链》中点明项链是假的之前有三处伏笔。

1. 佛来思节夫人把项链收藏在很显眼的地方，表示它并不贵重。

2. 珠宝店老板称只售出了匣子，未售出项链。

3. 项链没有及时归还，佛来思节夫人却不紧张，表示项链并不贵重。

运用竞技场

一、根据拼音写汉字。

寒 chēn（　　）　　àn（　　）淡　　请 jiǎn（　　）

粗 lòu（　　）　　téng（　　）写　　衣 zhě（　　）

惊 huáng（　　）　　qì（　　）约　　自惭形 huì（　　）

面面相 qù（　　）　　kē（　　）kē（　　）巴巴

二、选词填空。

恼怒　　懊恼　　烦闷

1. 第二天，她到她的朋友家里，说起自己的______。

2. 她用______的眼睛瞧着他，不耐烦地大声说……

3. 她不像丈夫预料的那样高兴，她______地把请柬丢在桌上。

艳羡　　美妒　　仰慕

1. 她陶醉在人们对她的赞美和______所形成的幸福的云雾里。

2. 她觉得自己生在世上就是为了这些。她一向就想望着得人欢心，被人______，具有诱惑力而被人追求。

3. 她梦想跟那些一般女人所最______最乐于结识的男子闲谈。

三、选择合适的词语填空。

可以……也可以……　　就是……就是……　　为了……也为了……

1. 我走了那么远的路，百转千回，______为了要跟你相遇；我历经那么多的困苦，千难万险，______为了要和你相守！

2. 妈妈______生活，______我能受到好的教育，在外面奔波劳累非常辛苦。

3. 学习雷锋的精神，______帮助那些需要帮助的人，______提高自我的身心素质。

四、文学常识填空。

1. 世界三大短篇小说巨匠是法国的__________、俄国的__________、美国的__________。

2. 小说中，为下文情节发展而预先作铺设安排的写作手法叫作________。

五、阅读理解。

1. 小说《项链》在点明项链是假的之前，文中有三处伏笔，分别是：

A. ________________________________

B. ________________________________

C. ________________________________

2. 你觉得路瓦栽夫人是一个怎样的人？

*12. 雷雨（节选）[①]

曹 禺

午饭后，天气更阴沉，更郁热。低沉潮湿的空气，使人异常烦躁。

……

周朴园 （点着一支吕宋烟[②]，看见桌上的雨衣，向侍萍）这是太太找出来的雨衣么？

侍 萍 （看着他）大概是的。

周朴园 不对，不对，这都是新的。我要我的旧雨衣，你回头跟太太说。

侍 萍 嗯。

周朴园 （看她不走）你不知道这间房子底下人不准随便进来么？

侍 萍 （看着他）不知道，老爷。

周朴园 你是新来的下人？

侍 萍 不是的，我找我的女儿来的。

周朴园 你的女儿？

侍 萍 四凤是我的女儿。

周朴园 那你走错屋子了。

侍 萍 哦。——老爷没有事了。

周朴园 （指窗）窗户谁叫打开的？

侍 萍 哦。（很自然地走到窗户前，关上窗户，慢慢地走向中门。）

周朴园 （看她关好窗门，忽然觉得她很奇怪）你站一站。（侍萍停）

---

① 选自《曹禺选集》（人民文学出版社1978年版）。曹禺（1910—1996），原名万家宝，原籍湖北潜江，生于天津。中国现代剧作家。四幕话剧《雷雨》写于1933年，本课为《雷雨》第二幕的节选。

② ［吕宋烟］雪茄烟，因菲律宾吕宋岛所产的质量好而得名。

周朴园　你——你贵姓？

侍　萍　我姓鲁。

周朴园　姓鲁。你的口音不像北方人。

侍　萍　对了，我不是，我是江苏的。

周朴园　你好像有点无锡口音。

侍　萍　我自小就在无锡长大的。

周朴园　（沉思）无锡？嗯，无锡，（忽而）你在无锡是什么时候？

侍　萍　光绪二十年，离现在有三十多年了。

周朴园　哦，三十年前你在无锡？

侍　萍　是的，三十多年前呢，那时候我记得我们还没有用洋火呢。

周朴园　（沉思）三十多年前，是的，很远啦，我想想，我大概是二十多岁的时候。那时候我还在无锡呢。

侍　萍　老爷是那个地方的人？

周朴园　嗯，（沉吟）无锡是个好地方。

侍　萍　哦，好地方。

周朴园　你三十年前在无锡么？

侍　萍　是，老爷。

周朴园　三十年前，在无锡有一件很出名的事情——

侍　萍　哦。

周朴园　你知道么？

侍　萍　也许记得，不知道老爷说的是哪一件？

周朴园　哦，很远的，提起来大家都忘了。

侍　萍　说不定，也许记得的。

周朴园　我问过许多那个时候到过无锡的人，我也派人到无锡打听过。可是那个时候在无锡的人，到现在不是老了就是死了。活着的多半是不知道的，或者忘了。不过也许你会知道。三十年前在无锡有一家姓梅的。

侍　萍　姓梅的？

周朴园　梅家的一个年轻小姐，很贤惠，也很规矩。有一天夜里，忽然地投水死了。后来，后来，——你知道么？

侍　萍　不敢说。

周朴园　哦。

侍　萍　我倒认识一个年轻的姑娘姓梅的。

周朴园　哦？你说说看。

侍　萍　可是她不是小姐，她也不贤惠，并且听说是不大规矩的。

周朴园　也许，也许你弄错了，不过你不妨说说看。

侍　萍　这个梅姑娘倒是有一天晚上跳的河，可是不是一个，她手里抱着一个刚生下三天的男孩。听人说她生前是不规矩的。

周朴园　（苦痛）哦！

侍　萍　她是个下等人，不很守本分的。听说她跟那时周公馆的少爷有点不清白，生了两个儿子。生了第二个，才过三天，忽然周少爷不要她了。大孩子就放在周公馆，刚生的孩子她抱在怀里，在年三十夜里投河死的。

周朴园　（汗涔涔[①]地）哦。

侍　萍　她不是小姐，她是无锡周公馆梅妈的女儿，她叫侍萍。

周朴园　（抬起头来）你姓什么？

侍　萍　我姓鲁，老爷。

周朴园　（喘出一口气，沉思地）侍萍，侍萍，对了。这个女孩子的尸首，说是有一个穷人见着埋了。你可以打听到她的坟在哪儿么？

侍　萍　老爷问这些闲事干什么？

周朴园　这个人跟我们有点亲戚。

侍　萍　亲戚？

周朴园　嗯，——我们想把她的坟墓修一修。

侍　萍　哦——那用不着了。

周朴园　怎么？

侍　萍　这个人现在还活着。

周朴园　（惊愕）什么？

侍　萍　她没有死。

周朴园　她还在？不会吧？我看见她河边上的衣服，里面有她的绝命书。

侍　萍　她又被人救活了。

周朴园　哦，救活啦？

侍　萍　以后无锡的人是没见着她，以为她那夜晚死了。

---

① ［汗涔（cén）涔］形容汗水不断地留下。

周朴园　那么，她呢？

侍　萍　一个人在外乡活着。

周朴园　那个小孩呢？

侍　萍　也活着。

周朴园　（忽然立起）你是谁？

侍　萍　我是这儿四凤的妈，老爷。

周朴园　哦。

雷雨剧照

侍　萍　她现在老了，嫁给一个下等人，又生了个女孩，境况很不好。

周朴园　你知道她现在在哪儿？

侍　萍　我前几天还见着她！

周朴园　什么？她就在这儿？此地？

侍　萍　嗯，就在此地。

周朴园　哦！

侍　萍　老爷，您想见一见她么？

周朴园　（连忙）不，不，不用。

侍　萍　她的命很苦。离开了周家，周家少爷就娶了一位有钱有门第的小姐。她一个单身人，无亲无故，带着一个孩子在外乡，什么事都做：讨饭，缝衣服，当老妈子，在学校里伺候人。

周朴园　她为什么不再找到周家？

侍　萍　大概她是不愿意吧。为着她自己的孩子，她嫁过两次。

周朴园　嗯，以后她又嫁过两次？

侍　萍　嗯，都是很下等的人。她遇人都很不如意，老爷想帮一帮她么？

周朴园　好，你先下去吧。

侍　萍　老爷，没有事了？（望着周朴园，泪要涌出）

周朴园　啊，你顺便去告诉四凤，叫她把我樟木箱子里那件旧雨衣拿出来，顺便把那箱子里的几件旧衬衣也捡出来。

侍　萍　旧衬衣？

周朴园　你告诉她在我那顶老的箱子里，纺绸的衬衣，没有领子的。

侍　萍　老爷那种绸衬衣不是一共有五件？您要哪一件？

周朴园　要哪一件？

侍　萍　不是有一件，在右袖襟上有个烧破的窟窿，后来用丝线绣成一朵梅花补上的？还有一件，——

周朴园　（惊愕）梅花？

侍　萍　旁边还绣着一个萍字。

周朴园　（徐徐立起）哦，你，你，你是——

侍　萍　我是从前伺候过老爷的下人。

周朴园　哦，侍萍！（低声）是你？

侍　萍　你自然想不到，侍萍的相貌有一天也会老得连你都不认识了。

周朴园不觉地望望柜上的相片，又望侍萍。半晌。

周朴园　（忽然严厉地）你来干什么？

侍　萍　不是我要来的。

周朴园　谁指使你来的？

侍　萍　（悲愤）命，不公平的命指使我来的！

周朴园　（冷冷地）三十年的工夫你还是找到这儿来了。

侍　萍　（怨愤）我没有找你，我没有找你，我以为你早死了。我今天没想到到这儿来，这是天要我在这儿又碰见你。

周朴园　你可以冷静点。现在你我都是有子女的人，如果你觉得心里有委屈，这么大年纪，我们先可以不必哭哭啼啼的。

侍　萍　哼，我的眼泪早哭干了，我没有委屈，我有的是恨，是悔，是三十年一天一天我自己受的苦。你大概已经忘了你做的事了！三十年前，年三十的晚上我生下你的第二个儿子才三天，你为了要赶紧娶那位有钱有门第的小姐，你们逼着我冒着大雪出去，要我离开你们周家的门。

周朴园　从前的旧恩怨，过了几十年，又何必再提呢？

侍　萍　那是因为周大少爷一帆风顺，现在也是社会上的好人物。可是自从我被你们家赶出来以后，我没有死成，我把我的母亲可给气死了，我亲生的两个孩子你们家里逼着我留在你们家里。

周朴园　你的第二个孩子你不是已经抱走了么？

侍　萍　那是你们老太太看着孩子快死了，才叫我带走的。（自语）哦，天哪，我觉得我像在做梦。

周朴园　我看过去的事不必再提了吧。

侍　萍　我要提，我要提，我闷了三十年了！你结了婚，就搬了家，我以为这一辈子也见不着你了；谁知道我自己的孩子偏偏要跑到周家来，又做我从前在你们家做过的事。

周朴园　怪不得四凤这样像你。

侍　萍　我伺候你，我的孩子再伺候你生的少爷们。这是我的报应，我的报应。

周朴园　你静一静。把脑子放清醒点。你不要以为我的心是死了，你以为一个人做了一件于心不忍的事就会忘了么？你看这些家具都是你从前顶喜欢的东西，多少年我总是留着，为着纪念你。

侍　萍　（低头）哦。

周朴园　你的生日——四月十八——每年我总记得。一切都照着你是正式嫁过周家的人看，甚至于你因为生萍儿，受了病，总要关窗户，这些习惯我都保留着，为的是不忘你，弥补我的罪过。

侍　萍　（叹一口气）现在我们都是上了年纪的人，这些话请你也不必说了。

周朴园　那更好了。那么我们可以明明白白地谈一谈。

侍　萍　不过我觉得没有什么可谈的。

周朴园　话很多。我看你的性情好像没有大改，——鲁贵像是个很不老实的人。

侍　萍　你不要怕。他永远不会知道的。

周朴园　那双方面都好。再有，我要问你的，你自己带走的儿子在哪儿？

侍　萍　他在你的矿上做工。

周朴园　我问，他现在在哪儿？

侍　萍　就在门房等着见你呢。

周朴园　什么？鲁大海？他！我的儿子？

侍　萍　就是他！他现在跟你完完全全是两样的人。

周朴园　（冷笑）这么说，我自己的骨肉在矿上鼓励罢工，反对我！

侍　萍　你不要以为他还会认你做父亲。

周朴园　（忽然）好！痛痛快快的！你现在要多少钱吧！

侍　萍　什么？

周朴园　留着你养老。

侍　萍　（苦笑）哼，你还以为我是故意来敲诈你，才来的么？

周朴园　也好，我们暂且不提这一层。那么，我先说我的意思。你听着，鲁贵我现在要辞退的，四凤也要回家。不过——

侍　萍　你不要怕，你以为我会用这种关系来敲诈你么？你放心，我不会的。大后天我就带着四凤回到我原来的地方。这是一场梦，这地方我绝对不会再住下去。

周朴园　好得很，那么一切路费，用费，都归我担负。

侍　萍　什么？

周朴园　这于我的心也安一点。

侍　萍　你？（笑）三十年我一个人都过了，现在我反而要你的钱？

周朴园　好，好，好，那么，你现在要什么？

侍　萍　（停一停）我，我要点东西。

周朴园　什么？说吧。

侍　萍　（泪满眼）我——我——我只要见见我的萍儿。

周朴园　你想见他？

侍　萍　嗯，他在哪儿？

周朴园　他现在在楼上陪着他的母亲看病。我叫他，他就可以下来见你。不过是——（顿）他很大了，——（顿）并且他以为他母亲早就死了的。

侍　萍　哦，你以为我会哭哭啼啼地叫他认母亲么？我不会那样傻的。我明白他的地位，他的教育，不容他承认这样的母亲。这些年我也学乖了，我只想看看他，他究竟是我生的孩子。你不要怕，我就是告诉他，白白地增加他的烦恼，他也不愿意认我的。

周朴园　那么，我们就这样解决了。我叫他下来，你看一看他，以后鲁家的人永远不许再到周家来。

侍　萍　好，我希望这一生不要再见你。

周朴园　（由衣内取出支票，签好）很好，这是一张五千块钱的支票，你可以先拿去用。算是弥补我一点罪过。

侍萍接过支票，把它撕了。

周朴园　侍萍。

侍　萍　我这些年的苦不是你拿钱就算得清的。

周朴园　可是你——

外面争吵声。大海的声音："让开，我要进去。"三四个男仆声：“不成，不成，老爷睡觉呢。”

周朴园　（走至中门）来人！

仆人由中门进。

周朴园　谁在吵？

仆　人　就是那个工人鲁大海！他不讲理，非见老爷不可。

周朴园　哦。（沉吟）那你叫他进来吧。等一等，叫人到楼上请大少爷下来，我有话问他。

仆　人　是，老爷。（由中门下。）

手语词卡

娶　贤惠　敲诈　伺候　随便　衬衣　窟窿　恩怨　承认　解决

词语积累

徐徐　弥补　怨愤　郁热　烦躁　汗涔涔　哭哭啼啼

语言点

一、谁知道我自己的孩子偏偏要跑到周家来，又做我从前在你们家做过的事。

偏偏：与事实或愿望相反。例如：

我说往东，你偏偏往西，这不是存心与我作对吗？

二、就是他！他现在跟你完完全全是两样的人。

完完全全：全然。例如：

我的病完完全全好了。

三、好！痛痛快快的！你现在要多少钱吧？

痛痛快快：极为畅快的样子。例如：

今天是我的生日，应该痛痛快快地玩一天。

知识点

戏剧：指以语言、动作、舞蹈、音乐、木偶等形式达到叙事目的的舞台表演艺术的总称。文学上的戏剧概念是指为戏剧表演所创作的脚本，即剧本。戏剧的表演形式多种多样，常见的包括话剧、歌剧、舞剧、音乐剧、木偶戏等。戏剧是由演员扮演角色在舞台上当众表演故事的一种综合艺术。

戏剧语言包括人物语言和舞台说明。

1. 人物的对话就是人物语言。例如：

周朴园　那双方面都好。再有，我要问你的，你自己带走的儿子在哪儿？

侍　萍　他在你的矿上做工。

周朴园　我问，他现在在哪儿？

侍　萍　就在门房等着见你呢。

周朴园　什么？鲁大海？他！我的儿子？

2. 剧中的人物表，剧情发生的时间、地点、服装、道具、布景以及人物的表情、动作、上下场等语言就是舞台说明。例如：

（点着一支吕宋烟，看见桌上的雨衣，向侍萍）

运用竞技场

一、给加点词语选择正确的读音。

贤惠（huì　fèi）　　惊愕（è　èr）　　弥补（mí　ěr）

怨愤（hèn　fèn）　　敲诈（zhà　zuò）　　郁热（yù　yǒu）

烦躁（zào　cào）　　伺候（cì　sì）　　男仆（bǔ　pú）

汗涔涔（cén　jīn）　　哭哭啼啼（tí　dí）　　一帆风顺（fān　fán）

二、下列各组词语中没有错别字的一组是（　　）

A. 纺绸　　半晌　　清醒　　一帆风顺

B. 敲诈　　烦脑　　固执　　发言题要

C. 联络　　拖延　　昧心　　苍海桑田

D. 揣磨　　混帐　　签字　　斗转星移

三、仿写词语。

偏偏（AA 式）______________________________

痛痛快快（AABB 式）________________________

四、下列破折号的作用解说有误的一项是（　　）

A. 周朴园：你——你贵姓？（表示声音延长）

B. 鲁侍萍：（泪满眼）我——我——我只要见见我的萍儿。（表示语气断断续续）

C. 周朴园：你现在没有资格跟我说话——矿上已经把你开除了。(表示解释说明)

D. 周朴园：我看你的性情好像没有大改，——鲁贵像是个很不老实的人。(表示解释说明)

五、依据剧情发展，再揣摩人物的心情与神态，请判断下面一段文字中所缺的“舞台说明”，填写最恰当的一项是(　　)

周朴园　(①) 你来干什么?

侍　萍　不是我要来的。

周朴园　谁指使你来的?

侍　萍　(②) 命! 不公平的命指使我来的!

周朴园　(③) 三十年的工夫你还是找到这儿来了。

侍　萍　(④) 我没有找你，我没有找你，我以为你早死了……

A. ①忽然严厉地　②愤怒　③冷冷地　④悲愤

B. ①忽然严厉地　②悲愤　③冷冷地　④怨愤

C. ①冷冷地　②悲愤　③忽然严厉地　④怨愤

D. ①冷冷地　②愤怒　③忽然严厉地　④悲愤

六、阅读理解。

1. 周朴园向人打听鲁侍萍的下落，对这种怀念理解错误的一项是(　　)

A. 是人之常情，因为他对鲁侍萍自始至终是很有感情的。

B. 是做给他人看的，目的是借以维护他在家庭及社会上的地位、声望。

C. 有真实的一面，因为他与昔日的侍萍确实有过一段美好的日子，而现在的家庭很不如意。

D. 有虚伪的一面，因为他确信侍萍已经死去三十年了，不会对自己造成任何威胁。

2. 你觉得周朴园是一个怎样的人?

语文应用操练三

语言交往

学会推销

现代社会是个飞速发展的社会，我们各行各业的人都要推销自己，推销自己的商品，才能使自己具有竞争力。那么怎样才能推销成功呢？

情景互动，学习推销技巧

“大家好！我是卓凡牌超级水笔的推销员。我今天给大家带来的水笔是百里挑一的神奇水笔——卓凡牌超级水笔。

我们先来看一下，这是一支有超长超大笔芯的中性笔，一支笔芯就等于你们平时所用水笔的四倍，它书写流畅，不会出现断水。笔芯的超大容量使它的寿命大大延长，节约了成本，降低了价钱，更实惠。

最吸引人的是这种水笔有精美的图案，十分受学生们欢迎。看，这是为男生们准备的奥特曼系列水笔，迪迦奥特曼正神气地向我们招手呢！女生们也别着急，为你们挑的水笔图案更丰富。这支印有小花猫的水笔全身粉红，笔帽上还系着粉色的蝴蝶结呢！相信女孩子一定会喜欢。十分优惠哦！心动不如行动，赶快来买吧！”

这位推销员从哪些方面介绍了卓凡牌水笔呢？在上文的介绍中，他用了哪些说明方法？

推销应注意的事项

1. 内容。详细介绍产品的特点性能。可运用列数字、举例子、打比方等说明方法介绍产品的外观、规格、用途、使用方法……

2. 表述。手语表达要清楚流畅、生动形象。比如通过“讲故事”介绍产品，即讲述产品研发过程中一件事，一个精彩的故事，这样能给顾客留下深刻的印象。

3. 展示。产品展示要直观形象。可借助电子信息化手段，用图片、视频等更详细生动地介绍产品；产品展示要让顾客有体验感，要突显产品的优势，及时了解顾客的需求，若条件允许，可以让顾客参与实物体验。

4. 态度。亲切自然、热情有礼。手语表达要自信，文字表达要准确，面带微笑传递真诚；注重礼仪，形象专业，可获得顾客信赖；适时赞美，学会倾听，了解顾客需求，有针对性地进行推销。

推销常用态势语

1. 推销时保持微笑、目光柔和，轻轻点头，热情与客户握手，迈稳健的步伐，都可以达到与客户友好沟通的目的。

2. 推销产品手势：手心朝上，手背朝下，四指并拢，拇指张开，手掌基本上抬至肩的高度，并指向推销的产品。

实用招牌词句

- 推销
  - 外观
    - 形状
      - 这件衣服的下摆形状如鱼尾，很好的修饰出了身形。
      - 这件作品形似仙鹤，有着美好的寓意。
    - 颜色
      - 这便是今年最流行的亮黄色，突显了您的时尚品位。
      - 画作采用对比色，给人一种温暖明亮的感觉。
  - 材质
    - 材料
      - 这件衣服用的是高科技面料，保暖效果出众。
      - 这件作品是烧制的陶瓷产品，这种通透感更好地表现出了作品的美感。
    - 质地
      - 这件作品质地坚硬，恰好突显出整体造型的利落感。
      - 这件衣服质地柔软，穿着倍感舒适。
    - 气味
      - 这件木雕用的是紫檀木，自然散发香味。
      - 这件作品采用纯天然材料制作，散发出自然的味道。
  - 特色
    - 优势
      - 这款茶壶可以真正实现一键开合，让您随时随地方便饮水。
      - 我们的T恤图案可定制，上百种款式总有一款适合您。
    - 情怀
      - 这款瓷器从设计到制作，皆由一人独立完成，真正是独一无二的孤品。
      - 这款糕点纯手工制作，让你重拾小时候的味道。
  - 设计
    - 结构
      - 这件作品采用上轻下重的设计，不仅美观，更注重了安全性。
    - 理念
      - 它采用可回收材料做成，真正做到了零污染。
    - 工艺
      - 这条围巾采用最新编织工艺制作，比传统技法编织更加轻柔、保暖。
  - 功能
    - 用途
      - 这件冲锋衣适用于户外运动，还可以分开为两件单穿，以适应不同的季节。
      - 它不仅是一件具有观赏价值的摆件，还可以用来熏香。
    - 效果
      - 这一束丝网花色泽艳丽，为您的办公桌面添加了一抹亮丽的暖色。
      - 这条丝巾不仅百搭，还能在整体搭配中增加一分独特的美感。

运用竞技场

请根据提示推销下面的商品。

1. 右图是你亲手缝制并手绘的一件 T 恤，请将该 T 恤推销给你的同学、朋友或者老师。

T 恤的质地

T 恤的款式

T 恤的型号

T 恤的做工

2. 这是你最近画的一幅油画作品，你想拿去参赛，请向专业老师推销这幅作品。

构图

表现

立意

应用文写作

海报

学校今晚有“心理健康”讲座活动，欢迎广大师生一同参加，怎么样让大家都知道这个信息呢？

例文指路

海报①

为了使广大师生身心健康发展，特邀请湖南大学心理咨询师王芳教授来我校做“心理健康”讲座，欢迎大家踊跃参加。②

时间：5 月 10 日晚上 7∶30

地点：学校学术报告厅③

×××中专学生科

2020 年 5 月 3 日

写法注释

海报是人们常见的一种招贴形式，多用于电影、戏剧、比赛、文艺演出等活动，向公众告之的一种应用文文体。

① 标题：写在第一行正中。可直接写“海报”作为标题；可写明活动的具体名称再加“海报”两个字，如标题“中国红大型文艺晚会海报”；也可以直接由活动的内容作为题目，如“影讯”“球讯”等。

② 正文：海报的正文要求写清楚活动的目的和意义；活动的主要项目、时间、地点等，时间一定要落实到几月几日几时几分；参加的具体方法及一些必要的信息等，要求真实准确。实际的使用中，有些内容可以少写或省略。

③ 落款：要求署上主办单位的名称及海报的发文日期。

实用招牌词句

1. 海报　提高　加强　丰富　开展　讲座　活动　踊跃参加　文艺　歌舞　汇聚　纷呈　气势宏大　售票时间　演出时间
2. 特邀请著名教授×××来我校讲座。
3. 晚会融歌、舞、诗一炉，气势宏大，规模空前。
4. 欢迎大家踊跃参加。

写作小贴士

1. 海报张贴的目的是希望社会各界的参与，它是广告的一种。
2. 海报可以在媒体上刊登、播放，但大部分是张贴于人们易于见到的地方。有的海报加以美术设计，做些艺术性的处理，形式做到新颖美观，以吸引更多的人加入活动。
3. 海报一定要具体真实地写明活动的地点、时间及主要内容；海报文字要求简洁明了，篇幅要短小精悍；文中可以用些鼓动性的词语，但不可夸大事实。

结构模板

<u>　　　　　　　</u>海报

　　<u>　　　　　　　　　　　　　　　　　　　　　　　　　　　　　　　　　　　　</u>
<u>　　　　　　　　　　　　　　　　　　　　　　　　　　　　　　　　　　　　　　</u>
<u>　　　　　　　　　　　　　　　　　　　　　　　　　　　　　　　　　　　　　　</u>
<u>　　　　　　　　　　　　　　　　　　　　　　　　　　　　　　　　　　</u>。

　　时间：<u>　　　　　　　　　　　　</u>
　　地点：<u>　　　　　　　　　　　　</u>

<u>　　　　　　　　　　</u>
<u>　　　　　</u>年<u>　　</u>月<u>　　</u>日

海报设计示例

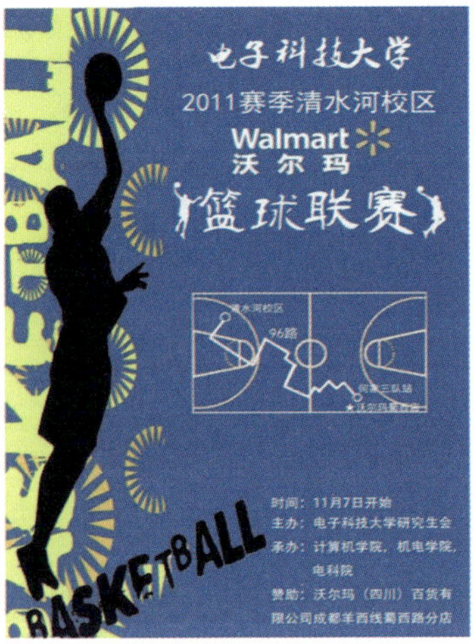

运用竞技场

1. 填空。

海报的正文要写清楚活动的<u>　　　　　　　</u>和<u>　　　　　　　</u>；活动的<u>　　　　</u>、<u>　　　　　　　</u>、<u>　　　　　　　</u>等内容。

2. 拿起你的纸笔，发挥你的想象，为班级、团委、学校等即将开展的某一项活动设计制作一份海报吧！

第四单元　领悟诗情

单元导语

本单元共选编了我国古代六位著名诗人的六首经典诗词。

李白是我国唐代伟大的浪漫主义诗人，留下了大量脍炙人口的诗篇，诗风豪放、想象丰富。本单元选其诗歌《行路难（其一）》，通过诗人层层叠叠的感情起伏变化，既充分显示了黑暗污浊的政治现实对诗人宏大理想抱负的阻遏，又反映了由此而引起的诗人内心的强烈苦闷、愤懑和不平，同时还突出表现了诗人的倔强、自信和对理想的执着追求，展示了诗人力图从苦闷中挣脱出来的强大精神力量。

杜甫是我国唐代伟大的现实主义诗人，诗风严谨，沉郁顿挫，《登高》是他的晚年之作，这首诗写宏达壮阔之秋景，抒个人与国家之忧情，慷慨激越，动人心弦，被后人誉为“古今七言律诗之冠”。

王维是盛唐诗人的代表，其诗“诗中有画，画中有诗”，《山居秋暝》是写山水的名篇，于诗情画意中寄托诗人的高洁情怀和对理想的追求。

苏轼是北宋中期的文坛领袖，在诗、词、散文、书、画等方面均取得了很高的成就。《念奴娇·赤壁怀古》是苏轼豪放词代表作之一。此词通过对月夜江上壮美景色的描绘，借对古代战场的凭吊和对风流人物才略、气度、功业的追念，曲折地表达了作者怀才不遇、功业未就、老大未成的忧愤之情，同时表现了作者关注历史和人生的旷达之心。

本单元还精选了南唐后主李煜的《虞美人·春花秋月何时了》，这首词是李煜在被毒死前所作的词，堪称绝命词。此词是一曲生命的哀歌，作者通过自然永恒与人生无常的尖锐矛盾的对比，抒发了亡国后顿感生命落空的悲哀。宋代词人辛弃疾的《青玉案·元夕》从极力渲染元宵节绚丽多彩的热闹场面入手，反衬出一个孤高淡泊、超群脱俗、不同于金翠脂粉的女性形象，寄托着作者政治失意后不愿与世俗同流合污的孤高品格。

学习古典诗词，要在整体感悟其思想情感和艺术形象的基础上，注重反复品读，体味其意境美、语言美，感受作者所表达的强烈情感。

13. 李白诗一首[①]

行路难（其一）[②]

金樽清酒斗十千[③]，玉盘珍羞值万钱[④]。
停杯投箸不能食，拔剑四顾心茫然[⑤]。
欲渡黄河冰塞川，将登太行[⑥]雪满山。
闲来垂钓碧溪上，忽复乘舟梦日边[⑦]。
行路难！行路难！多歧路，今安在[⑧]？

诗仙李白

---

① 李白（701—762），字太白，号青莲居士，唐朝浪漫主义诗人，被后人誉为"诗仙"。祖籍陇西成纪（待考），出生于西域碎叶城，4岁再随父迁至剑南道绵州。李白存世诗文千余篇，有《李太白集》传世。

② ［行路难（其一）］选自《李白集校注》，乐府旧题。公元742年（天宝元年），李白奉诏入京，担任翰林供奉。却没被唐玄宗重用，还受到权臣的谗毁排挤，两年后被"赐金放还"，变相撵出了长安。李白被逼出京，朋友们都来为他饯行，求官无望的他深感仕路的艰难，满怀愤慨写下了此篇《行路难》。

③ ［金樽（zūn）清酒斗十千］古代盛酒的器具，以金为饰。清酒：清醇的美酒。斗十千：一斗值十千钱（即万钱），形容酒美价高。

④ ［玉盘珍羞值万钱］玉盘：精美的食具。珍羞：珍贵的菜肴。羞：同"馐"，美味的食物。直：通"值"，价值。

⑤ ［停杯投箸（zhù）不能食，拔剑四顾心茫然］丢下筷子。箸：筷子。不能食：咽不下。茫然：无所适从。

⑥ ［太行］太行山。

⑦ ［闲来垂钓碧溪上，忽复乘舟梦日边］这两句暗用典故：姜太公吕尚曾在渭水的磻溪上钓鱼，得遇周文王，助周灭商；伊尹曾梦见自己乘船从日月旁边经过，后被商汤聘请，助商灭夏。这两句表示诗人自己对从政仍有所期待。碧：一作"坐"。忽复：忽然又。

⑧ ［多歧路，今安在］岔道这么多，如今身在何处？歧：岔路。安：哪里。

长风破浪会有时①，直挂云帆济沧海②。

译文

金杯里装的名酒，每斗要价十千；玉盘中盛的精美菜肴，收费万钱。

胸中郁闷啊，我停杯投箸吃不下；拔剑环顾四周，我心里委实茫然。

想渡黄河，冰雪堵塞了这条大川；要登太行，莽莽的风雪早已封山。

像吕尚垂钓溪边，闲待东山再起；又像伊尹做梦，他乘船经过日边。

世上行路多么艰难，多么艰难；眼前歧路这么多，我该向北向南？

相信总有一天，能乘长风破万里浪；高高挂起云帆，在沧海中勇往直前！

手语词卡

诗歌　黄河　艰难

词语积累

金樽　珍羞　投箸　云帆　沧海　长风破浪

知识点

夸张：为了启发听者或读者的想象力，加强所说的话的力量，用夸大或缩小的词句来形容事物。

1. 扩大夸张。故意把客观事物说得“大、多、高、强、深”的夸张形式。例如：

（1）金樽清酒斗十千，玉盘珍羞值万钱。

（2）我端起搪瓷碗，觉得这个碗有千斤重，怎么也送不到嘴边。

2. 缩小夸张。故意把客观事物说得“小、少、低、弱、浅”的夸张形式。例如：

这巴掌大的球场，怎么踢球嘛？

---

① ［长风破浪会有时］比喻实现政治理想。据《宋书·宗悫（què）传》载：宗悫少年时，叔父宗炳问他的志向，他说：“愿乘长风破万里浪。”会：当。

② ［直挂云帆济沧海］高高的船帆。船在海里航行，因天水相连，船帆好像出没在云雾之中。济：渡。

运用竞技场

一、加点的字注音全部正确的一项是(　　)

A. 金樽(zūn)　珍馐(xīu)　歧路(qí)　晕眩(yūn)

B. 云帆(yǔn)　垂钓(chuí)　长风破浪(cháng)(làng)

C. 碧溪(xī)　茫然(máng)　沧海(cāng)　俊俏(jùn)

D. 玉盘(yù)　投箸(zhù)　行路(xíng)　昆仑(kūn)

二、补充颜色词和动词。

1. 补充颜色词

______树　______花　______金　______银　______雪　______山

2. 补充动词

____杯　____箸　____剑　____车　____仗　____饭

____作业　____衣服　____饺子　____电话　____飞机　____篮球

三、下面哪些句子运用了夸张修辞手法？是扩大夸张还是缩小夸张？

1. 他呀，心眼小得只有针眼儿大。(　　)

2. 一个浑身黑色的人，站在老栓面前，眼光正像两把刀，刺得老栓缩小了一半。(　　)

3. 他们俩一见面就好像是多年的老朋友。(　　)

4. 蜀道难，难于上青天。(　　)

5. 他干起活来好像不知道什么是疲倦。(　　)

6. 飞流直下三千尺，疑是银河落九天。(　　)

7. 芝麻粒儿大的事，你不必放在心上。(　　)

8. 柏油路晒化了，甚至商铺门前的铜牌好像也要晒化了。(　　)

四、阅读理解。

1.《行路难(其一)》用____________和____________作比喻，说明作者的为官之路受到阻塞，济世安民的理想无法实现。

2.《行路难》中用动作描写表现诗人内心激荡愤懑的诗句是：

____

3. 在人生的道路上，我们总会遇到各种各样的困难、挫折与失败，如同诗中所说的：＿＿＿＿＿＿＿＿，＿＿＿＿＿＿＿＿。

4. 你的好朋友即将跨入新的学习阶段，为了让他对未来充满希望，勉励他挂起风帆、直渡大海，你可以用《行路难》中两句共勉：

＿＿＿＿＿＿＿＿＿＿＿＿＿＿＿＿＿＿＿＿＿＿＿＿＿＿＿＿＿＿＿＿

14. 诗二首

登高[1]

杜　甫[2]

风急天高猿啸哀[3]，渚清沙白鸟飞回[4]。
无边落木萧萧下[5]，不尽长江滚滚来。
万里悲秋常作客[6]，百年[7]多病独登台。
艰难苦恨繁霜鬓[8]，潦倒新停浊酒杯[9]。

诗圣杜甫

① 诗题一作《九日登高》。古代农历九月九日有登高习俗。选自《杜诗详注》。作于唐代宗大历二年（767）秋天的重阳节。

② 杜甫（712—770），字子美，自号少陵野老，世称“杜工部”“杜少陵”等，汉族，河南府巩县（今河南省巩义市）人，唐代伟大的现实主义诗人，杜甫被世人尊为“诗圣”，其诗被称为“诗史”。杜甫与李白合称“李杜”。

③ [啸哀] 指猿的叫声凄厉。

④ [渚（zhǔ）清沙白鸟飞回] 渚：水中的小洲；水中的小块陆地。鸟飞回：鸟在急风中飞舞盘旋。回：回旋。

⑤ [无边落木萧萧下] 指秋天飘落的树叶。萧萧：模拟草木飘落的声音。

⑥ [万里悲秋常作客] 指远离故乡。常作客：长期漂泊他乡。

⑦ [百年] 犹言一生，这里借指晚年。

⑧ [艰难苦恨繁霜鬓] 兼指国运和自身命运。苦恨：极恨，极其遗憾。苦，极。繁霜鬓：增多了白发，如鬓边着霜雪。繁，这里作动词，增多。

⑨ [潦倒新停浊酒杯] 潦倒：衰颓，失意。这里指衰老多病，志不得伸。新停：刚刚停止。杜甫晚年因病戒酒，所以说“新停”。

译文

风急天高猿猴啼叫显得十分悲哀，水清沙白的河洲上有鸟儿在盘旋。
无边无际的树木萧萧地飘下落叶，望不到头的长江水滚滚奔腾而来。
悲对秋景感慨万里漂泊常年为客，一生当中疾病缠身今日独上高台。
历尽了艰难苦恨白发长满了双鬓，衰颓满心偏又暂停了浇愁的酒杯。

山居秋暝①

王维②

空山新雨后③，天气晚来秋。
明月松间照，清泉石上流④。
竹喧⑤归浣女⑥，莲动下渔舟。
随意春芳歇⑦，王孙自可留⑧。

山居秋暝

译文

空旷的群山沐浴了一场新雨，夜晚降临，空气凉爽，仿佛已经到了秋天。
皎皎明月从松隙间洒下清光，清清泉水在山石上淙淙流淌。
竹林喧响知是洗衣姑娘归来，莲叶轻摇想是上游荡下轻舟。
春日的芳菲不妨任随它消歇，秋天的山中王孙自可以久留。

---

① ［暝（míng）］日落，天色将晚。

② 王维（701—761），字摩诘，汉族，祖籍山西祁县，唐朝诗人，有“诗佛”之称。苏轼评价其：“味摩诘之诗，诗中有画；观摩诘之画，画中有诗。”

③ ［空山新雨后］空山：空旷、空寂的山野。新：刚刚。

④ ［清泉石上流］写的正是雨后的景色。

⑤ ［竹喧］竹林中笑语喧哗。喧：喧哗，这里指竹叶发出沙沙声响。

⑥ ［浣（huàn）女］洗衣服的姑娘。浣：洗涤衣物。

⑦ ［随意春芳歇］随意：任凭。春芳：春天的花草。歇：消散，消失。

⑧ ［王孙自可留］原指贵族子弟，后来也泛指隐居的人。留：居。

手语词卡

恨　风　秋　空气　长江

词语积累

猿啸　霜鬓　潦倒　浊酒　竹喧　浣女　艰难苦恨

知识点

一、对偶：字数相等、结构形式相同、意义对称的一对短语或句子来表达两个相对或相近意思的修辞方式。例如：

“无边落木萧萧下，不尽长江滚滚来”中，“无边”对“不尽”，“落木”对“长江”，“萧萧下”对“滚滚来”。

二、律诗：律诗是中国传统诗歌的一种体裁，属于近体诗范畴，因格律要求非常严格而得名。全首八句，每句五言的称五言律诗，七言的叫七言律诗。例如：

1. **五言律诗**

春望

国破山河在，城春草木深。
感时花溅泪，恨别鸟惊心。
烽火连三月，家书抵万金。
白头搔更短，浑欲不胜簪。

2. **七言律诗**

蜀相

丞相祠堂何处寻？锦官城外柏森森。
映阶碧草自春色，隔叶黄鹂空好音。
三顾频烦天下计，两朝开济老臣心。
出师未捷身先死，长使英雄泪满襟。

运用竞技场

一、根据拼音写汉字。

yuán（　　）啸哀　　huàn（　　）女　　shuāng（　　）鬓
竹 xuān（　　）　　wǎn（　　）来秋　　清 quán（　　）
抵 wàn（　　）金　　锦 guān（　　）城　　艰 nán（　　）

二、在横线上填名词。

______急　______高　______啸　______清　______白　______飞

______强壮　______丰富　______愉快　______优美

____高____远　____强____壮　____好____圆　____青____秀

三、辨别对偶句。

1. 明月松间照，清泉石上流。

"明月"对"________"

"________"对"石上"

"照"对"______"

2. 请找出下面对偶句中一一对应的词语。

黑发不知勤学早，白首方悔读书迟。

____

四、判断以下古诗是七言律诗还是五言律诗。

闻官军收河南河北

杜甫

剑外忽传收蓟北，初闻涕泪满衣裳。

却看妻子愁何在，漫卷诗书喜欲狂。

白日放歌须纵酒，青春作伴好还乡。

即从巴峡穿巫峡，便下襄阳向洛阳。

这首诗是____言____诗

送友人

李白

青山横北郭，白水绕孤城。

此地一为别，孤蓬万里征。

浮云游子意，落日故人情。

挥手自兹去，萧萧班马鸣。

这首诗是____言____诗

五、阅读理解。

1.《登高》颔联两句中，"萧萧"写出了____________________________的

声态，“滚滚”写出了________________________的豪迈气势。

2.《登高》写了____________________________________等景色；《山居秋暝》写了__________________________的景色。

3. 从表达方式看，《登高》前半部分侧重_________________________，后半部分侧重__________________________。

4.《山居秋暝》中最能体现意境宁静、优美的诗句是哪两句？

15. 苏轼词一首

念奴娇·赤壁怀古[1]

苏　轼[2]

大江[3]东去，浪淘[4]尽，千古风流人物[5]。故垒[6]西边，人道是，三国周郎[7]赤壁。乱石穿空，惊涛拍岸，卷起千堆雪[8]。江山如画，一时多少豪杰。

赤壁怀古

① ［念奴娇］词牌名。赤壁：此指黄州赤壁，在今湖北黄冈西。而三国古战场的赤壁，在今湖北赤壁市蒲圻县西北。

② 苏轼（1037—1101），字子瞻，号东坡居士，北宋眉山（今四川眉山）人，著名文学家。有《东坡全集》。

③ ［大江］指长江。

④ ［淘］冲洗，冲刷。

⑤ ［风流人物］指杰出的历史名人。

⑥ ［故垒］过去遗留下来的营垒。

⑦ ［周郎］指三国时吴国名将周瑜，字公瑾，少年得志，二十四为中郎将，掌管东吴重兵，吴中皆呼为“周郎”。下文中的“公瑾”，即指周瑜。

⑧ ［雪］比喻浪花。

遥想[①]公瑾当年，小乔初嫁了[②]，雄姿英发[③]。羽扇纶巾[④]，谈笑间，樯橹[⑤]灰飞烟灭。故国神游[⑥]，多情应笑我，早生华发[⑦]。人生如梦，一尊还酹江月[⑧]。

译文

大江浩浩荡荡向东流去，滔滔巨浪淘尽千古英雄人物。那旧营垒的西边，人们说那就是三国周瑜战斗过的赤壁。陡峭的石壁直耸云天，如雷的惊涛拍击着江岸，激起的浪花好似卷起千万堆白雪。雄壮的江山奇丽如图画，一时间涌现出多少英雄豪杰。

遥想当年的周瑜春风得意，绝代佳人小乔刚嫁给他，他英姿奋发豪气满怀。手摇羽扇头戴纶巾，谈笑之间，强敌的战船烧得灰飞烟灭。我今日神游当年的战地，可笑我多愁善感，过早地生出满头白发。人生犹如一场梦，且洒一杯酒祭奠江上的明月。

手语词卡

战斗　图画　三国　英雄

词语积累

豪杰　遥想　雄姿英发　羽扇纶巾　灰飞烟灭

---

① [遥想] 形容想得很远；回忆。

② [小乔初嫁了（liǎo）]《三国志·吴志·周瑜传》载，周瑜从孙策攻皖，“得桥公两女皆国色也。策自纳大桥，瑜纳小桥。”乔，本作“桥”。其时距赤壁之战已经十年，此处言“初嫁”，是言其少年得意，倜傥风流。

③ [雄姿英发（fā）] 谓周瑜体貌不凡，言谈卓绝。英发，谈吐不凡，见识卓越。

④ [羽扇纶（guān）巾] 古代儒将的便装打扮。羽扇，羽毛制成的扇子。纶巾，青丝制成的头巾。

⑤ [樯橹（qiánglǔ）] 这里代指曹操的水军战船。樯，挂帆的桅杆。橹，一种摇船的桨。

⑥ [故国神游]“神游故国”的倒文。故国：这里指旧地，当年的赤壁战场。神游：于想象、梦境中游历。

⑦ [“多情”二句]“应笑我多情，早生华发”的倒文。华发（fà）：花白的头发。

⑧ [一尊还（huán）酹（lèi）江月] 古人祭奠以酒浇在地上祭奠。这里指洒酒酬月，寄托自己的感情。尊：通“樽”，酒杯。

知识点

词和词牌

词：又称长短句，是诗歌的另一种形式。萌芽于南朝，是隋唐时兴起的一种新的文学样式。到了宋代，进入词的全盛时期。

词牌：人们为了便于记忆和使用，所以给词起了一些名字，这些名字就是词牌。词牌也就是词的格式的名称。例如：

念奴娇·赤壁怀古，“念奴娇”是词牌，“赤壁怀古”是词的题目。

运用竞技场

一、给加点的字选择韵母并标声调。

iang　　iong　　ang　　uan

雄姿英发（x　　）　　遥想（x　　）　　大江东去（j　　）

浪淘尽（l　　）　　三国周郎（l　　）　　乱石穿空（l　　）

二、用动词填空。

1. 乱石______空，惊涛______岸，______起千堆雪。
2. 樯橹灰______烟______。
3. 她喜欢______水果。
4. 你爱______球吗？

三 、判断并选择下列诗句运用的修辞手法。

1. 乱石穿空，惊涛拍岸，卷起千堆雪。（　　）
2. 好雨知时节，当春乃发生。（　　）
3. 接天莲叶无穷碧，映日荷花别样红。（　　）

A. 拟人　B. 夸张　C. 比喻

四、分别指出下列词的词牌和标题。

西江月·夜行黄沙道中

辛弃疾

明月别枝惊鹊，清风半夜鸣蝉。稻花香里说丰年，听取蛙声一片。

七八个星天外，两三点雨山前。旧时茅店社林边，路转溪桥忽见。

这首词的词牌是____________，标题是______________。

卜算子·咏梅

毛泽东

风雨送春归，飞雪迎春到。
已是悬崖百丈冰，犹有花枝俏。
俏也不争春，只把春来报。
待到山花烂漫时，她在丛中笑。

这首词的词牌是____________，标题是______________。

五、根据诗歌内容填空。

1. 苏轼在《念奴娇·赤壁怀古》上片描写赤壁雄奇壮阔的景物，除写陡峭的山崖外，还以“______________，______________”两句写滔滔的江流。

2. 苏轼在《念奴娇·赤壁怀古》中勾画赤壁古战场的险要形势后，发出了“______________，______________”的慨叹，将江山之胜和怀古之情融为一体。

3. 苏轼在《念奴娇·赤壁怀古》中写当年周瑜春风得意，“____________________________”两句以美人烘托英雄，更显示出周瑜的丰姿潇洒、韶华似锦、年轻有为。

4. 苏轼在《念奴娇·赤壁怀古》中写了周瑜作为儒将的便装打扮，接着以“______________，______________”两句，描绘了他在赤壁之战时的英气勃发。

5. 苏轼《念奴娇·赤壁怀古》下片由过去跌入现实，不免思绪深沉、顿生感慨，发出了“______________，______________”的悲叹，感伤时光易逝、壮志难酬。

6. 苏轼在《念奴娇·赤壁怀古》中以“__________________________”两句，感慨人生的短暂，于是会情不自禁地洒酒祭奠。

*16. 词二首

虞美人[①]

李　煜[②]

春花秋月何时了[③]？往事知多少。小楼昨夜又东风，故国不堪回首月明中。

雕栏玉砌[④]应犹[⑤]在，只是朱颜改[⑥]。问君能有几多愁[⑦]？恰似一江春水向东流。

问君能有几多愁？

译文

春花秋月的美好时光什么时候才能结束，往事知道有多少！昨夜小楼上又吹来了春风，在这皓月当空的夜晚，怎承受得了回忆故国的伤痛。

精雕细刻的栏杆，玉石砌成的台阶应该还在，只是所怀念的人已衰老。

---

① 此调原为唐教坊曲，初咏项羽宠姬虞美人死后地下开出一朵鲜花，因以为名。又名《一江春水》《玉壶水》《巫山十二峰》等。

② 李煜（937—978），五代时南唐的最后一个君主，世称李后主，著名词人。

③ ［了］了结，完结。

④ ［雕栏玉砌］指远在金陵的南唐故宫。砌：台阶。

⑤ ［应犹］一作“依然”。

⑥ ［朱颜改］指所怀念的人已衰老。

⑦ ［问君能有几多愁］君：作者自称。能：或作“都”“那”“还”“却”。要问我心中有多少哀愁。

要问我心中有多少哀愁，就像这不尽的滔滔春水滚滚东流。

青玉案[①]·元夕[②]

辛弃疾[③]

东风夜放花千树

东风夜放花千树[④]，更吹落，星如雨[⑤]。宝马雕车[⑥]香满路。凤箫[⑦]声动，玉壶[⑧]光转，一夜鱼龙舞[⑨]。

蛾儿雪柳黄金缕[⑩]，笑语盈盈暗香去[⑪]。众里寻他[⑫]千百度，蓦然[⑬]回首，那人却在，灯火阑珊[⑭]处。

译文

像东风吹散千树繁花一样，又吹得烟火纷纷，乱落如雨。豪华的马车满路芳香。悠扬的凤箫声四处回荡，玉壶般的明月渐渐西斜，一夜鱼龙灯飞舞笑语喧哗。

美人头上都戴着亮丽的饰物，笑语盈盈地随人群走过，身上香气飘洒。

---

① ［青玉案］词牌名。

② ［元夕］夏历正月十五日为上元节，元宵节，此夜称元夕或元夜。

③ 辛弃疾（1140—1207），字幼安，别号稼轩居士，宋代著名词人。

④ ［东风夜放花千树］形容元宵夜花灯繁多。花千树，花灯之多如千树开花。

⑤ ［星如雨］指焰火纷纷，乱落如雨。星，指焰火，形容满天的烟花。

⑥ ［宝马雕车］豪华的马车。

⑦ ［凤箫］指笙、箫等乐器演奏。凤箫，箫的美称。

⑧ ［玉壶］比喻明月。亦可解释为灯。

⑨ ［鱼龙舞］指舞动鱼形、龙形的彩灯，如鱼龙闹海一样。

⑩ ［蛾儿雪柳黄金缕］写元夕的妇女装饰。蛾儿、雪柳、黄金缕，皆古代妇女元宵节时头上佩戴的各种装饰品。这里指盛装的妇女。

⑪ ［笑语盈盈暗香去］声音轻盈悦耳，亦指仪态娇美的样子。暗香：本指花香，此指女性们身上散发出来的香气。

⑫ ［他］泛指第三人称，古时就包括“她”。千百度：千百遍。

⑬ ［蓦然］猛然；不经心地。

⑭ ［阑珊］零落稀疏的样子。

我在人群中寻找她千百回，猛然一回头，不经意间却在灯火零落之处发现了她。

手语词卡

台阶　怀念　焰火　衰老　豪华　元宵节

词语积累

朱颜　玉壶　凤箫　春花秋月　不堪回首　雕栏玉砌　一江春水
宝马雕车　笑语盈盈　蓦然回首　灯火阑珊

知识点

借代：说话或写文章时，不直接说出所要表达的人或事物，而是借用与它密切相关的人或事物来代替的一种修辞方法。被替代的叫“本体”，替代的叫“借体”，“本体”不出现，用“借体”来代替。例如：

1. 蛾儿雪柳黄金缕。—辛弃疾《青玉案·元夕》。用身上的服饰和装饰借代元宵夜来看花灯的人。

2. 雕栏玉砌应犹在，只是朱颜改。—李煜《虞美人》。“雕栏玉砌”，雕花栏杆和玉石台阶，这里代指故国的宫殿。

3. 知否，知否，应是绿肥红瘦—李清照《如梦令》。此句用“绿”代指叶子，用“红”代指花朵。

运用竞技场

一、根据拼音写汉字。

fèng（　　）箫　　　　笑语 yíng（　　）yíng（　　）

灯火 lán（　　）shān（　　）　　　　宝马 diāo（　　）车

mò（　　）rán（　　）回首　　　　雕栏 yù（　　）qì（　　）

二、按要求写成语。

1. 写出带“春”和“秋”的成语 3 个。

如：春花秋月＿＿＿＿＿＿＿＿＿＿＿＿＿＿＿＿

2. 写出带“不”字的成语 5 个。

如：不堪回首＿＿＿＿＿＿＿＿＿＿＿＿＿＿＿＿

三、请写出下面借代手法中是用什么事物借代什么事物。

1. 蛾儿雪柳黄金缕。 （用__________借代__________）

2. 雕栏玉砌应犹在，只是朱颜改。 （用__________借代__________）

3. 知否，知否，应是绿肥红瘦。 （用__________借代__________）

4. 先生，给现钱，袁世凯，不行么？ （用__________借代__________）

5. 巾帼不让须眉。 （用__________借代__________）

四、判断下列诗句运用了哪种修辞手法。

1. 忽如一夜春风来，千树万树梨花开。——（唐，岑参《白雪歌送武判官归京》） （ ）

2. 钟鼓馔玉不足贵，但愿长醉不复醒。——（唐，李白《将进酒》） （ ）

3. 可怜九月初三夜，露似珍珠月似弓。——（唐，白居易《暮江吟》） （ ）

4. 谁言寸草心，报得三春晖。——（唐，孟郊《游子吟》） （ ）

五、阅读理解。

1. 请找出《虞美人》中两句写愁的诗句。

2.《青玉案·元夕》这首词描写的是我国哪一个传统节日？词中“那人”是指谁？

语文应用操练四

语言交往

学会邀请

学校来了很多参观的领导和老师，他们从全国各地来我们学校做客，这是多么难得啊！我们是不是应该拍些照片作为留念呢？黄老师的拍摄技术比较好，谁可以去邀请黄老师呢？打算怎么跟黄老师说呢？

情景互动，学习邀请技巧

李丽最近收到了表姐寄过来的一大袋子哈密瓜干，她想邀请朋友们一同来品尝。

李丽跟张明发信息："小明，你好！我是李丽。"

张明："您好啊，李丽姐，有事吗？"

李丽："我这里有一大袋表姐从新疆寄过来的哈密瓜干，可甜了。你过来尝尝吧！"

张明："谢谢你，李丽姐，我一定去。"

李丽又给肖飞发信息："小飞，我是李丽。好长时间没有见到你了，我很想你。"

肖飞："我也想你了，丽姐，最近好吗？"

李丽回答说："挺好的，谢谢你。你现在有空吗？到我家里来一趟，我请你和张明，还有小杨妹妹一块儿吃哈密瓜干，你可得赏光啊！"

肖飞也高兴地接受了李丽的邀请："太好了，我正好要去你那里呢！我现在就来。"

客人全到齐了，大家快乐地分享着哈密瓜干。

邀请应注意的事项

1. 邀请方式。邀请朋友可以当面邀请，打电话邀请，微信邀请，邮件邀请。

2. 言行礼貌，态度诚恳。可以针对朋友喜好邀请，告诉她（他），为了她（他）特地准备了美食，也可以用家里的宠物吸引她（他）来你家做客；提前把家里收拾干净，准备好吃的喝的，还可以到楼下去迎接你的朋友。

3. 内容清楚。邀请朋友做什么事情，约定好见面的时间和地点，家庭详细地址，必要时发送位置，提供交通方式和路线建议。

邀请的常用态势语

1. 邀请：左手平伸；右手伸拇指，置于左手掌心上，双手同时向内移动。

2. 我邀请你：不能只打"邀请"这个手语动作，应注意手语动作的方向是由"我"到"你"，

3. 男生邀请女生跳舞的动作：左手放在身后腰部位置，右手做邀请姿势，略弯腰，表示恭请。

实用招牌词句

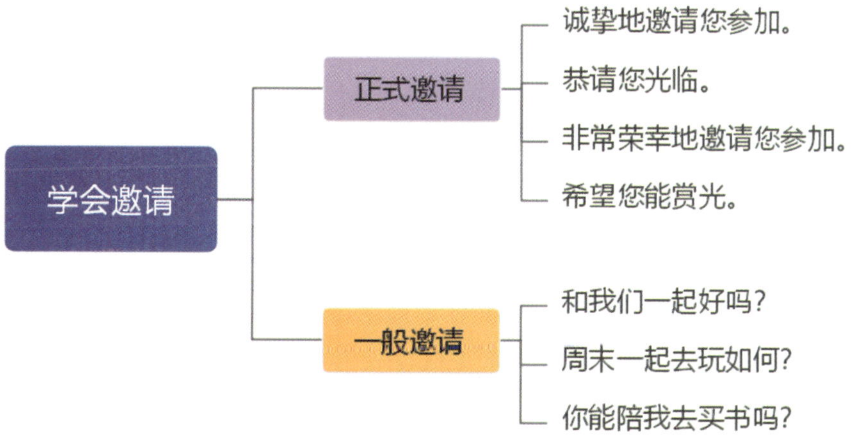

运用竞技场

一、请根据提示完成情境对话。

1. 李明：________________________________

张兰：我周末有空。

李明：太好了，________________________________

张兰：很荣幸接受你的邀请，我会准时参加你的生日 Party。

2. 王丹：________________________________

张丽：我今天下午没有安排。

王丹：________________________________

张丽：没问题，我正好想去买一双鞋。

王丹：________________________________

张丽：好的。我会准时在校门口等你。

二、王勇想邀请陈立周六下午一起打篮球，但陈立另有安排，你觉得下面哪种是最合适最礼貌的拒绝（　　）

A. 我没时间。

B. 我不去，你自己去吧。

C. 谢谢你的邀请。

D. 谢谢你的邀请，可我另有安排，我们另找时间好吗？

三、请根据下面的材料写一封邀请信。

兹定于五月四日晚八时整，在学校致远楼一楼报告厅举行“迎五四手语诗歌朗诵会”。学生会诚挚地邀请学校校长届时光临。

语文综合实践活动

古典诗词手语诵读会

我国是一个诗歌的国度，最早的诗歌总集《诗经》距今已有两千多年的历史。古诗词是人类对自然界和社会人生的一种特殊感悟和认知，是真、善、美的艺术结晶。千百年来，万口传诵的诗词，哺育了一代又一代人，成为祖国文化的命脉。诗词不仅能拓展知识面，培养对文学的兴趣爱好，提高人文素养，还能激发爱国情感，陶冶情操和审美情趣。现在，请大家走进古诗词的世界，一起徜徉于诗歌的百花园中，让我们的生活充满诗意吧！

活动目标

增强对诗歌的了解，感受诗歌的特点，提升对古典诗词的理解和鉴赏能力，提高学生的自信，培养学生的集体荣誉感。

活动设计

本次活动分为“我手诵我诗”“为诗歌代言”“擂台挑战赛”三个环节。以同学们的自主活动为主，在趣味活动中学习古诗词，在快乐参与中提高人文素养。

一、“我手诵我诗”

1. 同学们可以根据自己的兴趣爱好，选择唐诗或宋词，自由组队为“唐诗组”或“宋词组”。

2. 确定诗或词的专题，每个专题由小组成员 2—3 人组成。

3. 各专题小组成员根据所选专题搜集以前（包括小学、初中）学过的古诗词，运用国家通用手语进行有感情的朗读和背诵。

每组确定一个负责人，负责活动的组织协调，记录整个活动过程。

二、“为诗歌代言”

1. 每个专题小组在能理解诗词和背诵诗词的前提下，选择 2—3 首内容适宜、有意义的诗词，进行诗配画或诗词表演活动，进行再创造。

2. 利用晨读时间，每天每队选派一个代表承担代言任务，并录制视频。为诗歌代言的时间控制在十五分钟左右，运用国家通用手语，根据诗配画或诗词表演，介绍诗词的作者、写作背景、情感和意境等。

3. 组长将每个专题的诗配画和代言视频进行收集和整理。

三、“擂台挑战赛”

1. 各组将收集整理的诗配画在全校进行展览，将诗配画或代言视频上传至微信朋友圈。组员可以对自己的作品进行宣传，邀请师生好友及亲人进行投票。

2. 组长根据投票结果，每组选拔 3 位“诗词小达人”进行奖励。

3. 邀请 6 位“诗词小达人”将诵读心得、诗词理解技巧、诗词鉴赏方法在班级进行分享。

相关资料

适合情景表演的古诗词

1. 少小离家老大回，乡音无改鬓毛衰。儿童相见不相识，笑问客从何处来？（贺知章：《回乡偶书》）

解析：从小就离开家，我去了外地，老了才回来，家乡口音没改过，头发却白了。家乡的小孩见到我已经不认识了，笑着问我从哪里来？

2. 君自故乡来，应知故乡事。来日绮窗前，寒梅着花未？（王维：《杂诗三首·其二》）

解析：你从故乡来，该知道故乡的事。请告诉我，你来时，我窗前的梅树，是否已经开花？

作者问客人故乡的梅花怎样了，看上去似乎合乎情理，但是在当时的社会又有点不切合实际。由此可以思索一下梅的含义：坚韧不拔，不屈不挠，奋勇当先，自强不息的精神品质；迎雪吐艳，凌寒飘香，铁骨冰心的崇高品质都是美化的寓意，而在这里我们可以把梅看成象征，它可能蕴含着当年家居生活亲切有趣的情事。整首诗表达了作者对梅的喜爱和赞美之情，同时表达了作者对故乡的思念。

3. 岭外音书断，经冬复历春。近乡情更怯，不敢问来人。（宋之问：《渡汉江》）

解析：这是宋之问从泷州（今广东罗定县）贬所逃归，途经汉江（指襄阳附近的一段汉水）时写的一首诗。前两句追叙贬居岭南的情况。贬斥蛮荒，本就够悲苦的了，何况又和家人音讯隔绝，彼此未卜存亡，更何况又是在这种情况下经冬历春，捱过漫长的时间。

4. 客路青山外，行舟绿水前。潮平两岸阔，风正一帆悬。海日生残夜，江春入旧年。乡书何处达？归雁洛阳边。（王湾：《次北固山下》）

解析：海日东升，春意萌动，诗人放舟于绿水之上，继续向青山之外的客路驶去。这时候，一群北归的大雁正掠过晴空。雁儿正是要经过洛阳的啊！让诗人想起了“雁足传书”的故事，还是托雁捎个信吧：雁儿啊，烦劳你们飞过洛阳的时候，替我问候一下家里人。

5. 入春才七日，离家已二年。人归落雁后，思发在花前。（薛道衡：《人日思归》）

解析：诗句一开始就告诉我们，诗人是在异地他乡辞旧岁迎新年的。从诗句的词语中可看出，“离家已二年”并不是真的离家已整整两年。后两句，诗人告诉我们，他在春花开放前就有了归家的念头，但是因为种种原因，真正能动身回乡，可能要在南雁北飞的日子之后。诗歌写出了远在他乡的人时刻都在想着回家的普遍心理。

6. 其他：李白的《赠汪伦》、曹植的《七步诗》、汉乐府《木兰诗》、辛弃疾的《清平乐·村居》、杜甫的《客至》、孟郊的《游子吟》等。

古诗今唱参考曲目

1.《虞美人》——李煜（南唐）作词，高晓松作曲，吴梦奇编曲。

2.《满江红》——岳飞（南宋）《满江红·怒发冲冠》，杨洪基演唱。

3.《月满西楼》——李清照（宋）作词，苏越谱曲，童丽演唱。

4.《西江月》——辛弃疾（南宋）作词，傅雪漪作曲，王苏芬演唱。

5.《滚滚长江东逝水》——电视剧版《三国演义》的主题曲。出自明代文学家杨慎所作《廿一史弹词》第三段《说秦汉》的开场词《临江仙·滚滚长江东逝水》。

6.《相见时难别亦难》——李商隐（唐）《无题》，徐小凤演唱。
7.《但愿人长久》——苏轼（北宋）《水调歌头》，王菲演唱。
8.《钗头凤》——陆游、唐婉（南宋）《钗头凤》，风中采莲演唱。

第五单元　感知生命

单元导语

本单元以“感知生命”为主题安排了四篇课文。

《再塑生命的人》作者海伦·凯勒叙述了莎莉文老师教她识字、认识事物的过程，赞扬了莎莉文老师高超的教育艺术；同时也介绍了她自己艰辛而愉快的生活经历，表现了作者的求知热情，表达了她对莎莉文老师的感激之情。

李国文的《淡之美》则于夹叙夹议的对比中让人认识到“淡，是一种至美的境界”，从而改变人处事、处世的方式。

《灯》围绕着“灯”，于日常琐事、个人经验、古代传说和友人经历中取材，赋予“灯”象征意义，鼓舞感召彷徨的青年。

《拥抱不完美》这篇课文中，墨西哥女画家弗里达·卡罗向我们展示了她积极、坚强的人生态度，教会我们如何坦然面对困境，活出最出色的精彩人生。

学习这四篇课文，重点是理清思路。所谓思路，是指文章表达思想的脉络、路径。理清思路，就是弄清楚文章先写什么，后写什么，以及这样安排的原因。阅读时，可以从把握文章的结构、线索、组材顺序入手来理清思路。

17. 再塑生命的人①

海伦·凯勒②

老师安妮·莎莉文来到我家的这一天，是我一生中最重要的一天。那是 1887 年 3 月 3 日，当时我才 6 岁 9 个月。回想此前和此后截然不同的生活，我不能不感慨万分。

那天下午，我默默地站在走廊上。从母亲的手势以及家人匆匆忙忙的样子，猜想一定有什么不寻常的事要发生。因此，我安静地走到门口，站在台阶上等待着。

下午的阳光穿过满阳台的金银花，照射到我仰着的脸上。我的手指搓捻着花叶，抚弄着那些为迎接南方春天而绽开的花朵。我不知道未来将有什么奇迹发生，当时的我，经过几个星期的愤怒、苦恼，已经疲倦不堪了。

莎莉文老师教海伦·凯勒感知水

朋友，你可曾在茫茫大雾中航行过？在雾中神情紧张地驾驶着一条大船，小心翼翼地缓慢地向对岸驶去？心儿怦怦直跳，唯恐发生意外。在受教育之前，我正像大雾中的航船，既没有指南针也没有探测仪，无从知道海港已经临近。我心里无声地呼喊着："光明！光明！快给我光明！"正在此时，爱的光明照在了我的身上。

---

① 选自《假如给我三天光明》（华文出版社 2002 年版）。李汉昭译。

② 海伦·凯勒（1880—1968），美国女作家、社会活动家，自幼因病成为盲聋哑人，她自强不息，在安妮·莎莉文老师的帮助下，学会了盲文，克服巨大困难读完大学，通晓五种文字，一生写了十几部作品，同时致力于救助伤残儿童、保护妇女权益和争取种族平等的社会活动。1964 年获总统自由勋章。她的事迹两次被拍成电影。

我觉得有脚步向我走来，以为是母亲，立刻伸出双手。一个陌生人握住了我的手，把我紧紧地抱在怀中。我似乎能感觉得到，她就是那个来对我启示世间的真理、给我深切的爱的人——安妮·莎莉文老师。

第二天早晨，莎莉文老师带我到她的房间，给了我一个洋娃娃。后来我才知道，那是柏金斯盲人学校的学生赠送的。衣服是由年老的萝拉亲手缝制的。我玩了一会儿洋娃娃。莎利文小姐拉起我的手，在手掌上慢慢地拼写“doll”这个词，这个举动让我对手指游戏产生了兴趣，并且模仿着在她手上画画儿。当我最后能正确的拼写这个词时，我自豪极了，高兴得脸都涨红了，立即跑下楼去，找到母亲，拼写给她看。

我并不知道这就是在写字，甚至也不知道世界上有文字这种东西。我不过是依样画葫芦模仿莎莉文老师的动作而已。从此以后，以这种不求甚解的方式，我学会了拼写“针”（pin）、“杯子”（cup）以及“坐”（sit）、“站”（stand）、“行”（walk）这些词。世间万物都有自己的名字，我是在老师教了我几个星期以后，才领悟到的。

有一天，莎莉文小姐给我一个更大的新洋娃娃，同时也把原来那个布娃娃拿来放在我的膝上，然后在我手上拼写“doll”这个词，用意在于告诉我这个大的布娃娃和小布娃娃一样都叫作“doll”。

这天上午，我和莎莉文老师为“杯”和“水”这两个字发生了争执。她想让我懂得“杯”是“杯”，“水”是“水”，而我却把两者混为一谈，“杯”也是“水”，“水”也是“杯”。她没有办法，只好暂时丢开这个问题，重新练习布娃娃“doll”这个词。我实在有些不耐烦了，抓起新洋娃娃就往地上摔，把它摔坏了，心中觉得特别痛快。发这种脾气，我既不惭愧，也不悔恨，我对洋娃娃并没有爱。在我的那个寂静而又黑暗的世界里，根本就不会有温柔和同情。莎莉文小姐把可怜的洋娃娃的碎布扫到炉子边，然后把我的帽子递给我，我知道又可以到外面暖和的阳光里去了。

我们沿着小路散步到井房，房顶上盛开的金银花芬芳扑鼻。莎莉文老师把我的一只手放在喷水口下，一股清凉的水在我手上流过。她在我的另一只手上拼写“water”——“水”字，起先写得很慢，第二遍就写得快一些。我静静地站着，注意她手指的动作。突然间，我恍然大悟，有一种神奇的感觉在我脑中激荡，我一下子理解了语言文字的奥秘了，知道了“水”这个字就是正在我手上流过的这种清凉而奇妙的东西。

水唤醒了我的灵魂，并给予我光明、希望、快乐和自由。

井房的经历使我求知的欲望油然而生。啊！原来宇宙万物都各有名称，每个名称都能启发我新的思想。我开始以充满新奇的眼光看待每一样东西。回到屋里，碰到的东西似乎都有了生命。我想起了那个被我摔坏的洋娃娃，摸索着来到炉子跟前，捡起碎片，想把它们拼凑起来，但怎么也拼不好。想起刚才的所作所为，我悔恨莫及，两眼浸满了泪水，这是生平第一次。

那一天，我学会了不少字，譬如“父亲”（father）、“母亲”（mother）、“妹妹”（sister）、“老师”（teacher）等。这些字使整个世界在我面前变得花团锦簇[①]，美不胜收[②]。记得那个美好的夜晚，我独自躺在床上，心中充满了喜悦，企盼着新的一天快些来到。啊！世界上还有比我更幸福的孩子吗？

手语词卡

感慨　芬芳　奥秘　灵魂　不求甚解　恍然大悟

词语积累

花团锦簇　截然不同　疲倦不堪　小心翼翼　怦怦直跳　芬芳扑鼻
油然而生　美不胜收

语言点

一、我并不知道这就是在写字，**甚至**也不知道世界上有文字这种东西。

甚至：强调突出事例，表示更进一层的意思。句中用“甚至”表示自己连文字的存在都不知道。例如：

这道题太简单了，不用费脑子，甚至看一眼就能得出答案。

二、有一天，莎莉文小姐给我一个更大的新洋娃娃，**同时**也把原来那个布娃娃拿来放在我的膝上。

同时：意思是同时代，同一时候，同时发生，还有并且的意思。句中“同时”指的是两件事情同一时候发生。例如：

邻居应该守望相助，既帮助别人，同时也帮助自己。

知识点

感叹句：带有浓厚的感情的句子。它表示快乐、惊讶、悲哀、厌恶、

---

① ［花团锦簇（cù）］形容五彩缤纷、十分华丽的形象。

② ［美不胜收］美好的东西太多，一时接受不完（看不过来）。

恐惧等浓厚的感情。感叹句中常使用感叹词，句末都用叹号（!）表示。例如：

1. 啊！原来宇宙万物都各有名称，每个名称都能启发我新的思想。

2. 啊！世界上还有比我更幸福的孩子吗？

运用竞技场

一、给加点的字选择韵母并标声调。

i　in　ie　en　eng　an　ang　uang

花团锦簇（j　　）　截然不同（j　　）　疲倦不堪（k　　）

小心翼翼（y　　）　怦怦直跳（p　　）　不求甚解（sh　　）

芬芳扑鼻（f　　）　恍然大悟（h　　）　美不胜收（sh　　）

二、补全成语。

______不同　感慨______　疲倦______

______直跳　不求______　______大悟

油____而____　____悔莫____　花团______

三、选词填空。

甚至　同时

1. 在阅读的______还需要思考，这样才能真正读懂文章的内涵。

2. 这次考试有八个同学不及格，______有一个同学打了零分，老师要大家好好分析一下原因。

3. 今年夏天可真热啊！气温______高到了 39 摄氏度，真要命啊！

4. 今天是我的生日，妈妈把礼物送到我的手里，______温柔地抱着我说："生日快乐。"

小心翼翼　怦怦直跳　不求甚解　芬芳扑鼻　恍然大悟　美不胜收

1. 春天到了，我来到花园里，这里真美啊！各种各样的花儿都开了，__________。

2. 我__________地捧着一个玻璃缸，生怕它掉下来摔碎了。

3. 终于要见到我的偶像了，我的心__________。

4. 有道题目我不会做，老师给了我一点提示，我__________，很快解答出来了。

5. 这里有弯弯的小河，青青的垂柳，碧绿的湖水，真是__________。

6. 李明在学习上__________，老师已经多次批评过他了，希望他能改正。

四、将下列陈述句改为感叹句。

1. 太阳出来了，金色的阳光洒满大地，很美。

____

2. 今天下了一场大雨。

____

3. 我说过不准翻我的日记本。

____

五、阅读理解。

1. 下列对本文写法特点的理解，恰当的一项是(　　)

A. 从自己的进步、成长过程体现老师的辛勤培育，从侧面烘托老师的形象。

B. 直接描写老师的外貌、动作，表达了自己对老师的思念之情。

C. 运用形象化的比喻来说明抽象事物的本质。

D. 凭借触觉去感受大自然，感受老师的关爱，接受老师的教导。

2. 莎莉文老师是个____________________的老师。海伦是个____________________的学生。

3. “再塑生命”的意思是____________________，在本文中，再塑生命，是指：________________________“再塑生命”一词表达了作者对莎莉文老师的____________________之情。

18. 淡之美[①]

李国文

淡，是一种至美的境界。

一个年轻的女孩子，从你眼前走过，虽是惊鸿[②]一瞥，但她那淡淡的妆，更接近于本色和自然，好像春天早晨一股清新的风，就会给人留下一种纯净的感觉。

如果浓妆艳抹的话，除了这个女孩表面上的光丽之外，就不大会产生更多的有韵味的遐想来了。

其实，浓妆加上艳抹，这四个字本身，已经多少带有一些贬义。

淡比之浓，或许由于接近天然，似春雨，润物无声，容易被人接受。

苏东坡写西湖，曾经有一句“淡妆浓抹总相宜”，但他这首诗所赞美的，“水光潋滟[③]晴方好，山色空蒙[④]雨亦奇”，也是大自然的西湖。虽然苏

西湖早春

西湖夜景

① 选自《中华散文百年精华》（人民文学出版社 1999 年版）。略有改动。李国文，当代作家。主要作品有《花园街五号》《冬天里的春天》等。

② ［惊鸿］惊飞的鸿雁，指美人体态轻盈。后即指美人。

③ ［潋（liàn）滟（yàn）］形容水波流动。

④ ［空蒙］形容景物迷茫。

东坡时代的西湖，并不是现在这种样子的，但真正欣赏西湖的游客，对那些大红大绿的，人工雕琢的，车水马龙的浓丽景色，未必多么感兴趣的。

识得西湖的人，都知道只有在那早春时节，在那细雨，碧水，微风，柳枝，桨声，船影，淡雾，山岚之中的西湖，像一幅淡淡的水墨画，展现在你眼前的西湖，才是最美的西湖。

水墨画，就是深得淡之美的一种艺术。

在中国画中，浓得化不开的工笔[①]重彩，毫无疑义是美。但在一张玉版宣[②]上，寥寥数笔便经营出一个意境，当然也是美。前者，统统呈现在你眼前，一览无余。后者，是一种省略的艺术，墨色有时淡得接近于无。可表面的无，并不等于观众眼中的无，作者心中的无，那大片大片的白，其实是给你留下的想象空间。“空山不见人，但闻人语响。”没画出来，要比画出来的，更耐思索。

西方的油画[③]，多浓重，每一种色彩，都惟恐不突出地表现自己，而中国的水墨画，则以淡见长，能省一笔，决不赘语，所谓“惜墨如金”者也。

一般说，浓到好处，不易；不过，淡而韵味犹存，似乎更难。

咖啡是浓的，从色泽到给中枢神经的兴奋作用，以强烈为主调。有一种土耳其款式的咖啡，煮在杯里，酽[④]黑如漆，饮在口中，苦香无比，杯小如豆，只一口，能使饮者彻夜不眠，不觉东方之既白。茶则是淡的了，尤其新摘的龙井，就更淡了，一杯在手，嫩蕊舒展，上下浮沉，水色微碧，近乎透明，那种感官的怡悦，心胸的熨帖[⑤]，腋下似有风生的惬意[⑥]，也非笔墨所能形容。所以，咖啡和茶，是无法加以比较的。

但是，若我而言，宁可倾向于淡。强劲持久的兴奋，总是会产生负面效应。

人生，其实也是这个道理。浓是一种生存方式，淡，也是一种生存方式。两者，因人而异，不能简单地以是或非来判断的，我呢，觉得淡一点，于身心似乎更有裨益。

---

① ［工笔］国画的一种画法，用笔工整，注意细部的描绘。

② ［玉版宣］宣纸的一种，白色，质地坚厚。

③ ［油画］西洋画的一种，用含油质的颜料在布或者木板上绘成。

④ ［酽（yàn）］（液汁）浓。

⑤ ［熨（yù）帖（tiē）］指内心的平静与舒适。

⑥ ［惬意］满意，称心，舒服。

因此，持浓烈人生哲学者，自然是积极主义了；但执恬淡[①]生活观者，也不能说是消极主义。奋斗者可敬，进取者可钦，所向披靡者可佩，热烈拥抱生活者可亲；但是，从容而不急趋，自如而不窘迫，审慎而不狷躁[②]，恬淡而不凡庸，也未始不是又一种的积极。

一个人活在这个世界上，不管你是举足轻重的大人物，还是微不足道的小人物，只要有人存在于你的周围，你就会成为坐标中的一个点，而这个点必然有着纵向和横向的联系。于是，这就构成了家庭、邻里、单位、社会中的各式各样繁复的感情关系。

夫妻也好，儿女也好，亲戚、朋友也好，邻居、同事也好，你把你在这个坐标系上的点，看得浓一点，你的感情负担自然也就重；看得淡一点，你也许可以洒脱些、轻松些。

譬如交朋友，好得像穿一条裤子，自然是够浓的了。“君子之交淡如水”，肯定是百分之百的淡了。不过，密如胶漆的朋友，反目成仇，又何其多呢？倒不如像水一样地淡然相处，无昵无隙，彼此更怡洽些。

近莫近乎夫妇，亲莫亲于子女，其道理，也应该这样。太浓烈了。便有求全之毁，不虞[③]之隙。

尤其落到自己头上，一旦要一张什么自画像时，倒是宁可淡一点的好。

物质的欲望，固然是人的本能，占有和谋取，追求和获得，大概是与生俱来的。但欲望膨胀到无限大，或争名于朝，争利于市，或欲壑难填[④]，无有穷期；或不甘寂寞，生怕冷落，或欺世盗名[⑤]，招摇过市。得则大欣喜，大快活；不得则大懊丧，大失落。神经像淬火[⑥]一般地经受极热与极冷的考验，难免要濒临崩溃边缘，疲于奔命的劳累争斗，保不准最后落一个身心俱弛的结果，活得也实在是不轻松啊！其实，看得淡一点，可为而为之，不可为而不强为之的话，那么，得和失，成和败，就能够淡然处之，而免掉许多不必要的烦恼。

淡之美，某种程度近乎古人所说的禅，而那些禅偈[⑦]中所展示的智慧，

---

① ［恬淡］不追求名利，淡泊。

② ［狷（juàn）躁］形容性情急躁。

③ ［虞］（yú）猜测，预料。

④ ［欲壑（hè）难填］形容贪得的欲望太大，很难满足。

⑤ ［欺世盗名］欺骗世人，窃取名誉。

⑥ ［淬（cuì）火］把金属加热后浸入冷却剂中以增强硬度和强度。

⑦ ［偈（jì）］佛经中的唱词。

实际上是在追求这种淡之美的境界。

禅，说到底，其实，就是一个淡字。

人生在世，求淡之美，得禅趣，不亦乐乎？

手语词卡

贬义　透明　惬意　濒临　从容　失落　崩溃

词语积累

欲壑难填　惊鸿一瞥　浓妆艳抹　一览无余　惜墨如金　反目成仇
欺世盗名　招摇过市

语言点

一、但是，从容**而**不急趋，自如**而**不窘迫，审慎**而**不猖躁，恬淡**而**不凡庸，也未始不是又一种的积极。

而：表示转折关系，相当于“却”“但是”。例如：

张珊学习落后了，我们应帮助而不是嘲笑她。

二、**尤其**落到自己头上，一旦要一张什么自画像时，倒是宁可淡一点的好。

尤其：副词。表示更进一步。同义词：特别。通常用来强调该词语后所述事物。例如：

我平常很喜欢吃水果，尤其是芒果。

句中“尤其”就是强调“我”更喜欢芒果。

知识点

对比论证：是正反对比论证的简称，也称比较法，是把两种事物加以对照、比较后，找到它们之间的差异点。经过对比，从正反两方面进行说理，从而使所阐述的事理更加深刻，更有说服力。

例如《淡之美》中，作者将中国画和油画对比、土耳其咖啡的浓烈和西湖龙井的清淡进行对比。

运用竞技场

一、根据拼音写汉字。

欲 hè（　　）难填　　惊 hóng（　　）一瞥

浓 zhuāng（　　）艳抹　　一 lǎn（　　）无余

惜 mò（　　）如金　　欺世 dào（　　）名

yàn（　　）黑如漆　　山色 kōng（　　）méng（　　）

水光 liàn（　　）yàn（　　）　　招 yáo（　　）过市

yù（　　）tiē（　　）　　juàn（　　）zào（　　）

二、补全成语。

欲壑________　________一瞥　浓____艳____　一____无____

惜____如____　反____成____　____世____名　招摇____ ____

三、选择正确的修辞手法填空。

比喻　对比　排比

1. 我的妈妈每天很早就起床了，她有很多的事情要做，当她忙得满头是汗的时候，我还在床上呼呼大睡，做着美梦呢。（　　）

2. 山岚之中的西湖，像一幅淡淡的水墨画。（　　）

3. 我要学习雷锋，做一个热心的人；我要学习张海迪，做一个自强不息的人；我要学习武警战士，做一个保家卫国的人！（　　）

四、照样子，写句子。

例句：我平常很喜欢吃水果，尤其是芒果。

1. 我平常很喜欢运动，尤其____________________。

2. ____________________，尤其喜欢上体育课。

3. ____________________，尤其____________________。

例句：从容而不急趋，自如而不窘迫，审慎而不狷躁，恬淡而不凡庸。

1. 自信而不____________________。

2. ____________________而不武断。

3. ____________________而不____________________。

五、阅读理解。

1．这是一篇夹叙夹议的议论小品文，中心论点是__________________ __________。论证方法主要是__________论证和__________论证。

2．运用举例的好处就是用事实说话，避免空谈，从而增强说服力。课文列举的例子有哪些？请写下来吧。

3．对比是议论文常用的手法，请找出文中运用对比的例子，并简要说明它的作用。

19. 灯[①]

巴　金[②]

我半夜从噩梦[③]中惊醒，感觉到窒闷，便起来到廊上去呼吸寒夜的空气。

夜是漆黑的一片，在我的脚下仿佛横着沉睡的大海，但是渐渐地像浪花似的浮起来灰白色的马路。然后夜的黑色逐渐减淡。哪里是山，哪里是房屋，哪里是菜园，我终于分辨出来了。

在右边，傍山建筑的几处平房里射出来几点灯光，它们给我扫淡了黑暗的颜色。

我望着这些灯，灯光带着昏黄色，似乎还在寒气的袭击中微微颤抖。有一两次我以为灯会灭了。但是一转眼昏黄色的光又在前面亮起来。这些深夜还燃着的灯，它们（似乎只有它们）默默地在散布一点点的光和热，不仅给我，而且还给那些寒夜里不能睡眠的人，和那些这时候还在黑暗中摸索的行路人。是的，那边不是起了一阵急促的脚步声吗？谁从城里走回乡下来了？过了一会儿，一个黑影在我眼前晃一下。影子走得极快，好像在跑，又像在遛，我了解这个人急忙赶回家去的心情。那么，我想，在这个人的眼里、心上，前面那些灯光会显得更明亮、更温暖吧。

夜行人的指路明灯

---

① 选自《巴金选集》（人民文学出版社1980年版）。

② 巴金（1904—2005），原名李尧棠，字芾甘，四川成都人，作家。代表作为小说“激流三部曲”（《家》《春》《秋》）《寒夜》和散文集《随想录》等。

③ ［噩（è）梦］可怕的梦。

我自己也有过这样的经验。只有一点微弱的灯光，就是那一点仿佛随时都会被黑暗扑灭的灯光也可以鼓舞我多走一段长长的路。大片的飞雪飘打在我的脸上，我的皮鞋不时陷在泥泞的土路中，风几次要把我摔倒在污泥里。我似乎走进了一个迷阵，永远找不到出口，看不见路的尽头。但是我始终挺起身子向前迈步，因为我看见了一点豆大的灯光。灯光，不管是哪个人家的灯光，都可以给行人——甚至像我这样的一个异乡人——指路。

这已经是许多年前的事了。我的生活中有过了好些大的变化。现在我站在廊上望山脚的灯光，那灯光跟好些年前的灯光不是同样的么？我看不出一点分别！为什么？我现在不是安安静静地站在自己楼房前面的廊上么？我并没有在雨中摸夜路。但是看见灯光，我却忽然感到安慰，得到鼓舞。难道是我的心在黑夜里徘徊；它被噩梦引入了迷阵，到这时才找到归路？

我对自己的这个疑问不能够给一个确定的回答。但是我知道我的心渐渐地安定了，呼吸也畅快了许多。我应该感谢这些我不知道姓名的人家的灯光。

他们点灯不是为我，在他们的梦寐中也不会出现我的影子。但是我的心仍然得到了益处。我爱这样的灯光。几盏灯甚或一盏灯的微光固然不能照彻黑暗，可是它也会给寒夜里一些不眠的人带来一点勇气，一点温暖。

孤寂的海上的灯塔挽救了许多船只的沉没，任何航行的船只都可以得到那灯光的指引。哈里希岛①上的姐姐为着弟弟点在窗前的长夜孤灯，虽然不曾唤回那个航海远去的弟弟，可是不少捕鱼归来的邻人都得到了它的帮助。

再回溯到远古的年代去。古希腊女教士希洛点燃的火炬照亮了每夜泅过海峡来的利安得尔的眼睛②。有一个夜晚暴风雨把火炬弄灭了，让那个勇敢的情人溺死在海里。但是熊熊的火光至今还隐约地亮在我们的眼前，似乎那火炬并没有跟着殉情的古美人永沉海底。

这些光都不是为我燃着的，可是连我也分到了它们的一点恩泽——一

---

① ［哈里希岛］欧洲古代传说中的一个荒岛。相传在哈里希岛上住着姐弟二人，弟弟航海去了，姐姐爱尔克每夜在窗前点着一盏孤灯，为航海的弟弟照路，渴盼弟弟回家，但弟弟一直没有回来。最后姐姐带着失望离开人世。

② ［古希腊女教士……利安得尔的眼睛］这是古希腊传说中希洛和利安得尔的故事。希洛是塞斯塔斯城一个侍奉爱神阿芙洛狄忒的女教士，她长得很美丽，为对岸阿拜多斯城的一位名叫利安得尔的少年所爱。希洛每晚在楼上点燃火炬，为利安得尔引路，使他安全游过赫里斯（现在的达达尼尔）海峡来和自己相会。然而在一个暴风雨的夜里，希洛点的火炬被风吹熄了，利安得尔淹死在大海里。第二天早晨，海浪将利安得尔的尸体冲到岸边，希洛悲痛万分，也投海而死。

点光，一点热。光驱散了我心灵里的黑暗，热促成它的发育。一个朋友说："我们不是单靠吃米活着，"我自然也是如此。我的心常常在黑暗的海上漂浮，要不是得着灯光的指引，它有一天也会永沉海底。

我想起了另一位友人的故事：他怀着满心难治的伤痛和必死之心，投到江南的一条河里。到了水中，他听见一声叫喊（"救人啊!"），看见一点灯光，模糊中他还听见一阵喧闹，以后便失去知觉。醒过来时他发觉自己躺在一个陌生人的家中，桌上一盏油灯，眼前几张诚恳、亲切的脸。"这人间毕竟还有温暖"，他感激地想着，从此他改变了生活态度。"绝望"没有了，"悲观"消失了，他成了一个热爱生命的积极的人。这已经是二三十年前的事了。我最近还见到这位朋友。那一点灯光居然鼓舞一个出门求死的人多活了这许多年，而且使他到现在还活得健壮。我没有跟他重谈起灯光的话。但是我想，那一点微光一定还在他的心灵中摇晃。

在这人间，灯光是不会灭的——我想着，想着，不觉对着山那边微笑了。

1942 年 2 月在桂林

手语词卡

噩梦　逐渐　摸索　诚恳　悲观　鼓舞　健壮

词语积累

窒闷　孤寂　喧闹　默默地

语言点

一、**哪里**是山，**哪里**是房屋，**哪里**是菜园，我终于分辨出来了。

哪里……哪里……哪里……：表示哪儿、何处、何地。在句中，用三个"哪里"，组成一个排比句。表示在黑夜中，山、房屋、菜园的位置"我"终于分清楚了。例如：

勇敢的消防队员们，无论哪里有火患，哪里有事故，哪里有溺水，哪里有天灾，只要人民需要，都会第一时间赶到并实施救助！

二、过了一会儿，一个黑影在我眼前晃一下。影子走得极快，**好像**在跑，**又像**在遛，我了解这个人急忙赶回家去的心情。

好像……又像……：意思是好似；有些像；仿佛。常常用在比喻句中。但是在这里，它不表示比喻，只作描述。例如：

母爱的感觉好像河水那样温柔，又像高山那样严厉。

知识点

括号：一般是表示文章中的注释部分使用的符号。这种注释是夹在正文中间的夹注。写文章写到某个地方，为了让读者了解得更透彻，有时需要加个注释。例如：

他听见一声叫喊（“救人啊!”），看见一点灯光。

括号里的内容就是解释前面“一声叫喊”。

运用竞技场

一、给加点词语选择正确的读音。

噩梦（è　èr）　　窒闷（zì　zhì）　　逐渐（zhú　zhóu）

摸索（sōu　suǒ）　　孤寂（hú　gū）　　喧闹（xuān　xiān）

二、补全词语。

噩______　　______闷　　______渐　　______索

______寂　　______闹　　______徘　　______默

三、仿写句子。

例句：天上的云变化多端，一会儿是飞机，一会儿是小鸟，一会儿是绵羊，真是太有趣了！

仿写：弟弟写作业一点儿也不认真，________________________

____

例句：哪里是山，哪里是房屋，哪里是菜园，我终于分辨出来了。

仿写：____________________________________，都能看到解放军战士的身影。

四、判断题，是比喻句的打√，不是比喻句的打×。

1. 这个苹果好像烂掉了，你不要吃。（　　）
2. 明明长得好像他的爸爸，简直一模一样。（　　）
3. 树上的柿子好像一个个红灯笼，很可爱。（　　）
4. 他穿着破破烂烂的衣服，好像一个乞丐。（　　）
5. 月亮好像一个玉盘挂在夜空中，真美啊！（　　）

五、给下面句子中表示注释的某个词语加上括号。

1. 鱼儿只能在海 即水 里游，鸟儿只能在天 即大气 上飞。

2. 江姐叫江竹筠 yún。

3. 他 林将军 嚼着馒头，倚着沙滩，向大坝看去。

六、阅读课文，思考并回答下列问题。

1. 课文具体写了哪几种灯，这些灯有怎样的象征意义？请完成下面的表格。

灯	象征意义
________之灯	
________之灯	
________之灯	
________之灯	
________之灯	

2. 联系课文的语境和你自己的人生体会，谈一谈你对“我们不是单靠吃米活着”这句话的理解。

*20. 拥抱不完美[①]

弗里达·卡罗，生于1907年，墨西哥女画家，她画得最多的是自画像。说实话，透过自画像看她，她长得实在不算好看，尤其是左右两道长长的连心眉，又粗又硬。不过，她本人的照片倒是蛮好看，自己画出来却那么难看。这只能说明一点：她不自恋。

画家弗里达和她的自画像

弗里达的经历也算是倒霉到极点了。六岁时，她得了小儿麻痹，右腿萎缩弯曲。小小年纪，成了残疾。十八岁时，她遭遇了车祸，脊椎断裂，身体多处骨折，右腿十一处碎裂，她整个人是靠着钢钉密密麻麻固定起来的。

医生说，弗里达这辈子都不可能再走路了。

弗里达躺在病床上，闲极无聊，就想到一边照镜子一边画自己。她说："我画自己，因为我经常是孤独的；我画自己，因为我最了解自己。"每个人都是一个深渊，别人不了解，自己能了解，那么好吧，就画自己吧。

画着画着，她居然能走路了，而且她还嫁了人，丈夫迭戈·里韦拉是著名的墨西哥壁画师。

1953年，因为肌肉坏疽[②]，弗里达的右腿被截肢。

1954年，弗里达在墨西哥办个人画展。那天，她让人用一张大床把重病的自己抬进展厅，唱歌、喝酒，非常高兴。

---

① 本文选自百度文库。

② ［坏疽（jū）］是指因感染或其他原因缺乏血液循环造成身体组织坏死和腐烂的症状。

几个月后，弗里达死了，享年四十七岁。在弗里达人生的四十七年里，除了生命的前六年之外，有一天是不瘸、不拐、不疼的吗？她用特地加了高跟的右脚的鞋子来和左脚的鞋子取齐，告诉自己不残疾、不瘸腿；她把截肢后使用的假肢绑上红丝带，让它看上去漂亮点儿。她一共做过大小三十多次手术，她的身体已经支离破碎，但她还是不抛弃、不放弃，把生命这朵花开得既浓艳又热烈。

有一种鱼叫杜兹肺鱼①，生活在干旱缺水的非洲。有水的时候，它的身体能存水；没有水的时候，它能迅速休眠，保存水分，等待下一个雨季。一条杜兹肺鱼被一个口渴的农民从泥里挖出来，猛挤一顿，把它储存的水挤到自己嘴里，然后把它随手一扔。它拼命地蹦回淤泥里，才捡回一条命，却又被另一个盖房子的农民连同淤泥一同挖了出来，打成泥坯，晒干、垒墙——它被砌进墙里了。

杜兹肺鱼只好迅速休眠。半年后，雨季来临，泥坯被打湿，水汽渗进来。它很快醒过来，拼命地吸呀吸，把那一点点儿水汽吸进肺囊里。

很快，雨季过去，杜兹肺鱼继续休眠。

第二年，泥坯有些松动，杜兹肺鱼开始在泥坯里折腾，这里磨磨，那里蹭蹭。第三年，它甚至能在这块泥坯里打打滚、翻翻身。

但是，杜兹肺鱼仍然出不去。

第四年，暴雨骤至，冲垮坯墙，杜兹肺鱼破土而出，游进河流。它活了。

弗里达·卡罗就是一条杜兹肺鱼。多么了不起！命运一点儿都不恩待她，但是她没有放弃。

什么是成功？成功就一定是鲜衣怒马，一定是一帆风顺，一定是万里晴空吗？能在艰难岁月里多活一天，也是成功；能在苦痛伤心里多活一天，也是成功；能在艰难岁月和苦痛伤心里直面自己、看见自己、表达自己，这应该算是很大的成功。

手语词卡

倒霉　遭遇　固定　无聊　热烈　折腾　成功　了不起

① ［杜兹肺鱼］根据现有鱼类品种，并无杜兹肺鱼这个品种，该鱼的名字来源于文学作品《一条忍着不死的鱼》。

词语积累

深渊　休眠　坏疽　瘸腿　支离破碎　鲜衣怒马

语言点

一、说实话，透过自画像看她，她长得**实在**不算好看，尤其是左右两道长长的连心眉，又粗又硬。

实在：作副词，表确实、的确。例如：

他实在是对我太好了！

二、她一共做过大小三十多次手术，她的身体**已经**支离破碎，但她还是不抛弃、不放弃，把生命这朵花开得既浓艳又热烈。

已经：表示事情完成或时间过去。例如：

我已经完成了参赛作品，只需交给老师了。

知识点

类比修辞：两种不同事物相似，可以借助喻体的特征，通过联想来对本体加以修饰描摹的一种文学修辞手法。

类比的作用是借助类似的事物的特征刻画突出本体事物特征，更浅显形象地加深本体事物理解，或加强作者的某种感情，烘托气氛，引起读者的联想。例如本文中用杜兹肺鱼来类比弗里达。

运用竞技场

一、根据拼音写汉字。

深 yuān（　　）　休 mián（　　）　zhī（　　）lí（　　）破碎

坏 jū（　　）　qué（　　）腿　xiān（　　）衣 nù（　　）马

二、补全成语。

密____麻____　支____破____　____衣____马

________风顺　万里________　____土而____

三、选择正确的序号填在（　　）里。

实在：①事情做得好；②做人很老实；③确实、的确；④非常、很

我实在是付出了努力，可是成绩就是提不高。（　　）

今天这场比赛打得实在是精彩极了。（　　）

我的爸爸是个实在人。（　　）

我们这有一个木匠，干活特别实在，大家都愿意请他做事。（　　）

四、选词填空。

已经　　曾经　　经常

1. 他________在第十届校园专业技能大赛中获得过成衣制作比赛冠军。

2. 这几天阳光灿烂，暖风拂面，________嗅到春天的气息了。

3. 他俩关系很好，________保持联系。

五、模仿进行类比修辞。

例句：恰当的赞扬对孩子的作用，就像阳光对于花朵的作用一样。

弗里达倔强性格所迸发的生命力，就好比______________________________。

六、按课文内容选词填空。

不放弃　　浓艳　　热烈　　支离破碎　　不抛弃

1. 她一共做过大小三十多次手术，她的身体已经________，但她还是________、________，把生命这朵花开得既________又________。

蹭蹭　　打打滚　　松动　　磨磨　　翻翻身

2. 第二年，泥坯有些________，杜兹肺鱼开始在泥坯里折腾，这里________，那里________。第三年，它甚至能在这块泥坯里________、________。

七、阅读理解。

1. 课文讲述了一个什么故事？你能简单复述吗？

2. 文中的女主人是一个拥有什么性格特点的人？请你概括。

3. 你觉得在生活中，可以怎样拥抱自己的不完美。

语文应用操练五

语言交往

看病与问候病人

生病了需要去医院看病，怎样才能让医生全面了解我的病情，怎样才能有效地和医生进行交流呢？

住院治疗时，躺在冰冷的病床上打着吊针，心里是不是感到特别难过、孤独？是不是特别想念自己的好朋友？

在日常生活中，有没有跟着爸妈一起到医院看望过病人？你还记得爸妈对生病的人是怎样说的？怎样做的吗？

情景互动，看病和问候病人技巧

李梅怀疑自己感冒了，来到医院看病。

李梅：医生，您好！我怀疑自己感冒了，麻烦您帮我瞧瞧。

医生：身体有哪些不舒服的症状？

李梅：我全身乏力、头疼、咳嗽。

医生：喉咙疼吗？

李梅：有一点。医生，我得的是什么病？

医生：感冒了，扁桃体发炎。

李梅：要打针吗？

医生：需要住院打针。

李梅孤零零地躺在病床上，打针、吃药，真痛苦！今天天气好，李梅真想和朋友们一起出去玩，哎！真闷！李梅心想要是谁来看望自己，那该多好呀！

有人推开门进了病房，啊！是好朋友李驰、侯鹏和鹿晗来看望李梅了。

李驰提着一篮水果说：“李梅，你好些了吗？要注意好好休息。”

侯鹏捧着一束鲜花说：“李梅，祝你早日康复！”

鹿晗提着一盒补品说：“在病床上躺了这么多天，一定很闷，我来给你唱首歌吧！”

看病和问候病人注意事项

1. 看病时，要勇敢地向医生陈述病情。
2. 看病时，要准确地描述身体症状。
3. 看望病人问候病情时，态度要亲切，让病人感受到你对他的关心。
4. 祝福健康并希望病人的病赶快好转，病人一定喜欢。
5. 帮助病人调节情绪。

实用招牌词句

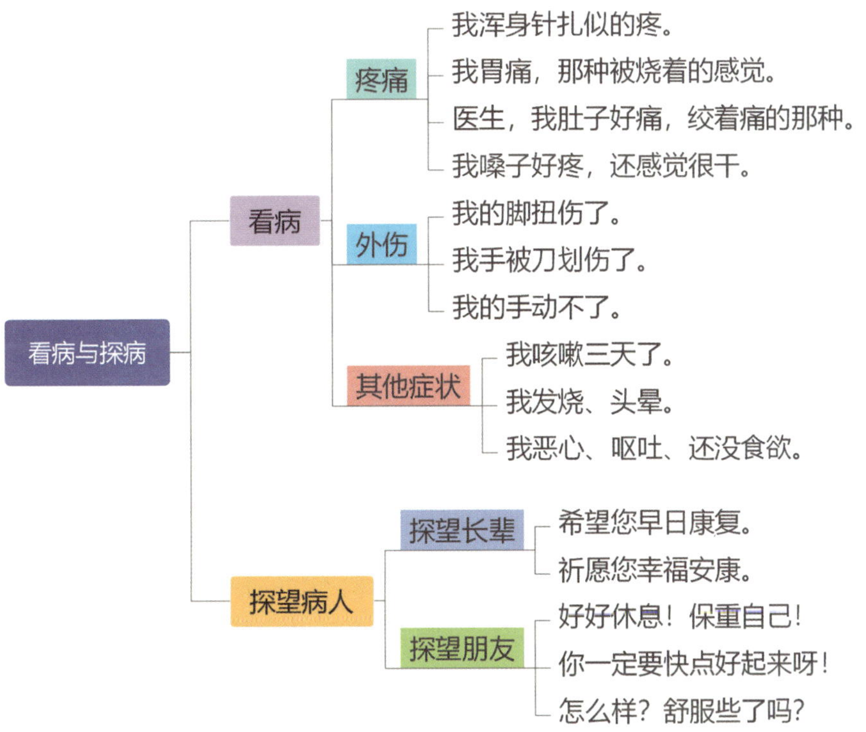

运用竞技场

一、根据提示完成下面的对话。

医生：哪里不舒服？

病人：最近总是胃疼。

医生：能描述一下疼痛的感觉吗？

病人：____

医生：这种情况多久了？

病人：____

医生：最近饮食正常吗？

病人：____

医生：这样可不行，早餐是很重要的，不管怎样都要吃早餐。

病人：知道了，谢谢您，医生。

二、请根据提示完成下面的情境对话。

李琳：____？

周童：好多了，谢谢你来看我。

李琳：我给你带了一些水果，放在床边柜上好吗？

周童：好的，谢谢你。

李琳：知道你病了，同学们都很__________________________。

周童：谢谢大家，我一定会让自己快点好起来的。

李琳：你躺在病床上，一定很闷，我给你____________________。

周童：你跳得真好。

李琳：你开心就好，今天还有事情就不陪你了，________________。

周童：好的，再次谢谢你来看我。

三、下面有关探望病人的礼节，你觉得合适吗？请做出判断。

1. 手术后的当天去看望病人。（　　）

2. 看望病人最好选择午饭后。（　　）

3. 看望病人可以说责备病人不注意身体之类的话。（　　）

4. 长辈送康乃馨，朋友送百合，晚辈送水果或他喜欢吃的。（　　）

四、你的好朋友陈可得了下图中的疾病需要住院治疗，陈可委托你向班主任请假，请用文字将陈可的病情向班主任描述，并将你对陈可的祝福语写在卡片上。

疾病描述：

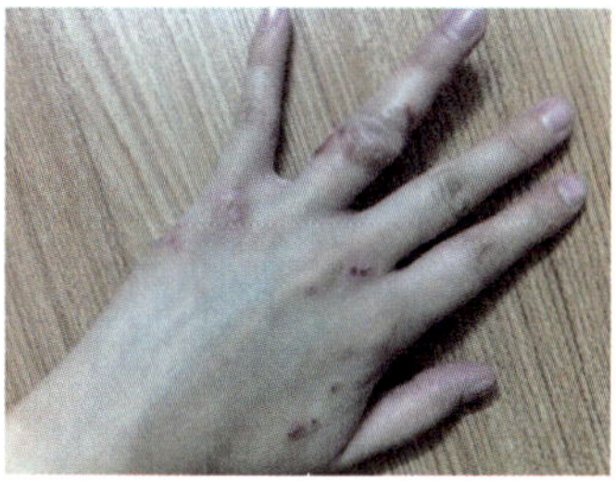

习　作

议论文

随着年龄的增长，我们每个人都会拥有自己的思想，对生活中遇到的人或事会形成自己的看法和观点，并且会对这些人或事发表自己的意见，用一些事实和道理来表达是与非、好和坏等态度或立场，这些态度和立场写下来就是议论文。

例文指路

【例文一】

谈自立

① 常言说：大树底下好乘凉。然而庇护在大树底下的小树苗是长不成参天大树的。同样，人也是如此，要想成才，先得自立。

② 自立对于每个人来说都是非常重要的，一个人只有自立才能有发展的前途。世界著名的大发明家爱迪生的自立本领就很强。他十三四岁时为了建造实验室，常常到车站卖报，同时还在自己的后院里种植蔬菜，收获时再拿到市场上去卖。他用这些钱为自己建造了一间实验室，在此基础上他的发明也层出不穷。由此可见，自立对一个人的成功多么重要。

③ 相反，一个人如果不自立，样样都依赖别人，那么他是不会成大器的。球王贝利曾说过这样一句话：“我能成为球王，而我的儿子是不会成为球王的。”他说的话是有道理的。贝利能成为球王是因为他有很强的自立本领，而他的下一代却在富足的环境下产生了依赖的心理，缺乏吃苦的精神，

这就决定了球王的儿子永远成不了球王。

④ 球王贝利认识到了这一点，可是，在我们现实生活中庇护子女的现象却十分严重。含辛茹苦的家长们为子女样样操心，尽力为子女减轻一切负担，然而这却使不少少年养成了过度依赖的坏习惯。殊不知我们当代的少年是跨世纪的一代，肩负着历史的重任。视子如宝的家长们，你们应该还自己子女一份自由，让他们自立，为他们将来建设祖国打下基础。

⑤ 自立对于每一个人来说都是十分重要的。想成才的青年朋友们，让我们一起摆脱别人的庇护去自立吧！

写法注释

议论文是以议论为主要表达方式，通过摆事实，讲道理，直接表达作者观点和主张的常用文体。

①第一段，提出论点——“要想成才，先得自立”。

②从正面来举例证明论点。对事物进行适当分析，使观点和材料有机结合。

③从反面来举例证明论点。

④进一步用生活中的事例来证明自立的重要性，联系实际，深化中心论点。

⑤结尾，照应第一段，得出结论，紧扣中心论点。

【例文二】

赠人玫瑰，手有余香

① 外国一位著名的企业家曾说过：当别人遇到困难时，我不会坐视不管，我会尽力帮助他，这样做不但不会让我损失什么，反而会给我带来荣誉，让我的事业更加顺利。这便是一种双赢的智慧。当我们在帮助别人的时候，无形之中体现出自己的价值，让自己赢得竞争中的优势。因此，我们应善于利用双赢的智慧，用自己的长处来弥补别人的短处，从而使自己的长处得到彰显。

② 当我们能够积极帮助别人时，自身的价值便会得到体现，会使自己获得极高的信誉。二战结束后，各国经济极度萧条，企业由于受到战争的破坏，资金匮乏。而此时各国银行大多停止了对困难企业的接济。然而，此时的花旗银行却积极办理各项贷款业务，尽力挽救各国企业，幸运的是，

企业由于受到援助，迅速发展，促进了经济的复苏，并按时归还了花旗银行的贷款。花旗银行的这一友好举措，不但没有使自己蒙受经济损失，反而给自己带来了极高的信誉。在此后的发展中，花旗银行凭借良好的信誉，使自己成为世界知名银行之一。这一双赢的做法不但救活了企业，而且让花旗银行赢得了许多商家的信赖和支持。

③ 相反，当我们不善于采取双赢的智慧，不乐于施助于人时，那么自己本身的发展便会极为缓慢，因为我们没有体现出自己的价值，不会获得别人的信任。现在的一些企业，当同行陷入困境时，不是伸出援助之手，而是落井下石，在企业处于平稳发展时，有时还采取利用诋毁别人的手段来达到提高自己的目的，这样做是极不明智的，他们既会失去买家的信任，又会败坏自己的声誉。

④ 由此可见，通过帮助别人既可以给别人机会，又能彰显自己的长处，促进我们自身的发展。可以说赠人玫瑰，手有余香。

⑤“双赢的智慧”让你我在玫瑰馥郁的香气中共同获利，和谐发展。

写法注释

① 第一段，提出论点—“我们应善于利用双赢的智慧，用自己的长处来弥补别人的短处，从而使自己的长处得到彰显。”

② 运用“正反对照”的结构，举花旗银行在困境中帮助其他企业，从而也为自己的发展打开局面的正面例子，从正面来举例证明论点。

③ 再举一些企业不正当经营的反面例子，从反面来举例证明论点。对比鲜明，论据虽不多却切实可信，有说服力。

④“赠人玫瑰，手有余香”一语反复出现，将论点形象化，结尾照应第一段，得出结论，再次点明中心论点。

知识链接

议论文三要素：即论点、论据、论证。论点就是你所发表的观点；论据就是支持你观点的依据；论证就是用论据来证明论点的过程。

一、论点：需要证明什么

论点是正确、鲜明阐述作者观点的句子，是一篇文章的灵魂、统率。任何一篇文章只有一个中心论点，一般可以有分论点。论点应该正确、鲜明、概括，是一个完整的判断句，绝不可模棱两可。

二、论据：用什么来证明

论据是支撑论点的材料，是作者用来证明论点的理由和根据，分为事实论据和理论论据两种。

1. 事实论据：事实在议论文中论据作用十分明显，分析事实，看出道理，检验它与文章论点在逻辑上是否一致。事实论据又包括事例和数据。

2. 理论论据：作为论据的理论一般是读者比较熟悉的，或者是被社会普遍承认的，它们是对大量事实抽象、概括的结果。理论论据又包括名言警句、谚语格言以及作者的说理分析。

三、论证：怎样来证明

是用严密论据来证明论点的过程。

1. 举例论证：列举确凿、充分、有代表性的事例证明论点。

2. 引用论证：用经典著作中的精辟见解和古今中外名人的名言警句以及人们公认的定理公式等来证明论点。

3. 对比论证：拿正反两方面的论点或论据作对比，在对比中证明论点。

4. 比喻论证：用人们熟知的事物作比喻来证明论点。

写作小贴士

一、文章开头明确提出中心论点。

二、中心论点提出后，紧接着分析论证这个中心论点。这一部分的思路实际上是在回答一个问题：

那么为什么说……呢？

首先，……

其次，……

还有，……

所以说……

以上是第二部分的写作思路，也是最难的一部分，这部分可以先从正面进行回答，选择正面的论据进行证明；再另起一段，从反面进行回答，选择反面的论据进行证明。

三、结尾照应开头，得出结论，到此一篇议论文就算写完了。

运用竞技场

一、将论点与相对应的论据连线。

关于勤奋	铁杵磨成针的故事
关于积累	一寸光阴一寸金，寸金难买寸光阴
关于惜时	闻鸡起舞的故事
关于坚持	不积跬步，无以至千里；不积小流，无以成江河

二、从下面一组标题中，选择一个练习写作。

题目：论美德

论“开卷有益”

文明是金子

自信，事业成功的保障

上网的利与弊

要求：

1. 运用所学的议论文写作知识和方法；
2. 篇幅控制在500字左右。

拓展阅读

一、与论点相对应的论据故事素材

1. 论点——“成功的魔杖”“梦想与坚持”“信念”

论据——80美元环游世界

有一位叫罗伯特·克里斯托夫的美国人，想用80美元来周游世界，他坚信只要有信心，有诚意，任何目的都能达到。

年仅26岁的罗伯特完成了准备后，他就在口袋里装好80美元，兴致勃勃地开始了自己的旅行。最终他实现了自己的梦想。罗伯特为什么能成功？全在于他有积极的心态——坚信自己一定能够成功。人一旦定下目标，就得坚定不移地走下去，那样才能取得最后的胜利。

分析：世界上有多少不可能完成的任务？罗伯特的经历印证了一句俗语：“世上无难事，只要肯登攀”。只要下定决心，坚持到底，就没有完不成的事情。

2. 论点——“立志与成功”“人生的奋斗”

论据——我竭尽全力

一天，戴尔·泰勒牧师向教会学校的一个班宣布：谁要是能背出《马太福音》中的第五章到第七章的全部内容，他就邀请他们去西雅图的“太空针”高塔餐厅参加免费聚餐会。那是许多孩子做梦都想去的地方。但是，《圣经·马太福音》第五章到第七章有几万字，而且不押韵，要背诵有相当大的难度。

但是有一天，一位 11 岁的学生竟然从头到尾，一字不漏地把原文背诵了下来，没出一点差错。泰勒牧师惊讶地张大了嘴巴，要知道最虔诚的信徒能背诵的也很少有，更何况是一个孩子。牧师在惊叹他有惊人记忆力的同时，不禁好奇地问：“你是如何背下这么长的文字的呢?”这个孩子不假思索地回答道：“我竭尽全力。”

16 年后，这个孩子成了一家知名软件公司的老板，他名叫比尔·盖茨。

分析：人们在做事之前，往往总是强调困难的因素，而不愿动手，其实，这只不过是为自己的惰性找一个借口。大多数时候，不成功仅仅是因为努力得还不够罢了。

3. 论点——“激励的价值”“成功与自信”

论据——相信自己是第一

理查·派迪是运动史上赢得奖金最多的赛车选手。当他第一次赛完车回来，向母亲报告结果时，那情景对他后来的成功有很大的影响。

“妈!”他冲进家门，“有 35 辆车参加比赛，我跑了第二。”

“你输了!”他母亲回答道。

“但是，妈!”他抗议道，“您不认为我第一次就跑了个第二是很好的事情吗?”

“理查!”母亲严厉道，“你用不着跑在别人后面!”

接下来的 20 年中，理查·派迪一直称霸赛车界。他的许多项纪录到今天还保持着，没有被打破。

分析：能正确地激励自己、对自己充满自信的人，往往就能获得成功的青睐。

4. 论点——“理想与成才”“奇迹的诞生”

论据——爱拼才会赢

我国数学家陈景润少年时就立志要在数学上有所作为，为了攻克“哥德巴赫猜想”，他整天进行演算，光计算过的稿纸，就整整装了几麻袋，终于初步论证了这一猜想，创造了欧洲人用计算机都没能做到的奇迹。

分析：对事业的追求通常来源于理想，以及对事业的信念和拼搏。

5．论点——“治学贵在勤奋”“痴”

论据——李清照夫妇典衣治学

李清照夫妇二人勤俭度日，常典当衣物，“取丰千钱”，买来一些碑文古迹，回家研习，且全身心投入。李清照给自己立下规矩：不吃第二道荤菜，不穿第二件绸衣，更不置办贵重饰物。有时她在街市上碰见珍贵史料，宁肯脱掉身上的衣服典当，也要买回。

分析：李清照夫妇为世人所称颂，流芳百世，这与其对治学的不断追求分不开的。

6．论点——“坚持才能胜利”“信念”

论据——第七次努力

英国有个人人皆知的故事：古苏格兰国王罗伯特·布鲁斯，六次被入侵之敌打败，失去了信心。在一个雨天，他躺在茅屋里，看见一只蜘蛛在织网。蜘蛛想把一根丝缠到对面墙上去，六次都没有成功，但经过第七次努力，终于达到目的。罗伯特兴奋地跳了起来，叫道：“我也要来第七次！”他组织部队，反击入侵者，终于把敌人赶出了苏格兰。

分析：不经意间的一次发现改变了罗伯特的人生。蜘蛛本能的行为给了他启示，坚韧不拔的努力使他最终取胜。

7．论点——“真正的残疾”“残而不废”“精神的力量”

论据——无腿飞行将军

苏联卫国战争期间，阿列克谢·梅列西耶夫的飞机被击落，他在双腿受伤、冻坏的情况下爬行了18个昼夜，最后回到自己的阵地。双腿截肢后，他经过锻炼，重又驾驶歼击机作战。他很重视人的体育积极性，这种积极性对健康和精神状态都是不可缺少的。他从童年时代起就喜欢运动，喜欢划船，踢过足球，当过守门员。他停飞后每天早晨拼命锻炼，每天早晨洗冷水澡，以此预防感冒。

分析：对于一个双腿截肢后又重回驾驶室的人来说，那绝对是一个奇迹。奇迹的发生需要一个支撑点，那就是毅力。

二、可以作为论据的名人名言素材

人生应该如蜡烛一样，从顶燃到底，一直都是光明的。——萧楚女

路是脚踏出来的，历史是人写出来的。人的每一步行动都在书写自己的历史。——吉鸿昌

但愿每次回忆，对生活都不感到负疚。——郭小川

你若要喜爱你自己的价值，你就得给世界创造价值。——歌德

社会犹如一条船，每个人都要有掌舵的准备。——易卜生

人生不是一种享乐，而是一桩十分沉重的工作。——列夫·托尔斯泰

生活只有在平淡无味的人看来才是空虚而平淡无味的。

——车尔尼雪夫斯基

一个人的价值，应该看他贡献什么，而不应当看他取得什么。

——爱因斯坦

人只有献身于社会，才能找出那短暂而有风险的生命的意义。

——爱因斯坦

生活真像这杯浓酒，不经三番五次的提炼呵，就不会这样可口！

——郭小川

冬天已经到来，春天还会远吗？——雪莱

过去属于死神，未来属于自己。——雪莱

辛勤的蜜蜂永没有时间悲哀。——布莱克

希望是厄运的忠实的姐妹。——普希金

先相信你自己，然后别人才会相信你。——屠格涅夫

谁给我一滴水，我便回报他整个大海。——华梅

自己不能胜任的事情，切莫轻易答应别人，一旦答应了别人，就必须实践自己的诺言。——华盛顿

对人不尊敬，首先就是对自己的不尊敬。——惠特曼

一个人的真正伟大之处就在于他能够认识到自己的渺小。——保罗

心灵纯洁的人，生活充满甜蜜和喜悦。——列夫·托尔斯泰

自我控制是最强者的本能。——萧伯纳

对别人的意见要表示尊重，千万别说："你错了。"——卡耐基

有谦和、愉快、诚恳的态度，而同时又加上忍耐精神的人，是非常幸运的。——塞涅卡

先相信自己，然后别人才会相信你。——罗曼·罗兰

人的一生可能燃烧也可能腐朽，我不能腐朽，我愿意燃烧起来！

——奥斯特洛夫斯基

人间只道黄金贵，不问天公买少年。——元好问

时间，就像海绵里的水，只要愿挤，总还是有的。——鲁迅

盛年不重来，一日难再晨；及时当勉励，岁月不待人。——陶渊明

节省时间，也就是使一个有限的生命更加有效，而也即等于延长了人

的生命。——鲁迅

在生活中，我们碰到的一切美好的东西，都是以秒计算。——高尔基

你热爱生命吗？那么别浪费时间，因为时间是组成生命的材料。——富兰克林

时间有三种步伐，未来的时间踟蹰接近，现在的时间似矢飞去，过去的时间永远静止。——席勒

世界上最快而又最慢、最长而又最短、最平凡而又最珍贵、最易被忽视而又最令人后悔的就是时间。——高尔基

海纳百川，有容乃大；壁立千仞，无欲则刚。——林则徐

不会宽容别人的人，是不配受到别人的宽容的。但谁能说自己是不需要宽容的呢？——屠格涅夫

世界上最宽阔的东西是海洋，比海洋更宽阔的是天空，比天空更宽阔的是人的胸怀。——雨果

宽容是一种高贵的品质，一种崇高的美德，绝不是你所能控制、所能左右的。——狄更斯

尘土受到损辱，却以它的花朵来报答。——泰戈尔

在人生道路上能谦让三分，就能天宽地阔。——卡耐基

谁能保持永远的青春，便是伟大的人。——郭沫若

青春须早为，岂能长少年。——孟郊

第六单元　了解文化

单元导语

文化习俗是民间民众的风俗生活文化的统称，也泛指一个国家、民族、地区中聚居的民众所创造、共享、传承的风俗生活习惯。本单元选择的4篇课文，从饮食、服饰、绘画等方面展示了民众生活习俗或文化艺术趣味。

《五味》中汪曾祺先生将生活中的琐碎写得有滋有味，妙趣横生，表现了作者对生活的细致观察与热爱。

《画里阴晴》通过对中国画和西洋画的比较分析，抒写了画家对“阴”与“晴”的独特感受和艺术主张。

《服饰，有时是种态度》通过名人着装故事，让人了解和感受到服饰文化，明白服饰是一种言语，是一门艺术，是对人生追求的一种诠释。

《点心的由来》则用民间传说介绍了食品名称的来历，读来让人兴趣盎然。

阅读本单元，一是能让同学们了解到与所学专业相关的传统行业习俗与故事，感受民俗风情中所蕴含的中华传统文化；二是可以进一步了解文章的表达方法，体会作者的谋篇布局，准确用词和生动表达，并在习作中能加以运用。

21. 五味[①]

汪曾祺[②]

山西人真能吃醋！几个山西人在北京下饭馆，坐定之后，还没有点菜，先把醋瓶子拿过来，每人喝了三调羹醋。邻座的客人直瞪眼。有一年我到太原去，快过春节了。别处过春节，都供应一点好酒，太原的油盐店却都贴出一个条子："供应老陈醋，每户一斤。"这在山西人是大事。

山西人还爱吃酸菜，雁北尤甚。什么都拿来酸，除了萝卜白菜，还包括杨树叶子，榆树钱儿。有人来给姑娘说亲，当妈的先问，那家有几口酸菜缸。酸菜缸多，说明家底子厚。

酸甜苦辣咸五味

辽宁人爱吃酸菜白肉火锅。

北京人吃羊肉酸菜汤下杂面。

福建人、广西人爱吃酸笋。我和贾平凹在南宁，不爱吃招待所的饭，到外面瞎吃。平凹一进门，就叫："老友面！""老友面"者，酸笋肉丝氽汤[③]下面也，不知道为什么叫作"老友"。

傣族人也爱吃酸。酸笋炖鸡是名菜。

延庆山里夏天爱吃酸饭。把好好的饭焐酸了，用井拔凉水一和，呼呼地就下去了三碗。

都说苏州菜甜，其实苏州菜只是淡，真正甜的是无锡。无锡炒鳝糊放

---

① 选自《汪曾祺散文选集》（百花文艺出版社 1996 年版）。

② 汪曾祺（1920—1997），江苏高邮人，当代作家。

③ ［氽（cuān）水］把食物放在沸水里稍微一煮。

那么多糖！包子的肉馅里也放很多糖，没法吃！

四川夹沙肉用大片肥猪肉夹了洗沙蒸，广西芋头扣肉用大片肥猪肉夹芋泥蒸，都极甜，很好吃，但我最多只能吃两片。

广东人爱吃甜食。昆明金碧路有一家广东人开的甜品店，卖芝麻糊，绿豆沙，广东同学趋之若鹜[①]。“番薯糖水”即用白薯切块熬的汤，这有什么好喝的呢？广东同学曰：“好吔！”

北方人不是不爱吃甜，只是过去糖难得。我家曾有老保姆，正定乡下人，六十多岁了。她还有个婆婆，八十几了。她有一次要回乡探亲，临行称了二斤白糖，说她的婆婆就爱喝个白糖水。

北京人很保守，过去不知苦瓜为何物，近年有人学会吃了。菜农也有种的了。农贸市场上有很好的苦瓜卖，属于“细菜”，价颇昂。

北京人过去不吃蕹菜[②]，不吃木耳菜，近年也有人爱吃了。

北京人在口味上开放了！

北京人过去就知道吃大白菜。由此可见，大白菜主义是可以被打倒的。

北方人初春吃苣荬菜[③]。苣荬菜分甜荬、苦荬，苦荬相当的苦。

有一个贵州的年轻女演员上我们剧团学戏，她的妈妈远迢迢给她寄来一包东西，是“者耳根”，或名“则尔根”，即鱼腥草。她让我尝了几根。这是什么东西？苦，倒不要紧，它有一股强烈的生鱼腥味，实在招架不了！

剧团有一干部，是写字幕的，有时也管杂务。此人是个吃辣的专家。他每天中午饭不吃菜，吃辣椒下饭。全国各地的，少数民族的，各种辣椒，他都千方百计地弄来吃，剧团到上海演出，他帮助搞伙食，这下好，不会缺辣椒吃。原以为上海辣椒不好买，他下车第二天就找到一家专卖各种辣椒的铺子。上海人有一些是能吃辣的。

我的吃辣是在昆明练出来的，曾跟几个贵州同学在一起用青辣椒在火上烧烧，蘸盐水下酒。平生所吃辣椒之多矣，什么朝天椒、野山椒，都不在话下。我吃过最辣的辣椒是在越南。一九四七年，由越南转道往上海，在海防街头吃牛肉粉，牛肉极嫩，汤极鲜，辣椒极辣，一碗汤粉，放三四

---

① [趋之若鹜（wù）] 像鸭子一样成群地跑过去，多比喻许多人争着去追逐（不好的事物）。

② [蕹（wèng）菜] 即空心菜。

③ [苣（qǔ）荬（mǎi）菜] 多年生草本植物，野生，叶子互生，长椭圆披针形，花黄色。茎叶嫩时可以吃，可以作中药。

丝辣椒就辣得不行。这种辣椒的颜色是橘黄色的。在川北，听说有一种辣椒本身不能吃，用一根线吊在灶上，汤做得了，把辣椒在汤里涮涮，就辣得不得了。云南佧佤族①有一种辣椒，叫“涮涮辣”，与川北吊在灶上的辣椒大概不相上下。

四川不能说是最能吃辣的省份。川菜的特点是辣且麻——搁很多花椒。四川的小面馆的墙壁上黑漆大书三个字：麻辣烫。麻婆豆腐、干煸牛肉丝、棒棒鸡，不放花椒不行。花椒得是川椒，捣碎，菜做好了，最后再放。

周作人说他的家乡整年吃咸极了的咸菜和咸极了的咸鱼，浙东人确实吃得很咸。有个同学，是台州人，到铺子里吃包子，掰开包子就往里倒酱油。口味的咸淡和地域是有关系的。北京人说南甜北咸东辣西酸，大体不错。河北、东北人口重，福建菜多很淡。但这与个人的性格习惯也有关。湖北菜并不咸，但闻一多先生却嫌云南蒙自的菜太淡。

中国人过去对吃盐很讲究，如桃花盐、水晶盐，“吴盐胜雪”，现在则全国都吃再制精盐。只有四川人腌咸菜还坚持用自贡产的井盐。

我不知道世界上还有什么国家的人爱吃臭。

过去上海、南京、汉口都卖油炸臭豆腐干。长沙火宫殿的臭豆腐因为一个大人物年轻时常吃而出了名。这位大人物后来还去吃过，说了一句话：“火宫殿的臭豆腐还是好吃。”“文化大革命”中火宫殿的影壁上就出现了两行大字：

最高指示：
火宫殿的臭豆腐还是好吃。

我们一个同志到南京出差，他的爱人是南京人，嘱咐他带一点臭豆腐干回来。他千方百计，居然办到了。带到火车上，引起一车厢的人强烈抗议。

除豆腐干外，面筋、百叶（千张）皆可臭。蔬菜里的莴苣、冬瓜、豇豆皆可臭。冬笋的老根咬不动，切下来随手就扔进臭坛子里。——我们那里很多人家都有个臭坛子，一坛子“臭卤”。腌芥菜挤下的汁放几天即成

---

① ［佧佤（kǎwǎ）族］佤族的旧称，我国少数民族之一，分布在云南。

"臭卤"。臭物中最特殊的是臭苋菜杆。苋菜长老了，主茎可粗如拇指，高三四尺，截成二寸许小段，入臭坛。臭熟后，外皮是硬的，里面的芯成果冻状。噙住一头，一吸，芯肉即入口中。这是佐粥的无上妙品。我们那里叫作"苋菜秸子"，湖南人谓之"苋菜咕"，因为吸起来"咕"的一声。

北京人说的臭豆腐指臭豆腐乳。过去是小贩沿街叫卖的："臭豆腐，酱豆腐，王致和的臭豆腐。"臭豆腐就贴饼子，熬一锅虾米皮白菜汤，好饭！现在王致和的臭豆腐用很大的玻璃方瓶装，很不方便，一瓶一百块，得很长时间才能吃完，而且卖得很贵，成了奢侈品。我很希望这种包装能改进，一器装五块足矣。

我在美国吃过最臭的"气死"（干酪），洋人多闻之掩鼻，对我说起来实在没有什么，比臭豆腐差远了。

甚矣，中国人口味之杂也，敢说堪为世界之冠。

手语词卡

涮涮　开放　讲究　嘱咐　强烈　千方百计

词语积累

趋之若鹜

语言点

一、农贸市场上有很好的苦瓜卖，**属于**"细菜"，价颇昂。

属于：动词，归于某一方面；为某一方面所有。例如：

最后的胜利一定属于我们。

二、臭熟后，外皮是硬的，里面的芯成果冻状。噙住一头，一吸，芯肉**即**入口中。

即：就的意思。例如：

腌芥菜挤下的汁放几天即成"臭卤"。

知识点

长句与短句：长句是指结构复杂、词语较多的句子，大多是有各种复杂的修饰成分；短句是指结构简单、词语较少的句子，大多没有太多修饰成分。

长句表达的意思丰富周密，结构严谨。例如：

周作人说他的家乡整年吃咸极了的咸菜和咸极了的咸鱼。

短句快节奏，读之轻快、活跃、或急促。例如：

花椒得是川椒，捣碎，菜做好了，最后再放。

长句、短句交错，使整段句子错落有致，富有变化，读起来朗朗上口。例如：

四川夹沙肉用大片肥猪肉夹了洗沙蒸，广西芋头扣肉用大片肥猪肉夹芋泥蒸，都极甜，很好吃，但我最多只能吃两片。

运用竞技场

一、给加点的字选择韵母，并标声调。

iao　　ian　　uan　　üan　　u　　ü

涮涮辣（sh　　）　　　　不远迢迢（y　　）（t　　）

千方百计（q　　）　　　　趋之若鹜（q　　）（w　　）

二、词语搭配连线。

供应　　　　极鲜

牛肉　　　　好酒

汤　　　　　极辣

辣椒　　　　极嫩

三、选择合适的字填空。

即　　既

1. 我妈妈做的饭菜，____好看又好吃。

2. 她的妈妈远迢迢给她寄来一包东西，是“择耳根”，或名“则尔根”，____鱼腥草。

3. 召之____来，挥之____去。

4. 她____会画画，也会跳舞。

四、选词填空。

属于　　对于　　家属　　下属　　金属

1. 医生向病人______如实说明了病情。

2. 冬瓜、南瓜、黄瓜、苦瓜、丝瓜都______蔬菜。

3. 我们要努力奋斗，开拓______自己的美好未来。

4. 金、银、铜、铁等都属于______。

5. 老师的鼓励______学生的成长非常重要。

6. 公司领导因本月业绩不佳而对______大发雷霆。

五、判断下面句子是长句还是短句。

1. 他想给妻子买件像16号里的叶卡捷琳娜·伊凡诺夫娜穿的那种白貂皮领子的毛皮大衣。（　　）

2. 三爷听得发呆，许久，点头称是，就送走了古董行家。（　　）

3. 园子里，田野里，瞧去，一大片一大片满是的。（　　）

4. 我白色风衣的大口袋里有一封要寄给南部的母亲的信。（　　）

六、把下面长句变成短句。

他下车第二天就找到一家专卖各种辣椒的铺子。

____

七、阅读理解。

1. 这篇课文写了哪几种味道？提到的菜名有多少种？请按照菜名、味道、产地三个方面列一个表格整理出来。

味道	菜名	产地

2. 生活是不是也有各种味道？你能写下生活中的酸甜苦辣吗？

22. 画里阴晴[①]

吴冠中[②]

今春又路过故乡江苏宜兴县，热情的主人在匆忙中陪我去看灵谷洞。天微雨，主人感到有些遗憾。车窗外，雨洗过的茶场一片墨绿，像浓酣的水彩画。细看，密密点点的嫩绿新芽在闪亮；古树老干黑得像铁，柳丝分外娇柔，随雨飘摇；桃花，我立即记起潘天寿[③]老师的题画诗“默看细雨湿桃花”，这个“湿”字透露了画家敏锐的审美触觉。

湿，渲染了山林、村落，改变了大自然的色调。山区的红土和绿竹，本来并不很协调，雨后，红土成了棕红色，草绿色的竹林也偏暗绿了，它们都渗进了深暗色的成分，统一于含灰的中间调里；或者说它们都蕴含着墨色了。衣服湿了，颜色变深，湿衣服穿在身上不舒服，但湿了的大自然景色却格外地有韵味。中国画家爱画风雨归舟，爱画

油画《蒙娜丽莎》

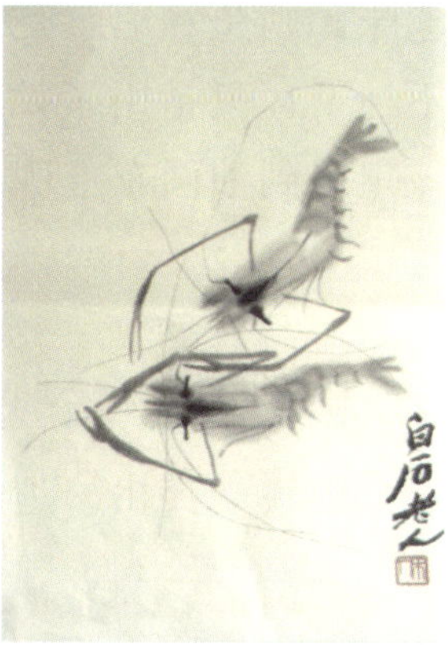

水墨画《虾》

① 选自《美丑缘》(百花文艺出版社 1997 年版)。

② 吴冠中 (1919—2010)，著名画家，江苏宜兴人。曾留学法国，1950 年回国后曾任教于中央美术学院等校。在国内外已出版画集四五十种，文集近十种。

③ [潘天寿 (1898—1971)] 现代画家，美术教育家，浙江宁海人。曾任中国美术家协会副主席，浙江美术学院院长。著有《中国绘画史》等。

“斜风细雨不须归”① 的诗境。因为雨，有些景物朦胧了，有些形象突出了，似乎那位宇宙大画家在挥写不同的画面，表达着不同的意境。

我自学过水彩画②和水墨画③后，便特别喜欢画阴天和微雨天的景色，我不喜欢英国古老风格的水彩画。我以往的水彩画可说是水墨画的变种，从意境和情趣方面看，模仿西洋的手法少，受益于中国画的成分多。西洋画中也有表现风雨的题材，但西洋画是将风雨作为一种事故或大自然的变态来描写的，很少将阴雨作为一种欣赏对象的审美趣味来表现。西方风景画之独立始于印象派④，印象派发源于阳光，画家们投靠阳光，说光就是画面的主人，因之一味分析色彩与阳光的物理关系，甚至说“黑”与“白”都不是色彩，而中西画家大都陶醉于阳光所刺激的强烈的色彩感，追求亮、艳、丽、华、鲜……多半是从“晴”派生出来的。

曾有画油画⑤的人说，江南不宜画油画。大概就是因为江南阴雨多，或者他那油画技法只宜对付洋式的对象。数十年来，我感到在生活中每次表现不同对象时，永远需寻找相适应的技法，现成的西方的和我国传统的技法都不很合用。浓而滞的油画里有时要吸收水分，娇艳的色彩往往须渗进墨韵……人们喜欢晴天，有时也喜欢阴天，如果阴与晴中体现了两种审美趣味，则鱼和熊掌⑥是可以兼得的。又画油画又画水墨，我的这两个画种都不纯了，只是用了两种不同的工具而已，头发都灰白了，还拿不定主意是该定居到油画布上呢，还是从此落户在水墨之乡了！

手语词卡

敏锐　突出　遗憾　透露　协调　风格　定居　水彩画

---

① ［斜风细雨不须归］唐代诗人张志和的《渔歌子》：“西塞山前白鹭飞，桃花流水鳜鱼肥。青箬笠，绿蓑衣，斜风细雨不须归”。

② ［水彩画］用水彩绘成的画。水彩是用水调和后使用的绘画颜料，能表现出透明、轻快、湿润等特有效果。

③ ［水墨画］指纯用水墨不着彩色的国画。

④ ［印象派］19 世纪下半叶在法国兴起的一个画派。该派采取在户外阳光下直接描绘景物的方法，主张根据太阳光谱所呈现的赤橙黄绿青蓝紫 7 种色相，去反映对自然界的瞬间印象。代表作家有莫奈、雷阿诺等。

⑤ ［油画］西洋画的一种，用含油质的颜料在布或模板上绘成，能表现出物体的真实感和丰富的色彩效果。

⑥ ［鱼和熊掌］《孟子·告子上》：“鱼，我所欲也；熊掌，亦我所欲也，二者不可得兼，舍鱼而取熊掌者也。”这里作者反其意而用之，说的是可以兼得。

词语积累

墨绿　浓酣　朦胧　意境　情趣　娇艳　墨韵　密密点点

语言点

一、细看，密密点点的嫩绿新芽在闪亮；古树老干黑得像铁，柳丝**分外**娇柔，随雨飘摇。

分外（fèn wài）：超过平常；特别。例如：

1. 分外高兴。
2. 月到中秋分外明。

二、因为雨，有些景物朦胧了，有些形象突出了，**似乎**那位宇宙大画家在挥写不同的画面，表达着不同的意境。

似乎：有些像，表示猜测，表示可能，这种情况不是比喻。例如：

1. 天似乎要下雨了。
2. 他似乎了解了这个字的意思，但是又讲不出来。

知识点

反衬：就是利用与主要形象相反、相异的次要形象，从反面衬托主要形象。例如：

衣服湿了，颜色变深，湿衣服穿在身上不舒服，但湿了的大自然景色却格外有地韵味。

此句运用了反衬的修辞手法，用“湿衣服穿在身上不舒服”反衬“湿了的大自然的景色却格外有韵味”。

运用竞技场

一、根据拼音写汉字。

浓 hān（　　）	敏 ruì（　　）	méng（　　）胧
jiāo（　　）艳	意 jìng（　　）	情 qù（　　）
墨 yùn（　　）	墨 lǜ（　　）	遗 hàn（　　）

二、根据课文内容在______填写最恰当的词语。

热情的______	浓酣的________	______的嫩绿新芽
______的竹林	浓而滞的______	娇艳的__________

三、先给加点字注音，再选择合适的词语填空。

分外(　　)　　分别(　　)　　过分(　　)　　分享(　　)

1. 他俩______了好多年，这次好不容易见面了。

2. 他今天干活______勤快，像换了个人似的。

3. 她开心地和同学们________暑假外出旅行的见闻。

4. 这幅画虽然画得不够好，但你把它说得一文不值，太______了。

四、下面哪些是比喻句？哪些不是？是的画“√”，不是的画“×”。

1. 这篇文章似乎在哪见过。(　　)

2. 天上的雪花似乎是柳絮一般。(　　)

3. 看着我们错误连篇的作业，老师似乎要火冒三丈了。(　　)

4. 他的一双大眼睛，似乎夜空里的星星一样明亮。(　　)

5. 他拿着水杯摇摇晃晃地走过来，似乎是喝醉了一样。(　　)

6. 美丽的花园似乎就是天上仙境。(　　)

五、请写出下列句子是用什么反衬什么？

1. 已是悬崖百丈冰，犹有花枝俏。

2. 一朵鲜花插在了牛粪上。

六、阅读理解。

1. 根据文义，下列说法正确的两项是（　　）

A. 水彩画是水墨画的变种。

B. 作者对“江南不宜画油画”的说法有不同见解。

C. 西洋画崇尚阳光，不表现风雨。

D. 文章的中心，是为了说明阴雨美要胜于晴日美。

E. “默看细雨湿桃花”，写出了桃花强烈的色彩。

F. 写湿衣服穿在身上不舒服，其主要作用是反衬。

2. 根据课文的叙述，请概括说出西洋画家的特点是什么？作者的绘画特点又是什么？

*23. 服饰，有时是种态度[①]

1921年，30岁的北大文学院院长胡适收到上海商务印书馆抛来的“橄榄枝”[②]。当时的商务印书馆国内第一，规模庞大，藏龙卧虎，人才济济。有意换一个环境的胡适想通过实地考察决定是否“跳槽”[③]。

7月，胡适来到上海，一身奇装异服，绸长衫、西式裤、黑丝袜、黄皮鞋，显得中不中、洋不洋。第一次和胡适见面的商务印书馆旗下杂志《小说月报》编辑茅盾回忆：“真的很奇怪，堂堂大教授竟然穿得这样不搭配，我从来没有见过这样的打扮。也许，这倒像了胡适的为人。”是呀，绸长衫应该配布鞋，西裤应该搭西装，黄皮鞋和衣服、裤子都不协调，留学多年的胡博士为什么要这么穿呢？过了一阵子，茅盾才想明白了：胡适要通过自己的服装向世人宣告自己的人生态度，让别人知道自己是一个中西合璧的文化人，既浸淫[④]传统文化精华，又极具西方开放眼光。

现代女作家张爱玲

“服装，有时是一种态度”，这句话是胡适后来的文友张爱玲说的。作家潘柳黛[⑤]在《记张爱玲》中写道：张爱玲喜欢奇装异服，旗袍外边罩件短袄，就是她发明的奇装异服

---

① 选自豆瓣网。

② ［橄榄枝］指向某人示好，给某人机会。

③ ［跳槽］比喻人离开原来的工作，另谋高就。也说“跳槽子”。

④ ［浸淫］浸润、浸湿的意思。

⑤ ［潘柳黛］现代作家（1920—2001），笔名南宫夫人，以直抒胸臆的散文和小说崛起于上海文坛，与张爱玲、苏青、关露并称为“文坛四才女”。

之一。她亲自为自己设计衣服，在香港读书时，就把所得的奖学金，自选衣料设计服装，连弟弟张子静问她是不是香港最新的样子，她笑道："我还嫌这样子不够特别呢！"

曾经有一次，张爱玲从香港带回一段广东土布，刺目的玫瑰红上印着粉红花朵，嫩绿的叶子，印在深蓝或碧绿底上，是乡下婴儿穿的，她在上海做成了衣服，自我感觉非常之好，仿佛穿着博物院的名画到处走，遍体森森然①飘飘欲仙②，而完全不管别人的观感。在《对照记》中，张爱玲少有地在末尾稍微露骨地自得了一句："很有画意，别处没看见过类似的图案。"这种"乡下只有婴儿才穿"的广东土布现如今除了被美化为"莨绸"当作非物质文化遗产加以保护、推广外，还被时尚界安上了好听的名字——"香云纱"，成为高档面料以及有钱有闲有品位人士的标志。

出版《传奇》时，张爱玲到印刷所去校对稿样，整个印刷所工人会停下工作，惊奇地看她的服装。这百分之百的"回头率"让张爱玲感到十分满意，她很自得地对身边的女工说："要想人家在那么多人里只注意你一个，就得去找你祖母的衣服来穿。"女工吓了一跳："穿祖母的衣服不是穿寿衣了吗?"张爱玲回答："那有什么关系，别致就行！"

1995 年秋天，75 岁的张爱玲孤独地死在洛杉矶的公寓，几天后才被发现。据说，她死前最后一件衣裳是一件磨破衣领的赫红色旗袍，像极了她曾经绚烂③一时而后却平和闲淡的一生。

张爱玲喜欢独居，不爱说话，尤其和陌生人。在《童言无忌》一文关于"穿"的部分，张爱玲精辟地总结道："对于不会说话的人，衣服是一种言语，是随身带着的一种袖珍戏剧。"

手语词卡

跳槽　搭配　精华　露骨　时尚　校对　袖珍

词语积累

别致　绚烂　精辟　森森然　藏龙卧虎　人才济济　奇装异服
中西合璧　平和闲淡　飘飘欲仙

---

① ［森森然］形容繁密，繁多。

② ［飘飘欲仙］指人的感受轻松爽快。

③ ［绚烂］指浓烈繁华，绚丽多彩。

语言点

一、真的很奇怪，堂堂大教授竟然穿得这样不搭配，我从来没有见过这样的打扮。**也许**，这倒像了胡适的为人。

也许：表示不很肯定。例如：

你仔细找一找，也许能找到。

二、据说，她死前最后一件衣裳是一件磨破衣领的赫红色旗袍，像极了她**曾经**绚烂一时而后却平和闲淡的一生。

曾经：表示从前有过某种行为或情况。例如：

1. 他曾经说过这件事。
2. 这里曾经闹过水灾。

知识点

书名号：书名号是用于标明书名、篇名、报刊名、文件名、戏曲名、歌曲名、图画名、歌曲名、电影名、电视剧名等与书面媒介紧密相关的文艺作品。

书名号分为双书名号—《》和单书名号—〈〉，书名号里还有书名号时，外面一层用双书名号，里面一层用单书名号。

运用竞技场

一、给加点的字词选择声母和韵母并标好音调。

声母：l　s　t　j　c　h　x　r　p　w

韵母：i　ao　iao　uan　an　en　ang　ong　ing　üan

跳槽(　　)(　　)　绚烂(　　)(　　)　森森然(　　)(　　)

精辟(　　)(　　)　藏龙卧虎(　　)(　　)　人才济济(　　)(　　)

二、找出文中表示颜色的词语，选择恰当的填空。

________的天空　　________的花朵

________的湖水　　________的叶子

三、选择恰当的词语填空。

也许　允许　许久

1. 大家商量了______，才想出个办法来。

2. 这个场馆要得到______才能入内。

3. 我不知道今天他会不会来参加活动，______会来，______不会来。

曾经　　将

1. 我______拥有着的一切，转眼都飘散如烟。

2. 小强明天会转学来我校，______成为我们班的一名新成员。

3. 他______是个优秀的运动员，后来受了伤才不得不告别了运动场。

四、请给下面各种作品名称打上书名号。

1. 在第九届省残疾人文艺汇演中，我校选送的节目舞蹈 滚灯 、钢琴独奏 二泉映月 及合唱 今天是你的生日 分别荣获一、二、三等奖。

2. 你看过电影 孔乙己 吗？

3. 他的文章在 人民日报 上发表了。

4. 你星期五放学前一定要将 读 致橡树 有感 这篇习作交上来。

五、阅读理解。

1. 胡适去上海穿戴得中不中洋不洋，是想向世人宣告自己怎样的人生态度？

2. 张爱玲喜欢穿奇装异服表现了她怎样的性格特点？

*24. 点心的由来[①]

我们平常在商店里买的由面粉加工而成的饼干、桃酥等食品，称为点心。这些食品为什么叫点心，而不叫别的什么名字呢？

据说，点心这个名字的由来还跟宋朝的大文学家苏轼[②]有关呢。

有一天，苏轼处理完公务，闲来无事，来到大街上散心。当他走到一家剃头店铺门前时，看见剃头匠是个弓着腰满头白发的老人家，便走了过去，在一边坐了下来。等老人家给别人剃完头，苏轼问道："老人家，您都这么大年纪了，还整天站着给人剃头，身子骨能受得了吗？为了糊口，何不找个轻松的活干？比如做个小买卖什么的，还能坐坐，歇歇身子。"老人说："我年轻的时候也曾做过面食，开过店，干得也挺好。只是后来遇到几年大旱，收成不好，缺少麦子，没有面做面食，只好关了店门，另找别的营生养家糊口[③]了。这几年年景好了，家里人也打算再重开面食馆，哎，不说了。"苏轼问道："老人家，只管说，有什么难事，说不定我能帮帮你。"老人家看看苏轼，又接着说道："做买卖得有本钱呀，没钱什么买卖也做不成。"苏轼说："老人家，没本钱，我借给你。等你以后赚了钱，再慢慢还给我。明天，我送钱给你做本

各色点心让人垂涎欲滴

---

① 选自文化库网站。

② [苏轼]（1037—1101），字子瞻，又字和仲，号铁冠道人、东坡居士，世称苏东坡、苏仙，汉族，眉州眉山（今属四川省眉山市）人，祖籍河北栾城，北宋著名文学家、书法家、画家。

③ [养家糊口]指勉强养活家人，使家人不饿肚子。

钱。”又说了会儿家常话，苏轼回衙门去了。

第二天一大早，苏轼就和一个家人来到剃头匠铺，交给老人家五十两银子。又拿出一块小木板，说：“老人家，我再给你做块招牌。”说着就从家人手里接过笔和墨来，在木板上写了个“心”字，但是，这个“心”字呢，中间那个点他没有写。老人家也不识字，千恩万谢过苏轼的大恩，便把招牌挂了起来。

面食馆开张了，由于老人家口碑好，价钱也公道，一时买卖很是兴旺。这天来了几个吃面食的人，好像是读书人，看到招牌，连连竖起大拇指说：“好笔力，定是出自名家之手。”接着又摇起头来，“这么好的字，咋缺一笔呢，这不奇怪了吗？”这几个读书人回去后，就在朋友圈里把面食馆的招牌上那个“心”字写得好，只可惜少写了一笔的事传开了。无形中，这几个读书人给面食馆做了个大广告，老人家的面食馆的生意更兴隆了。

这天，苏轼想起他资助老人家开面食馆的事来，也不知生意怎么样了，就想去看看。当他来到老人家的面食馆时，只见里面坐满了吃饭的人，看来生意还好，苏轼就放心了。老人家见到他，说不尽的感激：“恩人，多亏了您给我本钱，我不用出力，只用嘴指点孩子们干活就行了”。老人家是个直性子，又问苏轼道：“前几天，来了几个读书人，他们对着招牌，先是竖起大拇指，连声夸好，后来他们又摇起头来，好像有些不满意，恩人，您在木牌上写的到底是什么字？”

苏轼说：“这就对了，你先把招牌摘下来。”招牌摘下来后，苏轼又找来笔墨，在“心”字上，把缺了的那一点给补上了。然后风趣地对老人家说：“我写的是个‘心’字，加上这一点，叫点心。”老人家连忙说：“点心，太好了。”大家都笑了。

自此以后，老人家开的面食店，就叫点心店。再后来，人们就把店里的面食叫点心。慢慢地人们又把各种面食也叫点心了。直到现在，乡下的人们还把从商店里买来的各种面食叫点心呢。

手语词卡

兴旺　资助　风趣　点心　广告　生意

词语积累

散心　年景　招牌　口碑　公道　兴隆　闲来无事　养家糊口

千恩万谢

语言点

一、据说，点心这个名字的由来还跟宋朝的大文学家苏轼有关**呢**。

呢：语气词。

1. 在陈述句的末尾，表示确认事实，使对方相信（多含夸张的语气）。例如：

这个药灵得很呢，敷上就不疼了。

2. 用在疑问句（特指问、选择问、正反问）的末尾，表示疑问的语气。例如：

人呢？都到哪儿去了？

二、老人家，您**都**这么大年纪了，还整天站着给人剃头，身子骨能受得了吗？

都：有两种意思。

1. 在此句中表示“已经”。例如：

饭都凉了，快吃吧。

2. 表示全部包括，一般所包括的成分放在“都”前。例如：

他无论干什么都很带劲儿。

知识点

疑问句：提出问题的句子。例如：

1. 这些食品为什么叫点心，而不叫别的什么名字呢？
2. 恩人，您在木牌上写的到底是什么字？
3. 你去还是不去？
4. 我们坐火车去吗？

运用竞技场

一、加点的字注音全部正确的一项是（　　　）

A. 散心（sǎn）　　弓腰（gōng）　　兴旺（xīn）（wàn）

B. 公道（gōng）　　兴隆（lón）　　养家糊口（yǎn）

C. 饼干（bǐn）　　营生（yín）　　千恩万谢（ēng）

D. 年景（jǐng）　　风趣（fēng）　　闲来无事（xián）

二、词语搭配连线。

价钱	大拇指
生意	招牌
竖起	公道
摘下	兴隆

三、选择相同意思的词语替换句中的“都”字。

全部　　已经

1. 他的各门功课都学得不错。（　　）
2. 茶都凉了，你赶快喝吧！（　　）
3. 愿天下有情人都成眷属。（　　）
4. 大家都喜欢听王老师讲课！（　　）
5. 雨都停了，不用打伞了。（　　）

四、选择合适的语气词填空，并全部标上标点符号。

呢　　吗

1. 这问题你想过______
2. 这儿能抽烟______
3. 你什么时候去面试______
4. 明天走吧，外面下着大雨______
5. 这是谁捣的鬼______
6. 学校离那个单位远得很，有五、六十里地______
7. 他能不能挑起这副重担______

五、阅读理解。

1. 大文豪苏轼资助老人家开面食馆，为什么在木板上写的“心”字不写中间的那个点？

2. 你还了解哪种食物的由来，请写下来。

语文应用操练六

语言交往

祝贺

当你的同学或亲朋好友取得某一方面的成绩时，我们都要表示祝贺，这样的事例很多。例如：同学们参加比赛，获得胜利时；同学的作文在杂志上发表时；爸爸的工作取得很大进展时；妈妈升职加薪时……我们都会由衷地表示祝贺。祝贺就是对社会生活中有喜庆意义的人或事表示良好的祝愿和热烈的庆贺。通过祝贺表达你对对方的理解、支持、关心、鼓励和祝愿，并以此联络感情、增进友谊。

情景互动，学会祝贺技巧

【情景一】

这天，是徐东、徐可的爷爷七十岁生日，爸爸妈妈在饭店订了酒席庆祝爷爷的大寿，还请了亲朋好友。席间，大家纷纷向爷爷表示祝贺，爷爷很开心，笑得合不拢嘴，但是听到他最宠爱的孙子徐可所说的话后，脸色马上暗下来，再听下去后，爷爷生气地转身走了。

这到底是怎么回事呢，我们一起来听听他是怎么说的吧！

徐可：爷爷，你……你……（手没礼貌地指着爷爷）长命百岁！哈……哈（徐可大声傻笑）不过，老师说，大自然环境污染厉害，人类的寿命也大大减短，好像现在的人平均寿命才不过 76 岁左右，能活到 100 岁的人已经很少很少。你，你，现在多少岁啦？哦，70 岁了，也差不多了。所以，爷爷您已经 70 岁了，一定要注意身体啊。

徐可的爸爸妈妈赶紧阻止他继续说下去，结果爷爷已经被气得转身走了。

【情景二】

爷爷正在生气，徐东说了一番话后，爷爷舒心地笑了。大家都夸徐东是个懂事的孩子。

徐东：爷爷（高兴地走向爷爷，扶着爷爷的手让他坐在旁边的椅子上），祝您长命百岁！（爷爷开心地笑了）（徐东接过妈妈递过来的蛋糕）最近我参加绘画竞赛获得了第一名，这是我用奖金买来的生日蛋糕，祝您福如东海，寿比南山！年年有今日，岁岁有今朝！

爷爷听了既高兴又感动，紧紧地握着徐东的手，开心极了。

祝贺时应注意事项

1. 意思清楚，内容具体。对方有什么喜事，取得了什么成绩，你祝贺什么，为什么祝贺，都要说清楚，说明白。

2. 态度诚恳，文明礼貌。真诚祝愿，由衷祝贺，不要言不由衷，或夸大其词。

3. 注意场合，了解对象。面对不同场合、不同对象要选择不同祝贺语言，例如："恭祝"往往是用于向长辈送上祝福的场合，"祝贺"一般用于对平辈的场合。祝贺小朋友生日不能用"寿比南山"等。

祝贺的常用态势语

1. 庆祝（拜年、庆、祝、贺），是以左手抱右手，自然抱合，松紧适度，拱手，自然于胸前微微晃动，不宜过烈、过高。见图一。

2. 握手，彼此伸手相互握住，可以用来表示祝贺。见图二。

3. 拥抱，与握手一样，是人们日常交际中的重要礼仪，在人们表达祝贺时长行此礼。见图三。

图一

图二

图三

实用招牌词句

- 祝贺
  - 节日
    - 祝您国庆节快乐！
    - 祝您春节愉快！阖家欢乐！
  - 生日
    - 祝您福如东海、寿比南山！
    - 祝你生日快乐！
    - 祝您年年有今日，岁岁有今朝！
  - 开业
    - 祝福贵店开业大吉，生意红红火火！
    - 恭祝生意兴隆！
  - 升迁
    - 恭喜您荣升！
    - 祝您步步高升！
  - 乔迁
    - 恭祝您乔迁之喜！
    - 祝贺朋友乔迁快乐！
  - 金榜题名
    - 祝贺你考出了好成绩，真为你高兴！
    - 功夫不负苦心人，祝贺你，终于成功了！

运用竞技场

一、根据情境提示，写出你最美好的祝愿。

1. 王兰同学参加省级绘画比赛，荣获专业组一等奖。

2. 班长被评为校级优秀班干部。

3. 母亲四十岁生日。

二、写贺词。

请仿照右侧的贺卡，在五一劳动节、端午节给你最敬爱的老师送去最真诚的祝贺。

三、表达祝愿。

如果你要祝贺的人不在身边，你能想到用哪些方式或途径向他（她）表示祝贺？请写下来。

应用文写作

求职信

同学们，作为即将毕业的一名中职学生，如何在求职者中脱颖而出，如何能迅速地推销自己，展现自己？让我们从“求职信”开始着手吧！

例文指路

【例文一】

求职信①

尊敬的领导：②

您好！③

本人毕业于××××××学校服装设计与工艺专业，从人才信息网上看到了贵公司的招聘信息，觉得自己符合岗位要求，特前来应聘。

在××××××学校学习的三年，我投入了巨大的热情和精力，并取得了优秀的成绩，连续两年获得一等奖学金。本着严谨求学的态度，我努力学习服装设计与工艺理论知识，同时注重实践操作能力的培养，把专业知识与实践相结合，在制图、裁剪、制作等方面都表现优秀，成绩突出。在学校每年举行的专业技能大赛中，我获得过校服制作的一等奖，手绘T恤的二等奖，文创产品设计与制作二等奖。另外，我在三年级的时候，进入校企合作企业实习，熟悉服装企业的工作流程，并在车位、熨烫等岗位实习锻炼，为今后的工作打下了坚实的基础。

在校期间我担任了班级学习委员，班干部经历训练出我做事勤奋务实的习惯，培养了我的责任感。我还积极参与学校组织的各种课外活动，在手语故事比赛中获得过一等奖，并在校运会上获得过1000米长跑的冠军。良好的身体素质是我今后努力工作的保障。

如果有幸成为贵公司一员，我愿勤奋工作，竭力为公司的发展增光添彩。最后，再次感谢您阅读此信，随函附上个人简历一份，恳请考虑本人申请。期待您的早日答复，本人联系电话：18512345678，email-45678909@qq.com④。

此致

敬礼！⑤

附件1. ××××××

2. ××××××

3. ××××××⑦

求职人：李明

2019年6月18日⑥

写法注释

① 标题：位于正文上方居中的位置。“求职信”，又称“自荐信”或“自荐书”，是求职人向用人单位介绍自己情况以求录用的专用性文书。

② 称谓：顶格写，称谓是对收信人的称呼，要用收信者单位名称或个人姓名。求职信所给的对象很难明确，单位名称后可加“领导”“总经理”“人事部部长”等；个人姓名后可加“先生”“女士”等。称谓要恰当，郑重其事。

③ 问候语：常见的问候语为“您好”，表示尊敬与礼貌。也可省略不

写，直接进入正文内容。

④ 正文：另起一行，空两格开始写求职信的内容。正文内容较多，注意分清层次段落。主要内容如下：

第一段，求职者简要介绍自我情况，主要包括毕业学校、所学专业、从哪里了解到的招聘信息、所要应聘的岗位等；

第二段，写自己的专业学习情况，要突出自己的专业特长，表明自己能胜任所要应聘的岗位工作；

第三段，写一写自己其他方面的成绩与能力，说明自己的发展潜能；

第四段，表达出求职的信心与愿望，注意语气谦和，多用敬语，要适可而止，不要啰唆，不要苛求对方，最后一定要留下自己的联系方式。

⑤ 结尾：另起一行，空两格，写表示敬祝的话。如："此致""敬礼"；或祝"工作顺利""事业发达"等相应词语。这两行均不点标点符号，不必过多寒暄，以免画蛇添足。

⑥ 署名和日期：写信人的姓名和成文日期写在信的右下方。姓名前面不必加任何谦称的限定语，以免有阿谀奉承之感，或让对方轻看你的能力。

⑦ 附件：有说服力的附件是对求职者鉴定的凭证。所以求职信的附件是不可忽视的组成部分。将附件的复印件装订在一起随信寄出或递交。附件不需太多，但必须有分量，足以证明你的才华和能力。

实用招牌词句

1. 求职　自荐　推荐　介绍　人事　主管　感谢　抽出　阅读　挑战
   机遇　机会　严谨　培养　实践　掌握　施展　发挥　积极　主动
   业绩　蒸蒸日上　静候佳音　盼　答复
2. 我是一名服装设计与工艺专业的中专毕业生。
3. 非常感谢您百忙中抽出时间阅读我的求职材料。
4. 希望加入这个团队当中，为公司尽一分力量。
5. 期待您的答复。
6. 祝愿贵公司事业步步高升！

写作小贴士

◆ 多数用人单位都要求求职者先寄送求职材料，通过求职材料对众多求职者有一个大致的了解后，再选择面谈人选、通知面试。因此，求职信写得好或坏将直接关系到求职者是否能进入下一轮的角逐。

◆ 求职信的写作要点：

1. 语气自然：信就像说话一样，语气可以正式但不能僵硬。
2. 通俗易懂：不要使用生僻词语、专业术语。
3. 言简意赅：重点突出、简明扼要，切忌面面俱到。
4. 具体明确：不要使用模糊、笼统的字眼；多使用实例等具体地说明。

结构模板

求职信（自荐书）

尊敬的________：

您好！

（第一段：个人基本情况及信息来源）________

（第二段：你所具备的与岗位相符合的专业技能和实习经历）________

（第三段：其他及潜在的能力）________

（第四段：强调求职愿望，留下联系方式）________

最后，祝________

此致

敬礼！

求职人：________

______年____月____日

运用竞技场

一、下面这封求职信存在很多问题，请找出来并改正。

> 领导：
>
> 您好！
>
> 希望给我一个机会，物色一个掌握扎实专业知识并且有一定工作能力和组织能力的部下，是您的愿望；谋求一个充分发挥自己专业特长的工作单位，并能得到您的关照，是我的期盼；得力的助手，有助于您工作顺心，合适的工作单位，有助于我施展才华。
>
> 作为中专毕业的学生，虽然工作经验不足，但我会虚心学习，积极工作，尽忠尽责，做好本职工作，诚恳希望得到贵单位给予面试的机会，以期进一步考察我的能力。
>
> 望贵单位赶快给我答复，让我加入你们公司。我将尽我最大的能力为贵单位发挥我应有的水平和才能。
>
> 此致
>
> 敬礼！
>
> 2018年6月9日
>
> ×××

二、今年下半年你即将正式走上工作岗位，请依照写作模板，结合自己的情况写一封求职信。

课外拓展阅读

名著导读——中国四大名著

名著概况

中国古典长篇小说四大名著，简称四大名著，是指《水浒传》《三国演义》《西游记》《红楼梦》（按照成书先后顺序）这四部巨著。

四大名著是中国文学史中的经典作品，是世界宝贵的文化遗产。这四部巨著在中国文学史上的地位是难分高低的，都有着极高的文学水平和艺术成就，细致的刻画和所蕴含的深刻思想都为历代读者所称道，其中的故事、场景、人物已经深深地影响了中国人的思想观念、价值取向。它们是中国文学史上的四座伟大丰碑。

阅读指导

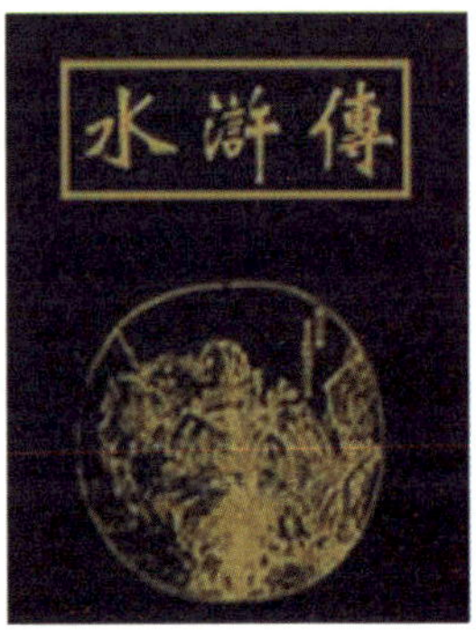

水浒传

《水浒传》也称《水浒》《忠义水浒传》。它是明代长篇小说，是我国文学史上第一部描写农民起义全过程的长篇小说。它的主要倾向是“官逼民反”，局限在于只反贪官，不反皇帝。

作者：元末明初小说家施耐庵（1296—1370）。

◈ **水浒人物知多少**

智多星—吴用	豹子头—林冲	入云龙—公孙胜	短命二郎—阮小五
小李广—花荣	小旋风—柴进	花和尚—鲁智深	立地太岁—阮小二
九纹龙—史进	黑旋风—李逵	活阎罗—阮小七	拼命三郎—石秀
呼保义—宋江	行者—武松	母夜叉—孙二娘	托塔天王—晁盖
白日鼠—白胜	大刀—关胜	一丈青—扈三娘	赤发鬼—刘唐
霹雳火—秦明	浪子—燕青	母大虫—顾大嫂	青面兽—杨志

◈ **水浒故事知多少**

鲁提辖拳打郑关西	鲁智深大闹五台山	鲁智深倒拔垂杨柳
鲁智深大闹野猪林	武松醉打蒋门神	武松打虎
林冲误入白虎堂	林教头风雪山神庙	李逵背母
李逵负荆	真假李逵	智取生辰纲

三国演义

《三国演义》是中国章回体小说的开山之作，也是明清长篇历史小说中流传最广、影响最大、成就最高的一部。全书120回，集中地描绘了三国时代各封建统治集团之间的军事、政治、外交方面的种种斗争。

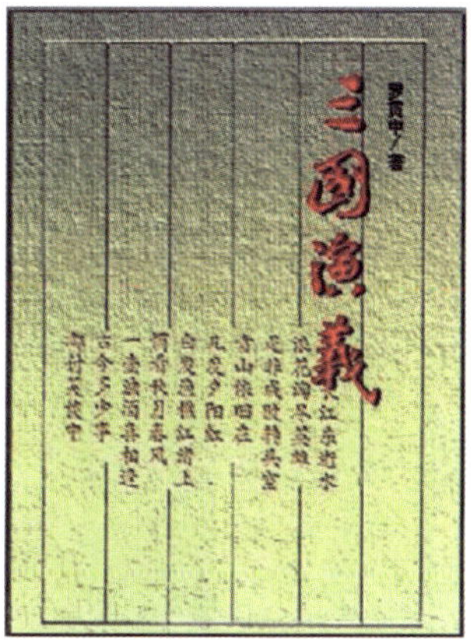

作者：罗贯中（1330－1400），名本，字贯中，号湖海散人，山西太原人，又说是钱塘人、庐陵人。他是元末明初的小说家、戏曲家，是我国章回体小说的鼻祖。一生著述颇丰，除了《三国演义》及与施耐庵合作的《水浒传》外，他还有小说《残唐五代史演义》《三遂平妖传》《粉妆楼》；剧本《风云龙》等。

◈ **三国人物知多少**

曹操——身长七尺，细眼长髯，官拜骑都尉，沛国谯郡人。是三国英雄中少有的能够集政治家、军事家、文学家于一身者。他的生活信条是“宁教我负天下人，不教天下人负我。”

诸葛亮——东汉末年南阳人士。三国时期杰出的外交家。他留给后人“智慧”“节操高尚”的光辉形象。“功盖三分国，名成八阵图”是杜甫对他的评价。

刘备——被作者塑造成为仁民爱物、知贤下士、知人善任的仁君典型。他使用双股剑，骑的卢马。这匹马虽然克主却跃马檀溪，救了他一命。他常寄人篱下，先后投靠过公孙瓒、曹操、袁绍、刘表、吕布等人。

张飞——曾经是卖肉的，后是五虎将之一。他英勇善战、勇武过人、粗狂易怒。威镇长坂桥，吓死曹操深爱的侄子夏侯杰；义释严颜又展现出他粗中有细的一面。

关羽——髯长二尺，面如重枣，唇若涂脂，丹凤眼，卧蚕眉。他是《三国演义》中忠义的化身，我们所熟知的关于他忠、义、勇、谋、傲的故事分别有：千里走单骑、华容道义释曹操、过五关斩六将、水淹七军、败走麦城。

周瑜——刘备称他“文武筹略，万人之英”。孙权赞他有“王佐之资”。他是孙策的结拜兄弟，东吴四英将第一位。他为水军大都督时，用火攻之计大破曹操。

◈ **三国故事知多少**

桃园三结义	白帝城托孤	大意失荆州	过五关斩六将	草船借箭
火烧赤壁	三顾茅庐	挥泪斩马谡	六出祁山	七擒孟获
木牛流马	千里走单骑	孔明出山	刮骨疗毒	舌战群儒
青梅煮酒论英雄				

西游记

《西游记》是中国古代第一部浪漫主义章回体长篇神魔小说。以“唐僧取经”这一历史事件为蓝本，通过作者的艺术加工，深刻地描绘了当时的社会现实。全书主要描写了孙悟空出世及大闹天宫后，遇见了唐僧、猪八戒、沙僧和白龙马，西行取经，一路降妖伏魔，经历了九九八十一难，终于到达西天见到如来佛祖，最终取得真经、五圣成真的故事。

作者：吴承恩（约 1506—1582），字汝忠，号射阳山人，明代杰出的小说家。

◈ **西游记人物知多少**

孙悟空——

法号行者，是唐僧的大徒弟，会七十二变，腾云驾雾。一双火眼金睛，能看穿妖魔鬼怪伪装的伎俩；一个筋斗能翻十万八千里；使用的兵器如意金箍棒，能大能小，随心变化，小到绣花针，大到顶天立地。他占花果山为王，自称齐天大圣，搅乱王母娘娘的蟠桃盛会，偷吃太上老君的长生不老金丹，打败天宫十万天兵天将，又自不量力地与如来佛祖斗法，被压在五行山下五百多年。后来经观世音菩萨点化，保护唐僧西天取经，三打白骨精，收服红孩儿，熄灭火焰山，一路上降魔斗妖，历经九九八十一难，取回真经终成正果。他疾恶如仇，不怕困难，坚韧不拔，英勇无畏，取经后被封为斗战胜佛。

唐僧——

俗家姓陈，乳名江流，法名玄奘，唐朝第一高僧，所以被人们称为唐僧。西行取经时，唐朝太宗皇帝李世民赐法名三藏。唐僧十八岁出家皈依佛门，经常青灯夜读，对佛家经典研修不断，而且悟性极高，二十来岁便名冠中国佛教，倍受唐朝太宗皇帝厚爱。后来被如来佛祖暗中选中去西天取经，并赐宝物三件，即袈裟、九环锡杖、紧箍咒。唐僧身材高大，举止文雅、性情和善，佛经造诣极高。他西行取经遇到九九八十一难，始终痴心不改，在孙悟空、猪八戒、沙和尚的辅佐下，历尽千辛万苦，终于从西天雷音寺取回三十五部真经，为弘扬佛家教化做出了巨大贡献，至今被人们津津乐道，不忘他的历史功绩。

猪八戒——

原是天庭玉皇大帝手下的天蓬元帅，主管天河。后因喝醉酒调戏霓裳仙子并大声喧哗惹来纠察灵官，而后又一嘴拱倒斗牛宫并偷吃了灵芝仙草被玉皇大帝责令两千余锤后贬下凡间。到人间投胎，却错投猪胎，嘴脸与野猪相似，曾占福陵山云栈洞为妖。又招赘到福陵山云栈洞的卯二姐，想不到一年后卵二姐却死了，只留下一个洞府给他。至此栖身云栈洞，自称“猪刚鬣”。唐僧西去取经路过高老庄，猪八戒在云栈洞与孙悟空大战，听说唐僧之名，前去拜见。被唐僧收为二徒弟后，为让其继续戒五荤三厌，唐僧给他起了个别名叫“八戒”。八戒从此成为孙悟空的好帮手，一同保护唐僧去西天取经。

八戒会三十六变，能腾云驾雾，使用的兵器是九齿钉耙，又叫上宝沁金钯。由于他懒惰、贪吃和好色，常常使唐僧师徒陷于困境当中。取回真经后，猪八戒由于“又有顽心，色性未泯”被封为净坛使者。

沙和尚——

原为天宫玉皇大帝的卷帘大将，因为失手不小心打破了琉璃盏，触犯天条，被贬出天界，在人间流沙河兴风作浪，危害一方，专吃过路人。后经观音点化，赐法号悟净，一心归佛，同八戒、悟空一同保大唐高僧玄奘法师西天取经。沙僧个性憨厚，忠心耿耿。他不像孙悟空那么叛逆，也不像猪八戒那样好吃懒惰、贪恋女色，自他放弃妖怪的身份起，他就一心跟着唐僧，正直无私，任劳任怨，谨守佛门戒律，踏踏实实，谨守本分，最终功德圆满，被如来佛祖封为“南无八宝金身罗汉菩萨”。

白龙马——

本是西海龙王三太子敖烈，因纵火烧了玉帝赏赐的夜明珠，而被西海龙王表奏天庭，告了忤逆，玉帝将其吊在空中，打了三百，不日遭诛。后因南海观世音菩萨出面才免于死罪，被贬到蛇盘山鹰愁涧等待唐僧取经。之后又误吃唐僧所骑的白马，而被菩萨点化，变身为白龙马，皈依佛门，载乘唐僧上西天取经，最终修成正果，被升为“南无八部天龙广力菩萨(又称八部天龙马)”。后在化龙池得复原身，盘绕在大雷音寺的擎天华表柱上。

◈ 西游记故事知多少

石猴拜师	大闹天宫	三打白骨精	车迟国斗法	女儿国遇难
智取红孩儿	真假美猴王	天竺收玉兔	三借芭蕉扇	偷吃人参果
夺宝莲花洞	盘丝洞斗妖	猪八戒娶亲	除妖乌鸡国	祸起观音院
计收猪八戒	智激美猴王	斗法降三怪	扫塔辨奇冤	误入小雷音
孙猴巧行医	四探无底洞	传艺玉华州	波生极乐天	

红楼梦

《红楼梦》，又名《石头记》，是一部具有高度思想性和艺术性的伟大作品，在我国文学史和世界文学史上都占有重要的地位。全书以贾、史、王、薛四大家族为背景，以林黛玉和贾宝玉的爱情悲剧为线索，描写了四大家族的兴衰史，反映了封建社会晚期广阔的社会现实，揭示了封建社会必然崩溃的历史发展趋势。

作者：曹雪芹，名霑，字梦阮，号雪芹。曹雪芹的一生经历了曹家由兴旺到衰败的过程，早年过着豪华的公子生活，晚年却穷困潦倒，卖画度日，生活于贫困之中。这种天壤之别的生活变化，促使曹雪芹深刻地思考自己的经历，对社会上种种黑暗产生了不满，这为创作《红楼梦》打下了良好的基础。

◈ 红楼梦人物知多少

贾宝玉——“面若中秋之月，色如春晓之花，鬓若刀裁，眉如墨画，面如桃瓣，目若秋波。虽怒时而若笑，即瞋视而有情”。

自幼深受贾母疼爱，游于温柔富贵乡，专爱作养脂粉，亲近家里姐妹和丫鬟；他与林黛玉青梅竹马，互为知己，发展成一段世间少有的纯洁感情；他重情不重礼，结交了秦钟、蒋玉菡、柳湘莲、北静王等有情男子；他喜欢诗词曲赋之类性情文学，不喜欢功名利禄。他所欣赏的女子们死的死，散的散；自己又在家族安排下糊里糊涂与薛宝钗结婚，致使林黛玉泪尽而逝；再经抄家之痛，越发被吓得疯疯傻傻。为了报答天恩祖德，也为尽快了却尘缘，他以高魁贵子重振家业。最后情极而毒，悬崖撒手，跟随一僧一道从此出家当了和尚。

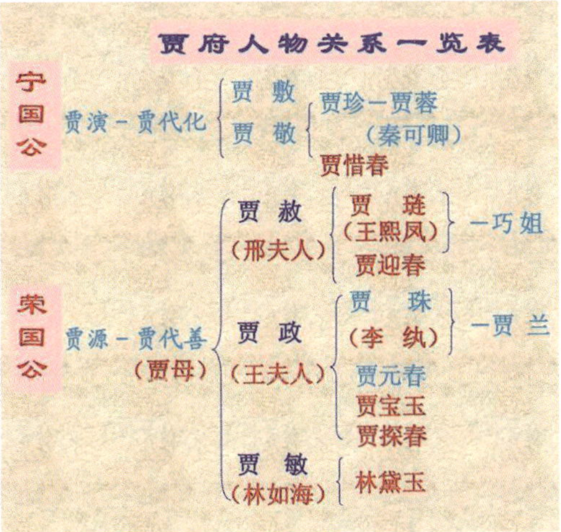

林黛玉——“两弯似蹙非蹙罥烟眉，一双似喜非喜含情目。态生两靥之愁，娇袭一身之病。泪光点点，娇喘微微。娴静似娇花照水，行动似弱柳扶风。心较比干多一窍，病如西子胜三分”。

是荣府小女儿贾敏与扬州巡盐御史林如海之独生女，母亲贾敏是贾代善和贾母四个女儿里最小的女儿。林黛玉是贾母的外孙女，贾宝玉的姑表妹、恋人、知己，贾府通称林姑娘。她生得容貌清丽，兼有诗才，是古代文学作品中极富灵气的经典女性形象。母亲早逝，11 岁时又死了父亲，从此常住贾府，养成了孤高傲世的性格。与贾宝玉青梅竹马，宝玉是她惟一的知音，她把希望和生命交付于对贾宝玉的爱情中。最后在贾宝玉、薛宝钗大婚之夜泪尽而逝。

薛宝钗——她容貌丰美，举止娴雅，博学多才，因此受到贾府上下一致好评。父亲早亡，有母亲和哥哥。宝钗进京后与母亲薛姨妈、哥哥薛蟠暂住于贾府的梨香院，后迁居于东北上一处幽静的房所。身为名家世宦之女，自小读书识字，她对文学、艺术、历史、医学以至诸子百家、佛学经典，都有广泛的涉猎和渊博的知识。由于宝钗贤惠明理，博得贾母与王夫人的欢心，终与宝玉结成“金玉良缘”。然而贾宝玉结婚之后不久就出家做了和尚，她从此成了一个年轻的孀妇。

王熙凤——“一双丹凤三角眼，两弯柳叶吊梢眉，身量苗条，体格风骚，粉面含春威不露，丹唇未启笑先闻”。

◈ 红楼梦故事知多少

宝玉摔玉——贾宝玉第一次见到林黛玉的时候，觉得黛玉的名字里面也有一个玉字，就问道：“你的名字里面有个玉字，那你是不是出生也带着一块玉?”黛玉说：“我没有那个东西，玉也不是一件俗物，哪能每个人都有?”当时宝玉听了这话立刻就将玉摔了出去，其他人看到玉被甩了出去，都急忙地去追赶。

黛玉葬花——林黛玉怜花惜花。她怕落花流进污水被糟蹋，或者被人无情践踏，把落花扫起来埋葬。

宝钗扑蝶——宝钗拿着扇子扑蝴蝶。

湘云卧芍——湘云喝醉了，躺在芍药中睡着了。

香菱学诗——香菱看到那些小姐们都会作诗，自己也想学，于是找林黛玉教她学写诗。

元春省亲——元春选上贵妃之后，一次元宵节回家探亲。

探春管家——凤姐生病，探春管家。

晴雯撕扇——晴雯失手打掉了什么东西，宝玉说她蠢材。晴雯生气，宝玉又道歉。然后晴雯说她喜欢撕扇子，宝玉就给她撕。

金钏跳井——金钏被赶出去之后跳井自杀了。

刘姥姥逛大观园——闹了一大堆笑话。

运用竞技场

一、请将四大文学名著的作者、人物搭配连线。

《西游记》	施耐庵	刘备、关羽、张飞
《水浒传》	曹雪芹	宋江、林冲、武松
《红楼梦》	罗贯中	贾宝玉、林黛玉、薛宝钗
《三国演义》	吴承恩	唐僧、孙悟空、猪八戒

二、填空题。

1.《水浒传》是我国文学史上第一部描写____________全过程的长篇小说，本书以________末年的农民起义为题材，小说通过林冲等英雄好汉一个个被__________的故事，揭示了__________的主题思想。

2.《三国演义》是中国____________小说的开山之作，也是明清长篇历史小说中流传最广、影响最大、成就最高的一部。

3.《西游记》是中国古代第一部________主义章回体长篇________小说。

4.《红楼梦》，又名____________，全书以____________四大家族为背景，以____________和____________的爱情悲剧为线索，描写了四大家族的兴衰史。

三、下面是四大名著中的人物与情节，其中搭配不当的一项是(　　)

A. 鲁智深——倒拔垂杨柳　　B. 孙悟空——大闹天宫

C. 张飞——三顾茅庐　　D. 刘姥姥——三进大观园

四、你读过的四大名著中最有趣或印象最深的故事是什么？请你写下来。

第七单元　提升素养

单元导语

本单元选取的是与职业素养、职业追求相关的文章。

《我现在就付诸行动》，是美国作家奥格·曼狄诺创作的励志作品，作者通过反复咏叹的方式，为我们阐述了一个观点：只有行动才有意义。作者告诫那些总是寄希望于明天的幻想者：明天其实是不存在的，明天就是新的今天的开始！

《职业》这篇文章借儿童的视角，阐述了对于职业的理解。小贩、园丁和更夫，这些看似平庸的职业却充满着对自由生活的追求与向往。小贩的职业很自由，他可以任意去哪，随便干什么；园丁可以随便怎样掘地，衣服脏了，湿了，甚至破了，也没有人骂他，管他；更夫可以不用睡觉，晚上在大街上任意行走。

《创造宣言》是陶行知先生的教育名篇。他告诉我们，人类天生就是“创造”出来的，是创造主的创造作品，创造是人类天生的特性。“点滴的创造”，既可以累积成为“大创造”，也可以小火点燃大火的方式成为“大创造”。

《职场哲理故事二则》中，《请坐下来谈话》告诉每一位走入职场的新人：在出现问题的时候，必须要有自己独立的思想。《至关重要的蝴蝶效应》告诉我们，小事具有巨大的力量，在每个人的人生历程中，一次大胆的尝试，一个灿烂的微笑，一个习惯性的动作，一种积极的态度和真诚的服务，都会有想不到的辉煌或成功。

做好自己的工作并获得成功，是每一个从业者的理想。要实现这个理想，需要诸多的外部因素，但最重要的还是主观努力。学习这四篇文章，能让我们进一步明白这个道理。

25. 我现在就付诸行动[1]

奥格·曼狄诺[2]

我的幻想毫无价值，我的计划渺如尘埃，我的目标不可能达到。一切的一切毫无意义——除非我们付诸行动。

我现在就付诸行动。

一张地图，不论多么详尽，比例多么精确，它永远不可能带着它的主人在地面上移动半步。一个国家的法律，不论多么公正，永远不可能防止罪恶的发生。任何宝典，即使在我手中的《羊皮卷》[3]，永远不可能创造财富。只有行动才能使地图、法律、宝典、梦想、计划、目标具有现实意义。行动，像食物和水一样，能滋润我，使我成功。

我现在就付诸行动。

拖延使我裹足不前，它来自恐惧。现在我从所有勇敢的心灵深处，体会到这一秘密。我知道，要想克服恐惧，必须毫不犹豫，起而行动，唯其如此，心中的慌乱方得以平定。现在我知道，行动会使猛狮般的恐惧，减缓为蚂蚁般的平静。

我现在就付诸行动。

从此我要记住萤火虫的启迪：只有在振翅的时候，才能发出光芒。我要成为一只萤火虫，即使在艳阳高照的白天，我也要发出光芒。让别人像蝴蝶一样，舞动翅膀，靠花朵的施舍生活；我要做萤火虫，照亮大地。

我现在就付诸行动。

---

① 选自《世界上最伟大的推销员》（世界知识出版社 2006 年版），有改动。

② 奥格·曼狄诺（1923—1996），美国杰出的企业家、作家和演说家，世界知名的励志书籍作者。

③ ［《羊皮卷》］奥格·曼狄诺编著的一套励志丛书。丛书的作者是包括编者自己在内的近二百年来美国各个行业中的成功人士。

我不把今天的事情留给明天，因为我知道明天是永远不会来临的。现在就去行动吧！即使我的行为不会带来快乐与成功，但是动而失败总比坐以待毙[①]好。行动也许不会结出快乐的果实，但是没有行动，所有的果实都无法收获。

我现在就付诸行动。

立刻行动！立刻行动！立刻行动！从今往后，我要一遍又一遍，每时每刻重复这句话，直到成为习惯，好比呼吸一般，成为本能，好比眨眼一样。有了这句话，我就能调整自己的情绪，迎接失败者避而远之的每一次挑战。

我现在就付诸行动。

现在是我的所有。明日是为懒汉保留的工作日，我并不懒惰。明日是弃恶从善的日子，我并不邪恶。明日是弱者变为强者的日子，我并不软弱。明日是失败者借口成功的日子，我并不是失败者。

我现在就付诸行动。

我渴望成功、快乐、心灵的平静。除非行动，否则我将在失败、不幸、夜不成眠的日子中死亡。

成功不是等待。如果我迟疑，她会投入别人的怀抱，永远弃我而去。

此时。此地。此人。

我现在就付诸行动。

手语词卡

幻想　精确　犹豫　收获　行动　调整　懒惰

词语积累

付诸　恐惧　渺如尘埃　裹足不前　坐以待毙　避而远之

语言点

一、只有行动才能**使**地图、法律、宝典、梦想、计划、目标具有现实意义。

“使”：有以下几种意思。

---

① ［坐以待毙］坐着等死，指不采取积极行动而等待失败。

1. 命令、派遣。例如：

他已使人去搬运东西了。

2. 奉命到外国执行任务或留驻的外交长官。例如：

大使代表国家元首，率领使馆人员与驻在国元首或外交部门办理交涉事项。

3. 让、叫。例如：

他办事使老师很满意。

4. 使用。例如：

这支笔很好使。

二、从此我要记住萤火虫的启迪：**只有**在振翅的时候，**才**能发出光芒。

只有……才……：表示条件关系的关联词。例如：

只有努力学习，才能取得好成绩。

知识点

排比：把三个或三个以上结构和长度均类似、语气一致、意义相关或相同的句子排列起来。其作用是加强语势、语言气氛，使文章的节奏感加强，条理性更好，更利于表达强烈的感情。如本文中用了8个“我现在就付诸行动”使文章脉络分明、抒情畅快、气势强烈。

运用竞技场

一、根据拼音写汉字。

1. 我的计划（miǎo）____如尘（āi）____。

2. 要想克服恐（jù）____，必须毫不（yóu yù）________。

3. 拖延使我（guǒ）____足不前。

4. 动而失败总比坐（yǐ）____待（bì）____好。

5. 明日是为（lǎn）　　汉保留的工作日，我并不（lǎn duò）________。

6. 我现在就（fù zhū）________行动。

二、找出并改正下列句子中的错别字。

1. 平常日子，学校开始上课的时候，总有一阵渲闹。（　　）

2. 我们的老师今天穿上了他那件漂亮的绿色礼服，打着皱边的领结，带着那顶绣边的小黑丝帽。（　　）

3. 我忘了他给我的惩发，忘了我挨的戒尺。（　　）

4. 她严厉地咳嗽了一声。(　　)

三、选出下列加点“使”字的意思，将其序号填在句后的括号里。

A. 让　B. 使用　C. 命令　D. 使者

1. 我不能使你知道这件事。(　　)

2. 使拖拉机耕地又快又好。(　　)

3. 他已使人去搬运东西了。(　　)

4. 那边走来一个像天使般的小女孩。(　　)

四、仿写句子。

1. 只有在振翅的时候，才能发出光芒。

仿写：只有________，才________。

2. 如果你是一棵大树，就洒下一片阴凉；如果你是一泓清泉，就滋润一方土地；如果你是一棵小草，就增添一分绿意。

仿写：如果你是________，就________；如果你是________，就________；如果你是________，就________。

五、下列句子中，使用了排比句的是(　　)

A. 危楼高百尺，手可摘星辰。

B. 一个麦穗儿，就是一个跳动的音符。

C. 有翠绿，有淡青，有金黄，也有火一般的红色。

D. 太阳冲破了云霞，跳出了海面。

六、阅读理解。

1. 你如何理解“没有行动，所有的果实都无法收获”这句话？

2. 请联系自己的实际情况，写下你“现在就付诸行动”的事有哪些？

26. 职业[1]

泰戈尔[2]

这孩子的理想一点也不远大，他只想做小贩、园丁和更夫，似乎很没有志气，很平庸，长大了这样活着似乎很没有价值。真是这样吗？职业对于一个人到底意味着什么呢？

早晨，钟敲十下的时候，我沿着我们的小巷到学校去。

每天我都遇见那个小贩，他叫道："镯子呀，亮晶晶的镯子！"

他没有什么事情急着要做，他没有哪条街道一定要走，他没有什么地方一定要去，他没有什么规定的时间一定要回家。

我愿意我是一个小贩，在街上过日子，叫着："镯子，亮晶晶的镯子！"

园丁在割草

下午四点钟，我从学校里回家。

在一家门口，我看见一个园丁在那里掘地。

他用他的锄子，要怎么掘，便怎么掘，他被尘土污了衣裳。如果他被太阳晒黑了或是身上被打湿了，都没有人骂他。

我愿意我是一个园丁，在花园里掘地，谁也不来阻止我。

---

① 选自严凌君主编《成长的岁月—我的学生时代读本1》（商务印书馆2003年版）。郑振铎译。

② 泰戈尔（1861—1941），印度诗人和作家。主要作品有《新月集》《飞鸟集》《吉檀迦利》等。

天色刚黑，妈妈就送我上床。

从开着的窗口，我看见更夫走来走去。

小巷又黑又冷清，路灯立在那里，像一个头上生着一只红眼睛的巨人。

更夫摇着他的提灯，跟他身边的影子一起走着，他一生一次都没有上床去过。

我愿意我是一个更夫，整夜在街上走，提了灯去追逐影子。

手语词卡

手镯　理想　园丁　志气　价值　到底

词语积累

掘地　追逐　小贩　亮晶晶

语言点

一、**我愿意**我是一个小贩……**我愿意**我是一个园丁……**我愿意**我是一个更夫……

我愿意……我愿意……我愿意……：排比，借小孩子在一天三个时间段里的所见、所想、所愿，强调职业没有高低贵贱之分，只有情愿与否以及为人们带来美好感受的区别。例如：

我愿意有一项技能，我愿意有一本好书，我愿意有一群朋友。

二、他**没有**什么事情急着要做，他**没有**哪条街道一定要走，他**没有**什么地方一定要去，他没有什么规定的时间一定要回家。

没有……没有……没有：排比，写出了小贩的自由，无拘束。例如：

我有一个梦想，我希望这个世界没有战争，没有伤痛，没有分离。

知识点

小序：序，又名“序言”“前言”“引言”，是放在著作正文之前的文章。作者自己写的叫“自序”，内容多说明写书的目的及成书经过；别人代写的序叫“代序”，内容多介绍和评论该书的思想内容和艺术特色。词前的小序，主要是介绍作者写这首词的经过和目的，也就是当时的背景。

本文的小序能够帮助大家加深对主旨的理解，明白职业对于人生的意义。

运用竞技场

一、根据拼音写汉字。

xiàng（　　）子　　手 zhuó（　　）　　jué（　　）地

小 fàn（　　）　　yuán（　　）丁　　追 zhú（　　）

二、下列各组词语中，没有错别字的一组是（　）

A. 玷辱　　陶治　　良晨美景　　安然无羊

B. 拮据　　矜持　　平心而论　　天高地远

C. 拂拭　　迟顿　　挨声叹气　　兼听则名

D. 鞭苔　　陕隘　　日薄夕山　　唇枪舌战

三、仿写句子。

例：他没有什么事情急着要做，他没有哪条街道一定要去，他没有什么地方一定要去，他没有什么规定的时间一定要回家。

仿写：____

例：我愿意我是一个小贩……我愿意我是一个园丁……我愿意我是一个更夫……

仿写：____

四、下列句中使用了排比修辞的一项是（　　）

A. 应该承认，读书这个习惯的养成是很重要的。

B. 这个秋夜，是寂静的，是温和的，是梦幻的。

C. 这一类的人们，就是现在也何尝少呢？

D. 从古代史到现代技术，从数学到插花，不精通各种知识就一事无成。

五、阅读理解。

1. 标题之下，诗文之上的一段话一般称为小序。本课的小序表达了作者怎样的思想？

2．职业对于一个人到底意味着什么？你的职业理想是什么？请你写下来。

27. 创造宣言[①]

陶行知[②]

宗教家创造出神来供自己崇拜。最高的造出上帝，其次造出英雄之神，再其次造出财神、土地公、土地婆来供自己崇拜，省事者把别人创造的现成之神来崇拜。

美术家如罗丹，是一面造石像，一面崇拜自己的创造。

教育者不是造神，不是造石像。他们所要创造的是真善美的活人。真善美的活人是我们的神，是我们的石像。

教育家陶行知

有人说：环境太平凡了，不能创造。平凡无过于一张白纸，八大山人[③]挥毫画他几笔，便成为一幅名贵的杰作。平凡也无过于一块石头，到了飞帝亚斯[④]，米开朗基[⑤]的手里可以成为不朽的塑像。

有人说：生活太单调了，不能创造。单调无过于坐监牢，但是就在监牢中，产生了《易经》之卦辞[⑥]，产生了《正气歌》[⑦]，产生了《国际歌》。

---

① 选自《陶行知全集》第四卷（四川教育出版社 1997 年版），有删改。

② 陶行知（1891—1946），安徽歙县人，教育家。

③ ［八大山人］清初画家朱耷（1626—1705）的别号。擅长画水墨花卉禽鸟，也画山水，笔墨灵活，形象夸张。

④ ［飞帝亚斯（前 490？—前 432）］现译为菲狄亚斯，古希腊雕塑家，擅长神像雕塑。

⑤ ［米开朗基（1475—1564）］现译为米开朗琪罗，意大利文艺复兴时期雕塑家、画家、建筑师、诗人。

⑥ ［《易经》之卦辞］我国古代有哲学思想的占卜书。卦辞是解释卦义的文字。相传周文王被关押时把伏羲氏作的八卦发展成为六十四卦的卦辞。

⑦ ［《正气歌》］南宋文天祥抗金失败被俘后在狱中所作，表现了他宁死不屈的崇高气节。

单调又无过于沙漠了，而雷塞布竟能在沙漠中造成苏彝士运河[①]，把地中海与红海贯通起来。

可见平凡单调，只是懒惰者之遁辞[②]。既已不平凡不单调了，又何须乎创造。我们是要在平凡上造出不平凡，在单调上造出不单调。

有人说：年纪太小，不能创造。但是当你把莫扎特[③]、爱迪生及冲破父亲数学层层封锁之帕斯加尔[④]的幼年研究生活翻给他看，他又只好哑口无言了。

有人说：我是太无能了，不能创造。但是鲁钝的曾参，传了孔子的道统。不识字的惠能[⑤]，传了黄梅的教义。惠能说："下下人有上上智。"我们岂可以自暴自弃呀！可见无能也是借口。蚕吃桑叶，尚能吐丝，难道我们天天吃白米饭，除造粪之外，便一无贡献吗？

有人说：山穷水尽，走投无路，陷入绝境，等死而已，不能创造。但是遭遇八十一难之玄奘[⑥]，毕竟取得佛经；粮水断绝，众叛亲离之哥伦布，毕竟发现了美洲；冻饿病三重压迫下之莫扎特，毕竟写出了《安魂曲》。绝望是懦夫的幻想。歌德说：没有勇气一切都完。是的，生路是要勇气探出来，走出来，造出来的。这只是一半真理；当英雄无用武之地，他除了大无畏之斧，还得有智慧之剑，金刚[⑦]之信念与意志，才能开出一条生路。古语说，穷则变，变则通，要有智慧才知道怎样变得通，要有大无畏之精神及金刚之信念与意志才变得过来。

所以：处处是创造之地，天天是创造之时，人人是创造之人。

罗丹说："恶是枯干。"汗干了，血干了，热情干了，僵了，死了，死人才无意于创造。只要有一滴汗，一滴血，一滴热情，便是创造之神所爱住的行宫[⑧]，就能开创造之花，结创造之果，繁殖创造之森林。

---

① ［苏彝士运河］现译为苏伊士运河。在埃及东北部，是连接地中海和红海的国际通航运河，由法国人雷赛布创办的"国际苏伊士运河公司"开凿，于 1859 年开工，1869 年完成。

② ［遁（dùn）辞］也作"遁词"，因为理屈词穷而故意避开正题的话。

③ ［莫扎特（1756—1791）］奥地利作曲家。他的作品清新、优雅，具有抒情的风格。其主要作品有《魔笛》《费加罗的婚礼》等。

④ ［帕斯加尔（1623—1662）］现译为帕斯卡，法国数学家、物理学家、哲学家。

⑤ ［惠能（638—713）］即慧能，唐高僧，投禅宗第五祖弘忍门下。后成为禅宗第六祖。下文"传了黄梅的教义"指弘忍在湖北黄梅县东山寺主持讲习一事。

⑥ ［玄奘（zàng）］通称三藏法师，俗称唐僧。唐朝佛教学者、旅行家。公元 629 年起赴天竺（古印度别称）游学，经历 17 年回到长安。译出经、论 75 部，对我国佛教思想的发展影响极大。

⑦ ［金刚］译自梵语，意为金中最刚，用以譬喻牢固、锐利、能摧毁一切。

⑧ ［行宫］古代京城以外供帝王出行时居住的宫室。

手语词卡

崇拜　创造　平凡　单调　封锁　真理　信念　意志　繁殖

词语积累

挥毫　遁辞　鲁钝　塑像　自暴自弃

语言点

一、美术家如罗丹，是**一面**造石像，**一面**崇拜自己的创造。

一面……一面……：表示前后两者的关系是并列且有联系的，也表示两个动作同时进行。例如：

一面念书一面工作不是很辛苦吗？

二、**处处**是创造之地，**天天**是创造之时，**人人**是创造之人。

处处：各处、到处。例如：

他说话很风趣，处处受人欢迎。

天天：日日、每天。例如：

他搬到我家附近，我们几乎天天碰面。

人人：每个人；所有的人。例如：

人人喜欢听赞美的真话。

知识点

驳论：是指就一定的事件或问题发表议论，批驳错误的、反动的见解和主张。它是议论文的一种论证方式。

本文作者陶行知先生运用典型事例和名言警句对五种“不能创造”的错误观点展开了有力的批驳，提出了“处处是创造之地，天天是创造之时，人人是创造之人”的观点。

运用竞技场

一、给加点字选择正确的读音。

崇拜（chéng　chóng）　塑像（suò　sù）　遁辞（dùn　xún）

鲁钝（dùn　dèn）　曾参（cān　shēn）　自暴自弃（bù　bào）

二、找出下列词语中的错别字并改正。

挥豪____　　封索____　　毕竞____　　糯夫____

自爆自弃____　　走头无路____　　众判亲离____

三、仿写句子。

例句：处处是创造之地，天天是创造之时，人人是创造之人。

处处是____________，天天是____________，人人是____________。

四、阅读理解。

1. 驳论是指就一定的问题发表议论，(　　)（A. 赞同　B. 批驳）错误的见解和主张。

2. 本文的中心论点是(　　)，驳斥的几个错误观点是（　　　）

A. 环境太平凡不能创造。　　B. 生活太单调不能创造。

C. 处处是创造之地，天天是创造之时，人人是创造之人。

D. 年纪太小不能创造。　　E. 太无能不能创造。

F. 山穷水尽不能创造。

3. 根据课文内容判断对错。

A. 本文的写作顺序是先确立中心论点再反驳错误观点。（　　）

B. 本文主要运用了举例论证的方法。（　　）

C. 作者在文中反驳了四种错误观点。（　　）

D. 作者在文章结尾表明了自己坚定的创造信念。（　　）

E. 本文写于1943年，但对于我们仍有积极的现实意义。（　　）

4. 从这篇文章可以看出陶行知先生怎样的教育思想？

*28. 职场哲理故事二则[①]

请坐下来谈话

一家规模很大的公司正在招聘副经理一职，经过初试，他们从简历里选中了三位优秀的青年进行面试，最终选定一个。最后的面试由总经理亲自把关，面试的方式是跟三位应聘者逐个进行交谈。

面试之前，总经理特意让秘书把为应聘者准备的椅子拿到了外面。

面试现场

第一位应聘者沉稳地走了进来，他是经验最为丰富的。总经理轻声对他说："你好，请坐。"应聘者看着自己周围，发现并没有椅子，充满笑意的脸上立即现出了些许茫然[②]和尴尬[③]。"请坐下来谈。"总经理再次微笑着对他说。他脸上的尴尬显得更浓了，有些不知所措，最后只得说："没关系，我就站着吧！"

第二位应聘者反应较为机敏，他环顾左右，发现并没有可供自己坐的椅子，立即谦卑地笑："不用不用，我站着就行！"

第三位应聘者进来了，这是一个应届毕业生，一点经验也没有，他面试成功的概率是最低的。总经理的第一句话同样是："你好，请坐。"大学

---

① 选自百度文库。

② ［茫然］完全不知道的样子。

③ ［尴（gān）尬（gà）］处于两难境地而不知道该怎么办。

生看看周围没有椅子，先是愣了一下，随后立即微笑着请示总经理："您好，我可以把外面的椅子搬一把进来吗?"总经理脸上的笑容终于舒展开来，温和地说："当然可以。"

面试结束后，总经理录用了最后一位应聘者，他的理由很简单：我们需要的是有思想、有主见的人，缺少了这两样东西，一切的学识和经验都毫无价值。

启示："独立"这个词听起来很空泛，可以指生活，也可以指思想。故事中第三位应聘者较前两位相比，经验和能力上可能是最差的，但有一点最为宝贵的东西，那就是他具有独立自主的思想，能在问题出现的时候最好地解决它，这就是独立更深一层的意义。

至关重要的蝴蝶效应

美国福特①公司是全世界都家喻户晓②的知名汽车公司，它不仅使美国汽车产业在世界独占鳌头③，甚至改变了整个美国的国民经济状况。然而，谁又能想到该奇迹的创造者福特当初进入公司的"敲门砖"竟是"捡废纸"这个简单的动作呢?

刚刚从大学毕业的福特，曾经到一家汽车公司应聘，一起参加应聘的几个人学历都比他高，福特面试成功的概率很小。当福特敲门走进董事长办公室的时候，发现门口地上有一团纸，他很自然地弯腰把它捡了起来，然后扔进了垃圾篓里。

当福特刚刚坐下，准备把之前准备好的自我介绍向公司董事长说出的时候，董事长就发出了邀请："很好，福特先生，你很棒，你已经被我们录用了。"此时的福特当然不知道这个令他无法相信的录用通知竟是源于他那个不经意的动作。而此后，福特的表现也并没有让董事长失望，甚至最终将公司改名，让福特汽车闻名全世界。

福特的成功看上去很偶然，但实际上却是必然的，他下意识的动作是习惯、品质和修为的体现，而这种习惯的养成却来源于他的积极态度，正

---

① ［福特］福特（Ford）是世界著名的汽车品牌，为美国福特汽车公司（Ford Motor Company）旗下的众多品牌之一，公司及品牌名"福特"来源于创始人亨利·福特（Henry Ford）的姓氏。福特汽车公司是世界上最大的汽车生产商之一，成立于1903年。

② ［家喻户晓］家家都知晓，众人都明白。

③ ［鳌（áo）头］比喻获得首位或取得第一名。

如心理学家威廉·詹姆士所说："播下一个行动，你将收获一种习惯；播下一种习惯，你将收获一种性格；播下一种性格，你将收获一种命运。"

启示：蝴蝶效应指的是在一个动力系统中，初始条件下微小的变化能带动整个系统的长期的巨大的连锁反应。对于这个效应最常见的阐述是："一只蝴蝶在巴西轻拍翅膀，可以导致一个月后得克萨斯州[①]的一场龙卷风。"

可见，小事恰恰具有最巨大的力量，我们平时的一言一行都有可能影响一生。在一个人的人生历程中，一次大胆的尝试，一个灿烂的微笑，一个习惯性的动作，一种积极的态度和真诚的服务，都可以产生生命中意想不到的辉煌或成功，它能带来的远远不止于一点点喜悦和表面上的报酬。

手语词卡

招聘　温和　独立　启示　报酬

词语积累

谦卑　鳌头　不知所措

语言点

一、我们需要**的**是有思想、有主见**的**人。

总经理脸上的笑容终于舒展开来，温和**地**说："当然可以。"

他脸上的尴尬显**得**更浓了，有些不知所措。

的："的"前面的词语一般用来修饰、限制"的"后面的事物，说明"的"后面的事物怎么样。结构形式一般为：形容词（代词）＋的＋名词。例如：

菊花开了，有红的，有黄的。

地："地"前面的词语一般用来形容"地"后面的动作，说明"地"后面的动作怎么样。结构方式一般为：副词＋地＋动词。例如：

天渐渐地冷了。

得："得"后面的词语一般用来补充说明"得"前面的动作怎么样，结构形式一般为：动词＋得＋副词。例如：

---

① ［得克萨斯州］简称德州，是美国南方最大的州，也是全美第二大州，仅次于阿拉斯加州。

她跑得喘不过气来。

二、**然而**，谁又能想到该奇迹的创造者福特当初进入公司的“敲门砖”竟是“捡废纸”这个简单的动作呢？

然而：连词，用在句子的开头；表示转折。例如：

他的试验失败多次，然而他并不灰心。

知识点

小标题：通常是指在整个文章的大标题（即文章题目）之下的一个标题，是对某段内容的概述。

小标题作用：

1. 能吸引读者。
2. 让读者在通读全文前对文章的主要内容有一个概括性的了解。
3. 在阅读过程中更快更准确地理解文章内容并了解写作意图。
4. 在阅读全文后留下更为深刻的印象。

本文用两个小标题来分别对两个故事进行概括。

运用竞技场

一、根据拼音写汉字。

gān（　　）gà（　　）　qiān（　　）卑　máng（　　）然

不知所 cuò（　　）　áo（　　）头　纸 lǒu（　　）

二、请选择正确的“的”“地”“得”填入（　　）中。

开心（　　）吃	洁白（　　）雪花	跑（　　）快
大声（　　）唱歌	圆圆（　　）荷叶	数（　　）清
透明（　　）翅膀	柔软（　　）枝条	唱（　　）好
小心（　　）爬上去	青青（　　）小草	清清（　　）水
用力（　　）扔	金黄（　　）落叶	小心（　　）捡落叶
迅速（　　）收衣服	慢慢（　　）走过来	灿烂（　　）微笑

三、选择恰当的词语填空。

谦卑　茫然　然而　当然　不知所措

1. ______不是自卑，它并不是因为觉得自己缺乏能力或缺乏信心而产生的态度。

2. 他的试验失败多次，______他并不灰心。

3. 他被突如其来的质疑问得张口结舌，__________。

4. 在伸手不见五指的黑夜里，我迷了路，只得______地站在路口。

5. 同学有困难，______应该帮助解决。

四、选出没有语病的一句(　　)

A. 在同学的帮助下，我改正并认识了自己的错误。

B. 同学的帮助，使我认识并改正了自己的错误。

C. 在同学的帮助下，使我认识并改正了自己的错误。

D. 同学的帮助，使我改正并认识了自己的错误。

五、根据下面作文内容，给各部分拟一个小标题。

说句心里话，我也对不起你

仰望星空，一颗流星滑落；低头沉思，忽然听见几声蛙鸣。那挂在天边的，不知道是不是我日夜思念的那一颗星星？

____

那是春风和煦，阳光明媚的日子。你手持风筝，带领着小小的我和邻居的小孩，在原野中奔跑。那天空中飘飞的纸鸢，比别家小孩的蝴蝶、蜻蜓都飞得远、飞得高。平平稳稳，不颠不簸，迎来一阵阵吆喝声、欢呼声……

邻居大叔问我纸鸢在哪里买的，我说是爸爸做的。大叔说，难怪风儿都讨你家的好，我和爸爸只是咯咯地笑，体味着什么是快乐。

____

那是个月色朦胧，轻风荡漾的夏夜。你躺在草地上，我枕在你怀中，只听见蛙声一片，真如钟鼓齐鸣，蔓延到天地之间，整个天地都沉浸在这鼓乐声中。这时，你指着星空，给我讲述天际银河系里那些缓缓流淌着的传说，你说：“最耀眼的那一颗是北极星，你就是爸爸的北极星！”那一刻，小小的我，开始体味着什么是幸福。

____

那是个秋风萧瑟，层林尽染的秋日。我来到山下，看见夕阳照红了山冈，有一个脊背佝偻的身影，扛着犁、赶着牛，步履蹒跚地从山上走来，定格在我的记忆中，那就是你，我日夜思念的父亲。你日渐消瘦的身躯，已经不是当年那年富力强的身体。当我接过你肩上犁的时候，没有看见你的笑容，却听到了你轻轻的叹息。这时的我，体味着什么是心酸。

那是个北风呼啸，雪雨连天的季节。我得知你病危的消息，立即赶往医院。我拉着你的手，只听见你说："对不起啦，你要好好照顾自己。"说完，你就撒手而去了。顿时，我的眼泪夺眶而出，我的天空顷刻坍塌了。那天空中飘飞的纸鸢，那夜空中的北极星，还有那佝偻蹒跚的身影都没有了，我撕心裂肺地哭喊，体味着什么是痛苦。

冬去春又来，想起逝去的岁月，泪珠再次滑落。抬起头，望苍穹，有许多感慨在心头。

说句心里话，我也对不起你，父亲，如果有来世，我还做你的儿子。

（2011年贵州贵阳中考满分作文）

六、阅读理解。

1. 读完《请坐下来谈话》后，你是否已经懂得什么才是独立自主的思想？请写下来。

2. 读了《至关重要的蝴蝶效应》，你如何理解"小事恰恰具有最巨大的力量，我们平时的一言一行都有可能影响一生"？请写下来。

语文应用操练七

语言交往

学会表达爱

父母对我们的爱是无保留、无条件、无私的，但许多父母却不善于表达自己的爱；我们对父母、老师和帮助过自己的同学、朋友充满着感激，但我们也羞于对他们表达自己的爱。如果我们学会了表达爱，我们的生活就会避免一些矛盾和争吵；如果我们学会了表达爱，生活就会变得更开心，更能让人感受到幸福快乐。

读一读

暴走妈妈陈玉荣有一个患有先天性肝功能不全的儿子。陈玉荣想用自己的肝脏保住儿子的性命，但是她患有重度脂肪肝不能做手术。于是，她通过七个多月，每日暴走十公里，共走了两千多公里，走破了四双鞋，终于走掉了自己的脂肪肝。2009 年，她接受了肝脏割离手术，儿子同时接受了肝脏移植手术。

这位暴走妈妈是 2009 年度感动中国的十佳人物。在暴走妈妈的这个故事里，最打动你的是什么地方呢？

情景互动，学习如何表达爱

【情景一】

妈妈很爱刘明，家里什么事情也不让刘明做，连书包都是妈妈整理。

有一次，妈妈出差了，几天不在家。刘明上学不是忘了带文具盒，就是忘了带作业本。

【情景二】

小刚的学习成绩一直不太好，每次考试结束，是他最害怕的时候，因为少不了又要被爸爸训斥。爸爸每次骂完他，总是说：我爱你，才会这样严格要求你。

【情景三】

李杰对什么东西都很好奇，喜欢动手试一试。有一次，李杰把家里的电话机拆了，却再也装不好了。爸爸知道了，没有批评他，而是亲切地说："既然你能拆开，就一定能把它装起来。"在父亲的鼓励下，李杰终于把电话机装好了。

【情景四】

在一个乡村家庭里，一家人围坐在餐桌前吃饭，母亲端上来的却是一盘稻草。全家人都很奇怪，不明白这究竟是怎么回事。母亲说："我给你们做了一辈子的饭，你们从来没说过饭菜好吃，从来没说过一句感谢的话，这和吃稻草有什么区别!"

读了这些材料，你有什么看法？

表达爱应注意的事项

1. 理解爱。爱是父母、亲人、朋友、老师、同学……彼此之间的互相关心与体贴，互相理解与包容，互相尊重与支持。严格要求是爱，鼓励帮助也是爱。溺爱不是爱，而是一种伤害。学会感恩，才能学会爱。

2. 感受爱。爱是一个动词，你需要去爱别人，同时需要用心专注去感受别人给予你的关心和爱。我们从不缺少爱，缺的是感受爱的能力。学会感受家人、朋友、同学、老师的爱，当朋友送你礼物的时候，你感受到温暖了吗？当与父母吵了一架，之后他（她）依然关心你的时候，你感受到爱了吗？

3. 说出你的爱。爱的信号可以通过表情、肢体动作等来传递；爱要勇敢地说出口，而且要学习一些表达方式，采用让对方舒适的方式给予对方爱。

表达爱的常用态势语

1. 右手成掌放左手大拇指后方顺时针抚摸一次。右手代表着“我”，左手的拇指代表着“你”，抚摸代表“我”去拥抱“你”，这就是爱。如图一。

2. 先是用右手捂住自己的胸口，意思是我；然后向前伸出手指：拇指、食指、小拇指伸直，中指、无名指蜷拢，意思是爱；最后是向前指，意思是你。拇指、食指、小拇指伸直，中指、无名指蜷拢表示的是英文“LOVE”。如图二。

3. 用手比一个心形，使用拇指和食指相交成爱心的形状。如图三。

图一

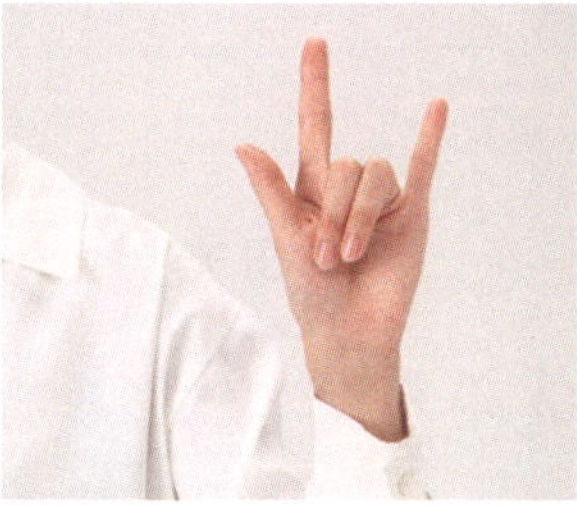

图二

图三

实用招牌词句

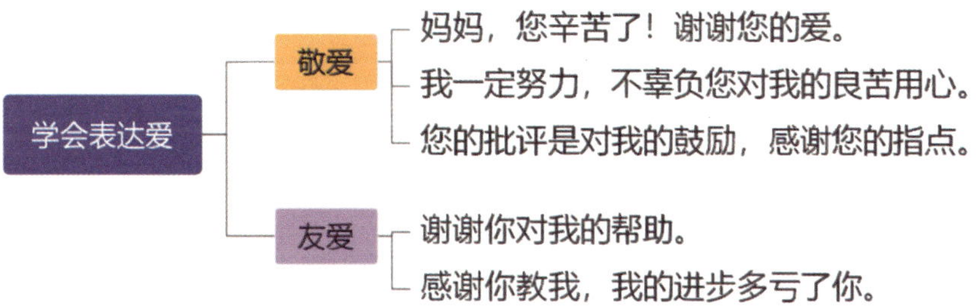

运用竞技场

一、我们在母爱中一天天长大，你是否了解你的母亲？请试着完成下面这份母亲档案。

我的母亲

生日：________________

体貌特征：________________

性格特点：________________

我所了解的母亲

母亲最喜欢的颜色是什么？　　　　母亲最喜欢吃的一道菜是什么？

____

母亲最喜欢说的一句话是什么？　　母亲最崇拜的人是谁？

____

我与母亲

我最让母亲烦心的是什么？

____

我最让母亲感动的一件事是什么？

____

我最让母亲高兴的是什么？

____

母亲最让我感动的一件事是什么？

____

二、学会理解爱和表达爱，请根据提示将下面的内容补充完整。

1. 我弄坏了同桌的毛笔，同桌并没有责备我，这是一种________的爱，我会对同桌说：________________

2. 贪玩时，好朋友警告我说会告诉老师，这是一种________的爱，我会对好朋友说：________________

3. 参加绘画比赛没信心想放弃时，专业老师对我竖起大拇指鼓励我，这是一种________的爱，我想对老师说：________________

三、请写一张感恩卡，把你的爱写在感恩卡上送给曾经关心、帮助过你的人。

应用文写作

个人简历

要找工作了，当我们去求职时，需要向用人单位递交求职资料，怎样才能做到让对方快速地了解自己呢？让我们学会填写“个人简历”吧！

例文指路

（1）基本情况

<table>
<tr><td>姓　名</td><td>李明</td><td>出生年月</td><td>1997 年 8 月</td><td rowspan="4">（相片）</td></tr>
<tr><td>性　别</td><td>男</td><td>籍　贯</td><td>湖南长沙</td></tr>
<tr><td>毕业学校</td><td>XXXXXX 学校</td><td>所学专业</td><td>服装设计与工艺</td></tr>
<tr><td>最高学历</td><td>中专</td><td>联系电话</td><td>13245678910</td></tr>
<tr><td>家庭住址</td><td colspan="2">长沙市岳麓区幸福路 9 号</td><td>邮　箱</td><td>lm@qq. com</td></tr>
<tr><td>应聘岗位</td><td colspan="4">服装制作、裁剪等</td></tr>
</table>

写法注释

基本资料：个人资料必须有姓名、性别、联系方式（固定电话、手机、电子邮箱、固定住址），而出生年月、籍贯、政治面貌、身体状况、兴趣爱好、性格等视个人以及应聘的岗位情况填写。

（2）教育背景

入学时间	毕业时间	学校名称	学历
2007 年 9 月	2013 年 6 月	光明小学	小学
2013 年 9 月	2016 年 6 月	希望中学	中学
2016 年 9 月	2019 年 6 月	×××××中专	中专

写法注释

教育背景：填写与学业有关的信息，如：毕业学校、所学专业课程等，根据自己的实际学习经历设置表格，按照时间顺序依次、如实填写。

（3）社会实践

时　间	经　历
2016 年 8 月—2016 年 9 月	在幸福社区当义工，帮住户缝补改制衣物
2017 年 8 月—2018 年 7 月	担任校学生会生活部部长
2018 年 8 月—2018 年 11 月	三重力服装公司实习，缝制工

写法注释

社会实践：进入中专以来的简单经历，主要是学习和担任社会工作的经历，有些用人单位比较看重你在课余参加过哪些活动，如实习、社会实践、志愿者工作、学生会、团委工作、社团活动等。切记不要列入与自己所找的工作毫不相干的经历。按照时间顺序依次填写。

（4）获得过的荣誉与奖励

时间	荣誉/奖励名称
2017 年 9 月	学校“优秀学生会干部”
2017 年 11 月	××市中职学校服装制作比赛一等奖
2018 年 9 月	学校年度二等奖学金
2019 年 6 月	学校“优秀实习生”

写法注释

荣誉和奖励：包括“优秀学生”“优秀学生干部”“优秀团员”及奖学

金等的荣誉，还可以把你认为较有成就的经历（比如自考获得大专学历等）写上去，或者是参加各类竞赛获得的荣誉等，要有代表性。按照时间顺序依次填写。

（5）自我评价、附言

自我评价①	本人能吃苦耐劳，为人诚恳热情，乐观向上，具备较强的实际操作能力，有强烈的集体荣誉感和高度的责任感。
附　　言②	“成功＝99％的汗水＋1％的灵感”，我会努力付出我的汗水。

写法注释

① 自我评价：出色的自我评价会使你脱颖而出，要简明扼要地表明自己的最大优势，突出专业、能力、经验、素质等方面与所应聘职位的高度匹配，给招聘方一个想要与你见面的理由。

② 附言：箴言、格言等励志向上的语言，进一步表明自己工作的态度。语言要简要明了，避免画蛇添足，也有很多简历中省略了这部分。

实用招牌词句

词：求职　简历　籍贯　专业　课程　经历　奖励　荣誉　技能　特长
　　爱好　个性　性格　擅长　获得　胜任　称赞

句：1. 我性格外向，乐观开朗，能较快适应新的工作环境。
　　2. 拥有较强的组织协调能力，具有团队合作精神。
　　3. 能熟练掌握××技能，讲究工作效率，注重工作质量。
　　4. 在×××活动中表现突出，获得××奖项。
　　5. 希望给我提供一个展现的平台。
　　6. 希望能有机会展现自己。

写作小贴士

1. 个人简历是用来真实记录自己成长、学习、工作经历的一种应用文。
2. 表格式简历是一种常用的、简明的个人求职简历。
3. 个人简历表格的填写标准：

① 时间顺序：注意各类事项的先后，要有条理性。
② 表达清楚：各项表格的填写让用人单位看了能马上知道你的情况。
③ 用词准确：选择词语要准确，能真实地反应自己的情况。
④ 态度真诚：诚实，不要夸大，也不要过分谦虚。
⑤ 突出优势：重点突出与求职目标相关的优点，其他的不要多说。
⑥ 不留空白：各项尽量填写完整，无错字。

结构模板

个人简历

<table>
<tr><td>姓名</td><td></td><td>性别</td><td></td><td rowspan="4">（相片）</td></tr>
<tr><td>民族</td><td></td><td>籍贯</td><td></td></tr>
<tr><td>出生日期</td><td></td><td>学历</td><td></td></tr>
<tr><td>毕业院校</td><td></td><td>所学专业</td><td></td></tr>
<tr><td>常住地址</td><td colspan="2"></td><td>联系电话</td><td></td></tr>
<tr><td>应聘岗位</td><td colspan="2"></td><td>邮 箱</td><td></td></tr>
<tr><td rowspan="4">教育背景</td><td>时间</td><td colspan="3">学校</td></tr>
<tr><td></td><td colspan="3"></td></tr>
<tr><td></td><td colspan="3"></td></tr>
<tr><td></td><td colspan="3"></td></tr>
<tr><td>个人技能</td><td colspan="4"></td></tr>
<tr><td rowspan="4">社会实践</td><td>时间</td><td colspan="3">实践活动</td></tr>
<tr><td></td><td colspan="3"></td></tr>
<tr><td></td><td colspan="3"></td></tr>
<tr><td></td><td colspan="3"></td></tr>
</table>

获奖情况	
自我评价	
附　　言	

运用竞技场

一、请你写一份求职时的自我介绍。

二、作为即将毕业求职的你，请依照写作模板，结合自己的实际情况，为自己设计一份个人求职简历。

第八单元　诵读经典

单元导语

本单元共精选了四篇经典古诗文。

《静女》是中国古代第一部诗歌总集《诗经》中的一首诗。这是写青年男女约会的诗歌，表现了男子对恋人温柔娴静的称赞以及对她的深深情意，体现出年轻男女之间纯洁美好的爱情。

《陈太丘与友期行》全文仅103个字，却叙述了一个完整的故事，进行了一场关于守信与不守信的辩论，刻画了三个有鲜明个性的人物，说明了为人处世应该讲礼守信的道理。

《论语》是一部记录孔子和他弟子言行的书，由若干篇章组成，内容大多关于学习、道德、处世的一般原则。此单元所选六章，一方面阐述了学习应该有谦虚好学的态度和勤学好问的精神；另一方面阐述了温故知新、学思结合、学以致用的学习方法，对后世的教育理论影响极大。

《劝学》是战国时期思想家、文学家荀子创作的一篇议论文，是《荀子》一书的首篇。文章较系统地论述了学习的理论和方法，分别从学习的意义、学习的作用和对待学习应有的态度，全面而深刻地论述了有关学习的问题。文中有很多语句富有深刻的哲理，能带给人启迪。

学习古代经典，既是传承优秀文化，又能提升语言品味。学习经典一定要读懂文字，理解、感悟文中所包含的道理，在品味语言的基础上，着重体会含义。

29. 静女[①]

静女其姝[②]，俟我于城隅[③]。爱而不见[④]，搔首踟蹰[⑤]。

静女其娈[⑥]，贻我彤管[⑦]。彤管有炜[⑧]，说怿女美[⑨]。

自牧归荑[⑩]，洵美且异[⑪]。匪女之为美[⑫]，美人之贻。

静女其娈，贻我彤管

译文

娴静姑娘真可爱，约我城角楼上来。故意躲藏让我找，急得我抓耳又挠腮。

---

① 选自《诗经·邶风》，邶（bèi），邶国（今河南汤阴境内）

② ［静女其姝］淑女真漂亮。姝（shū）：美好。

③ ［俟（sì）我于城隅］俟：等待，此处指约好地方等待。城隅：城角隐蔽处。一说城上角楼。

④ ［爱而不见］爱："薆"的假借字，隐蔽，躲藏。见：同"现"，出现。此句意思是：故意躲藏不出现（让我找）。

⑤ ［踟（chí）蹰（chú）］徘徊不定。

⑥ ［娈（luán）］面目姣好。

⑦ ［贻（yí）我彤管］贻：赠。彤管：鲜红彤管。

⑧ ［彤管有炜］形容词词头。炜（wěi）：有光彩。

⑨ ［说（yuè）怿（yì）女美］说：同"悦"，说怿：喜悦、喜欢的意思。女（rǔ）：同"汝"，你，指彤管。喜欢你（彤管）的美丽。

⑩ ［自牧归（kuì）荑（tí）］从郊外采来茅草想赠送，归：同"馈"，赠送。荑：初生的茅草。

⑪ ［洵美且异］确实美得特别。洵：实在，诚然。异：特殊。

⑫ ［匪女之为美］不是茅草美丽。匪，同"非"。女，同"汝"，指荑草。

娴静姑娘好容颜，送我一枝红彤管。鲜红彤管有光彩，爱它颜色真鲜艳。

郊野采荑送给我，荑草美好又珍异。不是荑草长得美，美人相赠厚情意。

知识点

一、《诗经》

《诗经》是我国最早的一部诗歌总集，收集了西周初年至春秋中叶（前11世纪至前6世纪）的诗歌共305篇。《诗经》分为风、雅、颂三类内容题材，普遍采用赋、比、兴的表现手法。语言以四言为主，朴实优美，其中不少篇章采用重章叠句的艺术形式。

二、重章叠句

重章叠句是诗歌的一种常见手法，即上下句或者上下段用相同的结构形式反复咏唱的一种表情达意的方法。例如：

蒹葭

蒹葭苍苍，白露为霜。所谓伊人，在水一方，溯洄从之，道阻且长。溯游从之，宛在水中央。

蒹葭萋萋，白露未晞。所谓伊人，在水之湄，溯洄从之，道阻且跻[jī]。溯游从之，宛在水中坻［chí］。

蒹葭采采，白露未已。所谓伊人，在水之涘［sì］，溯洄从之，道阻且右。溯游从之，宛在水中沚［zhǐ］。

每一段结构形式相同，其中“蒹葭”“白露”“所谓伊人”“溯洄从之”等词句反复出现。

运用竞技场

一、根据拼音写汉字。

sì（　　）我于城 yú（　　）　　chí（　　）chú（　　）

静女其 shū（　　）　　静女其 luán（　　）

yí（　　）我彤管　　yuè（　　）yì（　　）女美

二、解释加点的字。

静女其姝 ________　　俟我于城隅 ________

爱而不见__________　　　　搔首踟蹰 ____________

静女其娈__________　　　　贻我彤管____________

说怿女美__________　　　　自牧归荑____________

洵美且异__________　　　　匪女之为美__________

三、请在下列诗歌中找一找重章叠句的词句。

关雎

关关雎鸠，在河之洲。窈窕淑女，君子好逑。
参差荇菜，左右流之。窈窕淑女，寤寐求之。
求之不得，寤寐思服。悠哉悠哉，辗转反侧。
参差荇菜，左右采之。窈窕淑女，琴瑟友之。
参差荇菜，左右芼之。窈窕淑女，钟鼓乐之。

四、写出下面句子中的通假字。

1. 爱而不见　　　　“爱”通______　　　　“见”通______

2. 说怿女美　　　　“说”通______　　　　“女”通______

3. 自牧归荑　　　　“归”通______

4. 匪女之为美　　　“匪”通______　　　　“女”通______

五、文学常识填空。

______是中国古代诗歌的开端，是我国最早的一部诗歌总集，收集了______初年至______中叶的诗歌共________篇。

六、阅读理解。

1. 对这首诗的理解，不正确的一项是（　　）

A. 这首诗以男主人公的口吻描述了一对恋人的约会经过。

B. 女主人公赠送给男主人公两样东西，男主人公更喜欢彤管。

C. 该诗采用重章迭唱的形式，生动形象地把这对情人的恋爱活动描写出来了。

D. “搔首踟蹰”表现了男主人公老实、憨厚、痴情。

2. 你认为静女是一个怎样的人？请结合诗歌简要分析。

30. 陈太丘与友期行[①]

刘义庆[②]

陈太丘与友期行

陈太丘与友期行[③]，期日中[④]，过中不至，太丘舍去[⑤]，去后乃至[⑥]。元方[⑦]时年七岁，门外戏[⑧]。客问元方："尊君在不[⑨]？"答曰："待君久不至，已去。"友人便怒曰："非人哉[⑩]！与人期行，相委而去[⑪]。"元方曰："君与家君[⑫]期日中。日中不至，则是无信；对子骂父，则是无礼。"友人惭，

---

① 选自《世说新语笺疏》（中华书局1983年版）。题目是编者加的。刘义庆（403—444），南朝宋彭城（现在江苏徐州）人，任荆州刺史，爱好文学。《世说新语》是由他组织一批文人编写的。

② ［陈太丘］即陈寔（shí），字仲弓，东汉颍川许（今河南许昌）人，做过太丘县令。太丘，县名。

③ ［期行］相约同行。期，约定。

④ ［期日中］约定的时间是中午。日中，正午时分。

⑤ ［舍去］不再等候就走了。舍，放弃。去，离开。

⑥ ［乃至］（友人）才到。乃，才。

⑦ ［元方］即陈纪，字元方，陈寔的长子。

⑧ ［戏］玩耍。

⑨ ［尊君在不（fǒu）］你爸爸在吗？尊君，对别人父亲的尊称。不，通"否"，句末语气词。表询问。

⑩ ［非人哉（zāi）］不是人啊。哉：语气词，表示感叹。

⑪ ［相委而去］丢下我离开了。注意"去"一定要翻译成"离开"的意思，不能翻译成走了。委，丢下、舍弃。去，离开。相：动作偏指一方，这里指"我"。

⑫ ［家君］谦辞，对人称自己的父亲。

下车引[1]之，元方入门不顾[2]。

译文

陈太丘和朋友相约出行，约定在中午。过了中午朋友还没到，陈太丘不再等候就离开了，离开后朋友才到。元方当时只有七岁，在门外玩耍。朋友问元方："你的父亲在吗？"（元方）回答道："等了您很久您却没有到，我父亲现在已经离开了。"朋友便生气地说道："真不是君子啊！和别人相约出行，却丢下别人自己走。"元方说："您与我父亲约在正午。您没到，这是不讲信用（的表现）；对孩子骂他父亲，这是没有礼貌（的表现）。"朋友惭愧，下了车想去拉元方的手，元方头也不回地走进了大门。

知识点

《世说新语》：是中国魏晋南北朝时期"笔记小说"的代表作，是我国最早的一部文言志人小说集。它原本有八卷，遗失后只剩三卷。其内容主要是记载东汉后期到魏晋间一些名士的言行与轶事。

运用竞技场

一、给加点的字选择正确读音。

尊君在不（bù　fǒu）　　　　非人哉（zāi　zài）

期行（xíng　háng）　　　　友人惭（jiàn　cán）

二、解释加点的字。

1. 陈太丘与友期行 ____________

2. 尊君在不 ____________

3. 去后乃至 ____________

4. 下车引之 ____________

5. 相委而去 ____________

---

① ［引］拉，这里有友好的意思。

② ［顾］回头看。

三、解释词语。

君 ______________

尊君 ______________

家君 ______________

四、根据释义选出含“期”的词语。

期待　　第三期　　如期完成　　不期而遇

1.“期”的意思是规定的时间：____________________

2.“期”的意思是分期的事物：____________________

3.“期”的意思是盼望、希望：____________________

4.“期”的意思是约定、相约：____________________

五、文学常识填空。

______是中国魏晋南北朝时期“笔记小说”的代表作，是我国最早的一部________集。其内容主要是记载________后期到________间一些名士的言行与轶事。

六、读了这篇文章，你获得了哪些为人处世的启示？请至少写出两点。

*31. 《论语》六章[①]

子[②]曰："学而时习[③]之，不亦说乎[④]？有朋自远方来，不亦乐乎？人不知而不愠[⑤]，不亦君子[⑥]乎？"（《学而》）

孔子

曾子曰："吾[⑦]日[⑧]三省[⑨]吾身：为人谋而不忠乎？与朋友交而不信[⑩]乎？传[⑪]不习乎？"（《学而》）

子曰："温故而知新[⑫]，可以为师矣。"（《为政》）

子曰："学而不思则罔[⑬]，思而不学则殆[⑭]。"（《为政》）

---

① 《论（lún）语》是由孔子的弟子及再传弟子编成，记录孔子及其弟子言行的书，共20篇。孔子，名丘，字仲尼，是春秋末期思想家、教育家，儒家学派的创始人。

② ［子］先生，指孔子。

③ ［时习］时常地复习。

④ ［不亦说（yuè）乎］说，通"悦"，愉快。乎，语气词。

⑤ ［愠（yùn）］生气，发怒。

⑥ ［君子］这里指道德上有修养的人。

⑦ ［吾］人称代词，我。

⑧ ［日］每天。

⑨ ［三省（xǐng）］多次进行自我检查。三，泛指多次。省：自我检查，反省。

⑩ ［信］真诚，诚实。

⑪ ［传（chuán）］老师传授的知识。

⑫ ［温故而知新］温习学习过的知识，可以得到新的理解与体会。

⑬ ［罔（wǎng）］迷惑，意思是感到迷茫而无所适从。

⑭ ［殆（dài）］同"怠"，精神疲倦而无所得。

子曰："知之[1]者[2]不如好[3]之者，好之者不如乐[4]之者。"（《雍也》）

子曰："三人行，必有我师焉[5]。择其善[6]者而从之，其不善者而改之。"（《述而》）

译文

孔子说："学了（知识）然后时常地复习它，不也是很愉快吗？有志同道合的人从远方来，不也是很快乐吗？人家不了解我，我却不恼怒，不也是道德上有修养的人吗？"

曾子说："我每天多次反省自己：替别人办事是不是尽心竭力了呢？同朋友交往是不是诚实可信了呢？老师传授的知识是不是复习了呢？"

孔子说："温习学过的知识，可以从中获得新的理解与体会，那么就可以成为老师了。"

孔子说："只学习却不思考，就会迷惑；只空想却不学习，就会疑惑。"

孔子说："知道学习的人比不上爱好学习的人；爱好学习的人比不上以学习为乐趣的人。"

孔子说："多个人同行，其中必定有人可以做我的老师。我选择他好的方面向他学习，看到他的缺点，就反省自身有没有同样的缺点，如果有，就加以改正。"

词语积累

不亦乐乎　温故知新

知识点

一、《论语》：是儒家学派的经典著作之一，由孔子弟子及再传弟子编写而成，是一部以记言为主的语录体散文集，主要以语录和对话文体的形式记录了孔子及其弟子的言行，全书共 20 篇 492 章，以语录体为主，叙事

---

① ［之］代词，它，这里指学问和事业。
② ［者］代词，……的人。
③ ［好（hào）］喜欢，爱好。
④ ［乐］以……为乐趣。
⑤ ［焉（yān）］于此，意思是在其中。
⑥ ［善］好的方面，优点。

体为辅，较为集中地体现了孔子的政治主张、伦理思想、道德观念及教育原则等。

二、通假字：是指中国古书的用字现象之一，“通假”就是“通用、借代”的意思，即用读音或字形相同或者相近的字代替本字。通假字所代替的那个字我们把它叫作“本字”。例如：

1. 不亦说乎。“说”通“悦”，其中“悦”为本字。高兴、愉快的意思。

2. 思而不学则殆。“殆”通“怠”，其中“怠”为本字。疲倦、倦怠的意思。

运用竞技场

一、给加点的字选择正确读音。

不亦说乎（shuō　yuè）　　人不知而不愠（wēn　yùn）

学而不思则罔（máng　wǎng）　　思而不学则殆（dài　tái）

必有我师焉（mǎ　yān）　　吾日三省吾身（shěng　xǐng）

二、请分别找到两句带语气词“乎”和连词“则”的文言句子。

____

____

三、请写出5个带“不”字的成语。

如：不亦乐乎

____

____

四、解释下列句中加点的词。

1. 不亦说乎。　　说：__________

2. 人不知而不愠。　　愠：__________

3. 吾日三省吾身。　　省：__________

五、文学常识填空。

《论语》是________家学派的经典著作之一，由________弟子及再传弟子编写而成，是一部以记言为主的________散文集。

六、按要求默写。

1.《论语》中阐述“学习”和“思考”关系的句子是：

2. 求学应该谦虚，正如《论语》中所说：

3. 与“复习是学习的重要方法，且对学习者有重要的意义”这句话所表达意思相同的句子是：

4. 当别人不了解自己、误解自己时，孔子提出不要焦虑的句子是：

七、阅读理解。

你最喜欢论语六章中的哪句话？请联系实际写一写你的理解。

*32. 劝学[①]（节选）

荀子

君子[②]曰：学不可以已[③]。青，取之于蓝[④]，而青于蓝；冰，水为之，而寒于水。木直中绳[⑤]，輮[⑥]以为轮，其曲中规[⑦]，虽有槁暴[⑧]，不复挺[⑨]者，輮使之然也。故木受绳[⑩]则直，金就砺则利[⑪]，君子博学而日参[⑫]省乎己，则知明而行无过矣[⑬]。

学不可以已

吾尝终日而思矣，不如须臾[⑭]之所学也；吾尝跂[⑮]而望矣，不如登高之

---

① 选自《荀子·劝学篇》。荀子，名况，战国末期赵国人。著名思想家、教育家，儒家的代表人物之一。他的著作收在《荀子》里，《劝学》是其中的第一篇。劝，劝勉，鼓励。

② ［君子］指有学问有修养的人。

③ ［学不可以已（yǐ）］学习不能停止。

④ ［青，取之于蓝］靛（diàn）青，从蓝草中取得。青，靛青，一种染料。蓝，蓼（liǎo）蓝，一年生草本植物，叶子含蓝汁，可以做蓝色染料。

⑤ ［中（zhòng）绳］（木材）合乎拉直的墨线。绳，墨线。

⑥ ［輮（róu）］通“煣”，使……弯曲。古代用火烤使木条弯曲的一种工艺。

⑦ ［规］圆规，画圆的工具。

⑧ ［虽有（yòu）槁（gǎo）暴（pù）］即使又晒干了。有，通“又”。槁，枯。暴，同“曝”，晒干。

⑨ ［挺］直。

⑩ ［受绳］用墨线量过。

⑪ ［金就砺则利］金：指金属制的刀剑等。就砺：拿到磨刀石上去磨。砺，磨刀石。就，动词，接近，靠近。

⑫ ［日参（cān）省（xǐng）乎己］每天对照反省自己。参，一译检验，检查；二译同“叁”，多次。省，省察。乎，介词，于。博学：广泛地学习。日：每天。

⑬ ［则知（zhì）明而行无过矣］知：通“智”，智慧。明：明达。行无过：行为没有过错。

⑭ ［须臾（yú）］片刻，一会儿。

⑮ ［跂（qì）］踮起脚跟站着。

博见①也。登高而招，臂非加长也，而见者远；顺风而呼，声非加疾②也，而闻者彰③。假舆马者④，非利足⑤也，而致千里；假舟楫者，非能水⑥也，而绝⑦江河。君子生非异⑧也，善假于物也⑨。

积土成山，风雨兴焉；积水成渊，蛟龙生焉；积善成德，而神明自得，圣心备焉。故不积跬步⑩，无以至千里；不积小流，无以成江海。骐骥⑪一跃，不能十步；驽马十驾⑫，功在不舍⑬。锲⑭而舍之，朽木不折；锲而不舍，金石可镂⑮。蚓无爪牙之利，筋骨之强，上食埃土，下饮黄泉，用心一也。蟹六跪而二螯⑯，非蛇鳝之穴，无可寄托者，用心躁⑰也。

译文

君子说：学习不可以停止的。譬如靛青这种染料是从蓝草里提取的，然而却比蓝草的颜色更青；冰块是冷水凝结而成的，然而却比水更寒冷。木材笔直，合乎墨线，但是（用火萃取）使它弯曲成车轮，（那么）木材的弯度（就）合乎（圆到）如圆规画的一般的标准了，即使又晒干了，（木材）也不会再挺直，用火萃取使它成为这样的。所以木材经墨线比量过就变得笔直，金属制的刀剑拿到磨刀石上去磨就能变得锋利，君子广博地学

---

① ［博见］看见的范围广，见得广。

② ［疾］声音宏大。

③ ［彰］明显，清楚。这里指听得更清楚。

④ ［假舆（yú）马者］假：凭借，利用。舆：车厢，这里指车。

⑤ ［利足］脚走得快。

⑥ ［水］游泳。名词，用作动词。

⑦ ［绝］横渡。

⑧ ［生（xìng）非异］本性（同一般人）没有差别。生，通“性”，天赋，资质。

⑨ ［善假于物也］于：向。物：外物，指各种客观条件。善于借助外物罢了。

⑩ ［跬（kuǐ）］行走时两脚之间的距离，等于现在所说的一步，古人所说的半步。步：古人说一步，指左右脚都向前迈一次的距离，等于现在的两步。

⑪ ［骐（qí）骥（jì）］骏马，千里马。

⑫ ［驽马十驾］劣马拉车连走十天也能到达。驽马，劣马。马拉车一天所走的行程叫“一驾”。十驾就是指马拉车十天所走的行程。

⑬ ［舍］舍弃。指不放弃行路。

⑭ ［锲（qiè）］用刀雕刻。

⑮ ［镂（lòu）］原指在金属上雕刻，泛指雕刻。

⑯ ［蟹六跪而二螯（áo）］螃蟹有六只爪子，两个钳子。六跪，六条腿。蟹实际上是八条腿。跪，蟹脚。螯，螃蟹等节肢动物身前的大爪，形如钳。

⑰ ［躁］浮躁，不专心。

习，并且每天检验反省自己，那么他就会智慧明达并且行为没有过错了。

我曾经一天到晚地冥思苦想，（却）比不上片刻学到的知识（收获大）；我曾经踮起脚向远处望，（却）不如登到高处见得广。登到高处招手，手臂并没有加长，可是远处的人却能看见；顺着风喊，声音并没有加大，可是听的人却能听得很清楚。借助车马的人，并不是脚走得快，却可以达到千里之外，借助舟船的人，并不善于游泳，却可以横渡长江黄河。君子的资质秉性跟一般人没什么不同，（只是君子）善于借助外物罢了。

堆积土石成了高山，风雨就从这里兴起了；汇积水流成为深渊，蛟龙就从这里产生了；积累善行养成高尚的品德，自然会心智澄明，也就具有了圣人的精神境界。所以不积累一步半步的行程，就没有办法达到千里之远；不积累细小的流水，就没有办法汇成江河大海。骏马一跨跃，也不足十步远；劣马拉车走十天（也能走很远），它的成功就在于不停地走。（如果）刻几下就停下来了，（那么）腐烂的木头也刻不断。（如果）不停地刻下去，（那么）金石也能雕刻成功。蚯蚓没有锐利的爪子和牙齿，强健的筋骨，却能向上吃到泥土，向下可以喝到土壤里的水，这是由于它用心专一啊。螃蟹有六条腿，两个蟹钳，（但是）如果没有蛇、鳝的洞穴它就无处存身，这是因为它用心浮躁啊。

词语积累

锲而不舍　积水成渊　积善成德　驽马十驾　功在不舍

青，取之于蓝，而青于蓝

知识点

比喻论证：是一种用具体、生动、形象的事物作比喻，来论证较抽象道理的论证方法。例如：

蟹六跪而二螯，非蛇鳝之穴无可寄托者，用心躁也。

用蟹来比喻学习者的用心浮躁，把抽象的道理说得明白、具体、生动，深入浅出，使读者容易接受。

运用竞技场

一、加点的字注音全部正确的一项是(　　)

A. 学不可以已（jǐ）　锲而不舍（qì）　虽有槁暴（yǒu）（bào）

B. 木直中绳（zhōng）　金石可镂（lóu）　生非异也（shēng）

C. 知明而行无过（zhī）　　须臾（sǒu）日　　参省乎己（cān）（shěng）

D. 跂而望（qì）　　輮以为轮（róu）　　不积跬步（kuǐ）

二、写出下列加点字的含义。

1. 学不可以已________　　2. 金就砺则利________

3. 輮以为轮，其曲中规________　　4. 非能水也，而绝江河________

5. 虽有槁暴________　　6. 假舆马者________

7. 君子生非异也________　　8. 故不积跬步________

三、请划出下列句段中用来比喻论证的句子，并写出用来比喻的事物。

1. 我特别平凡，又平凡得特别。我是无数颗星中的一颗，可我为自己今天的光芒而自豪；我是大地上的一株花蕾，虽然并不芳香耀眼，可我为将要到来的开放而自豪。我平凡，却平凡得有价值；我平凡，却平凡得有尊严！

2. 故木受绳则直，金就砺则利，君子博学而日参省乎己，则知明而行无过矣。

3. 故不积跬步，无以至千里；不积小流，无以成江海。骐骥一跃，不能十步；驽马十驾，功在不舍。

四、下列语句中，表明学习贵在坚持的句子是(　　)。

A. 积土成山，风雨兴焉

B. 驽马十驾，功在不舍

C. 不积小流，无以成江海

D. 君子生非异也，善假于物也

E. 上食埃土，下饮黄泉，用心一也

F. 锲而不舍，金石可镂

五、阅读理解。

1. 下列对文章的理解和分析，不正确的一项是(　　)。

A. “君子生非异也，善假于物也”是文章的中心论点。

B. “终日而思”之所以“不如须臾之所学”的收获大，是因为没有很好地利用外在的人或物。

C. “驽马十驾，功在不舍”“锲而不舍，金石可镂”几句是说明学习贵在坚持，坚持是每个人获得成功的重要性格品质。

D. 文中除少数地方直接说明道理外，几乎都是比喻。通过比喻阐述道理、证明论点，这是本文在写作上的一大特色。

2. 本文题目“劝学”的含义是什么？请结合对文章的理解，谈谈你的看法。

语文应用操练八

语言交往

面试

从中职学校毕业后，如果要进入职场，求职应聘是我们必经的一关。假如你是一个应届毕业生，正在准备去一家公司面试，面试时如果面试官提出以下问题，你会如何回答呢？

面试问题示例

问题一：请你用一分钟的时间进行自我介绍。

自我介绍时，一开始主要是介绍自己的概况，如姓名、所学专业等。然后是实质性的自我介绍，要将你求职的愿望、打算以及自己所具备的条件向招聘者做阐述，着重谈自己的优势和专长。例如：

今天能在这里参加面试，我感到十分的高兴，下面介绍一下我的基本情况。现年____岁，____族，毕业于______________学校，所学专业是____________。

我的专业成绩不错，在校获得过一等奖学金，还获得过专业技能竞赛______项目的市级一等奖。除了专业课程的学习，平时我还喜欢看书和上网浏览信息，性格活泼开朗，和亲人朋友相处融洽，并对生活充满信心。求学的____年中，我养成了坚强的性格，这种性格让我克服了学习和生活中的一些困难，积极进取。成为一名________工作者是我多年以来的强烈愿望。如果我有幸被录用的话，我想，我一定能够在工作中得到锻炼并实现自身的价值，希望大家能够认可我，给我这个工作机会！

问题二：你为什么要从事这个工作？

简洁而又坦率地告诉他你的求职动机。例如：

我想从事这个工作的原因有以下几个：

1. 我对这个工作比较感兴趣。

2. 这个工作能发挥我的专业特长。

3. 这个工作能够锻炼并养活自己。

问题三：你有什么长处？

你可以谈自己充满热情、做事果敢、意志坚强等。但不能面面俱到，在有限的时间里，要抓住最主要的特长，展示给招聘者。例如：

我是一个对工作和学习充满热情的人，安排的任务我都希望尽自己最大的努力去做好，在平时的工作和学习中我都会主动地去请教我的同事和同学，不断地提高自己的能力。

问题四：你对加班的看法？

回答这个问题的时候要表现出你配合公司工作的诚意。例如：

如果是工作需要我会服从公司的安排。我会调整好自己的时间全身心地投入工作。同时，我也会提高自己的工作效率，减少不必要的加班。

问题五：你要求的月工资是多少？

强调你感兴趣的是这个工作，避免讨论经济上的报酬。例如：

我相信公司会根据我的能力和表现给予我合理的报酬，我更期待从工作中获得能力的提升。

面试应注意的事项

1. 注意礼貌。面试时要注重礼貌，文明礼貌是对别人的尊重，是引起别人重视的第一印象。礼貌的具体表现反映在语言和衣着上。在表达上，更多使用“您好”“请多关照”“谢谢”“再见”等。

2. 保持自信。要想面试成功，自信是关键。因为主考官对你并不了解，而一个充满自信的人才能给别人留下良好的第一形象。表达时要坐稳、要抬头、敢于正视别人，时刻保持微笑。

3. 仪态大方。面试着装的干净整洁很重要，不要自以为是地去突出个性，对于应届生来说，企业会允许他们还保留学生气的打扮。

4. 态度诚恳。不要过分客套和谦卑。不太明白考官的问题时，可以礼貌地请他重复一遍。说自己的长处时，要诚实而不夸张，充分表现自己与工作岗位有关的能力。不懂的问题，可以坦白承认，不要不懂装懂。

面试的常用态势语

1. 良好坐姿。找到面试者的座位，稳稳地坐上去，全身放松。调整好呼吸，千万不要喘粗气。如有必要，可以改变你的坐姿，用不着老是保持同一种姿势。将双手平放在大腿之上，坐姿正确，将全副精神放到面试中。

2. 目光自信。留意主考官的问题，将坚定的、自信的目光停留在询问者的脸上大概 5—7 秒钟。当你想就某件事获得积极的回应，如当你说“我真的想得到这份工作”时，你可以微斜着头，然后露出非常诚恳的微笑。

面试的常见不合适态势语

面试中的肢体语言很有可能会变成你面试时的减分项，比如身体摇晃、抖脚、转笔、吐舌、挠头、捂嘴等。千万不要拍掌、玩手指，也不要将双手握得太紧，否则会给人扎紧拳头的感觉。

实用招牌词句

1. 你最喜欢的中专课程是什么？为什么？

我最喜欢的课程是×××，因为这门课程可以锻炼我的动手能力和观察能力，提升我的职业素养。

2. 你在中专期间最喜欢的老师是谁？

我最喜欢的老师是×××老师，因为她在专业上给予我指导，在学习上给予我建议，在生活上给予我关怀，我从她身上学到了诚信、敬业和友善。

3. 最能概括你自己的三个词是什么？

提示：在自己的性格、能力、品质三方面各选一个词，选词尽量紧靠公司的要求与标准。

我觉得我的这些特质，能很好地帮助我胜任这份工作。

4. 你为什么来应聘这份工作？（或你为什么想到这里来工作？这份工作最吸引你的是什么？）

因为这份工作可以帮助我实现自身价值，是可以让我施展才华的舞台。

5. 你对加班有什么看法？

加班既能为公司创造效益，也能考验自己的工作能力。

6. 你对我公司有什么认识？

我了解到贵公司是从事××行业的，不仅在这个行业里有很好的业务口碑，同时贵公司还关注员工个人的成长和发展，是一个有高度又有温度的公司。

7. 你是怎么知道我们招聘这个职位的呢？

我一直期待自己能有机会进入贵公司工作，所以一直在官网和公众号上关注贵公司的招聘信息。

8. 除了工资，还有什么福利最吸引你？

我觉得提供学习机会是我最期待的福利。

9. 你参加过什么社会实践活动？

利用寒暑假，我参加了×××的勤工俭学活动，一方面了解社会，另一方面也解决了自身的生活需要。

10. 你心目中的英雄是谁？（你最崇拜的人是谁？）

我最崇拜的人是郃丽华（或×××、×××），她乐观、开朗、对专业（事业）的执着、积极进取的品质值得我学习。

11. 从现在开始算，未来的五年，你希望自己成为什么样子的人？或者告诉我你的事业的目标？（对工作的期望与目标是什么？你对自己的职业生涯规划是怎样的呢？）

未来五年，我希望一步一个脚印、踏踏实实做好工作，争取获得一次职位晋升的机会，获得公司领导和同事的认可。

12. 谈谈你的缺点。

我的缺点是性格……（选一个词，如急躁、内向等），针对这个问题，我已经在尝试改变和调整了。

13. 你进公司后，如何与他人相处、沟通呢？

真诚相待，主动交往。

14. 请自我介绍一下。

需要包含“基本信息＋兴趣爱好＋专业能力＋社会实践＋职业目标”等内容。

15. 我们单位福利待遇比较差，你有什么想法？

相比福利待遇，我更看重在公司的成长和发展。

运用竞技场

一、面试时下列哪些问题或者回答是比较得体的（　　）

A. 什么时候能涨工资？

B. 这个工作能让我赚很多钱。

C. 我需要休息时间，我不喜欢加班。

D. 如果你雇用了我，我能等一个月再来上班吗？

E. 这份工作能发挥我的专业特长，我愿意加入您的公司团队。

F. 我个人的情况简历上写得很清楚，你自己看吧。

二、请完成下面对话。

如果你是右图中的求职者，你会怎么回答面试考官的问题？

考官：薪水方面有什么要求吗？

求职者：

三、阅读下面的材料，回答后面的问题。

某外企招聘总裁助理，张小姐顺利地连闯数关，进入到最后五名面试者的行列。为保万无一失，她精心打扮了一番。总裁面试那天，张小姐穿着一身很时髦的衣服，佩戴着时尚的手环、造型别致的卡通表、靓丽的项链、新潮的耳坠，凸显其时尚而且风姿绰约的迷人魅力。加上研究生的学历，在所有面试者中显得“鹤立鸡群”。张小姐暗自得意，满以为胜券在握。

可面试的结果却出乎她的预料，她落选了。

张小姐为什么会落选？请你帮她找找原因。

语文综合实践活动

模拟应聘活动

“天生我材必有用，千金散尽还复来!”李白用诗歌表达了自己乐观自信的情怀，我们中职生有技能、有理想，在职场上也应该有此豪情。同学们在校学习两年后，需要面对职场，面对岗位。为了帮助同学们了解求职过程中的招聘流程，掌握应聘技巧，熟悉人力资源招聘的原则，本单元安排一场模拟应聘活动，为大家学习职场应聘知识搭建一个平台，考查同学们的能力，锻炼同学们的胆识，让大家适应就业需要。

活动目标

初步了解求职面试的流程和注意要点。

初步学会制作个人简历，掌握一定的应聘面试技巧。

培养一定的职业意识和自我发展意识，对未来的职场生活有所规划。

活动设计

一、活动建议

本次活动的核心是组织一次模拟面试活动，为保证更多同学的参与以及活动的质量，建议分小组进行角色扮演，在 2 课时的课堂展示时间内，由语文教师（也可邀请其他教师、学校管理人员、校企合作单位人员）担任面试考官，各小组推举代表进行模拟求职面试。

二、活动内容与次序

本次活动分为“岗位分析”“材料准备”“组内讨论”“现场面试”四个环节。

1. 岗位分析。教师可根据本班学生所学专业准备面试问题，并向全班发布“招聘岗位”。小组成员应在组长的组织下，发挥集体的力量，充分利用网络、报刊、书籍等各方面资源，了解用人单位、招聘岗位所需人才的标准和要求，分析自己是否符合招聘条件，挖掘各自在应聘中的优势，了解不足之处。

2. 材料准备。写好应聘书，初步了解个人简历的写作要求，每位同学都准备一份个人简历。

3. 组内讨论。小组可以先在组内组织“面试”预演（可以由组长担任面试考官），并交流个人所准备的材料，在综合考虑各方面条件的情况下，讨论推举1—2名同学作为本组的应聘代表，参与课堂展示活动。确定小组代表后，全组同学应全力帮助其进行面试的准备和个人简历、应聘书的修改定稿，并将个人简历和应聘书提前三天呈交面试考官（教师）。

4. 现场面试。根据本班教室的具体情况布置面试会场，按照不同的“招聘岗位”，各小组的代表分别接受面试考官的考核。如果条件允许，可以安排同学摄影、摄像，也可邀请手语翻译。结束面试后，教师可与学生一起对各小组代表的表现进行点评，最后，结合面试得分及点评，由教师和全班同学一起评出“应聘成功”者，由教师给予适当奖励。

相关资料

一、求职面试的基本环节和注意事项。

1. 岗位分析。首先应了解用人单位所需人才的标准和要求，然后结合自己的实际情况，从工作性质、专业理论、技能水平、身体状况、人生目标和个人爱好等方面进行权衡，分析自己是否符合招聘条件以及岗位是否符合自己对职业的需求，决定是否投递应聘书和简历。

2. 面试准备。如果被通知参加面试，则应进一步收集招聘单位的有关信息，如企业的性质、业务范围、背景历史、发展战略、企业文化、近期活动等重要信息。特别是要仔细阅读、理解招聘要求，并对可能遇到的问题进行准备。参加面试之前，要准备足够的材料，除应聘书和个人简历外，还要有相关学历、资格、技能证书等能够证明自己能力的材料及其复印件。

3. 开始面试。应准时（一般需提前5—10分钟）到达考场。走进面试考场时应尽量放松自己，表情自然，面带微笑，主动与考官打招呼，目光随发问人转移。在考官没有请你就坐之前，不要急于坐下。坐下后坐姿应端正，目光应注视考官，要显得从容、谦虚且自信。面试时，要认真听考官的问话，回答问题时，要实事求是，把握重点，条理清晰。对不会回答的问题，应坦诚相告。

4. 面试结束。应等待考官宣布面试结束，不可自作主张先行告退。不论自己的表现如何、考官的态度如何，都应对考官表示感谢，然后从容退出考场。离开前应主动摆好椅子，关门的动作要轻柔。

二、个人简历写作注意事项。

个人简历的形式很多，目前网络上能够找到大量个人简历模板，可以参照使用。无论具体形式如何，个人简历一般可以分为三个基本组成部分：基本信息、核心信息、其他信息。

1. 个人简历的基本内容

(1) 基本信息包括姓名、年龄、性别、健康状况、联系方式等，应根据所应聘岗位的不同做适度的调整（比如应聘服务岗位一般应提供身高信息，应聘食品岗位必须提供健康证编号）。

(2) 核心信息主要包括教育背景、工作经历、能力描述与自我评价(有时还可包括求职意向)。教育背景要详细，包括学校、专业和毕业时间，以及在校期间的任职情况。工作（实习）经历是用人单位非常看重的内容，应该花比较多的时间准备工作（实习）经历的内容。概述个人经历时要有条理，可以与能力描述合并。在能力描述部分，应该概括自己在学习和工作期间掌握的主要技能，最好注明拥有的证书、获得的奖励等。自我评价应该结合自己的经历、能力，恰如其分地给自己一个简要而有个性的概括，不必过于谦虚，但绝不可浮夸或模式化。也可与能力描述结合起来写。如果用人单位发布了多个职位，求职者应在核心信息的开头处写明应聘的具体职位，不要一次应聘多个职位。

(3) 其他信息包括兴趣爱好、个性特点等，可以视具体情况决定是否提供。

2. 个人简历的写作标准

(1) 整洁：简历一般应打印，保证简历的整洁性。

(2) 简明：要求简明扼要，让招聘者很快看完，并留下深刻印象。

(3) 准确：要求简历中的名词和术语正确而恰当，没有拼写错误和打印错误。

（4）通俗：语言通俗流畅，没有生僻的字词。

（5）诚实：要求内容实事求是，不卑不亢，表现自然。

3. 突出个性展现风采

每个人的特点及经历都是不一样的，这就决定了简历不能千篇一律，在简历中要反映出个性和创意。如果简历没有新意，无法做到“与众不同”，就无法引起用人单位的注意。

三、个人简历的细节问题。

个人简历是自己学习生活的简短集锦，也是求职者自我评价和认定的主要材料。它是一扇窗户，能使用人单位透过它了解到求职者的部分情况，也能激起用人单位与求职者进一步接触的浓厚兴趣。

（1）个人简历一定要写得充实，有内容，有个性。至少能在一定程度上反映出求职者的真实情况。

（2）个人简历有一二页即可，不可太长。简历的格式应便于阅读，有吸引力。要充分展示你的专业特长和一般特长，强调过去所取得的成绩，最好能写出三种以上的成绩和优点，并且要讲究材料的排列顺序。

（3）一般而言，白纸黑字应该是个人简历的最佳载体。打印排版时，注意间隔及字体的常规性，同时注意语法、标点及措辞，避免错别字的出现。

（4）不要写那些对你的择业不利的情况，如对薪水的要求和工作地点的要求，成绩也不必一股脑儿全写上，主要写专业课的成绩就可以了，尤其要注意避开补考的学科。

【个人简历示例】

<table>
<tr><td>姓名</td><td>××</td><td>性别</td><td>男</td><td rowspan="4">照 片</td></tr>
<tr><td>籍贯</td><td>湖南长沙</td><td>身高</td><td>170cm</td></tr>
<tr><td>民族</td><td>汉族</td><td>政治面貌</td><td>团员</td></tr>
<tr><td>年龄</td><td>18岁</td><td>电子邮箱</td><td>××××××@qq.com</td></tr>
<tr><td>联系电话</td><td>135××××××××</td><td>毕业学校</td><td colspan="2">××××职业学校</td></tr>
<tr><td>所学专业</td><td>××××</td><td>联系地址</td><td colspan="2">湖南省 长沙市 天心区××××</td></tr>
</table>

个人爱好	舞蹈、绘画、表演与礼仪
教育背景	2018年毕业于××××职业学校服装设计与工艺专业
专业主要课程	结构素描、色彩构成、服饰图案、服装款式设计、服装制图、服装工艺、手工印染
实习经历	2017年9月—2018年6月　三重力服装厂制作服装
能力特长	① 具有测量人体数据的能力以及常用服装材料的鉴别能力。 ② 熟练掌握主要服装款式的制作要领及服装工艺制作流程。 ③ 具有丰富的想象力和观察力，具有常用服装的制版、出样能力。
获奖情况	2017年上学期　获××学校“三好学生” 2017年下学期　获××市级服装专业技能比赛“一等奖”
自我评价	活泼开朗，积极向上，能吃苦耐劳，工作认真负责，动手能力强
求职意向	服装款式设计助理、成衣制板生产、定制加工等服装制造与服务工作

四、求职面试时应注意的细节。

细节决定成败，面试时求职者的方方面面都会受到考官的“特别关注”。求职者注重细节会给考官留下良好的印象。

1. 衣着打扮。衣着要整洁、庄重、得体、适合时令，切忌邋遢、花哨、怪异。男性要整理好发型，修好脸，不要佩戴饰物；女性可以化淡妆，但不宜浓妆艳抹，不宜佩戴过于华丽或引人注目的饰物。如果需要携带材料，应使用较为正式的公文包，不要用运动包、坤包来装材料。

2. 行为举止。面试时举止要稳重自然，彬彬有礼，避免不该有的小动作，如搔头、挖鼻孔、跷“二郎腿”等。走路要平稳，速度适中，脚步不要太重。交谈时眼睛不要左顾右盼，应与考官对视。递材料或接材料时要用双手。所有个人物品应整理好，整体带入（出）面试现场，不要遗漏。

3. 表情姿态。面试过程中应面带微笑，笑容要自然；即使遇到意外状况或无法回答的问题，也要表现得镇定、自如。坐姿要端正，不要塌腰或斜倚；站姿要挺拔，不要哈腰或弓背。

附　录

必背文学常识

一、作家作品

1. 唐宋八大家：韩愈、柳宗元、欧阳修、苏洵、苏轼、苏辙、王安石、曾巩。

2. 并称“韩柳”的是韩愈和柳宗元，他们是唐朝古文运动的倡导者。

3. 一门父子三词客：苏洵（老苏）、苏轼（大苏）、苏辙（小苏）。

4. 豪放派词人：苏轼、辛弃疾，并称“苏辛”；婉约派词人：李清照（女词人）。

5. 李杜：李白、杜甫。小李杜：李商隐、杜牧。

6. 屈原：中国历史上的伟大诗人，他创造了“楚辞”这一新诗体，开创了我国诗歌浪漫主义风格。

7. 孔子：名丘，字仲尼，春秋时鲁国人，他是儒家学派的创始人，被称为“孔圣人”，孟子被称为“亚圣”，两人并称为“孔孟”。

8. 苏轼称赞王维的诗画“诗中有画，画中有诗。”

9. 杜甫是唐代伟大的现实主义诗人，其诗广泛而深刻地反映了社会现实，被称为“诗史”，杜甫也因此被尊为“诗圣”，著有“三吏”：《新安吏》《石壕吏》《潼关吏》；“三别”：《新婚别》《垂老别》《无家别》。

10. 我国第一部纪传体通史是《史记》（又称《太史公书》），作者是西汉的司马迁，鲁迅称《史记》为“史家之绝唱，无韵之《离骚》”，含：十二本纪、三十世家、七十列传、十表、八书，共一百三十篇。

11. “四史”：也叫前四史，二十四史中前四部，即《史记》《汉书》《后汉书》《三国志》的合称。

12. 元曲四大家：关汉卿、郑光祖、白朴、马致远。

13.《聊斋志异》是我国第一部优秀文言短篇小说集，作者是清代著名小说家蒲松龄。“聊斋”是他的书屋名。

14. 楷书四大家：颜真卿、柳公权、欧阳询、赵孟頫（fǔ）。

15. 战国时期百家争鸣主要流派及代表：

儒家—孔子、孟子、荀子

法家—韩非子

道家—老子、庄子

墨家—墨子

16. 唐宗：唐太宗李世民；宋祖：宋太祖赵匡胤；秦皇：秦始皇嬴政；汉武：汉武帝刘彻。

17. 我国第一位田园诗人是东晋的陶渊明（陶潜），他“不为五斗米折腰”。

二、中国文学之最

最早的诗歌总集是《诗经》；

最早的爱国诗人是屈原；

最早的田园诗人是陶渊明；

最早的也是最杰出的边塞诗人是盛唐的高适和岑参；

古代最杰出的豪放派词人是北宋的苏轼；

古代最杰出的女词人是南宋的李清照；

古代最著名的爱国词人是南宋的辛弃疾；

古代最伟大的浪漫主义诗人是唐代的李白；

古代最伟大的现实主义诗人是唐代的杜甫；

古代写诗最多的爱国诗人是南宋的陆游；

古代最著名的长篇神话小说是明代吴承恩的《西游记》；

古代最著名的长篇历史小说是明初罗贯中的《三国演义》；

古代最早写农民起义的长篇小说是元末明初施耐庵的《水浒传》；

古代最伟大的现实主义长篇小说是清代曹雪芹的《红楼梦》；

古代最杰出的长篇讽刺小说是清代吴敬梓的《儒林外史》；

古代最杰出的文言短篇小说集是清代蒲松龄的《聊斋志异》；

古代最早的语录体散文是《论语》；

古代最早的记事详备的编年体史书是《左传》；

古代最早的纪传体通史是《史记》；

古代最杰出的铭文是唐代刘禹锡的《陋室铭》；

现代最伟大的文学家是鲁迅；

三、文化常识

1. 初唐四杰：王勃、杨炯、卢照邻、骆宾王。

2. 三国：魏、蜀、吴。

3. 中国四大古典名著：《红楼梦》《三国演义》《水浒传》《西游记》。

4. 中国四大民间传说：《牛郎织女》《梁山伯与祝英台》《孟姜女》《白蛇传》。

5. 世界四大短篇小说巨匠：契诃夫、莫泊桑、马克·吐温、欧·亨利。

6. 苏轼的散文代表北宋散文的最高成就。

7. 马致远的散曲代表作《天净沙·秋思》，被后人誉为“秋思之祖”。

8. 曹雪芹“披阅十载，增删五次”创作了我国古典小说中最伟大的现实主义作品《红楼梦》（又称《石头记》），它问世后就广为流传，深受人们喜爱，还出现了专门研究该书的一门学问——“红学”，“红学”现已成为世界文学研究中的重要课题。

9. 鲁迅是中国现代文学的奠基人之一，陈毅被称为“元帅诗人”。

臧克家因诗作多为农村题材，有“泥土诗人”之称。

田间被闻一多誉为“时代的鼓手”“擂鼓诗人”。

10. 岁寒三友：松、竹、梅。

11. 花中四君子：梅、兰、竹、菊。

12. 文人四友：琴、棋、书、画。

13. 文房四宝：笔、墨、纸、砚。

14. 四库全书：分经、史、子、集四部。

15.《诗经》“六义”指：风、雅、颂（三种诗歌形式）、赋、比、兴（三种表现手法）。

16. 唐诗、宋词、元曲、明清小说。

17. 桂冠、鳌头、榜首、问鼎、夺魁：第一。

18. 三纲五常：“三纲”：父为子纲、君为臣纲、夫为妻纲；“五常”：仁、义、礼、智、信。

19.“四书”“五经”是儒家的主要经典：“四书”即《论语》《孟子》

《中庸》《大学》；“五经”指《诗》《书》《礼》《易》《春秋》。

20. 三皇：天皇、地皇、人皇或伏羲、女娲、神农。

五帝：黄帝、颛顼、帝喾、唐尧、虞舜。

21. 五金：金、银、铜、铁、锡。

22. 五味：酸、甜、苦、辣、咸。

23. 五行：金、木、水、火、土。

24. 古代的学校有庠、序、太学等名称，明清时最高学府为国子监。

25. 三教九流：“三教”：儒教、佛教、道教；“九流”：儒家、道家、阴阳家、法家、名家、墨家、纵横家、杂家、农家。

四、一句话评书

①《三国演义》：文不甚深，言不甚俗。

②《红楼梦》：字字看来皆是血，十年辛苦不寻常。(曹雪芹语)

③《梦溪笔谈》：中国科技史上的坐标。(英·李约瑟)

④ 龙争虎斗：《三国演义》

⑤ 帝王的镜子：《资治通鉴》

⑥ 隽永的说辞：《战国策》

⑦ 不朽的战争艺术：《孙子兵法》

⑧ 旧时代的葬歌：《骆驼祥子》

五、人的称谓

称字：幼时命名由父亲长辈命名，成年（男 20，女 15）取字。如沈德鸿字雁冰，鲁迅字豫才。字是为了便于他人称谓，对平辈或尊辈称字是出于礼貌和尊敬。

称号：一般只用于自称，以显示某种志趣或抒发某种情感，年龄不限。如李白号青莲居士，白居易号香山居士，李清照号易安居士。

称谥号：古代王侯将相、高级官吏、著名文士等死后被追加的称号。如范仲淹称文正，欧阳修称文忠。

称籍贯：以人的出生地命名。如孟浩然称孟襄阳，柳宗元又称柳河东。

称官名：以人的官名来命名。如杜甫称杜工部。

称官地：以人做官的地方来命名。如岑参称岑嘉州、柳宗元称柳柳州。

古代帝王对贵族功臣的封赐爵号（位）：公、侯、伯、子、男（五等）。

六、谦称

1. 自称：愚、敝、卑、臣、仆
2. 帝王自称：孤、寡、朕
3. 古代官吏自称：下官、末官、小吏
4. 读书人自称：小生、晚生、晚学、不才、不肖
5. 古人称自己一方的亲属朋友用家或舍：如家父、家母、家兄、舍弟、舍妹、舍侄
6. 其他自谦辞

尊长者自称：在上

晚辈自称：在下

老人自称：老朽、老夫

女子自谦：妾

职场故事

把你的心专注在一个地方

《塔木德》中写道："得到太多，必有所失。""把你的心（思想）专注在一个地方。"

在《塔木德》中有这样一则故事：

一个人找到智者约瑟，看到约瑟正在树上摘苹果。

"尊敬的约瑟，我有一个问题要问你。"这个人喊。

"我现在不能下树回答你的问题，因为我今天受雇于这里的庄园主，我的时间是属于他的。"

约瑟因为在树上说了拒绝回答问题的一句话，影响了摘苹果，收工之后主动向庄园主提出扣下一点工钱。

由此可见做事专注、集中精力也是犹太人的一个特征。

人的生命虽然各有长短，有人长命百岁，有人青壮之时夭折，但不管怎样，每个人都有其宝贵的一生。这一生，每个人只有一次。因此，人必须珍惜自己难得的一生，在这有限的人生中实现自己的愿望。

当然，人各有志，在不同社会、不同背景、不同时期，人的志向是会发生变化的。犹太人因其民族的特性和所处的环境，普遍都能从小怀志，

确立自己人生的奋斗目标。正因为这样，许许多多的犹太人能集中人生有限的时间和力量去攻克一个目标，所以成功率比别人高。

聪明人能够专注于一地干一件事，直到成功，勒韦就是这样一个聪明人。

勒韦 1873 年出生于德国法兰克福的一个犹太人家庭。从小喜欢艺术，绘画和音乐都有一定的水平。但他的父母是犹太人，他们对犹太人深受各种歧视和迫害心有余悸，不断敦促儿子不要学习和从事那些涉及意识形态的行业，要他专攻一门科学技术。他们认为，学好数理化，可以走遍天下都不怕。

在父母的教育下，勒韦进入大学学习时，放弃了自己原来的爱好和专长，进入施特拉斯堡大学医学院学习。

勒韦是一位勤奋志坚的学生，他不怕从头学起，他相信专注于一，必定会成功。他带着这一心态，很快进入了角色，他专心致志于医学课程的学习。心态是行动的推进器，他在医学院攻读时，被导师的学识和专心钻研精神所吸引。这位导师叫淄宁教授，是著名的内科医生。勒韦在这位教授的指导下，学业进展很快，并深深体会到医学也大有施展才华的天地。

勒韦从医学院毕业后，他先后在欧洲及美国一些大学从事医学专业研究，在药理学方面取得较大进展。由于他在学术上的成就，奥地利的格拉茨大学于 1921 年聘请他为药理教授，专门从事教学和研究。在那里他开始了神经学的研究，通过青蛙迷走神经的试验，第一次证明了某些神经合成的化学物质可将刺激从一个神经细胞传至另一个细胞，又可将刺激从神经元传到应答器官。他把这种化学物质称为乙醚胆碱。1929 年他又从动物组织分离出该物质。

勒韦对化学传递的研究成果是一个前人未有的突破，对药理及医学上作出了重大贡献，因此，1936 年他与戴尔获得了诺贝尔生理学及医学奖。

勒韦是犹太人，尽管他是杰出的教授和医学家，但也如其他犹太人一样，在德国遭受了纳粹的迫害，当局把他逮捕，并没收了他的全部财产，被取消了德国籍。后来，他逃脱了纳粹的监察，辗转到了美国，并加入了美国籍，受聘于纽约大学医学院，开始了对糖尿病、肾上腺素的专门研究。勒韦对每一项新的科研，都能专注于一。不久，他这几个项目都获得新的突破，特别是设计出检测胰脏疾病的勒韦氏检验法，对人类医学又作出了重大贡献。

在生活中，一个人确定的目标要专一，而不能经常变幻不定。

确立目标之前需要做深入细致的思考，要权衡各种利弊，考虑各种内外因素，从众多可供选择的目标中确立一个。

一个人在某一个时期或一生中一般只能确立一个主要目标，目标过多会使人无所适从，应接不暇，忙于应付。

有些人做的事情很多，结果没有一样做的精。有一位房产商人，居然记不清自己手头到底有多少宗交易。他先是做一座建筑物的生意，接着增加到两座，后来信用更大了，终于扩展到别的业务。他回忆说："刺激得很，我在试验自己的极限。"

有一天，银行来了通知，说他扩张过度，冒了太大风险，并停止给他信贷。这位奇才于是失败了。

起初他怨天尤人，埋怨银行，埋怨经济环境，埋怨职员。最后他说："我明白我没有量力而为，欲速不达。"

于是他重定目标，找出他最拿手的生意——发展地产。他熬了好几年，终于又慢慢振作了起来。如今，他又是一位成功的商人，做事也更有分寸了。

生活中有一些人之所以没有什么成就，原因之一就是经常确立目标，经常变换目标，所谓"常立志"者就是这样一种人。

在太多的领域内都付出努力，我们就难免会分散精力，阻碍进步，最终一无所成。18 世纪早期就读于牛津大学的圣·里奥纳多在一次给校友福韦尔·柏克斯顿爵士的信中谈到他的学习方法，并解释自己成功的秘密。他说："开始学法律时，我决心吸收每一点获取的知识，并使之同化为自己的一部分。在一件事没有充分了解清楚之前，我绝不会开始学习另一件事情。我的许多竞争对手在一天内读的东西我得花一星期时间才能读完。而一年后，这些东西，我依然记忆犹新，但是他们，却早已忘得一干二净了。"

那些对奋斗目标用心不专、左右摇摆的人，对琐碎的工作总是寻找遁辞，懈怠逃避，他们注定是要失败的。如果我们把所从事的工作当作不可回避的事情来看待，我们就会带着轻松愉快的心情，迅速地将它完成。

犹太人大卫·布朗是英国的一位商人，他的发迹过程，就是他一生确立目标的实现过程。他出生于 1904 年，父亲经营一间小型齿轮制造厂，几十年一直惨淡经营，仅可以赚取一点生活费。尽管如此，布朗的父亲还是一个头脑清醒的人，总结自己没有选好奋斗目标的教训，把希望寄托在儿子身上。

为此，他严格要求布朗勤于学习和读书，每逢假日就规定他到自己的齿轮厂去参加劳动，与工人们一样艰苦工作，绝无特殊照顾。

布朗在家庭的教育下，在工厂里工作和生活了较长时间，养成了艰苦奋斗精神，熟悉了工业技术的知识，形成了自己的人生奋斗目标。这样，布朗父亲的目标总算实现了。而布朗自己的奋斗目标，不在于齿轮厂方面，而是利用自己在齿轮业务积累的经验，往赛车生产这个目标去奋斗。他通过观察，发现当代人对汽车使用已普及，预感汽车大赛将会成为人们的一种流行娱乐。这就形成了他的奋斗目标：大力发展赛车。就这样，他克服了重重困难，成立了大卫布朗公司，不惜投入重金聘请专家和技术人员搞设计，还采用先进技术设备进行生产。1948 年在比利时举办的国际汽车大赛中，布朗生产的“马丁”牌赛车夺了魁，大卫布朗公司因此一举成名，订单如雪片般飞来，布朗从此走上发迹之路，布朗父亲及布朗自己确立的目标都实现了，可谓一箭双雕。

与其超越别人，不如超越自我

懒惰是每一个人的大敌，也是人的天性。

犹太人很早就意识到这个问题，并在处世的过程中明确指出：“与其超越别人，不如超越自己”。

超越自己，才能不断地鞭策自己前进，而不因为一时的懈怠或者暂时的成功而失去继续努力向前的动力。

知识如同银器，要经常擦拭，如果一天懒得动手，银器就会蒙上灰尘，失去亮光。犹太人认为，超越自己的事情一天都不能放松，尽量地学些不同的事物，将它们组合起来，才会有新的智慧和洞察力产生，这些不同的事物相互影响之后，往往会有许多新的创见。每个人都有与生俱来的创造力，只是有些人通过坚持不懈的学习，把它发挥了出来。更多的人则因为懈怠让这种才能荒废掉了。

犹太人坚信这一点，于是在自己的法典上写下了：“超越别人的人，不能算是真正的优越；超越从前的自我，才是真正优越的人。”

在犹太人眼中，与其千方百计地想要超越别人，不如勤以自勉，借以超越自己，这种人才能最后走上成功的道路。

犹太人有一则故事教导人们要去超越自己。

有一对父子俩都是拉比。父亲性格温和，考虑周到；而儿子却孤傲、傲慢，所以他一直没有成功。

有一天，儿子对父亲抱怨这件事情，老人说：“我的孩子，作为拉比我们之间的区别是：当有人向我请教律法上的困难问题时，我给他回答。他提的问题以及我的回答，我的提问人和我都满意；但是若有人问你问题，则双方都不满意——你的提问人不满意是因为你说他的问题不是问题；你不满意是因为你不能给他一个答案。所以，你不能怪别人而必须放下架子鼓励自己，才能成功。”

“父亲，你是说我必须超越自己？”

“是的，”父亲回答，“真正超越从前自我的人，才是真正成功的人。”

超越自己的历史传统融入了犹太人的血液之中，所以，犹太民族成为最勤奋的民族。

在当今，大多数人的生活，是不断复制的照片，一张与另一张极其相似，变得平淡乏味。

在这样一种生活之中，保持一种不断前进的动力是变得越来越重要了。犹太人更加珍视这种流传已久的传统，不断反省自己的生活，追求更新和超越。

应聘语言

一、你觉得你个性上最大的优点是什么？

回答提示：沉着冷静、条理清楚、立场坚定、顽强向上。

回答示例：我乐于助人和关心他人、适应能力强，有幽默感，乐观友善。我在北大青鸟有过一到两年的培训及项目实战经验，加上实习工作经历，我能胜任这份工作。我相信我能成功。

二、你对加班的看法？

回答提示：实际上好多公司问这个问题，并不证明一定要加班。只是想测试你是否愿意为公司奉献。

回答示例：如果是工作需要我会义不容辞加班。我现在单身，没有任何家庭负担，可以全身心地投入工作。但同时，我也会提高工作效率，减少不必要的加班。

三、你对薪资的要求？

回答提示：如果你对薪酬的要求太低，那显然贬低自己的能力；如果你对薪酬的要求太高，那又会显得你分量过重，公司受用不起。一些雇主通常都事先对求聘的职位定下开支预算，因而他们第一次提出的价钱往往是他们所能给予的最高价钱。他们问你只不过想证实一下这笔钱是否足以引起你对该工作的兴趣。

回答示例一：我对工资没有硬性要求。我相信贵公司在处理我的问题上会友善合理。我注重的是找对工作机会，所以只要条件公平，我不会计较太多。

回答示例二：我受过系统的软件编程的训练，不需要进行大量的培训。而且我本人也对编程特别感兴趣。因此，我希望公司能根据我的情况和市场标准，给我合理的薪水。

四、如果录用了你，你将怎样开展工作?

回答提示：如果应聘者对于应聘的职位缺乏足够的了解，最好不要直接说出自己开展工作的具体办法；可以尝试采用迂回战术来回答。

回答示例：我会首先听取领导的指示和要求，然后就有关情况进行了解和熟悉，接下来制定一份近期的工作计划并报领导批准，最后根据计划开展工作。

五、与上级意见不一致时，你该怎么办?

回答提示：在和领导的沟通互动中，难免有意见不一致的地方，这都是正常现象。

回答示例：我会首先反思自己，有机会私下再沟通，如果上级坚持，我会按照领导的意思迅速执行。

六、如果你被录用，何时可以到职?

回答提示：大多数企业会关心就职时间，所以一定要诚实作答。如果还未辞去上一个工作，上班时间又太近，交接至少要一个月的时间，所以应进一步说明原因，说明情况，录取公司应该会理解通融的。

回答示例：如果被录用的话，可按公司规定按时上班。

求职自我介绍范例

一、服装设计与工艺专业

各位考官大家好，我是××，毕业于××学校服装设计与工艺专业。通过三年的不懈努力和刻苦学习，我完成了学业并且走上了社会。通过学校的学习，我学到了很多有关服装的知识。怀着对专业的热爱，对提高自身素质的渴望，在学习中我投入了巨大的热情和精力，并取得了优秀的成绩，多次获得奖学金。

在校期间我担任了班长一职，养成了我做事勤奋务实、不拘一格的习惯，加强了我的事业心、责任感，培养了我善于团结、勇于创新的精神。平时我注重对组织、交际、协作、创新等各方面综合能力的培养，积极参与学生工作和集体活动，在这过程中，全面锻炼了我发现问题、分析问题、解决问题和与人沟通的能力，培养了我吃苦耐劳、不怕困难的精神，丰富了我的专业知识。

在三年级实习当中，我学到了许多书本上没有的服装专业知识，提高了综合素质。服装物料、服装工艺、服装的纸样制作等让我大开眼界，也让我掌握了更多的实践经验，从而更坚定了我对干服装这一行业的信念。我将不断充实自己，使自己努力成为服装行业中的专业人才。

我希望能够加入贵单位。不求安逸的生活，不图优厚的待遇，只希望不断地努力工作，找到自己的空间，从亲身实践中提高自己的综合能力。

二、美术专业

我叫×××，是××××学校绘画专业××××届毕业生，得知贵公司为积极谋求发展招贤纳才。我真诚地渴望能加入贵公司，为贵公司的发展壮大贡献我的才能和智慧。

在学校两年的学习中，我认真努力，各门基础课程和专业课程均取得了较好成绩，我掌握了扎实的专业知识，并有意识地通过各种实践活动提高自己的动手能力，为今后工作奠定了良好的基础。在校期间我熟练地掌握了水彩画、油画静物、油画风景、工笔花鸟、衍纸画、写意国画等多种绘画技能，能熟练运用 Word、Excel、PowerPoint 等办公软件，并获得了劳动部门颁发的装饰美工中级证书。

我具有较强的组织、协作能力，能很好地与其他人携手合作，发扬团队精神。我在思想上要求进步，敬业是我的人生信条，年轻、可塑性强是我的资本。我将以饱满的热情、一丝不苟的态度迎接挑战，并运用自己所学的知识和技能，为公司的发展贡献自己的力量！

图书在版编目（CIP）数据

中职聋生阅读与表达 / 湖南省特教中等专业学校基础教研室编. -- 湘潭 : 湘潭大学出版社, 2021.10
ISBN 978-7-5687-0676-6

Ⅰ. ①中… Ⅱ. ①王… Ⅲ. ①阅读课－聋哑教育－中等专业学校－教材②汉语－应用文－写作－聋哑教育－中等专业学校－教材 Ⅳ. ①G762

中国版本图书馆 CIP 数据核字（2021）第 250047 号

中职聋生阅读与表达

ZHONGZHI LONGSHENG YUEDU YU BIAODA

湖南省特教中等专业学校基础教研室 编

责任编辑：丁立松 张 蔚
封面设计：顾 琴
出版发行：湘潭大学出版社
社 址：湖南省湘潭大学工程训练大楼
电 话：0731-58298960 0731-58298966（传真）
邮 编：411105
网 址：http://press.xtu.edu.cn/
印 刷：长沙印通印刷有限公司
经 销：湖南省新华书店
开 本：787 mm×1092 mm 1/16
印 张：37.25
字 数：649 千字
版 次：2021 年 10 月第 1 版
印 次：2021 年 10 月第 1 次印刷
书 号：ISBN 978-7-5687-0676-6
定 价：118.00 元